高等职业技术教育建筑设备类专业规划教材

电气消防技术

主　编　刘光辉
副主编　黄日财
主　审　孙景芝

武汉理工大学出版社
·武　汉·

内 容 简 介

本书根据《建筑设计防火规范》(GB 50016—2014)、《火灾自动报警系统设计规范》(GB 50116—2013),结合电气消防设计与施工职业岗位对知识、能力的要求编写的。全书主要内容包括消防基础知识、火灾自动报警系统、消防联动系统、火灾自动报警系统的设计方法和火灾自动报警系统设计案例,本书包含了很多前沿的设备,如视频火灾系统、电气火灾监控系统等。本书以海湾系列产品编写了十四个实践项目,学生通过项目的完成,可掌握电气消防系统的基本设计与施工能力。结合本书实践项目,在教学过程中可以进行项目化课程设计。

本书可作为高职院校建筑电气工程技术、消防工程技术、建筑设备工程技术、建筑智能化工程技术等专业的教材,也可以作为应用型本科、自学考试、成人教育、中职学校、职业岗位培训的教材,还是消防工程技术人员的一本较好的参考书。

图书在版编目(CIP)数据

电气消防技术/刘光辉主编.—武汉:武汉理工大学出版社,2016.8(2023.8 重印)
ISBN 978-7-5629-5151-3

Ⅰ.①电… Ⅱ.①刘… Ⅲ.①建筑物-电气设备-防火系统-教材 Ⅳ.TU892

中国版本图书馆 CIP 数据核字(2016)第 138291 号

项目负责人:杨学忠 张淑芳
责 任 编 辑:余晓亮
责 任 校 对:张明华
封 面 设 计:一 尘
出 版 发 行:武汉理工大学出版社
地 址:武汉市洪山区珞狮路 122 号
邮 编:430070
网 址:http://www.wutp.com.cn
经 销:各地新华书店
印 刷:荆州市精彩印刷有限公司
开 本:787×1092 1/16
印 张:17.25
字 数:431 千字
版 次:2016 年 8 月第 1 版
印 次:2023 年 8 月第 4 次印刷
印 数:1500 册
定 价:40.00 元

凡购本书,如有缺页、倒页、脱页等印装质量问题,请向出版社发行部调换。
本社购书热线:027-87515778 87523148 87785758 87165708(传真)

高等职业技术教育建筑设备类专业规划教材
出 版 说 明

随着教学改革的不断深化和社会发展对人才的现实需求，根据教育部“高等职业教育应以服务为宗旨，以就业为导向，走产学研结合的发展道路”的办学方向和“要加强学生实践能力、技术运用能力的培养，充分反映新兴技术、新兴产业对技能培养的要求，满足经济结构战略性调整、技术结构优化升级和高科技产业迅速发展对人才培养的要求”的职业技术教育培养目标，以及职业技术教育“要逐步建立以能力培养为基础的、特色鲜明的专业教材和实训指导教材”的教材建设要求，武汉理工大学出版社经过广泛的调查研究，与全国20多所高等专科学校、高等职业技术学院的建筑设备和建筑电气工程技术方面的教育专家、学者共同探讨，于2007年组织编写了一套适应高等职业技术教育建筑设备相关专业人才培养和教学要求的、具有鲜明职业教育特色的实用性教材《高等职业技术教育建筑设备类专业规划教材》。

本套教材是根据教育部、住房和城乡建设部高职高专建筑设备类专业教学指导委员会制订的培养方案和各课程教学大纲组织编写的，具有如下特点：

(1)教材的编写坚持“以应用为目的，专业理论知识以必需、够用为度”的原则，着重培养学生从事工程设计、施工和管理等方面的专项能力，体现能力本位的教育思想。

(2)教材的理论体系、组织结构、编写方法，以突出实践性教学和使学生容易掌握为准则，同时全面体现本领域的新法规、新规范、新方法、新成果，与施工企业和机构的生产、工作实际紧密结合，力求达到学以致用的目的。

(3)本套教材努力使用和推广现代化教学手段，将分步组织编写、制作和出版与教材配套的案例、实训教材、模拟试题、教学大纲及电子教案。

本套教材出版后被多所院校长期使用，普遍反映内容质量良好，突出了职业教育注重能力培养的特点，符合当前职业教育的教学要求，其中多种教材被评为普通高等教育“十二五”住房和城乡建设部规划教材，《建筑给水排水工程》被评为“十二五”职业教育国家规划教材。

随着国家标准、技术规范的不断更新，近期我们也对本套教材进行了全面修订，以适应经济技术发展和职业教育对技能型应用人才培养的需要。

高等职业技术教育建筑设备类专业规划教材编委会

2015年1月

高等职业技术教育建筑设备类专业规划教材
编委会名单

前　　言

本书是根据《建筑设计防火规范》(GB 50016—2014)、《火灾自动报警系统设计规范》(GB 50116—2013),结合电气消防设计与施工职业岗位对知识、能力的要求编写的。全书主要内容包括消防基础知识,火灾自动报警系统、消防联动系统、火灾自动报警系统的设计方法,火灾自动报警系统设计案例。本书包含了很多前沿的设备,如:视频火灾系统、电气火灾监控系统等。本书以海湾系列产品编写了十四个实践项目,学生通过项目的完成,可掌握电气消防系统的基本设计与施工能力。结合本书实践项目,在教学过程中可以进行项目化课程设计。

本书可作为高职院校建筑电气工程技术、消防工程技术、建筑设备工程技术、建筑智能化工程技术等专业的教材,也可以作为应用型本科、自学考试、成人教育、中职学校、职业岗位培训教材,也是消防工程技术人员的一本好参考书。

书中的设备示例基本配有相应的二维码,方便读者扫描加深认识。

本书由广东建设职业技术学院刘光辉担任主编,黄日财担任副主编,黄修力、刘辉辉参与编写工作,孙景芝教授担任主审。

本书在编写过程中,得到了许多同行及海湾消防企业的大力支持,采纳和引用了参考书目所列同行及企业的资料及成果,在此谨向这些著作的作者及企业工程师致以深切的谢意。

由于编写者水平有限及时间仓促,书中难免有错漏之处,敬请广大读者批评指正。

编　者

2016 年 5 月

目　录

1 消防基础知识

1.1 消防简史

1.1.1 消防的历史

火对人类有着巨大的贡献。古人发明用火，是第一次能源的发现，从此结束了茹毛饮血的野蛮生活，掌握了吃熟食的技能。它是关系到人类生存、发展、繁衍的大事。没有文字以前，历史流传只靠传说。在古代，我国燧人氏教民钻木取火。西方传说火的传播者是普罗米修斯，他窃取天上的火，传给人间，为人类造福，他因此长期遭受天帝的惩罚。然而火的出现，火灾的阴影始终伴随身后，人类抗御火灾经历与人和自然不断协调的过程形成一个人与火的历史。

“消防”一词，系日本语，在江户时代开始出现这个词，“消防”即预防和扑灭火灾的意思。火灾与消防是一个非常古老的命题。在各类灾害中，火灾是一种不受时间、空间限制，发生频率很高的灾害。这种灾害随着人类用火的历史而加剧，于是防范和治理火灾的消防工作(古称“火政”)也就应运而生，与人类结下了不解之缘，并将永远伴随着人类社会的发展而日臻完善。

在宋朝，我国诞生了世界上第一支由国家建立的城市消防队。这种城市消防队，无论组织形式及其本质，与今天的城市消防队有着惊人的相似之处。这支消防队创建于北宋开封，完善于南宋临安，到淳祐十二年(1252 年)临安已有消防队 20 隅，7 队，总计 5100 人，有望火楼 10 座。

中国古代的消防，作为社会治安的一个方面，没有独立分离出来设置专门的机构。从汉代中央管理机构的“二千石曹尚书”和京城的“执金吾”开始，均“主水火盗贼”，或“司非常水炎”、“擒讨奸猾”。消防机构同治安机构始终在一起，也就是水火盗贼不分家。这种始终一体的治安消防体制直到社会分工已相当细化的今天，尽管我国的消防治理已有相当独立的管理范围，但就国家体制而言，消防治理同维护社会治安的各项工作仍由公安部门统一管理，这是中国的一种历史传统。

从元、明、清到中华民国时期，随着经济、社会的发展，火灾也随之增加，而消防治理、消防技术又都与时俱进，不断发展。

使用火是人类文明的象征，人类使用火已有 200 多万年的历史。火可以造福人类，也可以给人类带来灾难。火的发明，对人类的文明和社会的进步起到了巨大的推动作用，而在使用火的过程中，若失去对火的控制将会给人类造成巨大的损失。因此防火、灭火是人们时刻不能掉以轻心的大事，要防患于未然。

要达到防火、灭火的目的，一方面要严格遵守各项消防防火规范，建立健全的防火安全规章制度，杜绝各种可能引起火灾的隐患。同时，应该采用各种先进的防火灭火措施，以确保一旦发生火情，就能及时得到控制，所以在建筑物中设置火灾自动报警控制系统就是一个重要的手段，这也促使了人们不断研制各种性能先进的火灾自动报警控制系统。

人类社会不断发展前进，人们的聪明才智使机器制造业、电子工业等相继诞生和发展，城市建筑规模也随着扩大。但随之而来的是如何将火灾对人民生命财产的损失降到最低限度，其中最有效的方法之一就是早期发现，并在蔓延前将其扑灭。

在我国，随着社会经济的飞速发展，高层建筑的不断涌现，社会上人们对火灾自动报警控制系列产品的需求不断增多，对其功能的要求也越来越高，计算机技术和控制检测技术的高速发展，也促进了火灾自动报警控制系统的更新发展，特别是近年来兴起的许多新技术、新方法，诸如液晶显示技术、高灵敏度吸气式探测技术、分布智能技术等使火灾自动报警技术跃上了一个新台阶。

1.1.2 火灾自动报警系统的发展历史

纵观一百多年来，火灾自动报警技术主要经历了以下一些发展阶段：初期阶段是用一些简单的分立元件构成的火灾自动报警系统，从 19 世纪 40 年代到 20 世纪 40 年代，感温探测器占主导地位，火灾自动报警系统的发展处于初级阶段。1847 年美国缅因大学教授 Farmer 等研制出世界上第一台用于城镇的火灾报警发送装置，1852 年成功安装在波士顿。1874 年英国安装了世界上第一套水喷淋装置，1890 年英国科学家成功研制感温式火灾探测器，到 1896 年几种不同类型的定温火灾探测装置相继研制成功，并得到了实际应用。

(1)传统的(多线制开关量式)火灾自动报警系统

它是第一代产品(主要是 20 世纪 70 年代以前)。主要特点是简单、成本低。但有明显的不足：一是因为火灾判断依据仅仅是根据所探测的某个火灾现象参数是否超过其自身设定值(阈值)来确定是否报警，因此无法排除环境和其他干扰因素。它是以一个不变的灵敏度来面对不同使用场所、不同使用环境的变化，这是不科学的。灵敏度选低了，会使报警不及时或漏报；灵敏度选高了，又会形成误报。另外由于探测器的内部元器件失效或漂移现象等因素，也会发生误报。根据国外统计数据表明：误报与真实火灾报警之比达 20∶1 之多。二是性能差、功能少，无法满足发展需要。例如多线制系统费钱费工；不具备现场编程能力；不能识别报警的个别探测器(地址编码)及探测器类型；无法自动探测系统重要组件的真实状态；不能自动补偿探测器灵敏度的漂移；当线路短路或开路时，不能切断故障点，缺乏故障自诊断、自排除能力；电源功耗大，等等。

(2)总线制可寻址开关量式火灾探测报警系统

该报警系统形成于 20 世纪 80 年代初，是第二代产品。尤其是二总线制系统被广泛使用。其优点是：省钱省工；所有的探测器均并联到总线上；每只探测器设置一个地址编码；使用多路传输的数据传输法；还可连接带地址码模块的手动报警按钮、水流指示器及其他中继器等；增设了可现场编程的键盘；系统自检和复位功能；火灾地址和时钟记忆与显示功能；故障显示功能；探测点开路、短路时隔离功能；准确地确定火情部位，增强了火灾探测或判断火灾发生的能力等。但对探测器的工况几乎无大改进，对火灾的判断和发送仍由探测器决定。

(3)模极量传输式智能火灾报警系统

它是第三代产品。其特点是：对探测处理方法做了改进，即把探测器的模拟信号不断地送到控制器去评估或判断，控制器用适当的算法辨别虚假或真实火灾及其发展程度，或探测器受污染的状态。可以把模拟量探测器看作一个传感器，通过一个串联发讯装置，不仅能提供找出装置的位置信号，还能将火灾敏感现象参数(如烟雾浓度、温度等)以模拟值(一个真实的模拟信号或者等效的数字编码信号)传送给控制器,对火警的判断和发送由控制器决定,报警方式有多火灾参数复合式、分级报警式和响应阈值自动浮动式等。还能降低误报,提高系统的可靠性。在这种集中智能系统中,探测器尤为智能,属于初级智能系统。

(4)分布智能型火灾报警系统

它是第四代产品。探测器具有智能,相当于人的感觉器官,可对火灾信号进行分析和智能处理,做出恰当的判断,然后将这些判断信息传给控制器,控制器相当于人的大脑,既能接收探测器送来的信息,也能对探测器的运行状态进行监视和控制,由于探测部分和控制部分的双重智能处理,系统运行能力大大提高。此类系统分三种,即智能侧重于探测部分,智能侧重于控制部分和双重智能型。陕西新沃品牌分布智能型火灾报警系统网络总线图如图1.1所示。

(5)无线火灾自动报警系统和空气样本分析系统

它是第五代产品。无线火灾自动报警系统由传感发射机、中继器以及控制中心三大部分组成。以无线电波为传播媒体。探测部分与发射机合成一体,由高能电池供电,每个中继器只接收自己组内的传感发射机信号。当中继器接到组内某传感器的信号时,进行地址对照,一致时判读接收数据并由中继器将信息传给控制中心,由它显示信号。此系统具有节省布线费及工时,安装开通容易的优点。适于不宜布线的楼宇、工厂、仓库等,也适于改造工程。空气样本分析系统中采用高灵敏吸气式感烟探测器(HKSD探测器),主要抽取空气样本并进行烟粒子探测,还采用了特殊设计的检测室,高强度的光源和高灵敏度的光接收器件,使感烟灵敏度增加了几百倍。这一阶段还相继产生了光纤温度探测报警系统和载波系统等。总之,火灾产品不断更新换代,使火灾报警系统发生了一次次革命,为及早而准确地报警提供了重要保障。

火灾自动报警控制系统是随着各种新工艺、新技术的涌现而不断得到发展的,其趋势将是复合智能型探测器,分布智能型报警系统,遥控软地址编码技术及适用于一些特殊场合的专用报警系统。其发展趋势还在于网络型火灾报警控制系统将得到大力发展,并成为智能大厦的必备子系统之一,为建立城市自动消防通信指挥系统创造条件。

1.2 我国消防基本状况

1.2.1 我国消防管理体制

《中华人民共和国消防法》由中华人民共和国第十一届全国人民代表大会常务委员会第五次会议于2008年10月28日通过,自2009年5月1日起施行。这是对1998年9月1日起实施的《消防法》的重新修订。原《消防法》共六章五十四条,新修订的消防法有七章七十四条,内容作了多处修改和补充。新消防法从消防安全管理制度、消防安全责任、消防执法监督等方面,对现行消防法进行了全面的修改和完善。

为了更好地理解消防法的重要性,先从宏观上认识我国的消防体制组织架构和消防法律法规体系,我国的消防体制组织架构如图1.2所示。

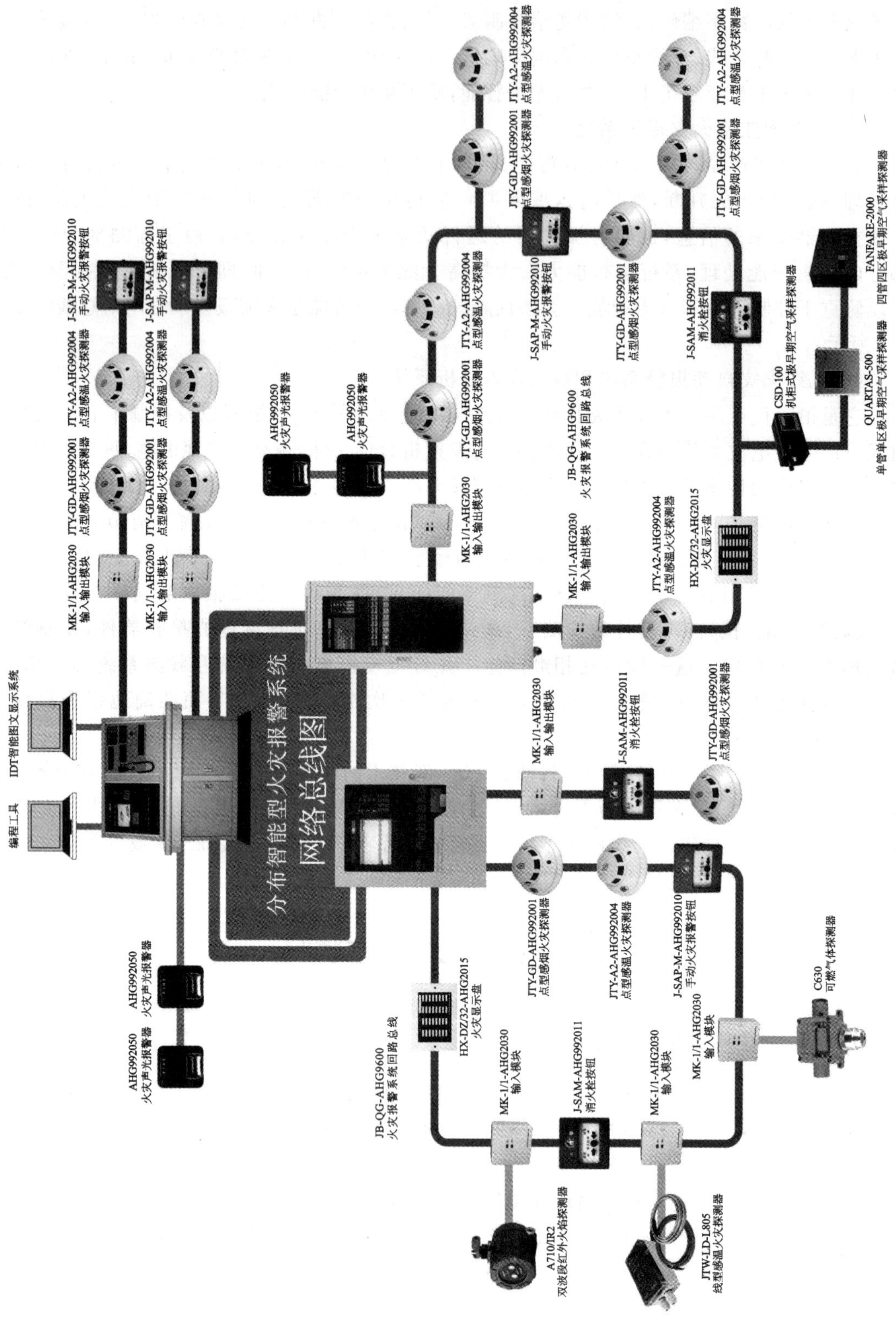

图 1.1　陕西新沃品牌分布智能型火灾报警系统网络总线图

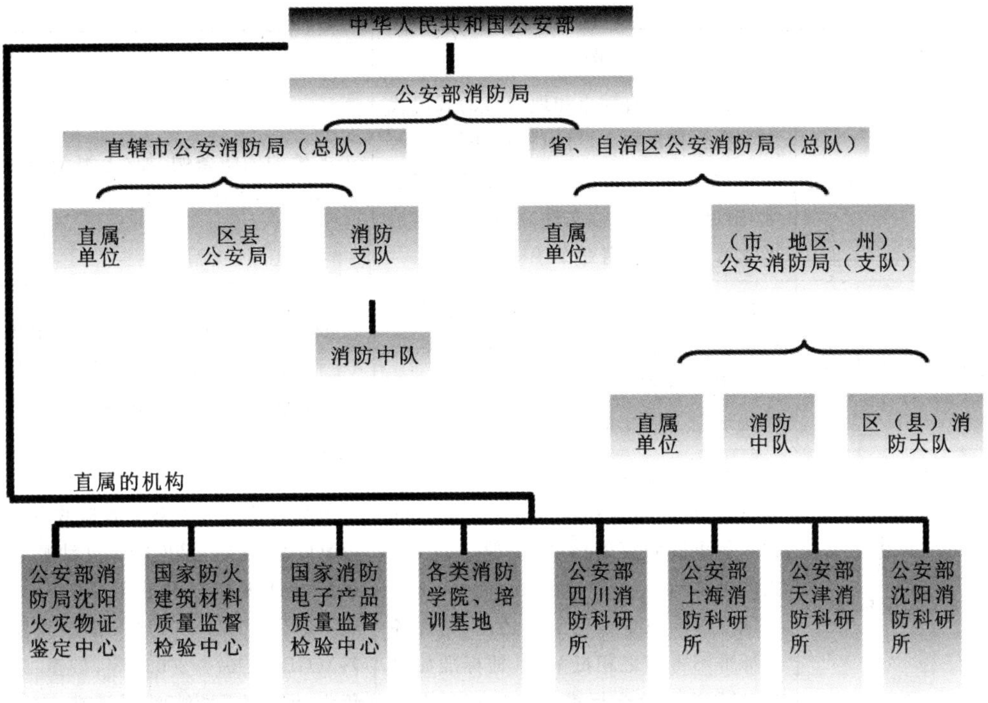

图 1.2　我国的消防体制组织架构

我国消防法规体系分类如表 1.1 所列。

表 1.1　我国消防法规体系分类

名称	说明	举例
宪法	中国的最高法律	《中华人民共和国宪法》
消防法	全国人大及其常委会制定和修改的法律，由国家主席签署令予以公布	《中华人民共和国消防法》
国家消防行政法规	国务院根据宪法和消防法等有关法律，制定行政法规，由国家总理签署国务院令公布，是为实施安全生产法律或规范安全生产监督管理制度而制定并颁布的一系列具体规定	《危险化学品安全管理条例》（国务院令第 344 号）
公安部消防行政法规	国务院各部、委和具有行政管理职能的直属机构，可以根据法律和国务院的行政法规，在本部门的权限范围内，制定规章（部门规章），由部门首长签署命令予以公布	《机关、团体、企业、事业单位消防安全管理规定》（公安部令第 61 号）
		《消防监督检查规定》（公安部令第 73 号）
		《公共娱乐场所消防安全管理规定》（公安部令第 39 号）
		《仓库防火安全管理规则》（公安部令第 6 号）

续表 1.1

名称	说明	举例
地方消防法规	省、自治区、直辖市和地级市的人民代表大会及其常委会,可以根据法律、行政法规和本省、自治区、直辖市的地方法规,制定规范性法律文件,由省长或自治区主席或市长签署命令予以公布	各地的消防条例,如《上海消防条例》、《广东省安全生产条例》等
地方政府消防规章	地方政府规章,是指省、自治区、直辖市和较大的市的人民政府根据法律、行政法规和本省、自治区、直辖市的地方性法规制定的规章	如《上海市消防监督管理若干规定》、《上海市危险化学品安全管理办法》、《北京市防火安全工作管理规定》等
消防类国家标准	国家标准是指对全国经济技术发展有重大意义,需要在全国范围内统一的技术要求所制定的标准(一般以 GB 开头的标准); 国家标准在全国范围内适用,其他各级标准不得与之相抵触(其他标准如以"DB"开头的地方标准,以"GA"开头的公安部标准等)	例如,《建筑灭火器配置验收及检查规范》(GB 50444—2008),《自动喷水灭火系统设计规范》(附条文说明)[2005 年版](GB 50084—2001),《钢结构防火涂料》(GB 14907—2002)等,截至 2008 年年底,消防类国家标准总计有 149 个

我国对消防的定义是"预防和扑灭火灾",消防工作的方针是"预防为主,防消结合"。

1.2.2 我国建筑消防相关规范

随着我国由计划经济向市场经济的转变,以及我国建筑事业的不断发展,城市建筑出现了各种改建、扩建和新建的高层建筑和商业网点、娱乐场所等不同用途的建筑。由于消防设置滞后于新型建筑市场,前些年全国各地,尤其是大中型城市相继发生了影响极大的火灾事故,给社会主义建设和人民生命财产带来了巨大的损失。为此,我国政府自 1993 年起,陆续完善了消防设计规范及施工验收规范,进而推动了消防事业的飞速发展和提高了人们对消防工作在建筑工程中重要性的认识。

以下为我国建筑消防的相关规范。

①《建筑设计防火规范》(GB 50016—2014);

②《火灾自动报警系统设计规范》(GB 50116—2013);

③《火灾自动报警系统施工及验收规范》(GB 50166—2007);

④《电气装置工程安装爆炸和火灾危险环境电气装置施工及验收规范》(GB 50257—2014);

⑤《自动喷水灭火系统设计规范》(附条文说明)[2005 年版](GB 50084—2001);

⑥《自动喷水灭火系统施工及验收规范》(GB 50261—2005);

⑦《气体灭火系统施工及验收规范》(GB 50263—2007);

⑧《泡沫灭火系统施工及验收规范》(GB 50281—2006);

⑨《建筑内部装修防火施工及验收规范》(GB 50354—2005);

⑩《建筑物电子信息系统防雷技术规范》(GB 50343—2012);

⑪《20kV 及以下变电所设计规范》(GB 50053—2013)；
⑫《民用建筑电气设计规范》(附条文说明)[另册](JGJ 16—2008)；
⑬《供配电系统设计规范》(GB 50052—2009)；
⑭《低压配电设计规范》(GB 50054—2011)；
⑮《建筑照明设计标准》(GB 50034—2013)；
⑯《公共建筑节能设计标准》(GB 50189—2015)；
⑰《综合布线系统工程设计规范》(GB 50311—2007)；
⑱《智能建筑设计标准》(GB 50314—2015)；
⑲《民用建筑供暖通风与空气调节设计规范》(GB 50736—2012)；
⑳《人民防空工程设计防火规范》(GB 50098—2009)；
㉑《建筑智能化系统工程设计标准》(DGJ 32/D01—2003)；
㉒《智能建筑工程质量验收规范》(GB 50339—2013)；
㉓《建筑电气工程施工质量验收规范》(GB 50303—2002)；
㉔《建筑工程施工质量验收统一标准》(GB 50300—2013)；
㉕《建筑灭火器配置验收及检查规范》(GB 50444—2008)；
㉖《建设工程消防验收评定规则》(GA 836—2009)。

1.3 火灾基本知识

1.3.1 火灾的危害

火是人类赖以生存和发展的一种自然力，火的利用具有划时代的意义。火具有两面性。当火失去控制时，就会成为一种具有很大破坏力的多发性灾害，对人类生活、生产乃至生命安全构成威胁。火灾能烧掉人们辛勤劳动创造的物质财富，使大量的生活、生产资料在顷刻之间化为灰烬；火灾，使生灵涂炭，夺取许多人的生命和健康，给人们的身心带来难以消除的痛苦；火灾，使茂密的森林和广袤的草原化为乌有，变成荒野；火灾，使大量文物、古籍、古建筑等稀世珍宝毁于一旦，造成无法弥补的损失等。我国 2007—2012 年火灾状况统计见表 1.2～表 1.7。

表 1.2 2007 年火灾状况统计数据

项目	合计	火灾级别			
		特大	重大	较大	一般
发生(起)	163521	1	8	66	163446
死亡(人)	1617	37	105	263	1212
受伤(人)	969	19	46	31	873
直接经济损失(万元)	112515.8	30.1	1513.4	4752.4	106219.9
平均每起事故损失(元)	6880	301338	1891690	720067	6499

表 1.3 2008 年火灾状况统计数据

项目	合计	火灾级别			
		特大	重大	较大	一般
发生(起)	136835	2	4	77	136752
死亡(人)	1521	49	37	304	1131
受伤(人)	743	64	14	57	608
直接经济损失(万元)	182202.5	30027.1	9359.4	10776.0	132040
平均每起事故损失(元)	13315	150135600	23398519	1399479	9655

表 1.4 2009 年火灾状况统计数据

项目	合计	火灾级别			
		特大	重大	较大	一般
发生(起)	129381	1	4	59	129317
死亡(人)	1236	1	49	222	964
受伤(人)	651	6	30	28	587
直接经济损失(万元)	162391	15072	306	825	416188
平均每起事故损失(元)	12551	150722000	763750	139814	11305

表 1.5 2010 年火灾状况统计数据

项目	合计	火灾级别			
		特大	重大	较大	一般
发生(起)	132497		4	77	132416
死亡(人)	1205		43	272	890
受伤(人)	624		51	57	516
直接经济损失(万元)	195945.2		11384.6	11773.3	172787.3
平均每起事故损失(元)	14789		28461500	1529000	13049

表 1.6 2011 年火灾状况统计数据

项目	合计	火灾级别			
		特大	重大	较大	一般
发生(起)	125417		7	80	125330
死亡(人)	1108		82	287	739
受伤(人)	517		32	54	485
直接经济损失(万元)	205743.4		11560.2	15775.3	178407.9
平均每起事故损失(元)	16405		16514571	1971913	14235

表 1.7 2012年火灾状况统计数据

项目	合计	火灾级别			
		特大	重大	较大	一般
发生(起)	152157		2	60	152095
死亡(人)	1028		24	199	805
受伤(人)	575		7	45	523
直接经济损失(万元)	217716		2699	19806	195211
平均每起事故损失(元)	14309		13494228	3301046	12835

1.3.1.1 2014年建筑火灾案例

(1)香格里拉独克宗古城火灾

发生时间:2014年1月11日1时37分。

起火原因:起火点位于古城中下段的如意客栈,初步排除人为纵火,具体起火原因正在进一步调查。

伤亡人数:无人员伤亡,经济损失逾1亿元。

事故描述:过火面积约1平方千米,整个独克宗古城的面积是1.5平方千米,也就是说2/3的古城都被烧毁了。经过10个多小时才扑灭。房、金龙、北门三个社区受灾,总受灾户数335户,其中烧毁房屋242栋,因建立防火隔离带拆除43栋,拆除房屋屋顶50栋。

(2)浙江温岭一鞋厂火灾

发生时间:2014年1月14日下午14时52分。

起火原因:位于鞋厂东侧钢棚北半间的电气线路故障,引燃周围鞋盒等可燃物引发火灾。

伤亡人数:16死5伤。

事故描述:火灾发生后,当地消防派出大量消防车和消防官兵赶赴现场进行施救。至下午5点40分,现场明火被基本扑灭。过火面积1080平方米,直接经济损失1200余万元。火灾发生时有80多人在现场,16人未逃出而死亡,其他人均逃出;间接原因是企业业主安全意识淡漠,制度形同虚设,管理混乱,安全教育培训非常不到位。

(3)贵阳观山湖区一公交车起火

发生时间:2014年2月27日12点50分。

起火原因:温度过高,油箱爆炸起火。

伤亡人数:5死32伤。

事故描述:当时车上约有五十余名乘客,火灾发生后,部分乘客及时从车中撤离。随后,消防部门赶往现场进行了救援。伤者已全部送达医院进行救治。同时,市委市政府已组成工作组开展现场处置工作。

(4)吉林市"3·5"重大车辆燃烧事故

发生时间:2014年3月5日。

起火原因:待相关部门调查。

伤亡人数:造成10人死亡,17人受伤,直接经济损失1134.86万元。

事故描述:吉林市富康木业有限公司租用吉林市平安客运有限责任公司名下的通勤大客车在运送职工上班途中发生燃烧,相关部门迅速组织灭火救援、伤员救治、现场勘查、秩序维护等工作,并对事故现场实施了交通管制。吉林市政府接到报告后立即启动应急救援预案,成立事故处置指挥部,全力开展人员救治和善后处理工作。

(5)广东普宁内衣厂火灾事故

发生时间:2014 年 3 月 26 日 13 时 20 分。

起火原因:该内衣作坊主要经营者郑晓生的女儿郑某某用其父亲抽烟留下的打火机玩火,引燃一楼楼梯口南侧堆放的海绵内衣罩杯半成品堆垛所致。

伤亡人数:造成 12 人死亡,5 人受伤,过火面积 208 平方米,直接经济损失 391 万元。

事故描述:火灾发生后,消防人员第一时间赶赴现场进行灭火,解救出 17 名群众,11 人因窒息抢救无效死亡,15 人受伤。发生火灾的家庭作坊主要是生产加工内衣文胸等易燃品。

(6)杭州公交车纵火案

发生时间:2014 年 7 月 5 日下午 5 时。

起火原因:人为纵火。

伤亡人数:事故造成 30 多人受伤,其中重伤 15 人,无人员死亡。

事故描述:嫌疑人起身,从包中取出并倾倒可燃物,随即用打火机点燃煤油,车厢内迅即着火。经公安机关日夜奋战、缜密侦查,7 月 5 日发生在杭州的 7 路公交车放火嫌疑人身份已被确定,警方宣布该案告破。

(7)山东寿光一食品厂火灾事故

发生时间:2014 年 11 月 16 日晚。

起火原因:事故原因正在调查,涉事企业负责人已被警方控制。

伤亡人数:事故已致 18 人死亡,13 人受伤,4 人下落不明。

事故描述:寿光市龙源食品有限公司一胡萝卜包装车间发生火灾,发生火灾的厂区面积达 1500 平方米,当时约 140 人在工作。

(8)贵州久吉苗寨火灾事故

发生时间:2014 年 12 月 12 日下午 3 点 40 分左右。

起火原因:久吉苗寨房屋依山而建,具有典型的苗族建筑布局风格,大多数房屋均建成吊脚楼或吊脚半边楼,除房屋主体采用全木外,屋顶均用杉木皮盖顶。

伤亡人数:共造成 176 户 619 人受灾。

事故描述:剑河县久仰乡久吉村发生火灾。经当地政府组织干部群众奋力扑救,当日 18 时许大火被扑灭。当地政府和有关部门正通过异地移民或组织投亲靠友、搭建帐篷等多种方式安置受灾村民,保证受灾群众“有饭吃、有水喝、有衣穿、有房住、有书读、有病即治”,12 月 13 日下午受灾地恢复正常饮食、饮水和用电。

(9)河南新乡某 KTV 火灾事故

发生时间:2014 年 12 月 15 日零时 20 分左右。

起火原因:由暖气机烤爆空气清新剂造成火灾。

伤亡人数:造成 35 人受伤,其中有 11 人经抢救无效死亡。

事故描述:事故发生后,长垣县立即启动火灾事故应急预案,县委书记薄学斌,县委常委、政法委书记宋太俊,副县长张学峰等负责同志及时赶赴现场,组织消防、公安、卫生、安监等部门,全力开展灭火、救治工作。

1.3.1.2 2013年建筑火灾案例

(1)2013年1月1日凌晨,杭州市萧山区瓜沥镇临港工业园区内的杭州友成机工有限公司发生特大火灾,3名消防官兵在扑救火灾过程中牺牲。起火原因:人为纵火。

(2)2013年1月3日7时30分许,浙江温州龙湾区文昌路温州宏得利合成革有限公司发生火灾,过火面积3800平方米,现场多次爆炸,未造成人员伤亡。

(3)2013年1月4日凌晨,山东潍坊寿光市百货大楼发生火灾,过火面积6000余平方米。

(4)2013年1月4日8时25分左右,河南兰考城关镇中山北街县卫生局西侧的袁厉害住宅发生火灾,造成7人死亡,1人受伤。起火原因:孩童玩火。

(5)2013年1月6日晚8时30分许,上海市农产品中心批发市场发生火灾,造成6人死亡,14人受伤。起火原因:①电线线路老化;②店里的人忘记关掉取暖的设备。

(6)2013年1月7日9时19分,哈尔滨市南岗区中兴大道45号国润家私城发生火灾,过火面积9400平方米。起火原因:电焊工人违章操作引燃附近商铺可燃物。

(7)2013年2月2日2时23分,辽宁省阜新市彰武县美国加州牛肉面大王面馆发生火灾,造成5人(1名店主、4名员工,均为女性)死亡,1人受伤。

(8)2013年2月7日晚18时25分,信阳市浉河区航空路富丽华小区23号楼3单元一楼楼道口着火,造成4人死亡。起火原因:电动车充电故障。

(9)2013年2月15日下午16时45分,本市西青经济技术开发区天津松下部品有限公司发生一起火灾事故。起火原因:杂草起火引燃该公司院内空地堆放的建筑用模板所致,过火面积约600平方米,未造成人员伤亡。

(10)2013年2月23日2时59分,浙江省台州温岭市泽国镇牧屿管理区牧西村中行西路一出租房发生火灾,过火面积约120平方米,造成8人(均为外地打工者)死亡,2人受伤,起火建筑为地上5层(局部6层)砖混结构民房,建筑面积约700平方米。起火原因:人为纵火。

(11)2013年3月4日下午16点左右,天津市南开区华苑鑫茂科技园一高层大厦发生火灾。

(12)2013年4月14日6时左右,湖北省襄阳市樊城区前进东路一景城市花园酒店发生火灾,大火从二楼网吧烧起,一直蔓延到整个酒店,火灾共造成61人伤亡,其中14人遇难;遇难者中,年纪最小的是一名5岁女孩。起火原因:网吧电线老化短路。

(13)2013年5月7日凌晨4时左右,东莞市虎门镇一居民楼发生火灾,火灾造成楼内8人死亡(5女3男),3人受伤。

(14)2013年5月24日上午5时26分,佛山市南海区桂城街道桂澜路与季华路交界一汽车美容护理中心发生火灾事故,造成9人死亡。

(15)2013年5月31日下午,黑龙江省大庆市林甸县中储粮直属库发生火灾。事故共造成78个露天储粮囤、储量4.7万吨的粮食表面过火。

(16)2013年6月3日6时6分,吉林宝源丰禽业有限公司液氨爆炸导致严重火灾及人员伤亡,事故遇难人数共121人,受伤76人,直接损失1.8亿元。

(17)2013年6月5日凌晨2时32分中裕电器(深圳)有限公司突发火灾。起火原因:电线老化短路。

(18)2013年6月7日18点22分,在厦门BRT快速公交车道蔡塘站往金山站之间,车号为闽D-Y7396的公交车突发起火,事故已造成47人死亡,38人受伤。起火原因:故意纵火。

(19)2013 年 7 月 1 日 18 时，山西省棉麻公司侯马采购供应站露天堆放的棉花垛因雷击引发火灾；山西中储棉仓库发生特大火灾，导致 2.46 万吨棉花全部烧毁，过火面积约 1.05 万平方米，未造成人员伤亡。

(20)2013 年 10 月 11 日石景山苹果园东口喜隆多商场发生火灾，造成 2 名消防员牺牲。起火原因：电动车充电故障。

(21)2013 年 12 月 11 日凌晨 1 点 30 分，深圳光明荣健农批市场发生火灾，造成 16 人死亡，5 人受伤。起火原因：商铺内的冷藏室空气冷却器电源线短路。

(22)2013 年 12 月 15 日下午 18 时 50 分，广州市越秀区起义路 217 号建业大厦发生火灾，建筑物损失为 600 多万元，存货损失为 3300 多万元。起火原因：电工违规作业致电线短路。

1.3.2 火灾发生条件及分类

火灾是指在时间和空间上失去控制的燃烧所造成的灾害。在各种灾害中，火灾是最容易、最普遍地威胁公众安全和社会发展的主要灾害之一。

火灾的原理：在人为或者非人为的状态下，发生的非人为能控制的燃烧现象蔓延开来，造成灾害性燃烧。例如，人为纵火、自然火灾、建筑火灾、交通运输工具火灾。发生火灾需要具备三个条件：着火源(点火源、温度)、可燃物、助燃物(氧化剂)，如图 1.3 所示。

图 1.3 火灾燃烧需具备的三个条件示意图

三要素必须相互作用才能发生燃烧，它是一个发光发热的化学反应，在燃烧学上称之为链式反应。所以，燃烧发生的充分必要条件是：可燃物、助燃物、一定的点火能量、不间断的链式反应，这几个条件缺一不可。

火灾根据可燃物的类型和燃烧特性，分为 A、B、C、D、E、F 六类。

(1)A 类火灾：指固体物质火灾。这种物质通常具有有机物质性质，一般在燃烧时能产生灼热的余烬。如木材、煤、棉、毛、麻、纸张等引起的火灾。

(2)B 类火灾：指液体或可熔化的固体物质火灾。如煤油、柴油、原油，甲醇、乙醇、沥青、石蜡等引起的火灾。

(3)C 类火灾：指气体火灾。如煤气、天然气、甲烷、乙烷、丙烷、氢气等引起的火灾。

(4)D 类火灾：指金属火灾。如钾、钠、镁、铝镁合金等引起的火灾。

(5)E 类火灾：指带电火灾。物体带电燃烧的火灾。如发电机房、变压器室、配电间、仪器仪表间和电子计算机房等在燃烧时不能及时或不宜断电的电气设备带电燃烧的火灾。E 类火灾是建筑灭火器配置设计的专用概念，主要是指发电机、变压器、配电盘、开关箱、仪器仪表和电子计算机等在燃烧时仍旧带电的火灾，必须用能达到电绝缘性能要求的灭火器来扑灭。对于那些仅有常规照明线路和普通照明灯具而且并无上述电气设备的普通建筑场所，可不按E类火灾的规定配置灭火器。

(6)F类火灾：指烹饪器具内的烹饪物火灾，如动植物油脂引起的火灾。

1.3.3 建筑火灾原因

建筑物起火原因归纳起来大致可以分为六类。

(1)生活和生产用火不慎

我国城乡居民家庭火灾绝大多数为生活用火不慎引起。这类火灾的原因大体有：吸烟不慎、炊事用火不慎、取暖用火不慎、灯光照明不慎、小孩玩火、燃放烟花爆竹、宗教活动用火不慎等。

(2)违反生产安全制度

由于违反生产安全制度引起火灾的情况很多。如在易燃易爆的车间内动用明火，引起爆炸起火；将易发生化学反应的物品混存在一起，引起燃烧爆炸；在用电、气焊焊接和切割时，没有采取相应的防火措施而酿成火灾；在机器运转过程中，不按时加油润滑，或没有清除附在机器轴承上面的杂物、废物，而使机器这些部位摩擦发热，引起附着物燃烧起火；电熨斗放在台板上，没有切断电源就离去，导致电熨斗过热，将台板烤燃引起火灾；化工生产设备失修，发生可燃气体、易燃可燃液体跑、冒、滴、漏现象，遇到明火燃烧或爆炸。

(3)电气设备设计、安装、使用及维护不当

电气设备引起火灾的原因，主要是电气设备过负荷、电气线路接头接触不良、电气线路短路；照明灯具设置使用不当，如将功率较大的灯泡安装在木板、纸等可燃物附近；将日光灯的镇流器安装在可燃灯具基座上，以及用纸或布做灯罩紧贴在灯泡表面上等，在易燃易爆的车间内使用非防爆型的电动机、灯具、开关等。

(4)自然现象引起

①自燃。所谓自燃，是指在没有任何明火的情况下，物质受空气氧化或外界温度、湿度影响，经过较长时间的发热和蓄热，逐渐达到自燃点而发生燃烧的现象。如大量堆积在库房的油布、油纸，因为通风不好，内部发热，以致积热不散发生自燃。

②雷击。雷电引起火灾的原因，大体上有三种：一是雷直接击在建筑物上发生的热效应、机械效应作用等；二是雷电产生的静电感应作用和电磁感应作用；三是高电位沿着电气线路或金属管道系统侵入建筑物内部。在雷击较多地区，建筑物上如果没有设置可靠的防雷保护设施，便有可能发生雷击起火。

③静电。静电通常是由摩擦、撞击而产生的。因静电放电引起的火灾屡见不鲜。如易燃、可燃液体在塑料管中流动，由于摩擦产生静电，引起易燃、可燃液体燃烧爆炸；输送易燃液体流速过大，无导除静电设施或者导除静电设施不良，致使大量静电荷积聚，产生火花引起爆炸起火；在有大量爆炸性混合气体存在地点，身上穿着的化纤织物的摩擦、塑料鞋底与地面的摩擦产生的静电，引起爆炸性混合气体爆炸等。

④地震。发生地震时，人们急于疏散，往往来不及切断电源、熄灭炉火以及处理好易燃、易爆生产装备和危险品等。因而伴随着地震，会有各种火灾发生。

(5)纵火

纵火分刑事犯罪纵火及精神病人纵火。

(6)建筑布局不合理,建筑材料选用不当

在建筑布局方面,防火间距不符合消防安全要求,没有考虑风向、地势等因素对火灾蔓延的影响,往往会造成发生火灾时火烧连营,形成大面积火灾。在建筑构造、装修方面,大量采用可燃构件和可燃、易燃装修材料都大大增加了建筑火灾发生的可能性。

1.3.4 火灾燃烧

根据一般火灾温度随时间的变化特点,可将火灾发展过程分为三个阶段,即火灾初期增长阶段、火灾全面发展(充分燃烧)阶段、火灾熄灭(减弱)阶段,如图1.4所示。

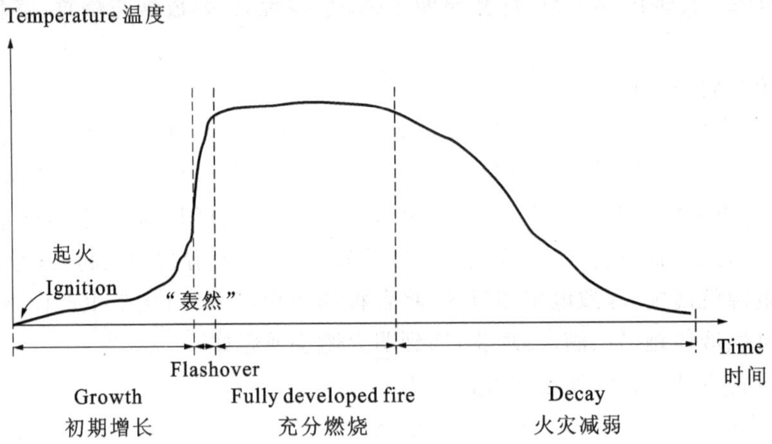

图1.4 火灾燃烧三个阶段示意图

(1)火灾初期增长阶段

发生火灾后,最初只是起火部位及其周围可燃物着火燃烧。这时火灾好像在敞开的空间里进行一样。

初期阶段的特点是:火灾燃烧范围不大,火灾仅限于初始起火点附近;室内温度差别大、在燃烧区域及其附近存在高温,室内平均温度低;火灾发展速度较慢,在发展过程中火势不稳定;火灾发展时间因点火源、可燃物质性质和分布,通风条件影响长短差别很大。

根据初期阶段的特点可见,该阶段是灭火的最有利时机,应设法争取尽早发现火灾,把火灾及时控制消灭在起火点。为此,在建筑物内安装和配备适当数量的灭火设备,设置及时发现火灾和报警的装置是很有必要的。初期阶段也是人员疏散的有利时机,发生火灾时若人员在这一阶段不能疏散出房间,就很危险了。初期阶段持续时间越长,就有更多的机会发现火灾和灭火,并有利于人员安全撤离。

(2)全面发展阶段

在火灾初期、增长阶段后期,火灾范围迅速扩大,当火灾房间温度达到一定值时,聚积在房间内的可燃气体突然起火,整个房间都充满了火焰,房间内所有可燃物表面部分都卷入火灾之中,燃烧很猛烈,温度升高很快。房间内局部燃烧向全室性燃烧过渡的这种现象通常称为轰燃。轰燃是室内火灾最显著的特征之一,它标志着火灾全面发展阶段的开始,对于安全疏散而言,人们若在轰燃之前还没有从室内逃出,则很难幸存。轰燃发生后,房间内所有可燃物都在猛烈燃烧。放热速度很大，因而房间内温度升高很快并出现持续性高温，最高温度可达1100℃左右。火焰、高温烟气从房间的开口大量喷出，把火灾蔓延到建筑物的其他部分，室内高温还对建筑构件产生热作用，使建筑构件的承载能力下降，甚至造成建筑物局部或整体倒塌破坏。火灾全面发展阶段的持续时间取决于室内可燃物的性质和数量、通风条件等。为了减少火灾损失，针对火灾全面发展阶段的特点，在建筑防火设计中应采取的主要措施是：在建筑物内设置具有一定耐火性能的防火分隔物，把火灾控制在一定的范围之内，防止火灾大面积蔓延；选用耐火程度较高的建筑结构作为建筑物的承重体系，确保建筑物发生火灾时不倒塌破坏，为人员疏散、消防队扑救火灾、火灾后建筑物修复创造条件。

(3)熄灭阶段

在火灾全面发展阶段后期，随着室内可燃物的挥发物质不断减少，以及可燃物数量减少，火灾燃烧速度递减，温度逐渐下降，当室内平均温度降到温度最高值的80%时，则认为火灾进入熄灭阶段。随后，房间温度下降明显，直至房间内的全部可燃物烧光，室内外温度趋于一致，火灾宣告结束。该阶段前期，燃烧仍十分猛烈，火灾温度仍很高。针对该阶段的特点，应注意防止建筑构件因较长时间受高温作用和灭火射水的冷却作用而出现裂缝、下沉、倾斜或倒塌破坏，确保消防人员的人身安全，并应注意防止火灾向相邻建筑蔓延。

1.3.5　火灾灭火方法

灭火就是针对破坏燃烧的基本条件所采取的基本措施。

灭火的基本方法有冷却灭火法、窒息灭火法、隔离灭火法和抑制灭火法四种。

(1)冷却灭火法：水是最常用、最廉价的灭火剂，有迅速冷却降温的作用，但水能导电，因此对电气设备火灾，须先断电源后方可用水灭火。

(2)窒息灭火法：用沙土、湿衣服、湿棉被、湿毛毯等覆盖在燃烧物上，隔绝空气，使火得不到足够的氧气而熄灭。

(3)隔离灭火法：发生火灾时，紧急疏散物资，将燃烧物附近的可燃、易燃物品移往安全地带，使燃烧缺少可燃物而停止。

(4)抑制灭火法：将化学灭火剂喷射到燃烧物上，直接参与燃烧反应，使燃烧的连锁反应中止。

根据不同类别的火灾，采取不同的措施进行灭火，灭火的基本措施如下：

①扑救A类火灾。一般可采用水冷却法，但对于忌水的物质，如布、纸等应尽量减少水渍所造成的损失。对珍贵图书、档案应用二氧化碳、干粉灭火剂灭火。

②扑救B类火灾。首先应切断可燃液体的来源，同时将燃烧区可燃液体排至安全地区，并用水冷却燃烧区可燃液体的容器壁，减慢蒸发速度；及时使用大剂量泡沫灭火剂、干粉灭火剂将液体火灾扑灭。

③扑救C类火灾。首先关闭可燃气体阀门，防止可燃气体发生爆炸，然后选用干粉、二氧化碳灭火器灭火。

④扑救D类火灾。如镁、铝燃烧时温度非常高，水及其他灭火剂无效。钠和钾的火灾切忌用水扑救，水与钠、钾发生反应放出大量的热和氢气，会促进火灾猛烈发展。应用特殊的灭火剂，如干砂等。

⑤扑救E类带电火灾。用“1211”(有毒)或干粉灭火器、二氧化碳灭火器效果更好，因为

这三种灭火器的灭火药剂绝缘性能好，不会发生触电伤人事故。

1.4 高层建筑相关概念

1.4.1 高层建筑及其特点

1.4.1.1 民用建筑的定义、防火分类和耐火等级

《建筑设计防火规范》(GB 50016—2014)规定，民用建筑根据其建筑高度和层数可分为单、多层民用建筑和高层民用建筑。民用建筑分类如表1.8所列。

表1.8 民用建筑分类

名称	高层民用建筑		单、多层民用建筑
	一类	二类	
住宅建筑	建筑高度大于54m的住宅建筑(包括设置商业服务网点的住宅建筑)	建筑高度大于27m，但不大于54m的住宅建筑(包括设置商业服务网点的住宅建筑)	建筑高度不大于27m的住宅建筑(包括设置商业服务网点的住宅建筑)
公共建筑	1.建筑高度大于50m的公共建筑； 2.任一楼层建筑面积大于1000m^2的商店、展览、电信、邮政、财贸金融建筑和其他多种功能组合的建筑； 3.医疗建筑、重要公共建筑； 4.省级及以上的广播电视和防灾指挥调度建筑、网局级和省级电力调度建筑； 5.藏书超过100万册的图书馆、书库	除一类高层公共建筑外的其他高层公共建筑	1.建筑高度大于24m的单层公共建筑； 2.建筑高度不大于24m的其他公共建筑

注：①表中未列入的建筑，其类别应根据本表类比确定。

②除规范另有规定外，宿舍、公寓等非住宅类居住建筑的防火要求，应符合规范有关公共建筑的规定；裙房的防火要求应符合规范有关高层民用建筑的规定。

建筑高度大于27m的住宅建筑和2层及2层以上、建筑高度大于24m的其他民用建筑均为高层建筑。高层民用建筑根据其建筑高度、使用功能和楼层的建筑面积分为一类和二类。

按照《建筑设计防火规范》(GB 50016—2014)，民用建筑物的耐火等级分为四级。建筑物的耐火等级是由建筑构件(梁、柱、楼板、墙等)的燃烧性能和耐火极限决定的。一般说来：

一级耐火等级建筑是钢筋混凝土结构或砖墙与钢筋混凝土结构组成的混合结构；

二级耐火等级建筑是钢结构屋架、钢筋混凝土柱或砖墙组成的混合结构；

三级耐火等级建筑物是木屋顶和砖墙组成的砖木结构；

四级耐火等级是木屋顶、难燃烧体墙壁组成的可燃结构。

民用建筑的耐火等级应根据其建筑高度、使用功能、重要性和火灾扑救难度等确定，并应符合下列规定：

地下或半地下建筑(室)和一类高层建筑的耐火等级不应低于一级。

单、多层重要公共建筑和二类高层建筑的耐火等级不应低于二级。

1.4.1.2　高层民用建筑特点

(1)外观特点

高层建筑的主要特点是高度高、层数多、体量大。面积可达几万到几十万平方米。最高的高度达500m。这些建筑都是一个个庞然大物,高高地耸立在地面上。

(2)结构特点

高层建筑的结构有它独特的特点。它不仅要抵抗竖向荷载和水平荷载,在地震区,还要抵抗地震作用。但在较低的建筑结构中,往往竖向荷载控制着结构设计;随着建筑高度的增大,水平荷载效应逐渐增大;在高层建筑结构中,水平荷载和地震作用却起着决定性作用。

(3)建筑设备特点

高层建筑内部的建筑设备也是大量且集中的。如水、电等多方面的设备也是高层建筑的一个特点。

(4)消防特点

①火势蔓延途径多、速度快

高层建筑由于功能的需要,内部设有楼梯间、电梯井、管道井、电缆井、排气道、垃圾道等竖向管井。这些井道一般贯穿若干或整个楼层,如果在设计时没有考虑防火分隔措施或对防火分隔措施处理不好,发生火灾时,其好像一座座高耸的烟囱,抽拔烟火成为火势迅速蔓延的途径。

助长高层建筑火灾迅速蔓延的还有风力因素,俗话说"风助火势"。建筑越高,风速越大。风能使通常不具威胁的火源变得非常危险,或使蔓延可能很小的火势急剧扩大成灾。风越大其严重程度也相应增大。

②安全疏散困难

高层建筑的特点:一是层数多,垂直疏散距离远,需要较长时间才能疏散到安全场所;二是人员比较集中,疏散时容易出现拥挤情况;三是发生火灾时烟气和火势向竖向蔓延快,给安全疏散带来困难,而平时使用的电梯由于不防烟火和停电等原因停止使用。所以,火灾时,高层建筑的安全疏散主要靠疏散楼梯,如果楼梯间不能有效地防止烟火入侵,则烟气就会很快灌满楼梯间,从而严重阻碍人们的安全疏散,威胁人们的生命安全。据统计,50层高的建筑,人员仅凭楼梯疏散到地面需要2h11min。因此,火灾时容易发生有人被烧死、熏死甚至冒险跳楼摔死的情况。

③扑救难度大

扑救高层建筑火灾主要立足于室内消防给水设施。由于受到消防设施条件的限制,常常给扑救工作带来不少困难。如国内消防登高车辆限于24m,有些城市最高可达50m,超过这个高度无法从室外扑救。

另外,有的高层建筑没有考虑消防电梯,扑救火灾时,消防人员只得"全副武装"冲向高楼,不仅消耗大量体力,还会与自上而下疏散的人员发生"对撞",延误灭火时机,如遇到楼梯被烟火封住,消防人员冲不上去,消防扑救工作则更为困难。

④功能复杂,起火因素多

一般来说,高层建筑建筑面积大,内部功能复杂,设备繁多,使用单位多,人员集中,装修标准高,因此火灾危险性大,容易引起火灾事故。

1.4.2 相关区域划分

(1)防火分区

根据《建筑设计防火规范》(GB 50016—2014),防火分区是指采用防火墙、耐火楼板及其他防火分隔物人为划分出的、能在一定时间内防止火灾向同一建筑的其余部分蔓延的局部空间。划分防火分区的目的在于有效地控制和防止火灾沿垂直方向或水平方向向同一建筑物的其他空间蔓延;减少火灾损失,同时能够为人员安全疏散、灭火扑救提供有利条件。防火分区是控制耐火建筑火灾的基本空间单元。

防火分区按照限制火势向本防火分区以外扩大蔓延的方向可分为两类:一类为竖向防火分区,用耐火性能较好的楼板及窗间墙(含窗下墙),在建筑物的垂直方向对每个楼层进行的防火分隔。竖向防火分区用以防止多层或高层建筑物层与层之间竖向发生火灾蔓延;另一类为水平防火分区,用防火墙或防火门、防火卷帘等防火分隔物将各楼层在水平方向分隔出的防火区域。水平防火分区用以防止火灾在水平方向扩大蔓延。

防火分区划分原则:

建筑设计划分防火分区时,每个防火分区之间可用建筑构件或防火分隔物隔断。防火分隔物可以是防火墙、耐火楼板、防火门、防火窗、防火卷帘、防火阀、排烟防火阀等。防火分区划分得越小,越有利于保证建筑物的防火安全。但如果划分得过小,则势必会影响建筑物的使用功能,这样显然是不可行的。防火分区面积大小的确定应考虑建筑物的使用功能及性质、重要性、火灾危险性、建筑物高度、消防扑救能力以及火灾蔓延的速度等因素。

根据《建筑设计防火规范》(GB 50016—2014),不同耐火等级建筑的允许建筑高度或层数、防火分区最大允许建筑面积应符合表 1.9 的规定。

表 1.9 不同耐火等级建筑的允许建筑高度或层数、防火分区最大允许建筑面积

<table>
<tr><th>名称</th><th>耐火等级</th><th>允许建筑高度或层数</th><th>防火分区的最大允许建筑面积(m²)</th><th>备注</th></tr>
<tr><td>高层民用建筑</td><td>一、二级</td><td>《建筑设计防火规范》5.1.1规定</td><td>1500</td><td rowspan="2">对于体育馆、剧场的观众厅,防火分区的最大允许建筑面积,可适当增加</td></tr>
<tr><td rowspan="3">单、多层民用建筑</td><td>一、二级</td><td>《建筑设计防火规范》5.1.1规定</td><td>2500</td></tr>
<tr><td>三级</td><td>5 层</td><td>1200</td><td>—</td></tr>
<tr><td>四级</td><td>2 层</td><td>600</td><td>—</td></tr>
<tr><td>地下或半地下建筑(室)</td><td>一级</td><td>—</td><td>500</td><td>设备用房的防火分区最大允许建筑面积不应大于 1000m²</td></tr>
</table>

注:①设有自动灭火系统的防火区,其允许最大建筑面积可按本表增加 1.0 倍,当局部设置自动灭火系统时,增加面积可按该局部面积的 1.0 倍计算。

②裙房与高层建筑主体之间设置防火墙时,裙房的防火分区可按单、多层建筑的要求确定。

高层建筑内设置自动扶梯、敞开楼梯等上、下层相连通的开口时,其防火分区的建筑面积应按上、下层相连通的建筑面积叠加计算;当叠加计算后的建筑面积大于上述表格的规定,应划分防火分区。

建筑内设置中庭时，其防火分区的建筑面积应按上、下层连通的面积叠加计算；当叠加计算后的面积大于上述表格规定时，应符合下列规定：

与周围连通空间应进行防火分隔：采用防火隔墙时，其耐火极限不应低于1.00h；采用防火玻璃时，防火玻璃与其固定部件整体的耐火极限不应低于1.00h，但采用C类防火玻璃时，尚应设置闭式自动喷水灭火系统保护；采用防火卷帘时，其耐火极限不应低于3.00h，并应符合规定；与中庭相联通的门、窗，应采用火灾时能自行关闭的甲级防火门、窗。

高层建筑内的中庭回廊应设置自动喷水灭火系统和火灾自动报警系统；中庭应设置排烟设施；中庭内不应布置可燃物；防火分区之间应采用防火墙分隔，确有困难时，可采用防火卷帘等防火分隔设施。

对于一、二级耐火等级建筑内的营业厅、展览厅，当设置自动灭火系统和火灾自动报警系统并采用不燃或难燃装修材料时，其每个防火分区的最大允许建筑面积应符合下列规定：

①设置在高层建筑内时，不应大于4000m^2；

②设置在单层建筑或仅设置在多层建筑的首层内时，不应大于10000m^2；

③设置在底下或半地下时，不应大于2000m^2。

(2)防烟分区

根据《建筑设计防火规范》(GB 50016—2014)，防烟分区是指在建筑内部采用挡烟设施分隔而成，能在一定时间内防止火灾烟气向同一建筑的其余部分蔓延的空间。挡烟设施包括挡烟垂壁、隔墙或从顶板下突出不小于50cm的梁等具有一定耐火性能的不燃烧体。

防烟分区是为有利于建筑物内人员安全疏散和有组织排烟，而采取的技术措施。大量火灾事故表明，建筑物内发生火灾时，烟气是阻碍人们逃生和灭火扑救行动，导致人员死亡的主要原因之一。因此将高温烟气有效地控制在设定的区域，并通过排烟设施迅速排出室外，才能有效地减少人员伤亡和财产损失，才能防止火灾的蔓延发展。

挡烟垂壁是指用不燃烧材料制成，从顶棚下垂不小于50cm的固定或活动的挡烟设施。活动挡烟垂壁是指火灾时因感温、感烟或其他控制设备的作用，自动下垂的挡烟垂壁。挡烟垂壁起阻挡烟气的作用，同时可以增强防烟分区排烟口的吸烟效果。固定挡烟垂壁如图1.5所示，活动挡烟垂壁如图1.6所示。

图1.5 固定挡烟垂壁

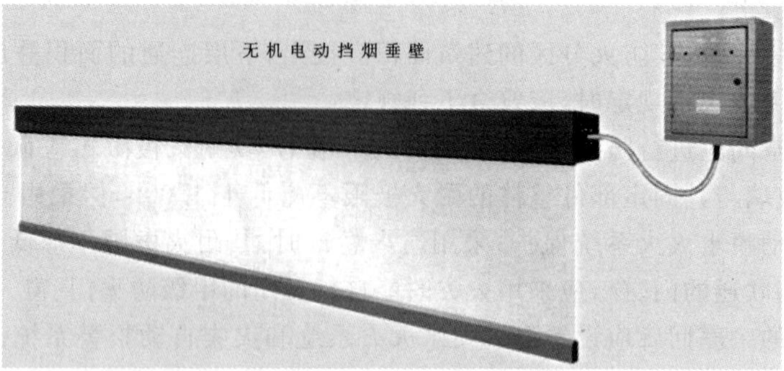

图 1.6 活动挡烟垂壁

活动挡烟垂壁应由感烟控制器控制，或与排烟口联动，或受消防控制中心控制，但同时应能就地手动控制。活动挡烟垂壁落下时，其下端距地面的高度应大于 1.8m。从挡烟效果来看，挡烟隔墙比挡烟垂壁的效果要好些。

设置防烟分区主要是保证在一定时间内，使火场上产生的高温烟气不致随意扩散，并能迅速排除，达到控制火再蔓延和减少火灾损失的目的。设置防烟分区时，面积划分必须合适，如果面积过大，会使烟气波及面积扩大，增加受灾面，不利于安全疏散和扑救；如果面积过小，不仅影响使用，还会提高工程造价。防烟分区应根据建筑物的种类和要求不同，可按其功能、用途、面积、楼层等划分。防烟分区一般应遵守以下原则设置：

①不设排烟设施的房间（包括地下室）和走道，不划分防烟分区；走道和房间（包括地下室）按规定设置排烟设施时，可根据具体情况分设或合设排烟设施，并按分设或合设的情况划分防烟区；一座建筑物的某几层需设排烟设施，且采用垂直排烟道（竖井）进行排烟时，其余按规定不需设排烟设施的各层，如增加投资不多，可考虑扩大设置排烟范围，各层也要划分防烟分区和设置排烟设施。

②防烟分区不应跨越防火分区设施。

③对有特殊用途的场所，如地下室、防烟楼梯间、消防电梯、避难层间等应单独划分防烟分区。

④防烟分区一般不跨越楼层，某些情况下，如一层的面积过小，允许包括一个以上的楼层，但以不超过三层为宜。

⑤对于高层民用建筑和其他建筑，每个防烟分区的面积不宜大于 $500m^2$，当顶棚（或顶板）高度在 6m 以上时，可不受此限制；但对于人民防空地下建筑的人防队员及人员隐蔽所的使用面积（抗爆单元）不应大于 $400m^2$。

⑥设有机械排烟系统的汽车库，其每个防烟分区的建筑面积不宜超过 $2000m^2$，且防烟分区不应跨越防火分区。

⑦民用建筑中设置排烟设施的走道、净高不超过 6m 的房间，应划分防烟分区。

(3)报警区域

《火灾自动报警系统设计规范》(GB 50116—2013)明确规定：报警区域是将火灾自动报警系统的警戒范围按防火分区或楼层等划分的单元。报警区域的划分应符合下列规定：

①报警区域应根据防火分区或楼层划分；可将一个防火分区或一个楼层划分为一个报警区域，也可将发生火灾时需要同时联动消防设备的相邻几个防火分区或楼层划分为一个报警

区域。

②电缆隧道的一个报警区域宜由一个封闭长度区间组成，一个报警区域不应超过相连的3个封闭长度区间；道路隧道的报警区域应根据排烟系统或灭火系统的联动需要确定，且不宜超过150m。

③甲、乙、丙类液体储罐区的报警区域应由一个储罐区组成，每个50000m^3及以上的外浮顶储罐应单独划分为一个报警区域。

④列车的报警区域应按车厢划分，每节车厢应划分为一个报警区域。

(4)探测区域

《火灾自动报警系统设计规范》(GB 50116—2013)明确规定“探测区域是将报警区域按探测火灾的部位划分的单元”，它是火灾探测器探测部位编号的基本单元，对应于系统中的一个独立部位号。

①探测区域应按独立房(套)间划分。一个探测区域的面积不宜超过500m^2；从主要入口能看清其内部，且面积不超过1000m^2的房间，也可划为一个探测区域。

②红外光束感烟火灾探测器和缆式线型感温火灾探测器的探测区域的长度，不宜超过100m；空气管差温火灾探测器的探测区域长度宜为20～100m。

下列场所应单独划分探测区域：

①敞开或封闭楼梯间、防烟楼梯间。

②防烟楼梯间前室、消防电梯前室、消防电梯与防烟楼梯间合用的前室、走道、坡道。

③电气管道井、通信管道井、电缆隧道。

思考题

1-1 简述什么叫火灾及其形成的必要条件。

1-2 火灾自动报警发展历史包括哪几类系统？每类系统的特点是什么？

1-3 解释“多线制”、“开关量”、“模拟量”、“总线制”、“可寻址”、“分布式”专业名词的含义。

1-4 2015年8月12日23时30分左右，位于天津滨海新区塘沽开发区的天津东疆保税港区瑞海国际物流有限公司所属危险品仓库发生爆炸。试分析该事故的原因及损失情况。

1-5 简述高层建筑的定义及其特点。

1-6 什么叫耐火极限？按照《建筑设计防火规范》(GB 50016—2014)，民用建筑物的耐火等级分为几级？

1-7 解释报警区域、探测区域、防火分区、防烟分区的含义，并简述这四个区域划分的标准及大小。

2 火灾自动报警系统

2.1 火灾自动报警系统简介

2.1.1 火灾自动报警系统的组成

火灾自动报警系统是为了让人们及早发现火灾，并及时采取有效措施，控制和扑灭火灾而设置在建筑物中或其他场所的一种自动消防设施。火灾自动报警系统是由触发装置、火灾报警装置、联动输出装置以及其他辅助功能装置组成的，它具有能在火灾初期，将燃烧产生的烟雾、热量、火焰等物理量，通过火灾探测器变成电信号，传输到火灾报警控制器，并同时以声或光的形式通知着火层及上下邻层疏散，控制器记录火灾发生的部位、时间等，使人们能够及时发现火灾，并及时采取有效措施，扑灭初期火灾，最大限度地减少因火灾造成的生命和财产的损失，是人们同火灾做斗争的有力工具。火灾自动报警系统的工作过程如图 2.1 所示。

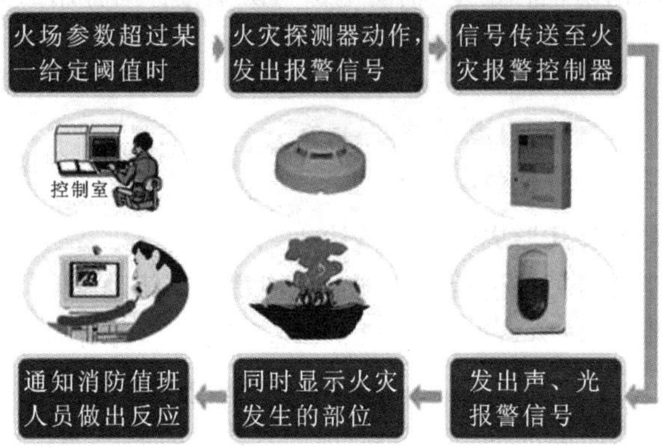

图 2.1 火灾自动报警系统工作过程

触发装置(触发器件)：在火灾自动报警系统中，自动或手动产生火灾报警信号的器件称为触发器件，主要包括各类火灾探测器、手动报警按钮和输入模块等。

火灾报警装置：在火灾自动报警系统中，用以接收、显示和传递火灾报警信号，并能发出控制信号和具有其他辅助功能的控制指示设备，称为火灾报警装置。火灾报警控制器就是其中最基本的一种。

联动输出装置(联动输出设备)：联动输出设备是火灾自动报警系统的执行部件，火灾报警控制器接收火警信息后应能自动或手动启动相应消防联动设备。联动设备包括：排烟阀、送风阀、声光报警器、电梯追降、强电切断、消防广播、卷帘门、空调机组、电磁阀、应急照明、消防泵、喷淋泵、排烟风机、送风机等。

其他辅助功能装置：主要指供电设备，包括主电源和备用电源。主电源应采用消防电源；备用电源有蓄电池、UPS 电源等。消防设备应急电源(FEPS)可作为火灾自动报警系统的备用电源。系统电源除了为火灾报警控制器供电外，还为与系统相关的消防控制设备供电。

火灾自动报警系统的组成如图 2.2 所示。

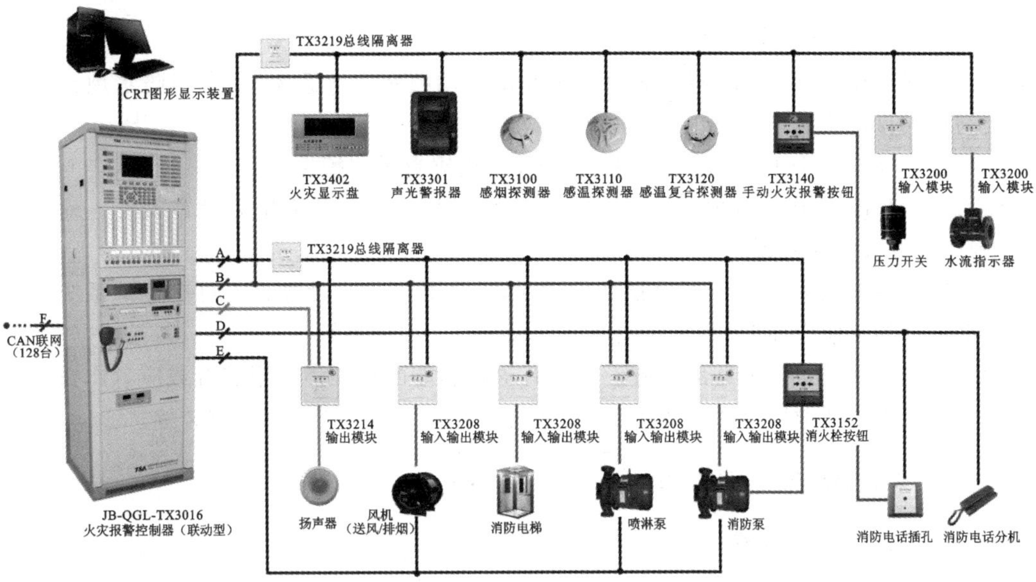

图 2.2 火灾自动报警系统组成

2.1.2 火灾自动报警系统的适用场合

根据《建筑设计防火规范》(GB 50016—2014)规定，下列建筑或场所应设置火灾自动报警系统：

(1)任一层建筑面积大于 $1500m^2$ 或总面积大于 $3000m^2$ 的制鞋、制衣、玩具制造、电子制造等类似用途的厂房。

(2)每座占地面积大于 $1000m^2$ 的棉、毛、丝、麻、化纤及其制品的仓库，占地面积大于 $500m^2$ 或总建筑面积大于 $1000m^2$ 的卷烟仓库。

(3)任一层建筑面积大于 $1500m^2$ 或总建筑面积大于 $3000m^2$ 的商店、展览、财贸金融、客运和货运等类似用途的建筑，总建筑面积大于 $500m^2$ 地下或半地下商店。

(4)图书或文物的珍藏库，每座藏书超过 50 万册的图书馆、重要的档案馆。

(5)地市级及以上广播电视建筑、邮政建筑、电信建筑，城市或区域性电力、交通和防灾等指挥调度建筑。

(6)特等、甲等剧场，座位数超过 1500 个的其他等级的剧场或电影院，座位数超过 2000 个的会堂或礼堂，座位数超过 3000 个的体育馆。

(7)大、中型幼儿园的儿童用房等场所，老年人建筑，任一层建筑面积大于 $1500m^2$ 或总建筑面积大于 $3000m^2$ 的疗养院的病房楼、旅馆建筑和其他儿童活动场所，不少于 200 床位的医院门诊楼、病房楼和手术部等。

(8)歌舞娱乐放映游艺场所。

(9)净高大于 2.6m 且可燃物较多的技术夹层，净高大于 0.8m 且有可燃物的闷顶或吊顶内。

(10)大、中型电子计算机房及其控制室、记录介质库，特殊贵重或火灾危险性较大的机器、仪表、仪器设备室、贵重物品库房，设置气体灭火系统的房间。

(11)二类高层公共建筑内建筑面积大于 50m^2 的可燃物品库房和建筑面积大于 500m^2 的营业厅。

(12)其他一类高层公共建筑。

(13)设置机械排烟、防烟系统，雨淋或预作用自动喷水灭火系统，固定消防水炮灭火系统等需要与火灾自动报警系统连锁动作的场所或部位。

(14)建筑高度大于 100m 的住宅建筑，应设置火灾自动报警系统。

(15)建筑高度大于 54m 但不大于 100m 的住宅建筑，其公共部位应设置火灾自动报警系统，套内宜设置火灾探测器。

(16)建筑高度不大于 54m 的高层住宅建筑，其公共部位应设置火灾自动报警系统。当设置需联动控制的消防设施时，公共部位应设置火灾自动报警系统。

(17)高层住宅建筑的公共部位应设置具有语音功能的火灾声警报装置或应急广播。

(18)建筑内可能散发可燃气体、可燃蒸气的场所应设置可燃气体报警装置。

2.1.3 火灾自动报警系统形式

2.1.3.1 区域报警系统

(1)区域火灾报警系统的组成

区域火灾报警系统是由火灾探测器、手动火灾报警按钮、区域火灾报警控制器、火灾警报装置等组成，系统中包括消防控制室图形显示装置和指示楼层的区域显示器。区域火灾报警系统如图 2.3 所示。

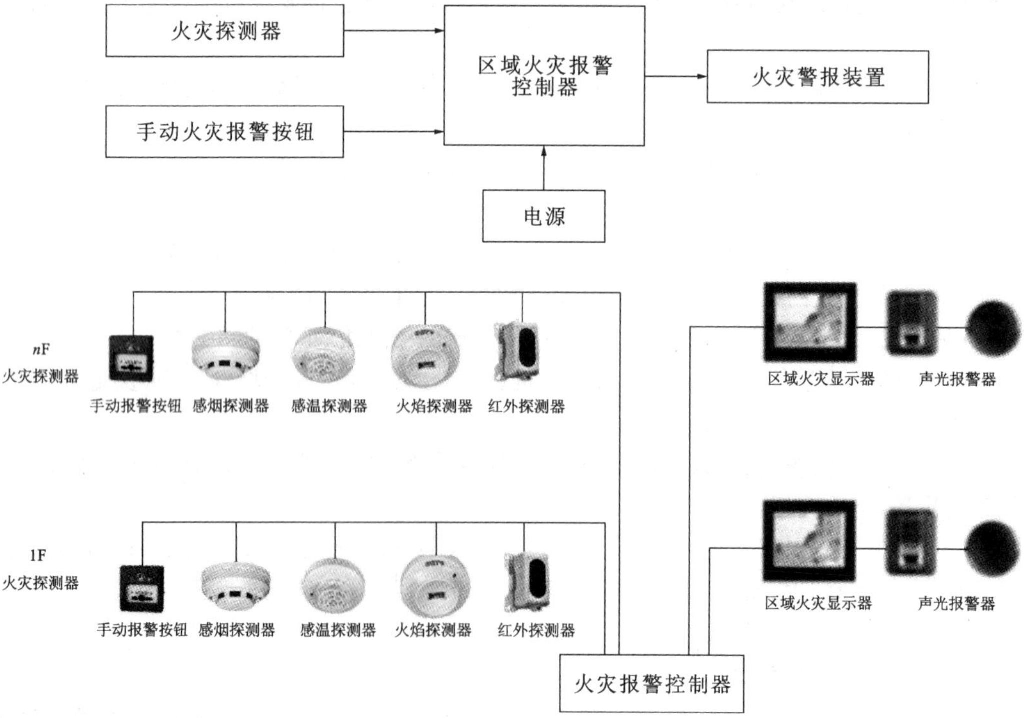

图 2.3 区域火灾报警系统

(2)区域火灾报警系统的特点和适用场合

适合仅需要报警、不需要联动自动消防设备的场合,火灾报警控制器应设置在有人值班的场所。系统设置消防控制室图形显示装置时,该装置应具有传输有关信息的功能;系统未设置消防控制室图形显示装置时,应设置火警传输设备。

2.1.3.2 集中报警系统

(1)集中报警系统的组成

集中报警系统应由火灾探测器、手动火灾报警按钮、火灾声光警报器、消防应急广播、消防专用电话、消防控制室图形显示装置、火灾报警控制器、消防联动控制器等组成,系统中包括消防控制室图形显示装置和指示楼层的区域显示器。集中报警系统组成如图 2.4 所示。

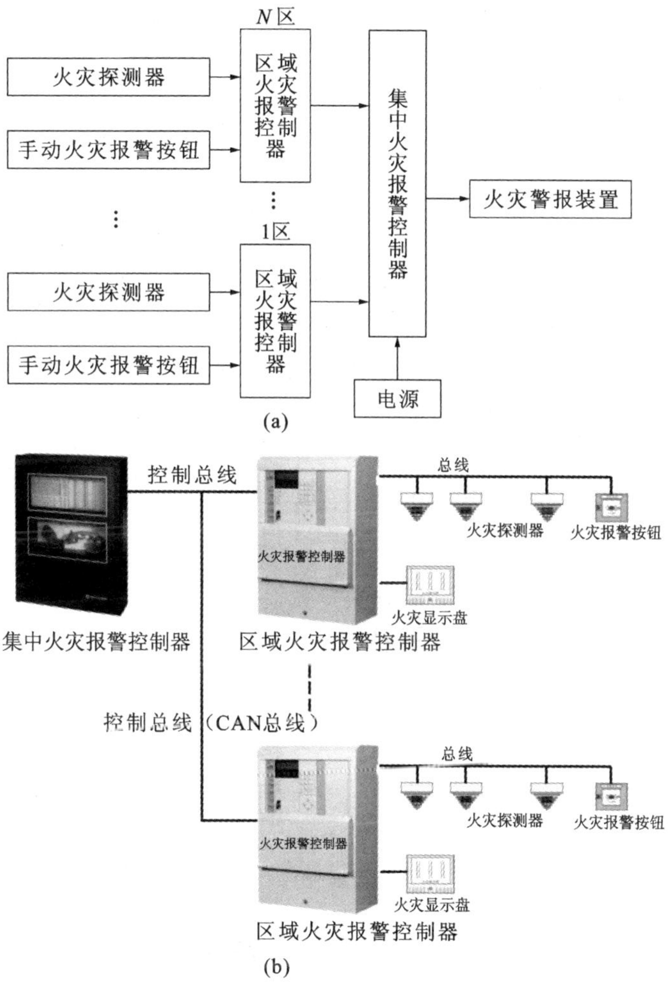

图 2.4 集中报警系统组成

(2)集中报警系统的特点和适用场合

集中报警系统适用于不仅需要报警,同时需要联动自动消防设备,且只设置一台具有集中控制功能的火灾报警控制器和消防联动控制器的场所。系统中的火灾报警控制器、消防联动控制器和消防控制室图形显示装置、消防应急广播的控制装置、消防专用电话总机等起集中控制作用的消防设备,应设置在消防控制室内。系统设置的消防控制室图形显示装置应具有传输有关信息的功能。

2.1.3.3 控制中心报警系统

(1)控制中心报警系统的组成

控制中心报警系统是由消防控制室的消防联动控制设备、集中火灾报警控制器、区域火灾报警控制器和火灾探测器组成,或由消防控制室的消防联动控制设备、火灾报警控制器、区域显示器和火灾探测器等组成的功能复杂的火灾自动报警系统。控制中心报警系统如图 2.5 所示。

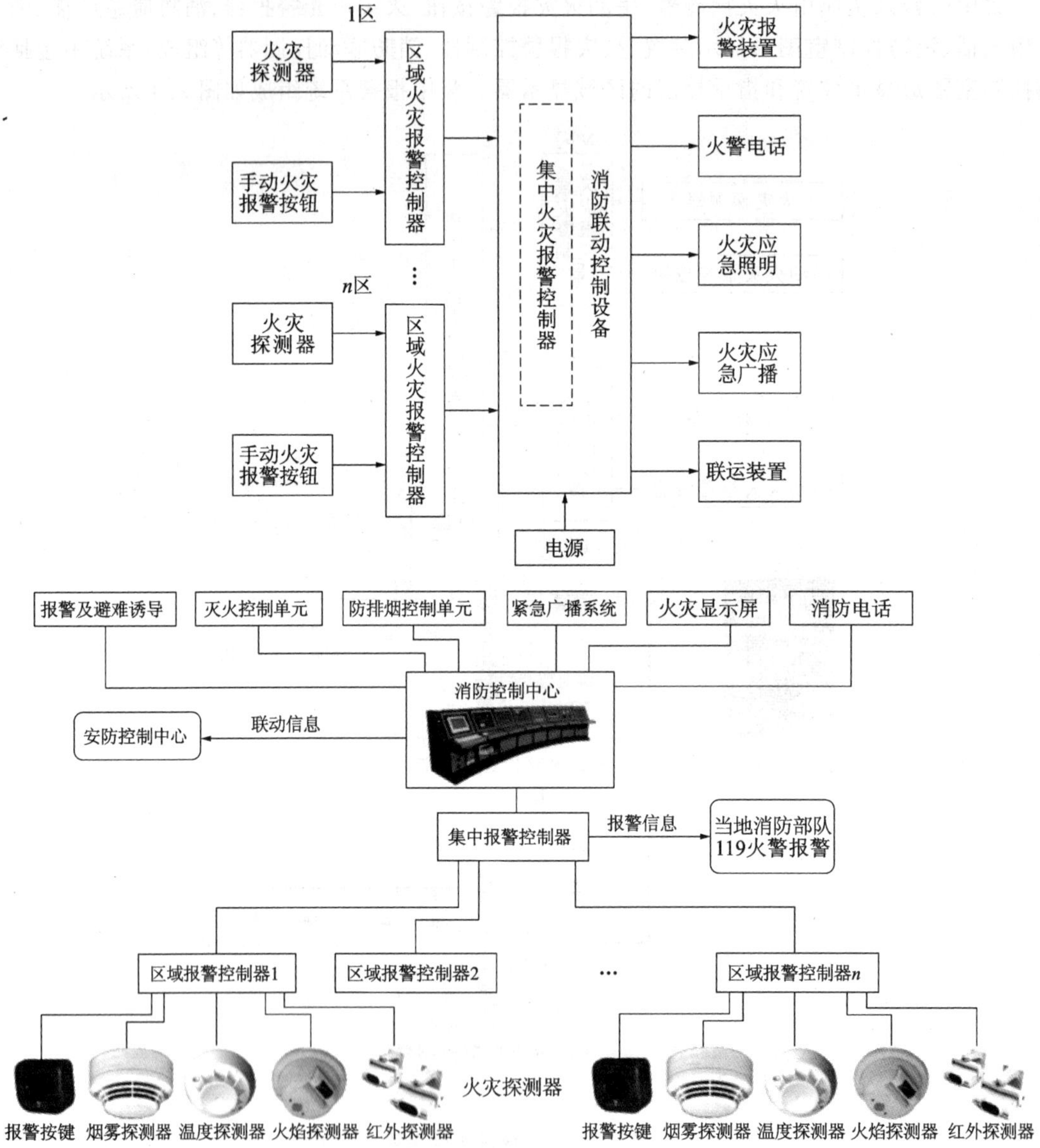

图 2.5 控制中心报警系统

(2)控制中心报警系统的特点和适用场所

控制中心报警系统适用于设置两个及以上消防控制室的保护对象,或已设置两个及以上集中报警系统的保护对象的场所。有两个及以上消防控制室时,应确定一个主消防控制室。

主消防控制室应能显示所有火灾报警信号和联动控制状态信号，并应能控制重要的消防设备；各分消防控制室内消防设备之间可互相传输、显示状态信息，但不应互相控制。系统设置的消防控制室图形显示装置应具有传输有关信息的功能。

2.2 火灾探测器

火灾探测器是系统的“感觉器官”，它的作用是监视环境中有没有火灾发生。一旦有了火情，就将火灾的特征物理量，如温度、烟雾、气体和辐射光强等转换成电信号，并立即动作向火灾报警控制器发送报警信号。火灾探测器的工作实质是将火灾中出现的质量流（可燃气体、燃烧气体、烟颗粒、气溶胶）和能量流（火焰光、燃烧音）等物理现象的特征信号，利用传感元件进行响应，并将其转换为另一种易于处理的物理量。

2.2.1 火灾探测器的分类

根据对火灾不同的响应信号特征，可以将这些火灾探测器分为：感烟式、感温式、感光式、可燃气体式、复合式、感声式及图像式火灾探测系统。

按结构造型分类可分成点型和线型两大类。

根据保护面积和范围分为点型和线型两类。

根据智能程度分为开关量、模拟量（类比式）和智能化探测器。

（1）感烟式火灾探测器分类

- 感烟式火灾探测器
  - 点型
    - 离子感烟火灾探测器
      - 双源式离子感烟火灾探测器
      - 单源式离子感烟火灾探测器
    - 光电感烟火灾探测器
      - 减光式光电感烟火灾探测器
      - 散射式光电感烟火灾探测器
  - 线型
    - 激光感烟火灾探测器
    - 分离式红外光束感烟火灾探测器

（2）感温式火灾探测器分类

- 感温式火灾探测器
  - 点型
    - 定温式
      - 热敏电阻定温火灾探测器
      - 半导体定温火灾探测器
      - 金属薄片式定温火灾探测器
      - 热电偶式定温火灾探测器
      - 水银接点定温火灾探测器
      - 双金属定温火灾探测器
      - 玻璃球膨胀型定温火灾探测器
      - 易熔合金定温火灾探测器
    - 差温式
      - 热敏电阻差温火灾探测器
      - 半导体差温火灾探测器
      - 金属模盒式差温火灾探测器
      - 双金属差温火灾探测器
    - 差定温式
      - 热敏电阻差定温火灾探测器
      - 半导体差定温火灾探测器
      - 双金属动圈式差定温火灾探测器
      - 金属模盒式差定温火灾探测器
  - 线型（分布式）
    - 定温式
      - 可熔绝缘物线性定温火灾探测器
      - 半导体线性定温火灾探测器
    - 差温式
      - 空气管线性差温火灾探测器
      - 热敏电阻差温火灾探测器
    - 差定温式
      - 膜盒式差定温火灾探测器
      - 双金属差定温火灾探测器
      - 热电偶线性差定温火灾探测器
      - 半导体差定温火灾探测器

(3)感光式火灾探测器的分类

感光式火灾探测器
- 紫外火灾探测器
- 红外火灾探测器

(4)可燃气体火灾探测器的分类

可燃气体火灾探测器
- 气敏半导体可燃气体探测器
- 催化燃烧型可燃气体探测器(分铂丝催化型和载体催化型两种)
- 光电式可燃气体探测器
- 固定电介质可燃气体探测器

(5)复合式火灾探测器分类

复合式火灾探测器
- 复合式感温感烟火灾探测器
- 复合式感温感光火灾探测器
- 复合式感温感烟感光火灾探测器
- 分离式红外光束感温感光火灾探测器

点型探测器是一种响应某一点周围的火灾参数的火灾探测器,大多数火灾探测器属于点型火灾探测器。如图 2.6、图 2.7 所示。

图 2.6 点型光电感烟火灾探测器

图 2.7 点型差定温火灾探测器

线型火灾探测器是一种响应某一连续线路周围的火灾参数的火灾探测器,其连续线路可以是“硬”的(图 2.8),也可以是“软”的(图 2.9)。如线型定温火灾探测器,是由主导体、热敏绝缘包覆层和合金导体一起构成的“硬”连续线路。又如红外光束线型感烟火灾探测器,是由发射器和接收器二者中间的红外光束构成“软”的连续线路。

图 2.8 线型火灾探测器“硬”连续线路

图 2.9 线型火灾探测器“软”连续线路

火灾探测器的其他分类:火灾探测器按探测到火灾后的动作可分为延时型和非延时型两种。目前国产的火灾探测器大多为延时型探测器,其延时范围为 3~10s。火灾探测器按安装方式可分为外露型和埋入型两种。一般场所采用外露型,在内部装饰较有讲究的场所采用埋入型。按使用环境分类可分为陆用型、船用型、耐寒型、耐酸型、耐碱型和防爆型。图 2.10 所示为防爆型感温火灾探测器。

图 2.10 防爆型感温火灾探测器

2.2.2 火灾探测器的工作原理及设备示例

2.2.2.1 感烟式火灾探测器

感烟式火灾探测器是一种响应燃烧或热解产生的固体或液体微粒的火灾探测器，是使用量最大的一种火灾探测器。因为它能探测物质燃烧初期所产生的气溶胶或烟雾粒子浓度，因此，有的国家称感烟式火灾探测器为“早期发现”探测器。

常见的感烟式火灾探测器有离子型、光电型等几种。

离子感烟探测器由内外两个电离室为主构成。外电离室（即检测室）有孔与外界相通，烟雾可以从该孔进入传感器内；内电离室（即补偿室）是密封的，烟雾不会进入。火灾发生时，烟雾粒子窜进外电离室，干扰了带电粒子的正常运行，使电流、电压有所改变，破坏了内外电离室之间的平衡，探测器就会产生感应而发出报警信号。电离室的工作原理如图 2.11 所示。

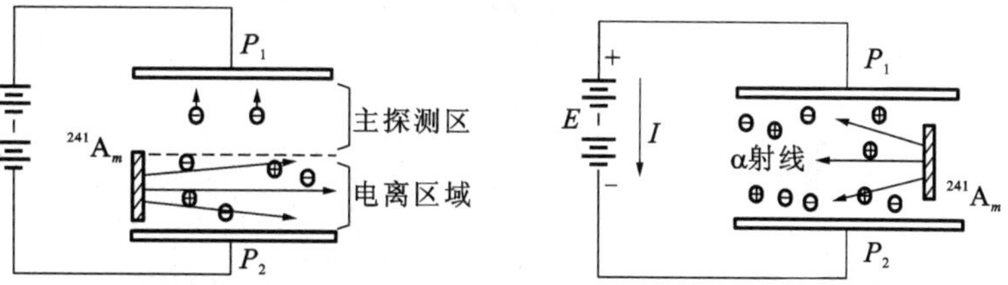

(a) (b)

图 2.11 电离室工作原理

(a)单极电离室工作原理；(b)双极电离室工作原理

光电感烟探测器内部有一个发光元件和一个光敏元件，平常由发光元件发出的光，通过透镜射到光敏元件上，电路维持正常，如有烟雾从中阻隔，到达光敏元件上的光就会显著减弱，于是光敏元件就把光强的变化转换成电流的变化，通过放大电路发出报警信号。光电感烟探测器的工作原理如图 2.12 所示。

离子感烟探测器和点型光电感烟探测器都属于接触式探测器，只有浓度足够大的烟气进入探测器之中才能实现火灾探测的功能。由于受到探测器所用材料和内部构造等因素的限制，点型感烟探测器对使用场所的湿度、气流速度以及有无腐蚀性气体散发等都有要求，通常情况下，符合下列条件之一的场所不宜选择离子感烟探测器：

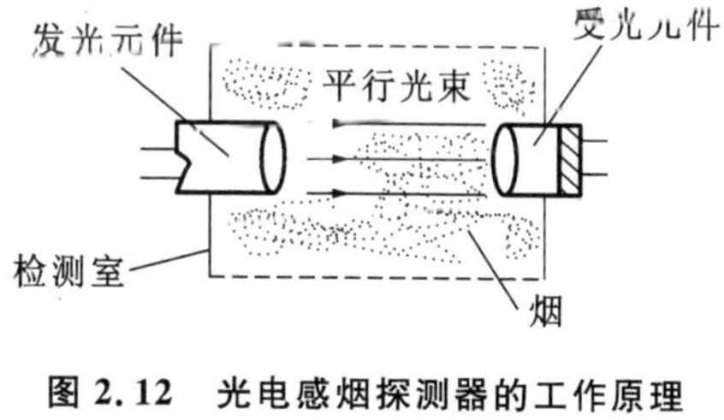

图 2.12 光电感烟探测器的工作原理

①相对湿度经常大于 95%；

②气流速度大于 5m/s；

③有大量粉尘、水雾滞留；

④可产生腐蚀性气体；

⑤正常情况下有烟滞留；

⑥可产生醇类、醚类、酮类等有机物。

符合下列条件之一的场所不宜选择点型光电感烟探测器：①可能产生黑烟；②有大量粉尘、水雾滞留；③可能产生蒸汽和油雾；④正常情况下有烟滞留。

(1)感烟火灾探测器设备示例

【设备示例 1】 海湾 JTY-GD-G3 点型光电感烟火灾探测器(图 2.13)及其背后铭牌(图 2.14)。

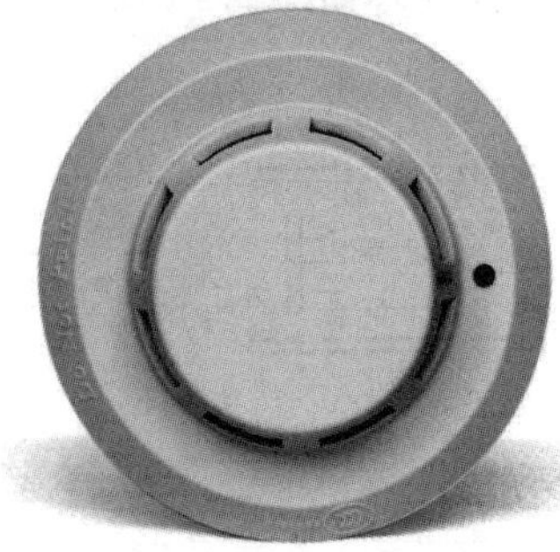

图 2.13 JTY-GD-G3 点型光电感烟火灾探测器

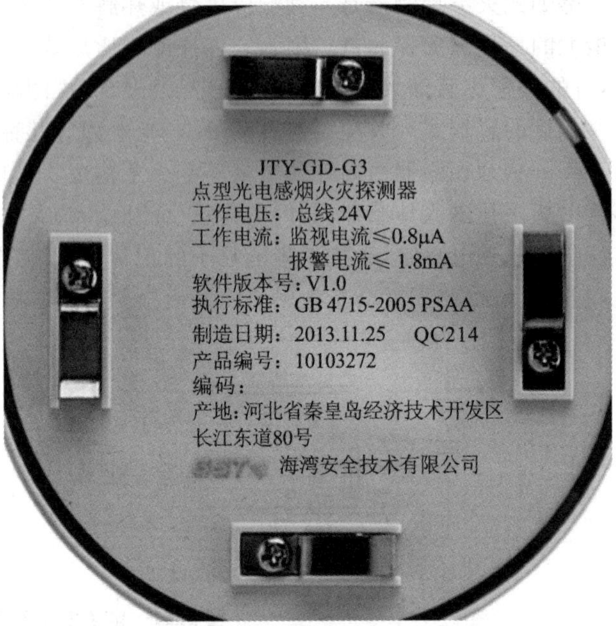

图 2.14 感烟火灾探测器背后铭牌

特点：

JTY-GD-G3 点型光电感烟火灾探测器采用无极性信号二总线技术，内置带 A/D 转换的八位单片机，通过在探测器内部固化的运算程序，可自动完成对外界环境参数变化的补偿及火警、故障的判断，存储环境参数变化的特征曲线；采用电子编码方式；采用指示灯闪烁的方式提示其正常工作状态，可在现场观察其运行状况。

主要技术指标：

①工作电压：总线 24V；

②监视电流不大于 0.8mA；

③报警电流不大于 1.8mA；

④线制：二总线制；

⑤报警确认灯：红色，巡检时闪烁，报警时常亮；

⑥使用环境：温度－10～55℃，相对湿度不大于 95%，不结露；

⑦外壳防护等级：IP23。

保护范围：

当空间高度为 6～12m 时，对一般保护场所而言，一个探测器的保护面积为 $80m^2$；空间高度为 6m 以下时，保护面积为 $60m^2$。

接线：

通用底座(DZ-02)上有 4 个导体片，片上带接线端子。图 2.15 所示为感烟火灾探测器与火灾报警控制器接线。

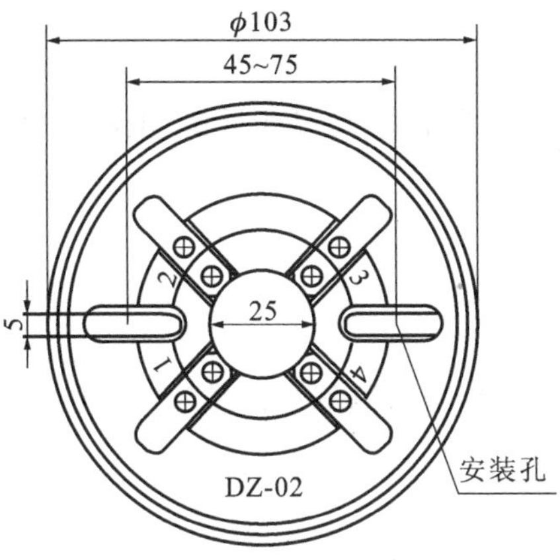

通用底座（DZ-02）

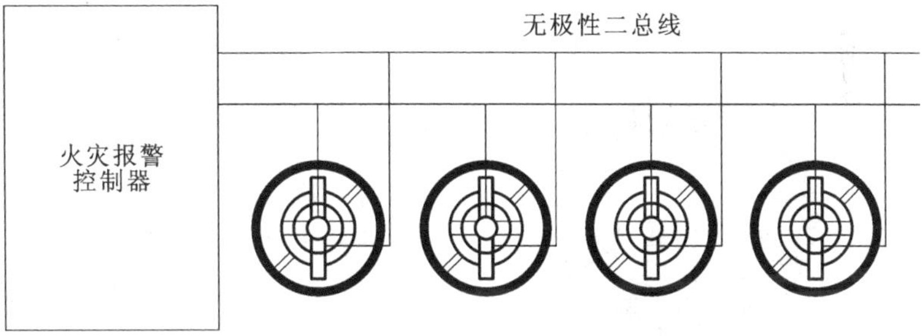

图 2.15　感烟火灾探测器与火灾报警控制器接线

【设备示例 2】　西门子 FDO181 点型光电感烟火灾探测器(图 2.16)和它的背面铭牌(图 2.17)及其底座(图 2.18)。

图 2.16　点型光电感烟火灾探测器

图 2.17　探测器背面铭牌

图 2.18　探测器底座

FDO181 点型光电感烟火灾探测器采用光学传感器，运用光散射原理，提高了对火灾产生烟雾粒子的探测能力，从而大大提高了对明火或者暗火的探测灵敏度，进而及早探知火情。

特点：

①满足国家标准《点型感烟火灾探测器》(GB 4715—2005)；

②内置 CPU，信号接收后会经智能算法处理进行火灾识别；

③探测器的灵敏度可以通过参数设置进行选择，因此可针对所监视的环境状况进行相应的调整；

④采用全新独特的感烟迷宫结构可有效避免外部光线干扰，对火灾烟雾进行准确探测；

⑤全自动地址设定，无须编码器设置或者拨码开关；

⑥每只探测器内带有特定标识码(相当于身份证,起部件识别作用),控制器能依此确认探测器类型,并进行位置分配;

⑦特别适合对暗火或有烟雾产生的火焰进行早期探测报警;

⑧抗环境因素干扰能力强,包括粉尘、纤维、昆虫、潮湿、极端高温或低温、电磁干扰、腐蚀性气体、振动、非火灾烟雾等;

⑨报警灯 360°全方位可见;

⑩通过 FD18-Bus 回路与控制器通信,无极性连接;

⑪采用单光敏组件散射光原理;

⑫具有自动补偿功能,减少灰尘对探测灵敏度的影响,当探测器被严重污染,无法进行补偿时,会向控制器报故障;

⑬自带防尘罩,避免现场装修污染。

施工安装:

简便快捷高质量的安装方式,工程施工时首先安装好接线底座并完成布线。

①将探测器的定位槽对准底座的定位指针插入底座,如图 2.19 所示;

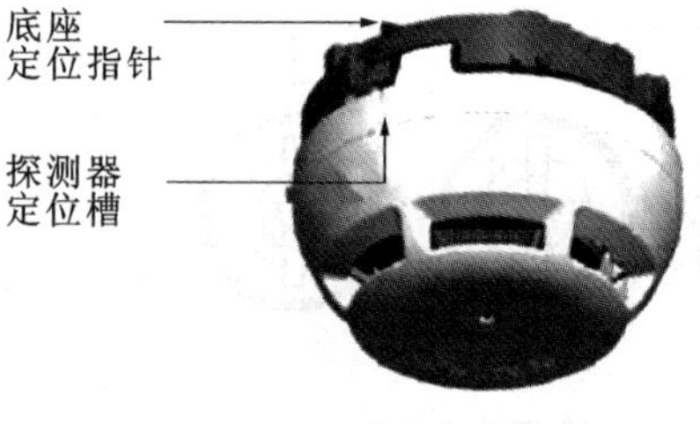

图 2.19 安装示意图

②顺时针旋转探测器直至停止。

拆卸:

①逆时针旋转探测器直至停止;

②向外拉出即可拆下探测器。

备注:所有装修施工都完成之后才能安装探测器。

功能:

①采用单光敏元件散射光原理;

②独特的感烟迷宫结构可有效避免外部光线干扰,从而对火灾烟能进行准确探测;

③具有自动补偿功能减少灰尘对探测灵敏度的影响,当探测器被严重污染无法进行补偿时会向控制器报故障;

④探测器的灵敏度可以通过参数设置进行选择,因此可针对所监视的环境状况进行相应的调整;

⑤每只探测器内带有特定标识码,相当于身份证,起部件识别作用,控制器能依此确认探测器类型并进行地址分配。

应用:

①对阴燃和有烟的火情进行早期探测报警;

②自带防尘罩,避免现场装修污染。

指示灯:

探测器本身带有指示灯,用来指示探测器的工作状态,见表 2.1。

表 2.1 探测器的工作状态

探测器状态	指示灯状态
正常工作	灭
定位/测试火警	闪烁
报警	常亮

主要参数：

工作电压：12～32V DC；

工作电流(静态)：0.26mA；

动作电流：1.20mA；

灵敏度标准：2.5%；

灵敏度：1.8%；

工作温度：－10～55°C；

储存温度：－20～75°C；

相对湿度：≤96%；

通信协议：FD18-BUS；

负载因子：1；

颜色：白色，RAL9010；

防护等级：EN60529/IEC529IP44；

产品说明书：A6V10214488。

接线图：

FDO181 型光电感烟火灾探测器的接线图如图 2.20 所示。

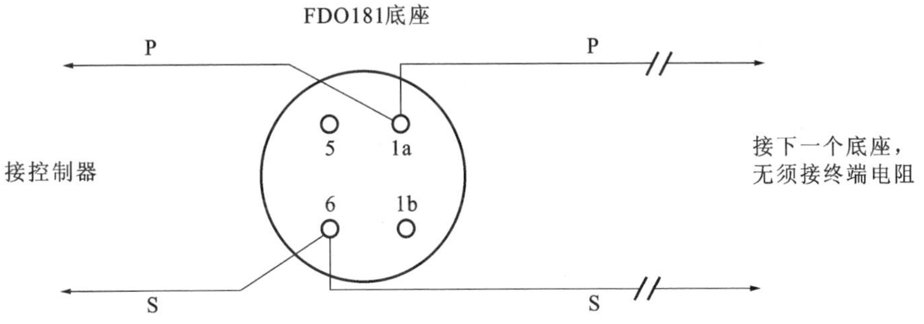

图 2.20　FDO181 型光电感烟火灾探测器接线图

维护，性能检测建议如下：

①每年对所有探测器进行一次外观检查，严重污染和机械损坏的探测器必须更换；

②建议无论在何种环境下使用 7～10 年的探测器需要予以更换；

③长期备用的探测器应封装保存；

④平时定期进行烟试验，每年一次。

【设备示例 3】 海湾 GST-BMQ-2 型电子编码器，如图 2.21 所示。

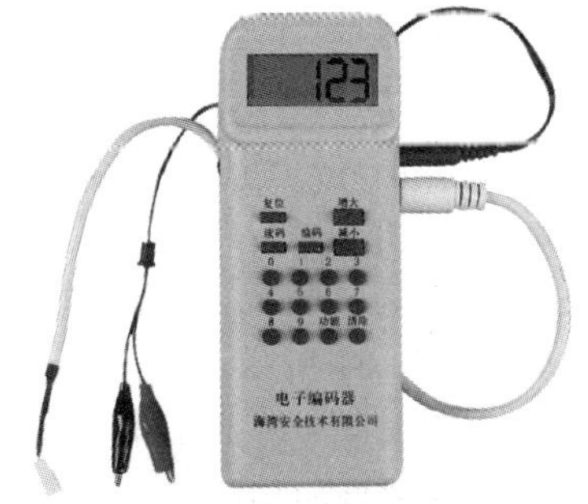

图 2.21　海湾 GST-BMQ-2 型电子编码器

特点：

电子编码器利用键盘操作，输入十进制数，简单易学。可以用电子编码器读写探测器的地址和灵敏度，读写模块类产品的地址和工作方式；并可以用电子编码器浏览设备批次号，现场调试维护十分方便。

主要技术指标：

①工作电压：9V DC；

②工作电流≤8mA；

③待机电流≤100μA；

④使用环境：

温度－10～50℃，相对湿度≤95%，不结露。

操作说明(图 2.22)：

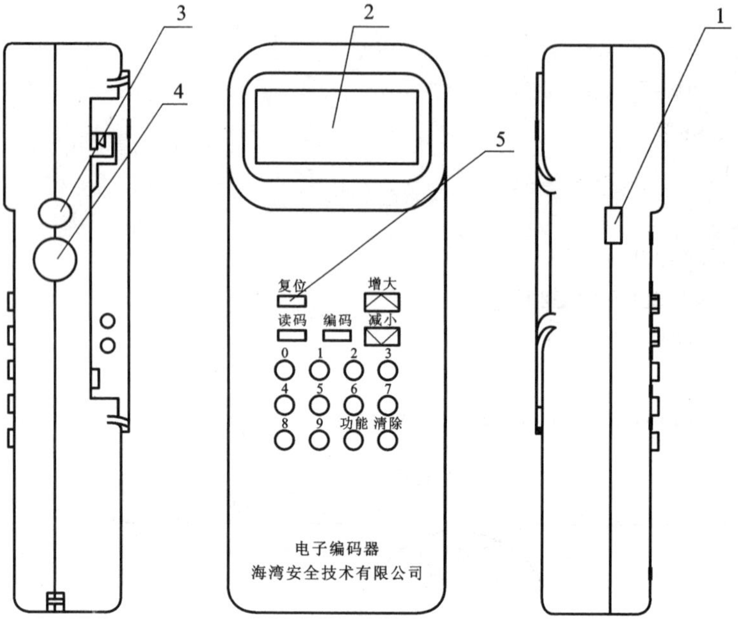

图 2.22　电子编码器操作说明

1—电源开关；2—液晶屏；3—总线插口；4—接口(I2C)；5—复位键

其中各部分功能说明如下。

①电源开关：完成系统硬件开机和关机操作。

②液晶屏：显示有关探测器的一切信息和操作人员输入的相关信息，并且当电源欠压时给出指示。

③总线插口：编码器通过总线插口与探测器或模块相连。

④接口(I2C)：编码器通过此接口与以 I2C 编程方式编码的探测器相连。

⑤复位键：当编码器由于长时间不使用而自动关机后，按下复位键可以使系统重新上电并进入工作状态。

(2)吸气式感烟火灾探测器

吸气式感烟火灾探测器一改传统感烟探测器等待烟雾飘散到探测器被动进行探测的方式，而是采用新的理念，即主动对空气进行采样探测。当保护区内的空气样品被吸气式感烟探测器内部的吸气泵吸入采样管道，送到探测器进行分析时，如果发现烟雾颗粒，即发出警报。如图 2.23、图 2.24 所示。

吸气式感烟探测器适用于以下场所：

①高空气流量的场所，如电信机房、无尘室等。

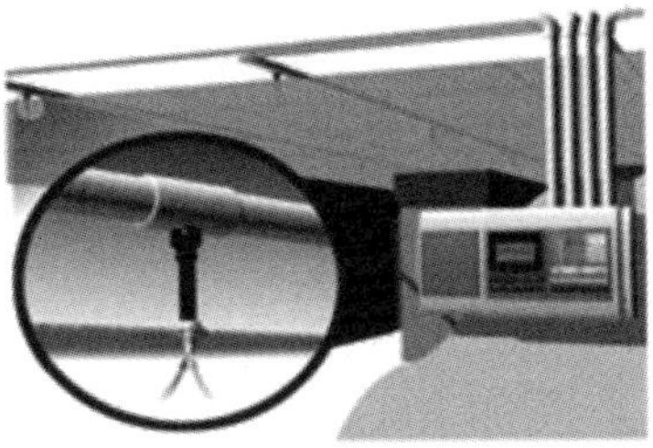

图 2.23 吸气式感烟探测器

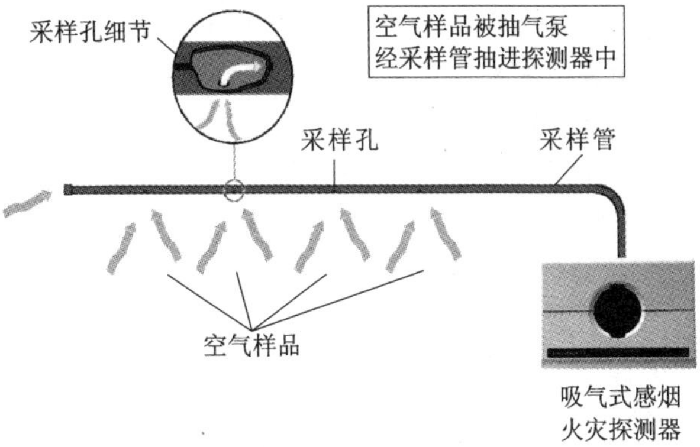

图 2.24 吸气式感烟探测器工作原理

②大面积的空阔场所，如仓库、厂房、展览大厅等。

③低温场所，如冷冻仓库等。

④需要进行隐蔽探测的场所，如文化/遗产建筑等。

⑤肮脏、多灰尘的恶劣场所，如矿井、隧道、货物输送通道、食品加工厂等。

⑥需要进行火灾早期探测的关键部门，如银行数据中心、电力部门的变配电室、机场的控制塔等。

⑦防爆、强电磁和强辐射场所，如军火库、油库、化工设施位置、加速器位置、微波室、电视发射塔等。

【设备示例 4】 海湾 JTY-GXF-GST1D 吸气式感烟火灾探测器，如图 2.25 所示。

JTY-GXF-GST1D 吸气式感烟火灾探测器是吸气式空气采样烟雾探测器，通过内部抽气设备把被监测区域的空气吸入激光采样检测室进行分析，判断是否发生火警，如有火警则给出声音提示，启动相应的继电器，记录相关信息，并把信息通过总线上传到控制器。

特点：

每管独立探测室、独立分区，可分别设置灵敏度、风速上下限等参数；总线有故障时可正常工作；4 种吸气强度可选择，4 个火警级别及相关的火警继电器输出，1 个故障继电器输出；单管最大采样长度 100m；显示当前采集参数：烟雾值、风速流量等；有实时时钟，可根据记录查看报警、报故障时间，且火警记录单独存储；直接通过总线与 GST 传统火灾报警控制器连接。

图 2.25 海湾 JTY-GXF-GST1D 吸气式感烟火灾探测器

主要技术指标：

①工作电压：总线电压为 24V，允许范围为 16～28V。

②电源电压：DC 24V，允许范围 DC 20～28V。

③工作电流：

总线：监视电流≤0.6mA，报警电流≤0.6mA；

JTY-GXF-GST1D DC 24V：监视电流≤340mA，报警电流≤360mA。

④线制：二总线制。

⑤继电器输出：2A@30V DC，0.5A@125V AC。

⑥联网方式：485 接口，MODBUS 协议。

⑦信息存储容量：火警记录 999 条，运行、操作记录 999 条。

⑧单管最大采样长度：100m。

⑨采样回路数目：1 个。

⑩工作温度范围：－10～55℃。

⑪工作湿度范围：相对湿度 10％～95％，不凝露。

⑫IP 防护等级：IP30。

保护范围：

单管最大采样长度 100m。

接线（表 2.2）：

表 2.2 接线

<table>
<tr><th>端子序号</th><th>接线名称</th><th>功能</th><th>端子序号</th><th>接线名称</th><th>功能</th></tr>
<tr><td rowspan="4">Z1、Z2</td><td>Z1</td><td rowspan="4">总线接口无极性</td><td rowspan="2">A、B</td><td>B</td><td rowspan="2">485 总线端子</td></tr>
<tr><td>Z2</td><td>A</td></tr>
<tr><td>Z1</td><td rowspan="2">FIRESET</td><td>COM</td><td rowspan="2">可设置火警输出</td></tr>
<tr><td>Z2</td><td>NO</td></tr>
<tr><td rowspan="4">DC 24V</td><td>D1</td><td rowspan="4">DC 24V 接口无极性</td><td rowspan="2">FIRE</td><td>COM</td><td rowspan="6">故障输出，出现任何故障继电器将断开</td></tr>
<tr><td>D2</td><td>NO</td></tr>
<tr><td>D1</td><td rowspan="4">FAULT</td><td rowspan="2">COM</td></tr>
<tr><td>D2</td></tr>
<tr><td rowspan="2">A、B</td><td>B</td><td rowspan="2">485 总线端子</td><td rowspan="2">NC</td></tr>
<tr><td>A</td></tr>
</table>

JTY-GXF-GST1D 吸气式感烟火灾探测器端子图见图 2.26。

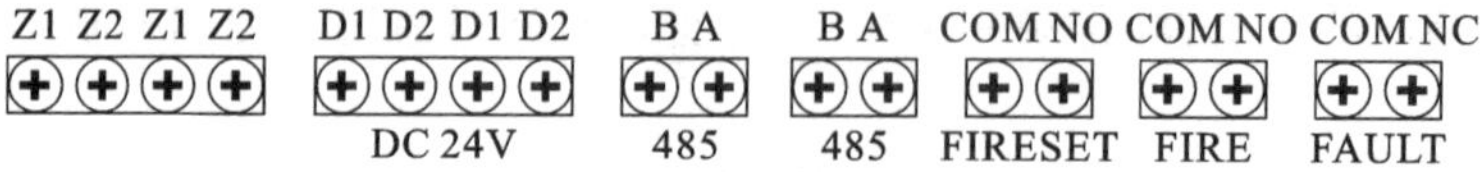

图 2.26 JTY-GXF-GST1D 吸气式感烟火灾探测器端子图

吸气式感烟火灾探测器与其他火灾探测器可探测范畴（图 2.27）：

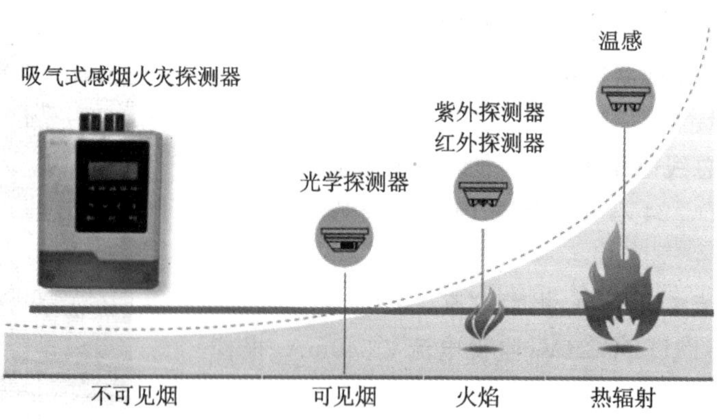

图 2.27 火灾探测器的可探测范畴

【设备示例 5】 西门子 FDA221-CN 吸气式感烟火灾探测器，如图 2.28 所示。

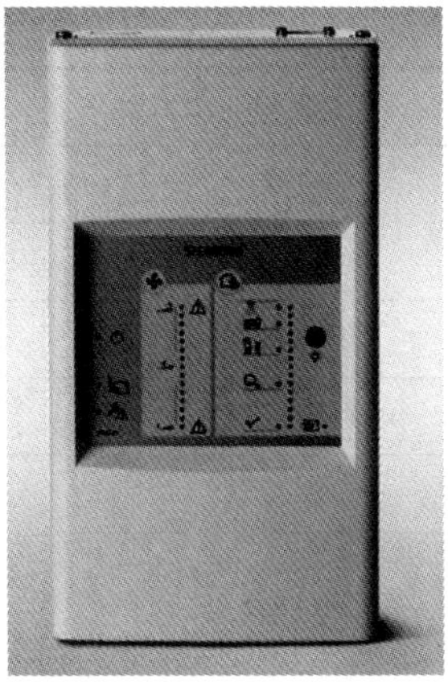

图 2.28　西门子 FDA221-CN 吸气式感烟火灾探测器

西门子 FDA221-CN 吸气式感烟火灾探测器采用创新的智能光电双波长探测技术，能准确分辨烟雾和假象干扰，即使在肮脏环境下也能保证极高的探测可靠性。此外，它还可以直接接入西门子 FS720 火灾报警系统，从而节约成本。

FDA221-CN 吸气式感烟火灾探测器适用于点型火灾探测器无法安装或安装受限制的情况，带有采样孔的封闭采样管道系统不断抽取受检测空间的空气，空气被输送到检测室经由内置探测腔对烟雾颗粒进行分析，探测器的灵敏度可以调节设置。具有如下特点：

①满足国家标准《特种火灾探测器》(GB 15631—2008)；

②专利技术；

③可接入 FC726 火灾报警控制器探测回路（通过 FDCC221S)；

④应用双波长(蓝、红外)光学检测；

⑤通过 USB 端口或 FDCC221S 通信模块进行配置(可选)；

⑥扩展了对空气颗粒的早期检测广谱范围；

⑦可配置报警阈值；

⑧独特的防尘检测腔；

⑨直观的前端显示屏(观察气流和烟雾浓度)；

⑩标定烟雾浓度和气流；

⑪多样化的事件日志功能；

⑫支持离线/在线配置；

⑬FDA241-CN，监测面积达 800m^2；

⑭FDA221-CN，监测面积达 500m^2；

⑮支持干接点、4～20mA 等多种输出模式；

⑯净化功能(仅 FDA241-CN)；

⑰固件可就地升级。

西门子 FDA221-CN 吸气式感烟火灾探测器参数见表 2.3。

表 2.3　西门子 FDA221-CN 吸气式感烟火灾探测器参数

名称	技术参数	FDA241-CN	FDA221-CN
电源			
工作电压	19～30V DC		
工作电流	正常状态:150mA		
	报警状态:250mA		
外形尺寸	162mm×283mm×120mm		
质量	1.5kg		
防护等级	IP30		

续表 2.3

名称	技术参数		FDA241-CN	FDA221-CN
安装	立式,倒置			
运行条件				
工作环境	－20～60℃			
存储温度	－30～70℃			
湿度	5%～95%(无冷凝)			
声级	正常运行时 1m 距离		小于 41dB(A)	大于 53dB(A)
	蜂鸣器			
采样管网				
采样管最大长度	单管长度		60m	30m
	支管长度		2×60m	2×25m
进气/排气管	内径 21mmID 外径 25mmOD			
覆盖面积			800m^2	500m^2
输入输出				
报警输出 2.0A@DC 30V(最大)	常开/常闭继电器		4 个	3 个
故障输出			1 个	1 个
4～20mA 模拟输出			1 个	1 个
净化操作输出			1 个	N/A
灰尘浓度输出			1 个	N/A
USB			1 个	1 个
接线入口	后部 10cm×2.5cm 或上部			
接线端子	0.2～2.5mm^2 (30～12AWG)			
报警阈值				
火警 1,预警,警告	0.03%～2.0% obs/m			
火警 2	2.0%～20% obs/m			
标准	EN 54-20 Class A,B,C GB 15631—2008			

(3)线型光束感烟探测器

线型光束感烟探测器是利用烟雾粒子对光线传播发生遮挡的原理制成的,当一束一定强度的单色平行光通过火灾烟雾粒子时,由于烟雾粒子的散射和吸收效应使入射光产生衰减,接收器收到的光信号降低,转换成的电信号也降低,当信号降至阈值以下时,发出报警信号,发射器根据发光原理可以发出红外光、紫外光和激光。红外光束感烟探测器又分为对射型和反射型两种。图 2.29 所示为对射型线性光束感烟探测器的工作原理。

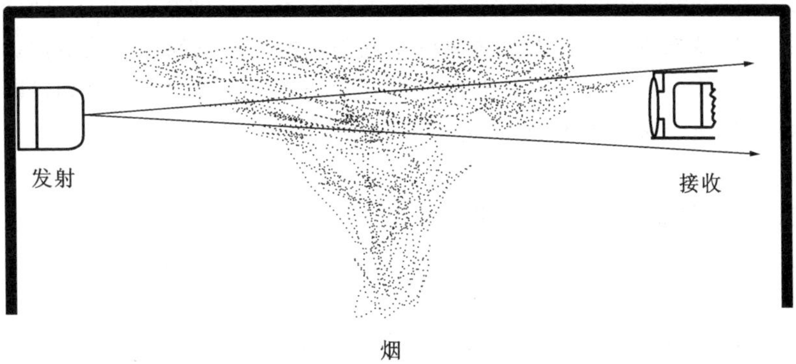

图 2.29　对射型线性光束感烟探测器工作原理

红外光束线型感烟探测器较适宜安装在以下场所：

①无遮挡大空间的库房、展览馆、博物馆、纪念馆、档案馆、飞机库等；

②建筑物的中庭；

③古建筑、文物保护的厅堂馆所等；

④发电厂、变配电站等；

⑤隧道工程。

下列场所不宜使用红外光束线型感烟探测器：

①在保护空间有一定浓度的灰尘、水汽粒子且粒子浓度变化较快的场所；

②有剧烈震动的场所；

③有日光照射或强红外光辐射源的场所。

【设备示例 6】 海湾 JTY-HM-GST102 线型光束感烟火灾探测器，如图 2.30 所示。其反射器如图 2.31 所示。

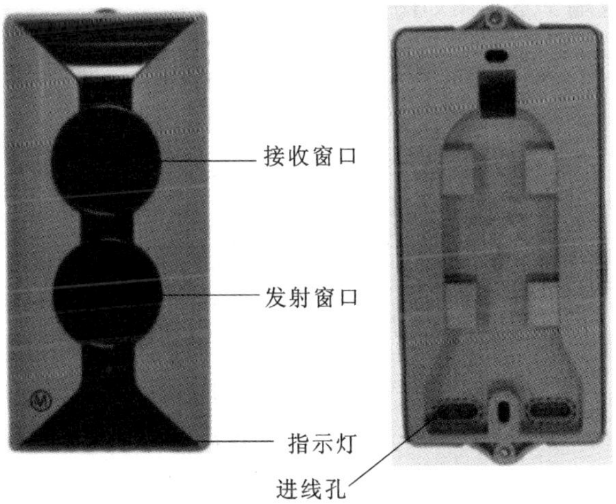

图 2.30　海湾 JTY-HM-GST102 线型光束感烟火灾探测器

图 2.31　海湾 JTY-HM-GST102 线型光束感烟火灾反射器

特点：

JTY-HM-GST102线型光束感烟火灾探测器为编码型反射式线型红外光束感烟火灾探测器。探测器直接与火灾报警控制器连接，通过总线完成二者间状态信息的传递。探测器与反射器配套使用，需要根据二者间安装距离的不同决定使用一块或四块反射器。将发射部分、接收部分合二为一，安装简单、方便，光路准直性好；具有自动校准功能、自动诊断功能、自动补偿功能，可现场设置三个级别的灵敏度；电子编码，地址码可现场设定。

技术指标：

①工作电压、总线电压：总线24V；电源电压：DC 24V。

②工作电流、电源电流：调试电流≤20mA，监视电流≤8mA，报警电流≤12mA，总线电流≤2mA。

③灵敏度等级，一级：1.3±0.3dB；二级：1.7±0.3dB；三级：2.3±0.3dB。

④线制：二总线制。

⑤指示灯：

调试状态，绿色和黄色指示灯以特定的方式点亮或闪亮；正常监视状态，红色指示灯周期性闪烁；火警状态，红色指示灯常亮，黄色指示灯熄灭；故障状态，黄色指示灯常亮。

光路被全部遮挡，探测器先报故障并点亮黄色指示灯，20s后探测器再报火警，并由控制器点亮红色指示灯，熄灭黄色指示灯。

⑥防护等级、普通环境：IP20；特殊环境：IP66。

⑦使用环境：温度−10～55℃，相对湿度≤95%，不结露。

保护范围：

探测器最大保护面积为14×100=1400m²，最大宽度为14m。

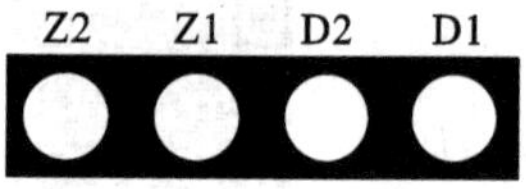

图2.32 接线示意图

接线(图2.32)：

探测器需要与直流24V电源线(无极性)及火灾报警控制器信号总线(无极性)连接，直流24V电源线接于探测器的接线端子D1、D2端子上，总线接于探测器的接线端子Z1、Z2上，反射器不须接线。接线端子示意图如图2.33所示。

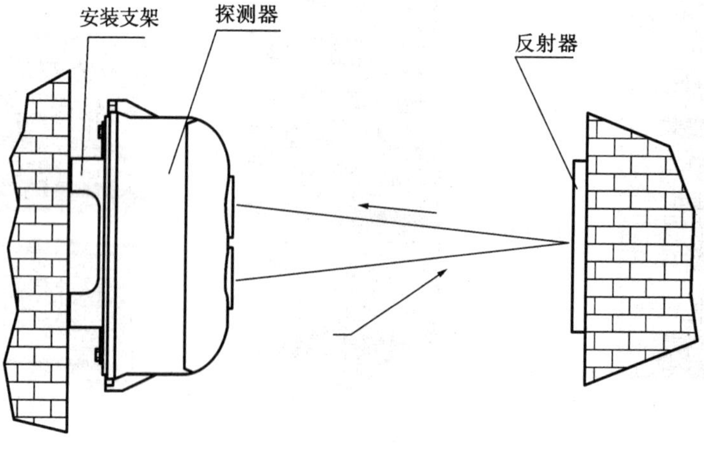

图2.33 接线端子示意图

某商场线型光束感烟火灾探测器安装实例如图 2.34 所示。

图 2.34 线型光束感烟火灾探测器安装实例

【设备示例 7】 西门子 FDL241-9-CN 线型光束感烟探测器及菱形反射器，如图 2.35 所示。

图 2.35 西门子 FDL241-9-CN 线型光束感烟探测器及菱形反射器

西门子 FDL241-9-CN 线型光束感烟探测器满足国家标准《线型光束感烟火灾探测器》(GB 14003—2005)。

工作原理：

探测器由发射管和接收管组成，发射管发出一束红外光，光束通过对面的菱形反射器再返回到接收管，接收管将收到的红外信号转换成电信号，供微处理器进行分析处理。当有烟雾穿过探测区，红外信号会减弱；当信号达到预定值时，探测器向控制器发送相应的危险等级，距离测量用于识别外部事件，内置报警灯显示报警状态。同时可在大型房间内进行可靠的烟雾探测（室内应用）。

FDL241-9-CN 线型光束感烟探测器（西门子）的参数如下：

①满足国家标准《线型光束感烟火灾探测器》（GB 14003—2005）。

②探测器由发射管和接收管组成，发射管发出一束红外光，光束通过对面的菱形反射器再返回到接收管，接收管将收到的红外信号转换成电信号，供微处理器进行分析处理。

③当有烟雾穿过探测区，红外信号会减弱；当信号达到预定值时，探测器向控制器发送相应的危险等级。

④距离测量用于识别外部事件。

⑤内置报警灯显示报警状态。

⑥在大型房间内进行可靠的烟雾探测（室内应用）。

⑦探测距离 5～100m。

⑧信号处理基于 ASAtechnologyTM（先进信号分析技术）。

⑨利用烟雾对光散射的原理进行探测。

⑩可选择的反应方式，最多 3 种灵敏度级别可供选择。

⑪事件控制探测方式。

⑫4 种危险级别可传输到控制器。

⑬微处理器信号分析。

⑭自检功能。

⑮对污染自动补偿。

⑯对抗外部光线及电磁干扰能力强。

⑰发射管与接收管在一个装置内。

⑱测量发射管与接收管之间距离。

⑲通过 D-BUS 总线与控制器通信（独立编址）。

⑳有多种反射器适用于不同探测距离，探测器指示灯状态：正常工作时为灭，每隔 1s 闪烁一次表示检测，报警时为常亮。

㉑工作电压 12～33V DC。

㉒工作电流（静态）0.8mA。

㉓门灯：2。

㉔外接及可编程。

㉕探测距离 5～100m。

㉖工作温度－25～60℃。

㉗贮存温度－30～75℃。

㉘湿度≤95%rel。

㉙接线端子面积 0.2～1.5mm^2。

㉚防护等级 EN60529/IEC529IP65。

㉛质量(kg):0.440。

㉜颜色纯白,RAL9010。

㉝尺寸(mm)(含 FDLB291):135×135×115。

2.2.2.2 感温火灾探测器

感温火灾探测器是在使用广泛上仅次于感烟火灾探测器的一种火灾早期报警的探测器,是一种响应异常温度、温升速率和温差的火灾探测器。常用的火灾探测器是定温火灾探测器、差温火灾探测器和差定温火灾探测器。

(1)定温火灾探测器

定温火灾探测器是在规定时间内火灾引起的温度上升超过某个定值时启动报警的火灾探测器。定温式火灾探测器是温度上升到预定值(大于 60℃)时响应的火灾探测器。分为线型定温火灾探测器与点型定温火灾探测器。

线型定温火灾探测器是线型结构的温度敏感元件呈线状分布,所监视的区域是一条线带。当监测区域中某局部环境温度上升达到规定值时,可熔的绝缘物熔化使感温电缆中两导线短路;或采用特殊的具有负温度系数的绝缘物质制成的可复用感温电缆产生明显的阻值变化,从而产生火灾报警信号。

点型定温式探测器是利用双金属片、易熔金属、热电偶热敏半导体电阻等元件,在规定的温度值上产生火灾报警信号。

【设备示例 8】 海湾 JTW-ZCD-G3N 点型感温火灾探测器,如图 2.36 所示。

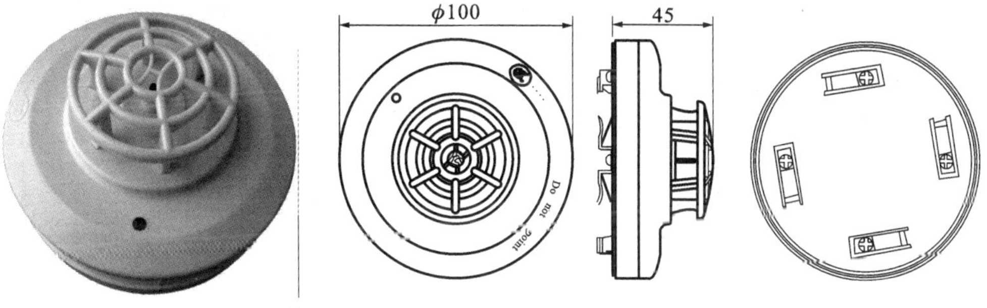

图 2.36 海湾 JTW-ZCD-G3N 点型感温火灾探测器

特点:

海湾 JTW-ZCD-G3N 点型感温火灾探测器采用无极性信号二总线技术,特别适用于发生火灾时有剧烈温升的场所,与感烟探测器配合使用更能可靠探测火灾,减少损失。探测器地址编码由电子编码器直接写入;探测器具有 A1R 和 BS 两种类别,适用于更广泛的温度环境。

拓展知识:感温探测器按温度范围分类有 20 余种,常见的是 A1 和 A1R,A2 和 A2R,A1 动作温度下限是 54℃,动作温度上限是 65℃;A2 动作温度下限是 54℃,动作温度上限是 70℃。A1R 和 A2R 等带"R"标志的,多了一个差温报警,就是一定时间内,温度骤升(比如 8.3℃/min)就会报警。探测温度一般是 54~70℃,按照国家的标准,探测温度最高可达到 160℃。

主要技术指标:

①探测器类别：P(A1R 和 BS 可设，出厂默认类别在探测器铭牌上标注)。

②工作电压：总线 24V。

③监视电流≤0.8mA。

④报警电流≤1.8mA。

⑤线制：二总线制。

⑥报警确认灯：红色，巡检时闪烁，报警时常亮。

⑦使用环境：

温度：A1R 类别，典型应用温度 25℃，范围－10～50℃；

BS 类别，典型应用温度 40℃，范围－10～65℃；

相对湿度≤95%，不结露。

⑧编码方式：十进制电子编码。

⑨外壳防护等级：IP33。

保护范围：

当空间高度小于 8m 时，对一般保护现场而言，一个探测器的保护面积为 20～30m^2。

接线：

通用底座接线方式与设备示例 1 相同，见图 2.37。

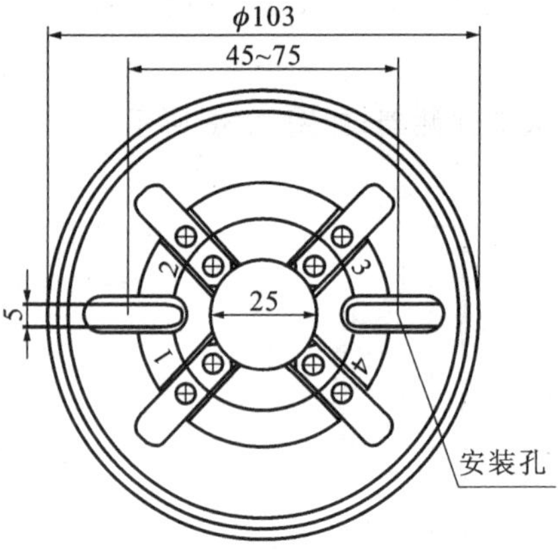

图 2.37 通用底座(DZ-02)

【设备示例 9】 西门子 FDT181 点型感温火灾探测器(P)及其背面铭牌，如图 2.38 所示。

FDT181 点型感温火灾探测器

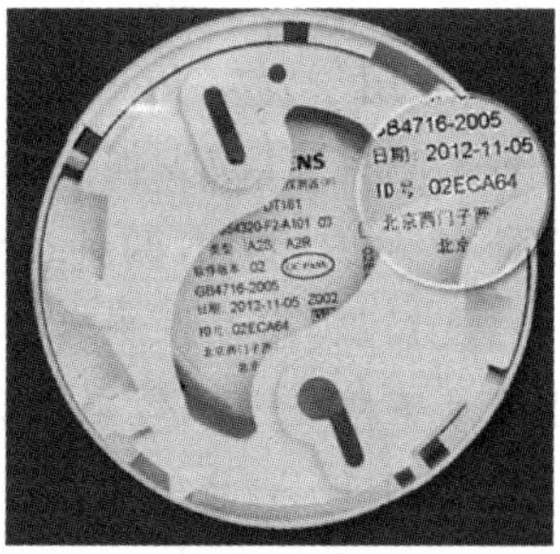

探测器背面铭牌

图 2.38 西门子 FDT181 点型感温火灾探测器(P)及其背面铭牌

概述：

FDT181点型感温火灾探测器为智能型感温探测器，适用于建筑物内部空间的早期火灾探测，尤其可用于工作过程产生烟、灰尘，排放气体等不能使用其他种类探测器的地方。

特点：

①满足国家标准《点型感温火灾探测器》(GB 4716—2005)；

②内置CPU，信号接收后会经智能算法处理；

③A2S和A2R两种工作模式；

④全自动地址设定，无须编码器设置或者拨码开关；

⑤报警灯360°全方位可见；

⑥抗环境因素干扰能力强，包括潮湿、电磁干扰、腐蚀性气体、振动等；

⑦通过FD18-Bus回路与控制器通信，无极性连接；

⑧产品标签上自带可撕式编码贴，方便工程调试。

功能：

①探测器的探测方式可以通过参数设置进行选择，因此可针对所监视的环境状况进行相应的调整；

②每只探测器内带有特定标识码(相当于身份证，起部件识别作用)，控制器能依此确认探测器类型，并进行地址分配。

应用：

①用于监视火灾时升温迅速的房间，或者感烟探测器不便使用的场合；

②自带防尘罩，避免现场装修污染。

安装：

简便快捷高质量的安装方式，工程施工时首先安装好接线底座并完成布线。

①将探测器的定位槽对准底座的定位指针插入底座，见图2.19；

②顺时针旋转探测器直至停止。

注：所有装修施工都完成之后才能安装探测器。

拆卸：

①逆时针旋转探测器直至停止；

②向外拉出即可拆下探测器。

指示灯：

探测器本身带有指示灯，用来指示探测器的工作状态，见表2.1。

性能参数：

工作电压：12～32V DC；

工作电流(静态)：0.26mA；

动作电流：1.2mA；

工作温度：－10～50℃；

贮存温度：－20～75℃；

相对湿度(允许短期潮湿环境)：≤96%(40±2℃)；

通信协议：FD18-Bus；

颜色：白色，RAL9010；

防护等级:GB 4208—93 IP44。

接线(图 2.39):

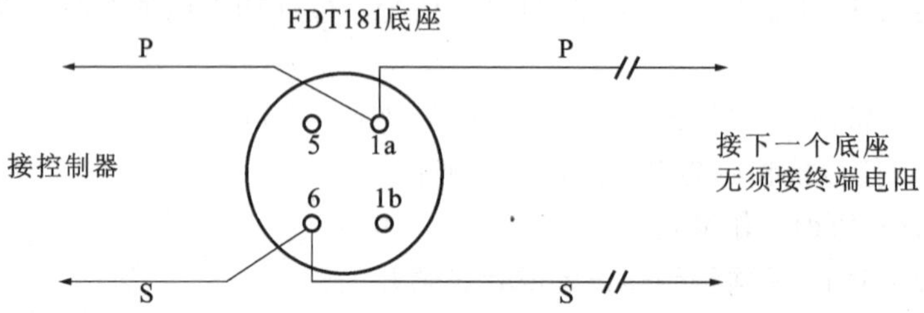

图 2.39　FDT181 点型感温火灾探测器接线

维护,性能检测建议如下:

①每年对所有探测器进行一次外观检查,严重污染和机械损坏的探测器必须更换;

②建议无论在何种环境下使用 7～10 年的探测器予以更换;

③长期备用的探测器应封装保存;

④平时定期进行烟试验,每年一次。

(2)差温火灾探测器

差温火灾探测器是在规定时间内,火灾引起的温度上升速率超过某个规定值时启动报警的火灾探测器。点型差温式探测器是根据局部的热效应而动作的,主要感温器件是空气膜盒、热敏半导体电阻元件等。

(3)差定温式探测器

差定温式探测器结合了定温和差温两种作用原理并将两种探测器结构组合在一起,一般多是膜盒式或热敏半导体电阻式等点型组合式探测器。

与感烟火灾探测器和感光火灾探测器比较,感温火灾探测器的可靠性较高,对环境条件的要求更低,但对初期火灾的响应要迟钝些,报警后的火灾损失要大些。它主要适用于因环境条件而不宜使用感烟火灾探测器的某些场所;并常与感烟火灾探测器联合使用组成与门关系,为火灾报警控制器提供复合报警信号。

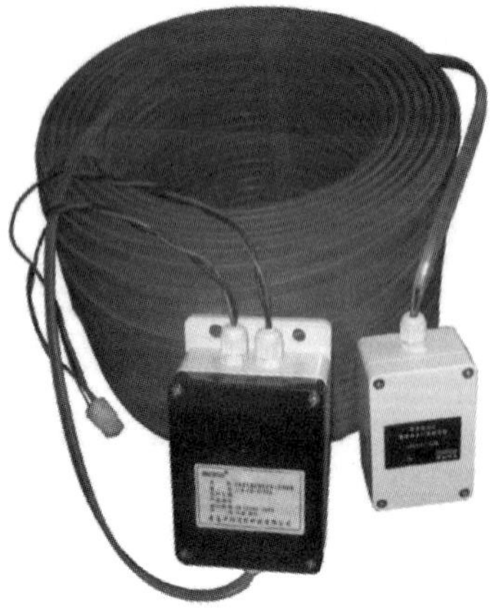

图 2.40　缆式线型感温火灾探测器
(感温部件、信号处理单元及终端)

(4)缆式线型感温火灾探测器

缆式线型感温火灾探测器(图 2.40)即感温电缆,是响应某一连续线路周围温度参数的火灾探测器,它是将温度值信号或是温度单位时间内变化量信号,转换为电信号以达到探测火灾并输出报警信号的目的。线型感温火灾探测器的组成:由敏感部件和与其相连接的信号处理单元及终端组成。线型感温火灾探测器执行的标准:《线型感温火灾探测器》(GB 16280—2014)。

缆式线型感温火灾探测器可按照不同标准分类:

按敏感部件形式分类:①缆式;②空气管式;③分布式光纤;④光纤光栅;⑤线式多点型。

按动作性能分类:①定温;②差温;③差定温。

按可恢复性能分类:①可恢复式;②不可恢复式。

按定位方式分类：①分布定位；②分区定位。

按探测器报警功能分类：①探测型；②探测报警型。

例如：不可恢复式定温火灾探测器的感温电缆由两根用热敏材料绝缘的导体组成，当温度上升至响应值，感温电缆线芯的热敏绝缘材料熔化，导体相互接触短路就会产生报警信号。根据不同的场合选用不同额定动作温度的探测器（一般分为68℃、88℃、105℃、138℃、180℃五个级别），其敷设方式采用接触性正弦波和围绕式敷设，最大的优点是造价低廉，该方式存在的问题是：①只能对固定或设定的温度进行单级报警；②报警方式为一次性破坏式，不可重复使用。

可恢复式定温火灾探测器即可以重复使用的感温电缆，根据信号处理方式的不同可分为开关量多级缆式感温探测器和模拟量缆式感温探测器。可恢复缆式线型定温火灾探测器优点：报警后不损坏感温电缆，感温电缆可重复使用。

缆式线型感温火灾探测器的安装方式见图2.41。

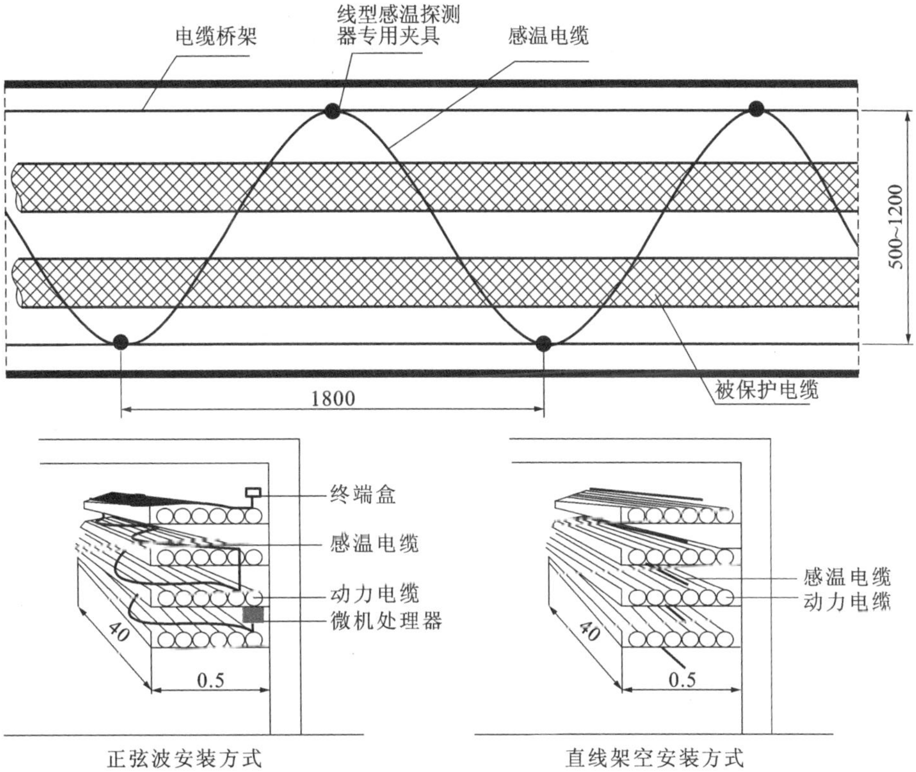

图2.41　缆式线型感温火灾探测器安装方式

【设备示例10】 海湾GST-DL3000系列可恢复式缆式线型定温火灾探测器，如图2.42所示。

特点：

GST-DL3000系列可恢复式缆式线型定温火灾探测器是由微机调制器、终端盒以及感温电缆三部分共同组成，属于可恢复式线型定温火灾探测器，可与火灾控制器采用无极性信号二总线连接，特别适用于电缆隧道内的动力电缆及控制电缆的火警早期预报。在安全温度范围内探测器报警后不损坏感温电缆，可重复使用；采用电子编码方式；探测器报警温度可设定。

图 2.42 海湾 GST-DL3000 系列可恢复式缆式线型定温火灾探测器

主要技术指标：

①微机调制器、终端盒

A. 工作电压：

电源电压：DC 24V，范围：DC 20～28V；

总线电压：总线 24V，范围：总线 16～28V。

B. 工作电流：

正常监视状态不大于 15mA，报警状态不大于 30mA，故障状态不大于 30mA；

总线电流不大于 1mA，故障电流不大于 10mA。

C. 线制：二总线制。

D. 触点输出类型及容量：

故障报警输出：无源触点，容量：1A/DC 24V、1A/AC 120V；

火灾报警输出：无源触点，容量：1A/DC 24V、1A/AC 120V。

E. 使用环境：温度为－10～40℃，相对湿度≤95%，不结露。

F. 外壳防护等级：IP65。

②感温电缆

工作环境温度 T(℃)：－40℃≤T≤额定动作温度下调 30%；

绝缘电阻≥200MΩ；

最小弯曲半径：150mm；

动作温度：

GST-DL3000/85：85℃±10%，GST-DL3000/105：105℃±10%；

响应时间：GST-DL3000/85：≤15s，GST-DL3000/105：≤30s；

保护范围：探测器总线可延长 1km 正常工作，感温电缆最大长度可接 200m 正常工作，可以应用于室内场所；

接线如图 2.43 所示。

(5)线型光纤感温火灾探测器

线型光纤感温火灾探测器(拉曼散射技术)是一种无电检测技术，本身非常安全，拉曼散射的工作原理主要是根据入射光在光纤内通过时，由于光纤本体所处的温度不同而引起该处的光线散射率不同，进而影响光线发射端收到散射光的强度发生变化，从而计算该处的温度值。由于光线在光纤内的传输速度是定量的，因此根据发射端收到散射光的先后顺序和时间间隔，就可以计算光纤本体沿线的温度分布。线型光纤感温火灾探测器原理示意图如图 2.44 所示。

线型光纤感温火灾探测器与缆式线型感温火灾探测器相比，有如下优势：

①实时温度测量；

②精确空间定位；

③监测距离长；

④使用寿命长，维护成本低；

⑤只要光缆不被损坏，即使发生了较为严重的火情，在温度恢复后仍可继续使用；

⑥采用光纤作为温度传感和信号传输的介质，抗电磁干扰；

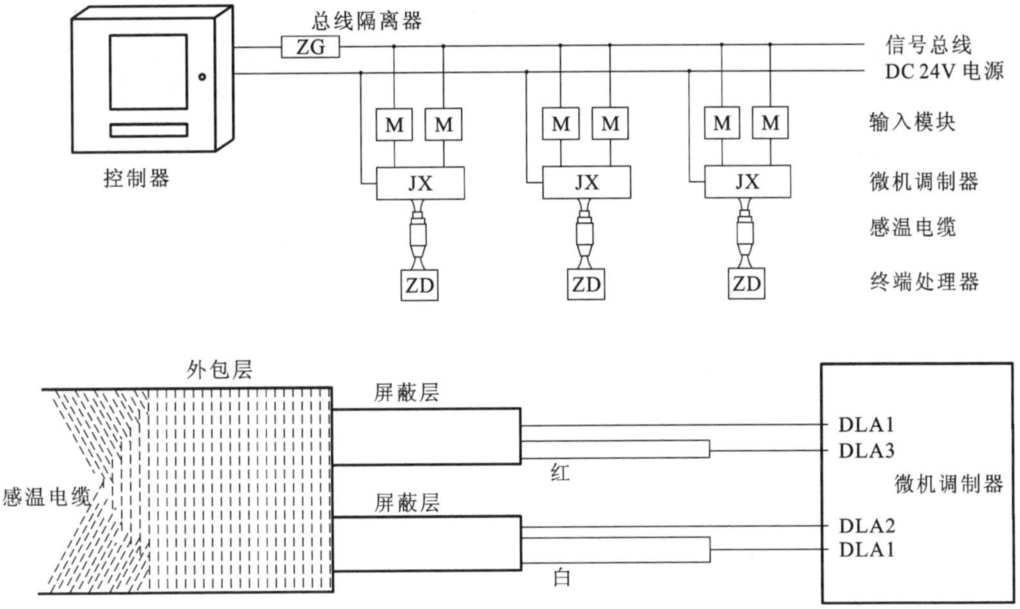

图 2.43 探测器的接线

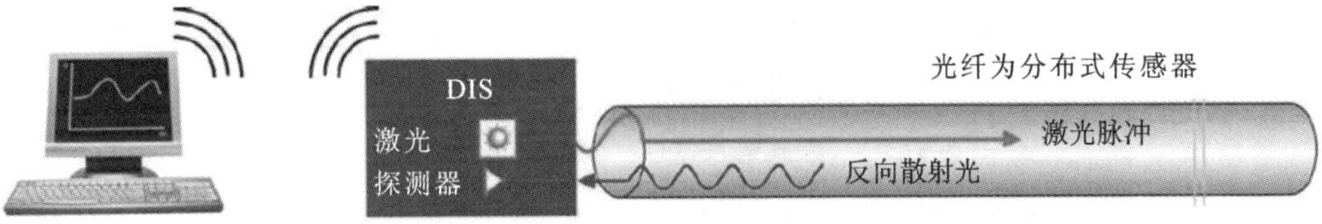

图 2.44 线型光纤感温火灾探测器原理示意图

⑦本质防雷击。

线性光纤感温火灾探测器在电缆隧道、电缆竖井、电缆夹层、电缆桥架、高压电器设备、变压器、皮带传输装置、地铁隧道、木结构古建筑、控制室的闷顶内、地板下等场所具有实用性，应用广泛，是重要设施隐蔽处及长距离狭窄空间火灾探测的未来趋势。

【设备示例 11】 海湾 GST-OTS4000 分布式线型光纤感温火灾探测系统。

特点：

海湾 GST-OTS4000 分布式线型光纤感温火灾探测系统是集计算机、光纤通信、光纤传感、光纤传输、光电控制等技术于一体，基于光纤的后向散射随温度变化的测温原理，采用 OFDR 先进技术，通过线型光纤差定温火灾探测器实时监测光纤上的反馈信息，测量光纤上各点的温度变化，来实时监测被检测区域的温度状况。信号处理器最大可连接 4000m 长的线型光纤差定温火灾探测器（简称光纤探测器），实时连续检测光纤探测器的温度；光纤探测器最多可分成 128 个探测分区，对每个探测分区可现场设置报警参数和联动关系；综合利用设置多级温度报警/温升速率/温升趋势来进行连续监测，可在任何时间准确显示任何一点的温度状态，在火灾发生前早期预警；温度精度可达±1.5℃，空间分辨率最小可达 0.5m。

GST-OTS4000 分布式线型光纤感温探测系统由 GST-OTS4000 线型光纤感温火灾探测信号处理器和 GST-GX200 型光纤探测器等两部分组成。其系统结构如图 2.45 所示。

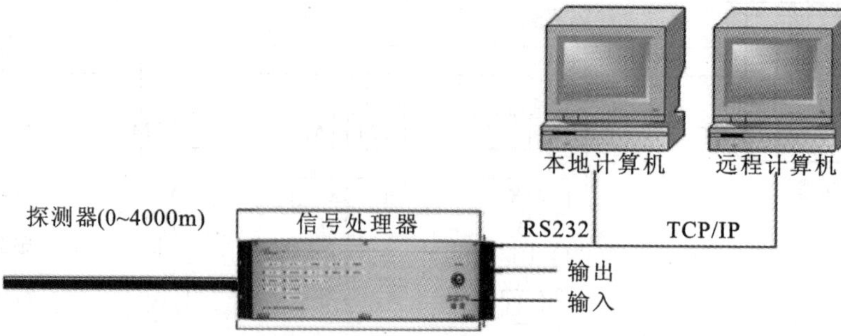

图 2.45 GST-OTS4000 分布式线型光纤感温探测系统结构

探测器分为 GST-GX100、GST-GX200 两种，其中 GST-GX100 为非金属外套，普通型；GST-GX200 为金属外套，快速反应型。探测器外观见图 2.46。

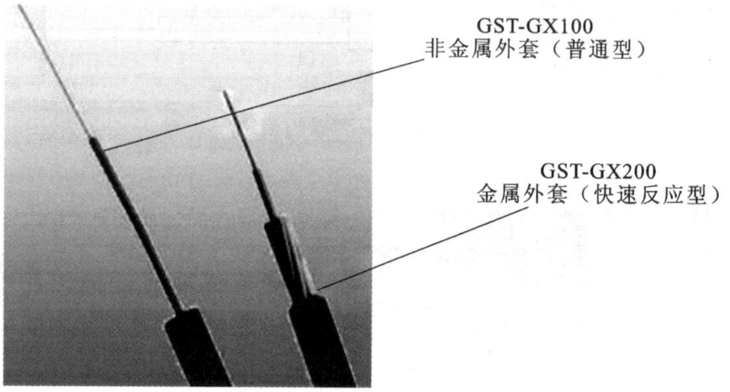

图 2.46 探测器外观

①GST-OTS4000 线型光纤感温火灾探测信号处理器，其示意图见图 2.47。

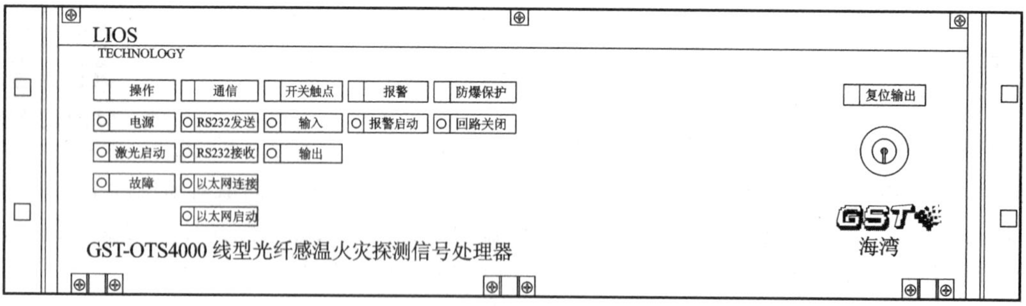

图 2.47 信号处理器示意图

面板显示：

A. 电源指示灯：信号处理器通电，电源指示灯亮。

B. 激光启动指示灯：当信号处理器激光开关打开，计算机与信号处理器正常通信，信号处理器与光纤正常通信时，激光启动指示灯亮。

C. 故障指示灯：灯亮时表明光纤连接有故障。

D. RS232 发送、RS232 接收通信指示灯：信号处理器与计算机正常通信时闪亮。

E. 以太网连接、以太网启动指示灯：网线连至信号处理器以太网接口时，以太网连接指示灯亮、以太网启动闪亮一下。

F. 输入输出指示灯：连接相关输入输出设备时指示灯亮。

G. 报警指示灯：当检测温度达到温度上限时，报警红色灯亮。

H. 回路关闭指示灯：防爆保护回路出现异常时灯亮。

主要技术指标：

A. 电源：采用 DC 24V 供电，电压范围 DC 22～30V，功率小于 50W。

B. 光纤探测器长度≤4000m。

C. 温度测量范围：－30～90℃（瞬间 120℃）。

D. 温度测量精度≤±1.5℃。

E. 空间分辨率≤0.5m。

F. 测量时间：<5s/2km，<15s/4km。

G. 最大报警分区：128。

H. 通信接口：串行通信 RS232 端口，与本地计算机相连；以太网 TCP/IP 端口与远程计算机相连。

I. 输入输出接口：10 路触点输出，报警和故障输出，可现场逻辑编程；4 路 24V 电平输入，可现场逻辑编程，可复位输出或联动输出。

J. 工作环境：

信号处理器温度范围：－30～70℃（运输/存储），0～40℃（工作）；

光纤探测器温度范围：－25～70℃（运输/存储），－5～50℃（安装），－30～90℃（工作）；相对湿度≤95%，不结露。

②GST-GX200 型光纤探测器。

主要技术指标：

A. 光缆类型：快速反应型（金属护套）；

B. 光纤数：2；

C. 光纤型号：多模 GI62.5/125μm；

D. 温度范围：－25～70℃（运输/存储），－5～50℃（安装），－30～90℃（工作）；

保护范围：光纤探测器长度≤4000m。

③GST-CHARON 线型光纤感温火灾探测系统配置监控软件。

GST-CHARON 线型光纤感温火灾探测系统配置监控软件（以下简称软件）通过与光纤感温火灾探测器连接的计算机，可提供系统设置及模拟显示探测数据，可显示多种预先设定的测量数据（温度、频率、后散射曲线、分区报警阈值、平均温度、最大温度、火灾蔓延方向等）。

主要功能：

A. 实时显示线型光纤差定温火灾探测器线路上的温度分布曲线。

B. 显示各点温度随时间变化的曲线。

C. 对测量区域在长度上进行分区，最多可分成 128 各区，对一些区域进行重点监测。

D. 对不同的区域可根据温度限值及升温速度设置不同的报警值。

计算机配置要求：

A. 主频：P4 1.0G 以上。

B. 内存：256M 以上。

C. 显卡：32MB 显卡。

D. 显示器：17″纯平显示器，800×600 分辨率，256 色。

E. 硬盘：20G 以上。

F. 操作系统：Windows 2000/Windows XP。

G. 其他：至少一个 COM 口与控制器进行通信。

主界面如图 2.48 所示。

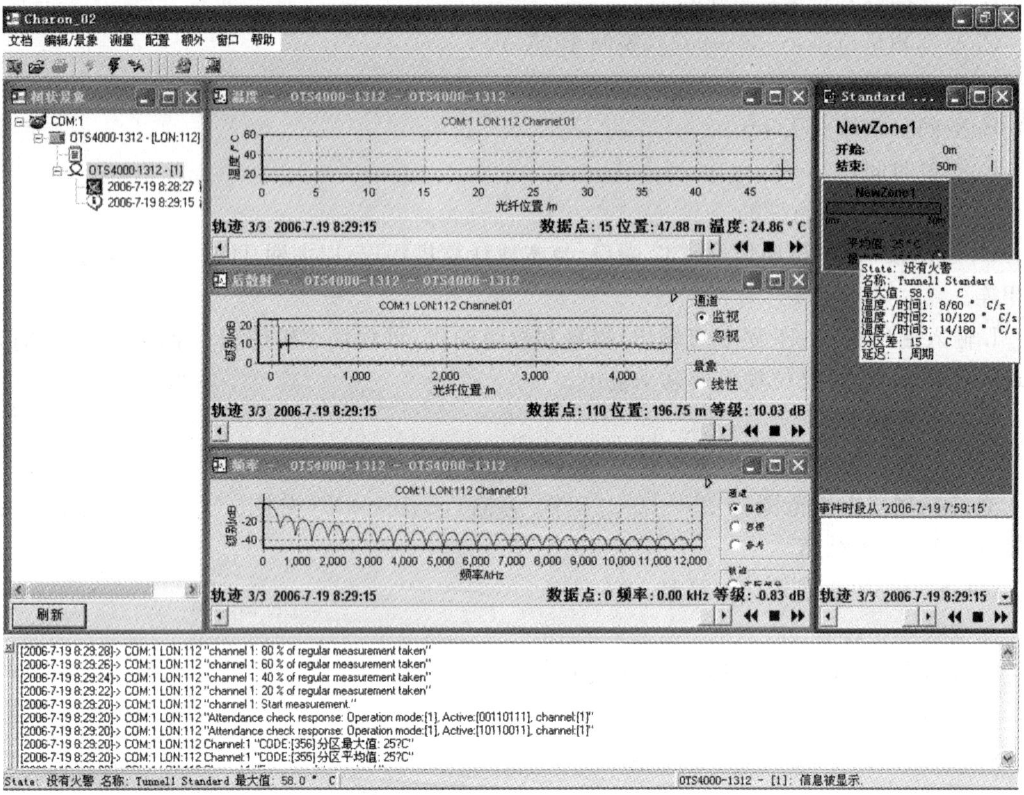

图 2.48 主界面

左侧部分的工程管理树显示了计算机中的软件通信串口号、控制器的地址码、光纤的名称、计算机与控制器的通信状态。

中间部分显示了光纤各地址点的温度值。

右侧部分显示了各个分区的平均温度和最高温度（如果产生报警，分区将显示红色，同时系统会自动定位实际报警点；如果产生故障，分区将显示黄色，同时系统会自动定位实际故障点）。

2.2.2.3 感光火灾探测器

感光火灾探测器又称为火焰探测器，它是一种能对物质燃烧火焰的光谱特性、光照强度和火焰的闪烁频率敏感响应的火灾探测器。常用的感光探测器是红外火焰型和紫外火焰型两种，另外还有红紫外复合火焰探测器。红外火焰探测器又分为：单频红外、双频红外和三频红外火焰探测器(单频只能用于室内,后两者可以用于室外)。单频的紫外火焰探测器只能用于室内安装,对阳光的照射会误报;如果室外安装紫外火焰型火探测器,需要用红紫外复合火焰探测器。复合型的火焰探测器对于阳光的照射没有响应,而且探测距离比单频紫外的长。

感光火灾探测器的主要优点是响应速度快,其敏感元件在接收到火焰辐射光后的几毫秒甚至几微秒内就发出信号,特别适用于突然起火无烟的易燃易爆场所。它不受环境气流的影响,是唯一能在户外使用的火灾探测器。另外,它还有性能稳定、可靠、探测方位准确等优点,因而得到普遍重视。

(1)红外火焰型感光火灾探测器

火灾是由物体在空气或氧气中发光、发热的一种燃烧现象,多指发出热、烟、火焰的燃烧现象。火灾初期开始火焰燃烧表现出特有的特征,即火焰中含有肉眼无法辨别的不同波长的紫外线和红外线。红外火焰型感光火灾探测器可通过特殊传感器感知火焰燃烧所产生的红外线。

红外火焰型感光火灾探测器(图 2.49)是利用红外光元件的光电导或光伏效应来敏感地探测低温产生的红外辐射,红外辐射光波波长一般应大于 0.76μm。由于自然界中只要物体高于绝对零度都会产生红外辐射,所以利用红外辐射探测火灾时,一般还要考虑物质燃烧时火焰的间歇性闪烁现象,以区别于背景红外辐射。物质燃烧时火焰的闪烁频率为 3～30Hz。

图 2.49　红外火焰型感光火灾探测器

红外火焰型感光火灾探测器适用于无烟液体和气体火灾,产生明火以及产生爆燃的场所。例如,航天工业厂、飞机库、飞机修理场、化学工业厂、公路隧道、弹药和爆炸品仓库、油漆工厂、石油化工厂、天然气勘探生产企业、制药企业、发电站、印刷企业、易燃材料仓库等可燃物含碳物质的场所。

【设备示例 12】 海湾 JTG-UM-GST9616 隔爆型红外火焰探测器,如图 2.50 所示。

JTG-UM-GST9616 隔爆型红外火焰探测器(以下简称探测器)是一种复合红外火焰探测器,它可以通过探测火焰在红外光区两个波段的光信号来判断火灾。该探测器适用于探测含碳材料产生的明火燃烧,应用于火灾初期以火焰为主的大空间场所,户内、户外均可使用。

工作原理:探测器采用两个热释电传感元件作为红外传感器,通过两个信号处理通道,在红外光谱区的两个波段上分别对火焰光信号和背景光信号的辐射变化作出响应。探测器利用微处理器对火焰通道的信号和背景通道的信号进行分析,判断有无火焰存在。

图 2.50 海湾 JTG-UM-GST9616 隔爆型红外火焰探测器

该探测器对于太阳光、人工光源、热辐射等干扰不会发生误报警，工作稳定可靠。

该探测器具有编码和非编码两种工作模式。

工作在编码模式时，探测器可直接与海湾公司生产的火灾报警控制器以总线方式连接，探测器从总线获取电源并通过总线传递信息。工作在非编码模式时，探测器需要 DC 24V 电源供电，通过继电器触点向外传递信息。

该型号探测器为隔爆型产品，既可以用于一般民用场所，也可以用于工业危险场所，如爆炸性气体环境的 1 区、2 区和可燃性粉尘场所的 21 区、22 区。

技术特性：

①工作电压

编码模式：总线供电，电压范围：DC 16～28V；

非编码模式：DC 24V 供电，电压范围：DC 20～28V。

②工作电流

编码模式：监视电流≤2mA，报警电流≤4mA；

非编码模式：监视电流≤19mA，报警电流≤35mA。

③灵敏度等级

探测器共有三个灵敏度等级，其灵敏度级别满足《特种火灾探测器》(GB 15631—2008)的要求。

探测器出厂设置为Ⅰ级灵敏度，为最高灵敏度。用户可根据场所的需要降低灵敏度等级。使用海湾公司生产的电子编码器可以现场更改探测器的灵敏度等级。

④探测范围

探测器探测的最远距离对应Ⅰ级灵敏度为 25m，Ⅱ级灵敏度为 17m，Ⅲ级灵敏度为 12m。探测距离与角度的对应关系如图 2.51 所示，阴影部分为可探测范围。图 2.51 中半圆弧代表探测距离，按百分比给出。

说明：探测器向空间各个方向探测的角度范围相同，图 2.51 所示为一个剖面。

⑤响应时间≤30s。

⑥指示灯(图 2.52)：

红色 LED：监视状态时周期性闪亮，火灾警报时长亮；

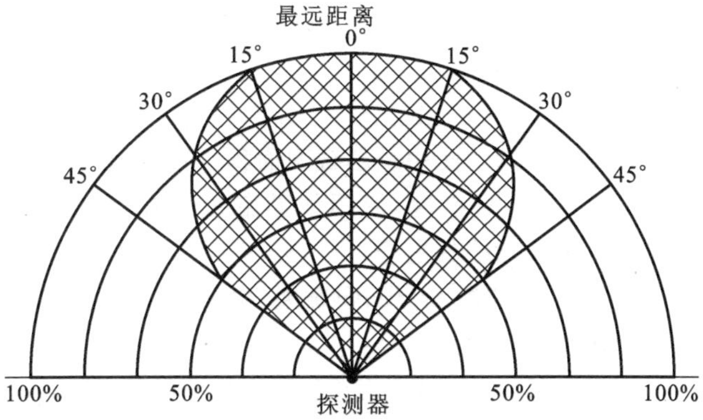

图 2.51 探测器探测距离与角度的对应关系

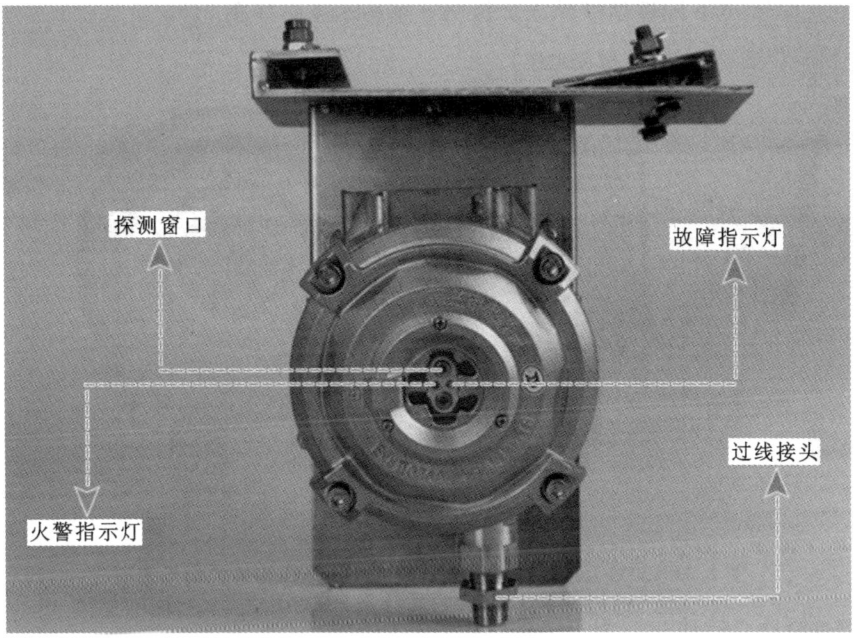

图 2.52 指示灯

黄色 LED:监视状态时熄灭,有故障时长亮。

⑦触点输出:

A. 探测器工作在编码模式时,不使用触点输出,触点信号无效。

B. 探测器工作在非编码模式时,有火警触点输出和故障触点输出。

火警触点输出:无源常开触点,触点容量为 1A/30V DC;

故障触点输出:无源常开触点,触点容量为 1A/30V DC。

⑧使用环境:

温度:—20～55℃;

相对湿度≤95%,不凝露。

⑨防护等级:IP66。

⑩外形尺寸:166mm×235mm×199mm(带调节架)。

⑪安装孔距：125.5mm×80mm。

⑫壳体材料和颜色：不锈钢，金属灰色。

⑬电缆要求：

A. 编码模式：与控制器总线连接，使用线芯截面面积≥1.0mm² 的 RVS 双绞线；

B. 非编码模式：与 DC 24V 电源连接，使用线芯截面面积≥1.0mm²，电缆外径为 8～10mm 的电缆，建议使用铜芯多股导线的电缆；

C. 应符合使用环境的要求，如防爆、耐热、耐腐蚀、防火等。

⑭质量：探测器为 4.8kg；调节架为 1.3kg。

⑮防爆标志：Exd Ⅱ CT6/DIP A21 TA，T6 防爆合格证编号：CNEx06.0429。

⑯执行标准：GB 3836.1—2000，GB 3836.2—2000，GB 12476.1—2000，GB 15631—2008。

JTG-UM-GST9616 隔爆型红外火焰探测器结构示意图如图 2.53 所示。

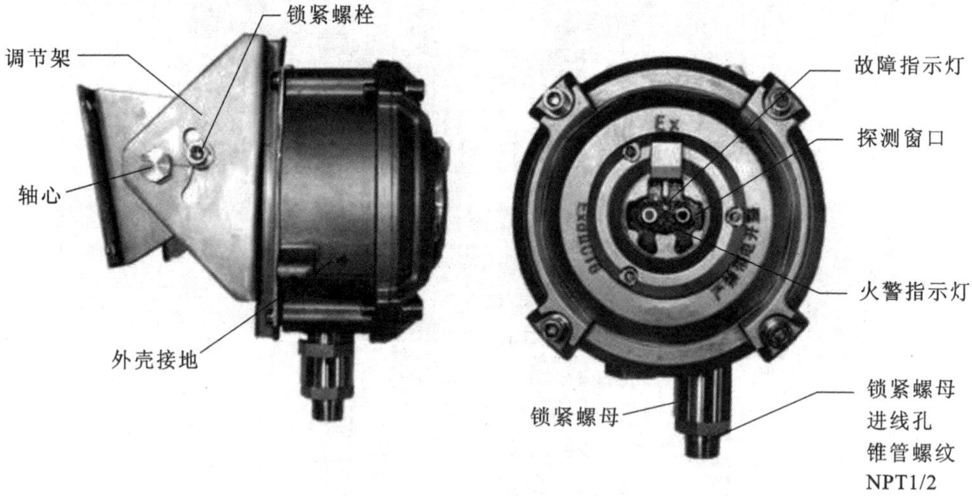

图 2.53 JTG-UM-GST9616 隔爆型红外火焰探测器结构示意图

调节架可沿轴心转动 60°，调节架外形示意图如图 2.54 所示。

①JTG-UM-GST9616 隔爆型红外火焰探测器的底壳安装。

②将调节架用四只 M6 膨胀螺栓固定在墙壁上，应固定牢靠，定位后将螺栓拧紧。

③然后将探测器底板挂在调节架上。

④用 M5 的螺钉将探测器固定在调节架上，调节架可沿轴心转动 60°，调节架示意图如图 2.55 所示。

具体安装步骤：

第一步，安装调节架。先将调节架用四只 M6 膨胀螺栓固定在墙壁上，应固定牢靠，定位后将螺栓拧紧。

第二步，安装底壳。将探测器底壳部件上的护罩（图 2.56）取下，保留连接螺钉、垫圈，然后将底壳的底板挂在调节架上，并用一个 M5 螺钉固定。

第三步，连接电缆定位销底壳护罩、内六角圆柱头螺钉 M8×25、M5 螺钉、膨胀螺栓、调节架、底壳、上盖。

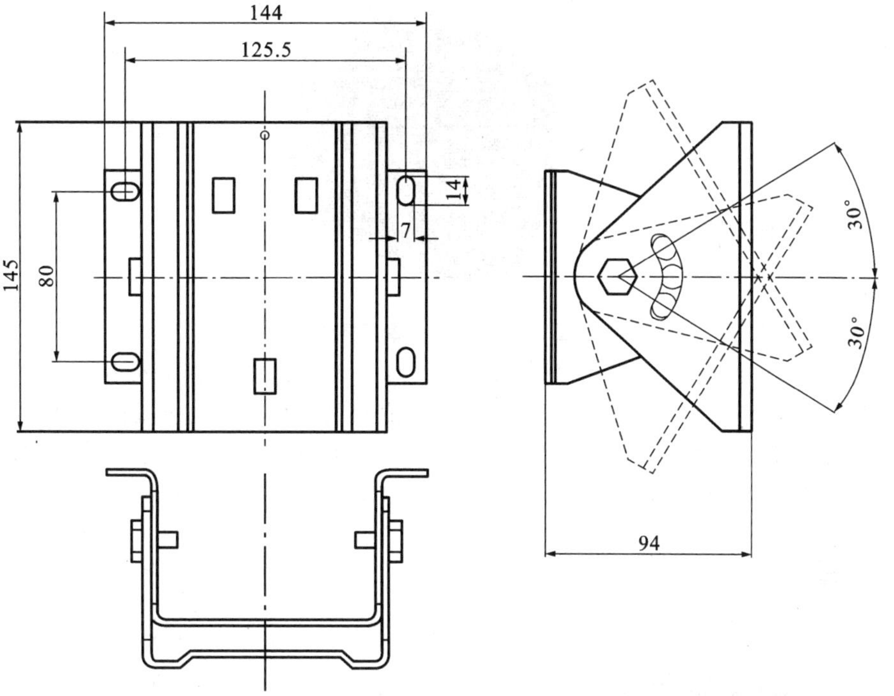

图 2.54 调节架外形示意图

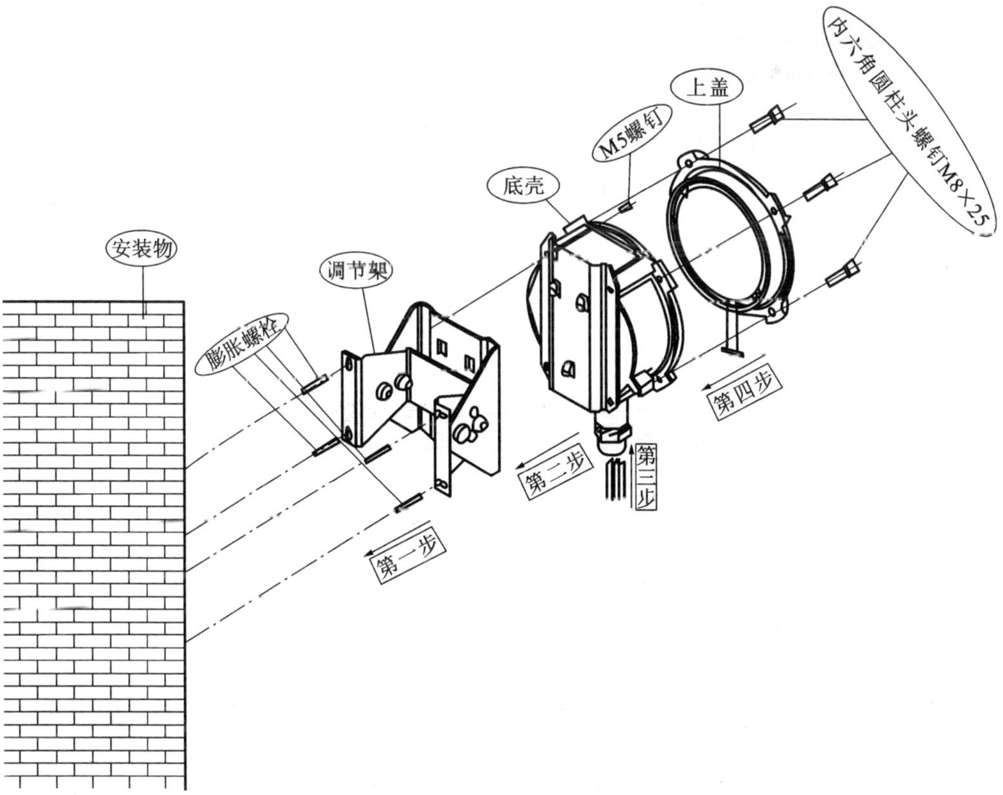

图 2.55 调节架示意图

图 2.56 底壳护罩示意图

第四步，安装上盖，取下上盖的护套(图 2.57)，将上盖排线插到底壳接口板的 XT4 上。接着将上盖安装到底壳上，上盖与底壳安装时注意底壳的定位销要与上盖的 U 形槽对应。

使用内六角扳手拧紧上盖上四根内六角螺钉。其中，底壳、上盖连接应牢固，透明窗无划伤、裂纹，进线孔处应有密封圈(图 2.58)，外壳应可靠接地，接地标识处有接地线。

图 2.57 上盖护套外形示意图

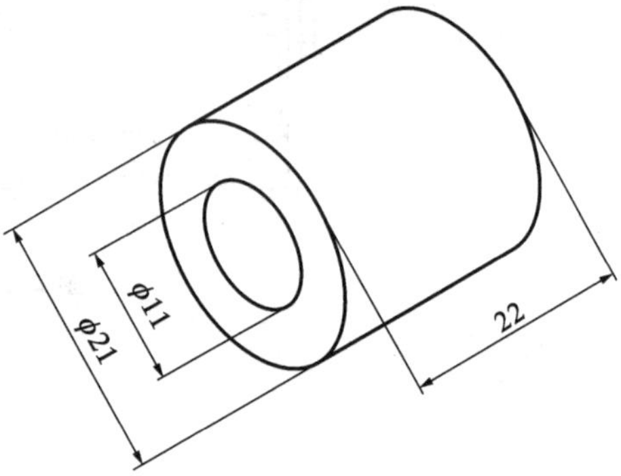

图 2.58 密封圈示意图

最后，调节调节架，使探测器正对被保护区域，定位后将调节架两侧的锁紧螺栓拧紧。

注意：探测器的安装应满足相应安装规范的要求，并保证探测器外壳完好无损，遇到异常现象请及时通知安装方进行处理。严禁带电开盖进行现场维修。

海湾消防设备 JTG-UM-GST9616 隔爆型红外火焰探测器对外接线端子，如图 2.59 所示。

图 2.59 探测器对外接线端子

Z1,Z2—来自控制器的通信总线输入端，无极性；D1,D2—DC 24V 电源输入端，无极性；AL1,AL2—火警触点输出，常开触点，火警时闭合；FT1,FT2—故障触点输出，常闭触点，有故障时断开

探测器与电缆连接时，总线和电源线需要通过 1 个过线接头连接；触点信号线需要通过另 1 个过线接头连接。如果不需要连接触点信号线，可使用堵头堵死进线孔。

当 Z1、Z2 不与总线连接时，必须与 D1、D2 无极性连接。该探测器的接线见图 2.60。

布线要求：

①探测器的连接电缆应使用铜芯多股导线的阻燃电缆，在 1 区和 2 区，线芯截面面积均应不小于 1.0mm^2，电缆外径为 8～10mm，所用电缆还应符合使用环境的其他要求，如耐热、耐腐

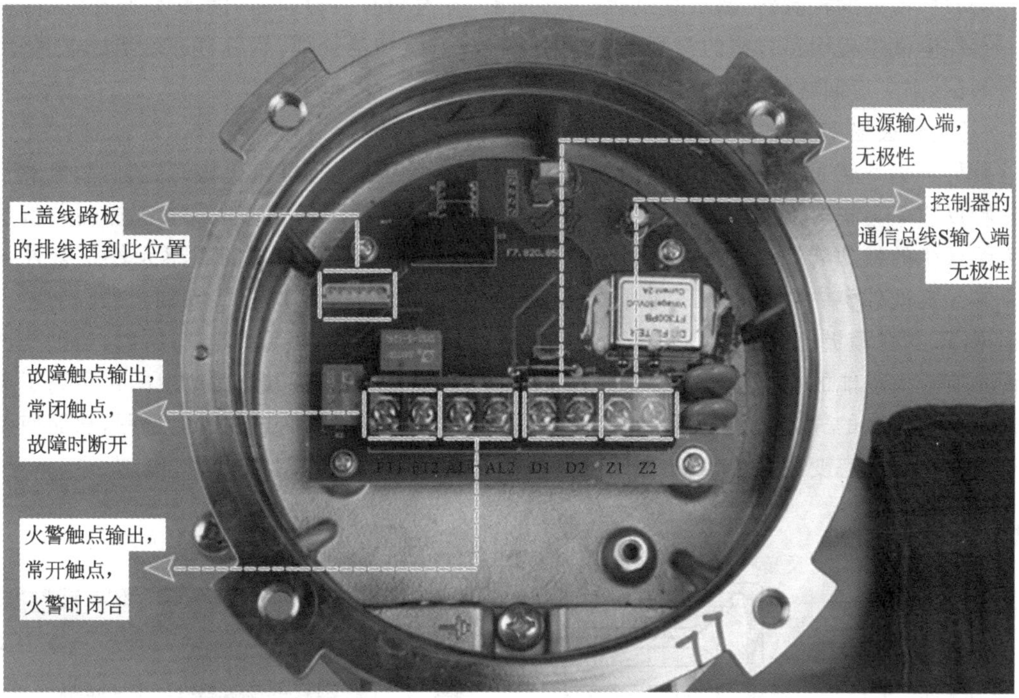

图 2.60 JTG-UM-GST9616 隔爆型红外火焰探测器的接线

蚀、防火等。无特殊要求时，可使用 RVVP4×1.0、外径为 10mm 的屏蔽电缆，电缆屏蔽层与探测器底壳上的保护地相连接。线路走向等应符合相应爆炸危险环境的要求。电缆线路在爆炸危险环境中严禁有中间接头，在特殊情况下，电缆线必须安设中间接头时，只允许在 2 区内采用相应的防爆接线盒加以保护，方可进行中间连接。

②将探测器的上盖部分的排线插到底壳上的接口板的 XT3 上，然后将上盖安装到底壳上，上盖与底壳安装时注意底壳上的定位销要与上盖上的 U 形槽对应。

③盖上上盖后拧紧上盖上四根内六角螺钉。

④调节调节架，使探测器正对被保护区域，定位后将调节架两侧的锁紧螺栓拧紧。

JTG-UM-GST9616 点型红外火焰探测器测试如下。

警告：请待全部探测器都安装完毕后再接通电源，工作 60s 以后进行测试。

①探测器安装结束后或每次定期维护保养后必须进行测试。

②测试内容：

A. 编码模式的探测器，上电工作后应能被控制器注册；处于监视状态时红色指示灯应周期性闪亮；探测器通电工作 20min 后，在其正前方距离 1.5m 左右点燃红外光源，探测器 30s 内应报警并点亮火警指示灯；控制器可以复位探测器，使其恢复到正常监视状态。

B. 非编码模式的探测器，上电工作处于监视状态时红色指示灯应周期性闪亮；探测器通电工作 20min 后，在其正前方距离 1.5m 左右点燃红外光源，探测器 30s 内应传送出火警触点信号并点亮火警指示灯。

③编码模式的探测器，测试结束后，通过控制器发出通信命令使探测器复位，并通知有关管理部门系统恢复正常。

④非标模式的探测器，测试结束后，直接断电，并通知有关管理部门系统恢复正常。

⑤在测试过程中不合格的探测器按“维护保养”进行清洁处理，然后再进行测试，如仍不能通过测试，则应返回维修。

(2)紫外火焰型感光火灾探测器

紫外火焰型感光火灾探测器亦称紫外火焰火灾探测器，当有机化合物燃烧时，其氢氧根在氧化物反应中会辐射出强烈的波长为250nm的紫外光。因此，紫外感光式火灾探测器就是利用火焰产生的强烈紫外辐射光来探测火灾的。紫外感光火灾探测器的敏感元件是紫外光敏管。它是玻璃外壳内装着两根高纯度的钨或银丝制成的电极。当电极接收到紫外辐射时立即发射电子，并在两极的电场作用下被加速，由于管内充有一定量氢气和氦气，所以，当这些被加速而具有较大动能的电子同气体分子碰撞时，将使气体分子电离，电离后产生的正负离子又被加速就会使更多的气体分子电离。于是在极短的时间内，造成雪崩式的放电过程，从而使紫外光敏管由截止状态变成导通状态，驱动电路发生报警信号。如图2.61、图2.62所示。

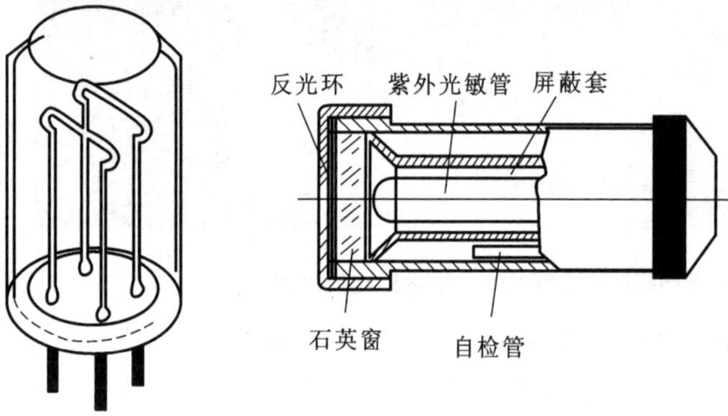

图2.61 紫外感光火灾探测器原理示意图

图2.62 紫外感光火灾探测器

【设备示例13】 海湾JTG-ZW-G1点型紫外火焰探测器，如图2.63所示。

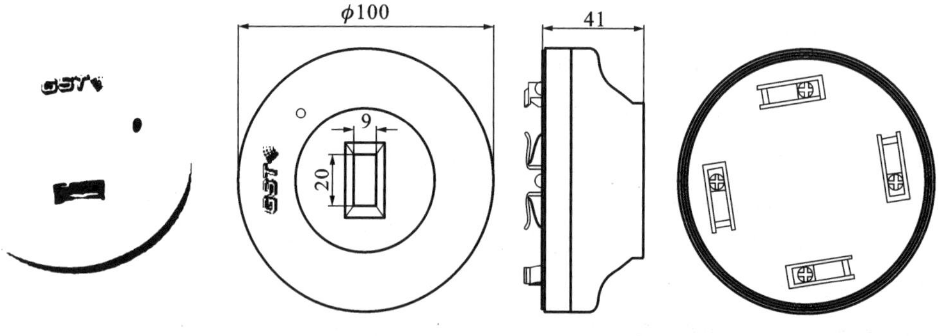

图2.63 海湾JTG-ZW-G1点型紫外火焰探测器

特点：

JTG-ZW-G1点型紫外火焰探测器是通过探测物质燃烧所产生的紫外线来探测火灾的，适用于火灾发生时易产生明火的场所，对发生火灾时有强烈的火焰辐射或无阴燃阶段的场所均可采用该探测器。探测器采用无极性信号二总线制与火灾报警控制器直接连接，电子编码；内置单片机进行信号处理及与火灾报警控制器通信；采用智能算法；三级灵敏度设置；传感器采用进口紫外光敏管。

主要技术指标：

A. 工作电压：额定工作电压，总线 24V；工作电压范围，总线 16～28V。

B. 工作电流：监视电流≤2mA，报警电流≤2.5mA。

C. 报警复位：瞬间断电（5s MAX，DC 2.5V MAX）。

D. 上电时间≤5s。

E. 指示灯：报警确认灯，红色，巡检时闪亮，报警时常亮。

F. 编码方式：电子编码（编码范围为 1～242）。

G. 光谱响应范围：185～260nm。

H. 使用环境：

温度－20～55℃，相对湿度≤95%，不结露。

I. 探测视角如图 2.64 所示。

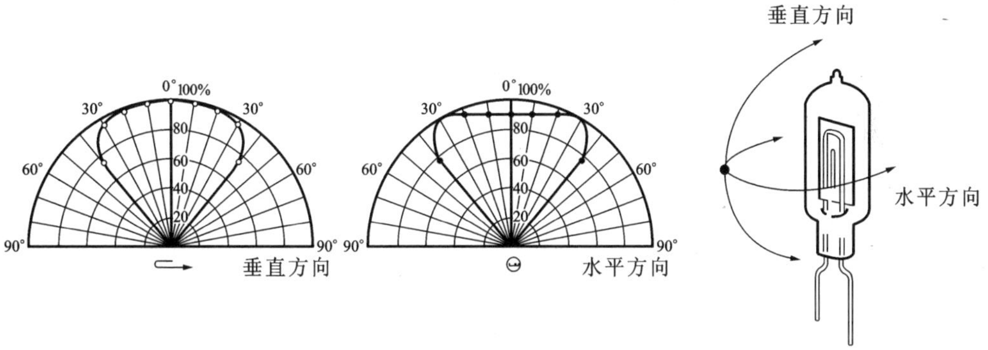

图 2.64　探测视角

J. 探测距离：探测器设有三个灵敏度级别，不同的灵敏度级别对应着不同的探测距离。对于放置于底面积为 33cm×33cm、高为 5cm 的容器中的 2000g 工业乙醇燃烧产生的火焰：一级，25m；二级，17m；三级，12m。

K. 线制：控制器二总线，无极性。

L. 外形尺寸：

直径：103mm，高：53.5mm（带底座）；

直径：100mm，高：41mm（不带底座）。

M. 外壳防护等级：IP21。

N. 壳体材料和颜色：ABS，象牙白。

O. 质量：110g。

P. 安装孔距：45～75mm。

Q. 执行标准：GB 12791—2006。

保护范围：

保护面积：$S=2\pi h\cdot\tan\alpha$（h 为探测器距地面高度，$\alpha=40°$）。

安装方式及接线（图 2.65）：

接线方式与设备示例 1 相同。图 2.66 所示为红外线感光火灾探测器。

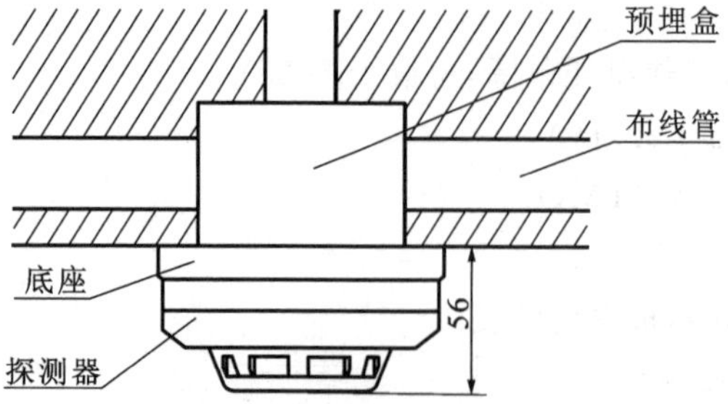

图 2.65 点型紫外火焰探测器的安装方式及接线

图 2.66 红外感光火灾探测器

图 2.67 西门子 FDF241-CN 红外火焰探测器

【设备示例 14】 西门子 FDF241-CN 红外火焰探测器，如图 2.67 所示。

FDF241－CN 红外火焰探测器满足国家标准《特种火灾探测器》(GB 15631—2008)有关要求，探测器采用特殊的模糊算法、最新谐波分析功能和针对性应用算法，使其具有很强的防误报能力。

技术参数见表 2.4。

特性：

A. FDF241-CN 红外火焰探测器带有三个传感器；

B. 两个传感器对不同波长的光进行探测(4～4.8μm 及 5.1～6μm)；

C. 第 3 个传感器用于增强对日光的抗干扰能力(0.7～1.1μm)；

D. 对电磁干扰、日光及热辐射、潮湿和腐蚀有很强的抵抗能力；

表 2.4 技术参数

型号	FDF241-CN
工作电压(编址型工作模式)(常态)	12～33V DC
工作电流(编址型工作模式)(常态)	0.7mA
工作电压(集合型工作模式)(常态)	14～28V DC
工作电流(集合型工作模式)(常态)	0.5mA
最多可连接的可编程远程反应指示灯(AI)数量	2
工作温度	－35～70℃
储存温度	－40～75℃
湿度(传感器窗口上无重度凝露)	当 T=25±3℃时，相对湿度为≥95%； 当 T=40±2℃时，相对湿度为 93%
通信协议	FDnet 或集合型
接线端子	0.2～1.5mm²
尺寸	135mm×135mm×77mm
颜色	纯白(RAL9010)
防护等级	IP67

E. 视角范围广(最小 90°);

F. 信号处理基于 ASAtechnologyTM(先进信号分析技术);

G. 内置短路隔离器。

适用场所:

FDF241-CN 红外火焰探测器可在室内或户外应用,用于探测可燃液体、气体产生的无烟火情以及含碳物质,如木材、塑料、瓦斯、石油产品等产生的有烟明火;隧道、油库、工业厂房。

【设备示例 15】 西门子 JTGB-HF-DF1101-Ex 火焰探测器,如图 2.68 所示。

图 2.68　西门子 JTGB-HF-DF1101-Ex 火焰探测器

JTGB-HF-DF1101-Ex 火焰探测器为防爆型,防爆等级为 ExibllCT4,适用于防爆区域为 1 区以及 2 区场所,可在室内及室外适用。

特性:

A. 工作电压(静态)16～28V DC;

B. 工作电流(静态)0.5mA;

C. 开关闭合电流 0.7mA;

D. 报警电压(1～15mA)5～11V;

E. 复位电压 2～5V;

F. 复位电流 5～500μA;

G. 响应指示灯电压 3～6V;

H. 电流 60/100mA;

I. 工作温度－35～70℃;

J. 储存温度－40～75℃;

K. 相对湿度≤100%;

L. 探测器灵敏度标准 23m,增强 46m;

M. 反应时间标准 6s,增强 12s;

N. 保护等级为 IP67;

O. 色标为 RAL9010;

P. 尺寸为 135mm×135mm×77mm;

Q. 质量为 0.500kg。

2.2.2.4　可燃气体探测器

可燃气体火灾探测器是一种能对空气中可燃气体含量进行检测并发出报警信号的火灾探测器。它通过测量空气中可燃气体爆炸下限以内的含量,以便当空气中可燃气体含量达到或超过报警设定值时,自动发出报警信号,提醒人们及早采取安全措施,避免事故发生。可燃气体探测器除具有预报火灾、防火防爆功能外，还可以起监测环境污染的作用。

可燃气体探测器有两种类型，分别是催化型和红外光学型。

催化型可燃气体探测器是利用难熔金属铂丝加热后的电阻变化来测定可燃气体浓度。催化燃烧式传感器属于高温传感器，催化元件的检测元件是在铂丝线圈(ϕ0.025～0.05)上包以氧化铝和黏合剂形成球状，经烧结而成，其外表面敷有铂、钯等稀有金属的催化层，其结构如图2.69所示。对铂丝通以电流，使检测元件保持高温(300～400℃)，此时若与可燃气体(如甲烷)接触，甲烷就会在催化剂层上燃烧，燃烧的实质是元件表面吸附的甲烷与吸附的氧离子之间的反应，反应完成后生成 CO_2 和 H_2O 解析，而气相中的氧也被元件吸附并解离，重新补充元件表面上的氧离子。利用元件测量甲烷是基于在其表面测量甲烷燃烧反应放出的热量的原理，即燃烧使铂丝线圈的温度升高，线圈的电阻值就上升。测量铂丝电阻值变化的大小就可以知道可燃气体的浓度。

红外光学型可燃气体探测器是利用红外传感器通过红外线光源的吸收原理来检测现场环境的碳氢类可燃气体，如图2.70所示。

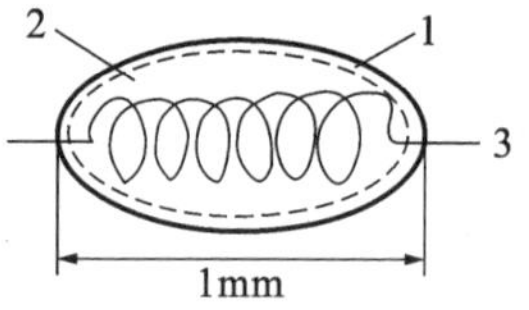

图2.69 催化元件结构示意图

1—催化剂；2—氧化铝(载体)；3—铂丝线圈

图2.70 红外光学型可燃气体探测器

【设备示例16】 海湾GST-BT(R)001M点型可燃气体探测器，如图2.71所示。

图2.71 海湾GST-BT(R)001M点型可燃气体探测器

特点：

GST-BT(R)001M点型可燃气体探测器采用半导体气敏元件，与火灾报警控制器配合应用。用于家庭、宾馆、公寓等存在可燃气体的场所进行安全监控。该系列探测器品种齐全，可以检测天然气(T)、人工煤气(R)。采用DC 24V供电。可提供一对有源触点用于直接控制煤气管道电磁阀。

主要技术指标：

A. 检测元件：半导体自然扩散式。

B. 工作电压：DC 24V，允许范围DC 12～28V。

C. 功耗：

GST-BT001M：正常监视≤0.8W，报警状态≤3W；

GST-BR001M：正常监视≤1.5W，报警状态≤4W。

D. 线制：二总线制。

E. 报警浓度：天然气(BT 系列)为 5000×10^{-6}(10%LEL)；

人工煤气(BR 系列)：400×10^{-6}(1%LEL)。

F. 预热时间：3～6min。

G. 报警方式：红色指示灯紧急闪烁，并伴有间歇蜂鸣声。

H. 有源触点：适用于 DC 12V 单向直流脉冲电磁阀，电磁阀驱动能力为 1000μF 电容放电。

I. 使用环境：

温度－10～50℃；相对湿度≤95%，不结露。

接线(图 2.72)：

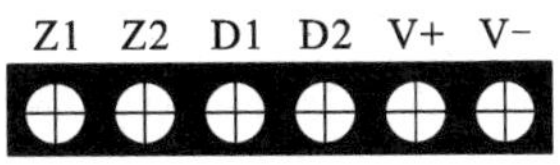

图 2.72 可燃气体探测器的接线

D1、D2：接电源总线，无极性；

Z1、Z2：接信号总线，无极性；

V＋、V－：接管道电磁阀，探测器连续报警 3～7s 后，V＋、V－之间输出一个正向 12V 脉冲。

2.2.2.5 复合式火灾探测器

复合式火灾探测器指响应两种以上火灾参数的火灾探测器，主要有感温感烟火灾探测器、感光感烟火灾探测器、感光感温火灾探测器等。

【设备示例 17】 海湾 JTF-GOM-GST601 点型复合式感烟感温火灾探测器，如图 2.73 所示。

特点：

JTF-GOM-GST601 点型复合式感烟感温火灾探测器是由烟雾传感器件和半导体温度传感器件共同构成的多元复合探测器。不仅具有普通散射型光电感烟火灾探测器的性能，而且兼有定温、差定温感温火灾探测器的性能。探测器为无极性信号二总线制，采用电子编码，可直接接入火灾报警控制器的报警总线。

主要技术指标：

A. 探测器类别：A2R；

B. 工作电压：总线 24V；

C. 监视电流≤0.6mA；

D. 报警电流≤1.8mA；

E. 线制：二总线制；

F. 报警确认灯：红色，巡检时闪烁，报警时常亮；

G. 使用环境：温度－10～50℃，相对湿度≤95%，不结露；

H. 外壳防护等级：IP22。

图 2.73 海湾 JTF-GOM-GST601 点型复合式感烟感温火灾探测器

保护面积：

参考点型感烟火灾探测器和点型感温火灾探测器的设置要求，具体参数应以《火灾自动报警系统设计规范》(GB 50116—2013)为准。

接线：

接线方式与设备示例1相同。

2.2.2.6 图像型火灾探测器

高大空间建筑由于其建筑构造的特性，在火情探测方面存在着一定的难度。传统的消防探测设备由于探测器距离起火源位置过远和空气的侧向流动，无法在第一时间发现火情提供报警，而只能在火势极大蔓延、探测器周围温度和烟雾达到报警阈值时实现报警。因此，达不到在火灾初始阶段有效控制火情且将损失降低到最小的目的。

图像型火灾探测器(图2.74)基于先进的计算机视觉和模式识别技术，通过对采集到的可见光和红外光视频图像进行智能分析，及时准确地判断出监控视场内的烟雾和火焰特征。由于图像型火灾探测器采用视频分析的方式对整个保护区域进行监控，在监控范围内火焰或烟雾产生的初期阶段能够及时发现并提供报警，因此监测范围大，报警迅速，尤其适用于室内高大空间和室外空旷空间的火灾早期报警。

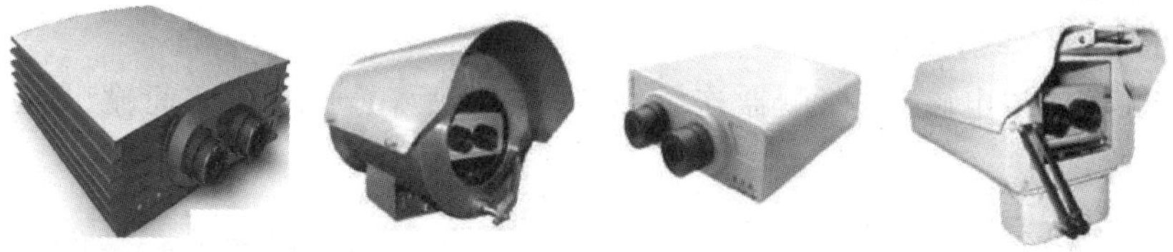

图2.74 各品牌图像型火灾探测器

图像型火灾探测器通过摄像机拍摄的图像与主机内部的燃烧模型的比较来探测火灾，主要由摄像机和主机组成，可分为双波段和普通摄像型两种。双波段火灾图像报警系统是将普通彩色摄像机与红外线摄像机结合在一起。图像型火灾探测报警系统示意图见图2.75。

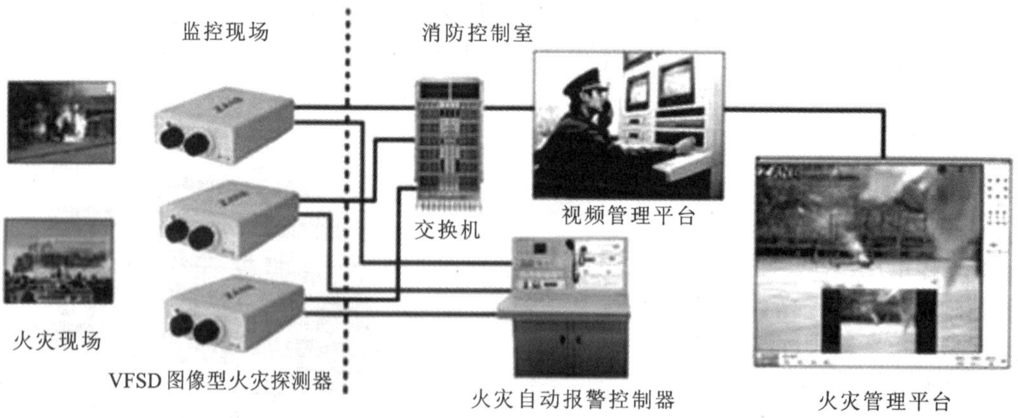

图2.75 图像型火灾探测报警系统示意图

图像火灾探测器主要应用在：

①石油天然气勘探生产平台、油气运输装卸站、管道泵站、生产厂区重点部位、储油储气罐区等易燃易爆场所；

②工业液压润滑油类场所、石化品使用储存场所、油浸变压器及重要的设备(如轧机)运行场所；

③电厂内的大型油浸变压器、供油系统、运煤储煤系统、气机房、锅炉房等相关场所，高速公路隧道；

④会展中心、体育馆、剧场、飞机库等场所。

【设备示例 18】 JT-TX-ZANB03 图像型火灾探测器，如图 2.76 所示。

图 2.76 JT-TX-ZANB03 图像型火灾探测器

特点：

探测器接口丰富，无须配置，即装即用。兼容性强，既可以独立运行，又可以与各类监控平台及通过国家相关认证的消防控制系统集成。探测器通常采用固定安装方式，以求检测覆盖面最大化实现监控无死角，确保符合被看护场所防火要求。每个探测器都能提供现场实时视频图像和火灾报警/故障信号给消防控制系统。每个探测器由成像单元、数字信号处理单元、通信接口单元组成，以实现实时视频监视和火灾探测功能。

主要技术指标见表 2.5。

表 2.5 主要技术指标

型号		JT-TX-ZANB03
功能	技术指标	参数
视频服务	视频压缩标准	MPEG-4
	视频分辨率	CIF(352×288)，4CIF(704×576)
	视频帧率	1～25 帧/s
	视频码率	CIF：400Kbps；4CIF：1.5Mbps
	网络图像延时	<800ms
通信接口	以太网接口	RJ45 接口 10/100M 自适应，1 个
	RS232	1 个
	RS485	1 个
云台控制	RS485 云台控制，支持各种云台控制协议 PELCO D、PELCO-P、YAAN 等	
报警输出类型	继电器报警输出	火警/故障各 1 路，干接点 触点容量：0.5A/125V AC，1A/24V DC
光学参数	视频输出	1 路 BNC 接口/1.0±0.2Vp-p/75Ω
	最低照度	0.1Lux(彩色)
	线数	480 线(彩色)
	信噪比	>50dB
尺寸及质量	外形尺寸(mm)	282×148×55
	单位质量(kg)	1.5
	运输质量(kg)	2
	安装方式	外接支架安装
电源	电压	24V DC(18～32V DC)
	额定功率	15W

续表 2.5

型号		JT-TX-ZANB03
环境条件	大气压力	86～106kPa
	工作温度	－10～55℃
	储藏温度	－20～60℃
	湿度	≤95％RH(25℃)

保护范围：

探测器对 0.1m² 汽油标准盘火在水平视场角为 10°、垂直视场角为 8°的范围内，最远检测距离为 300m。

接线(图 2.77)：

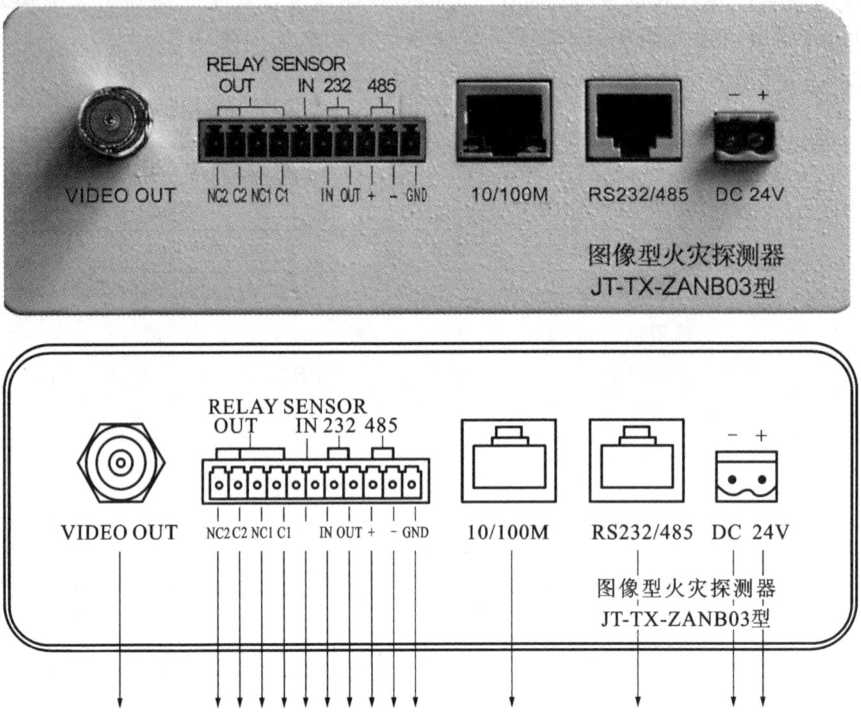

图 2.77 JT-TX-ZANB03 图像型火灾探测器的接线

接口说明见表 2.6。

表 2.6 接口说明

1	模拟视频输出口(75Ω)	9	RS485＋
2	开关量常开(故障)	10	RS485－
3	开关量常开(故障)	11	公共地
4	开关量常开(报警)	12	10/100M RJ45 网口
5	开关量常开(报警)	13	RS232/485 公共口(调试)
6	开关量输入＋	14	DC 24V＋
7	RS232 输入	15	DC 24V－
8	RS232 输出		

探测器选择：

探测器在实际项目、设计需求时可以根据表 2.7 中的指标数据进行灵活选择。

表 2.7 探测器选择的指标数据

产品类型	水平视场角	垂直视场角	$0.1m^2$ 2L 标准汽油火最远探测距离(m)
图像型火灾探测器	64°	50°	40
	42°	32°	60
	32°	24°	80
	22°	17°	100
	10°	8°	300

系统原理图：

下面显示的系统原理图(图 2.78)是配置完整的系统。

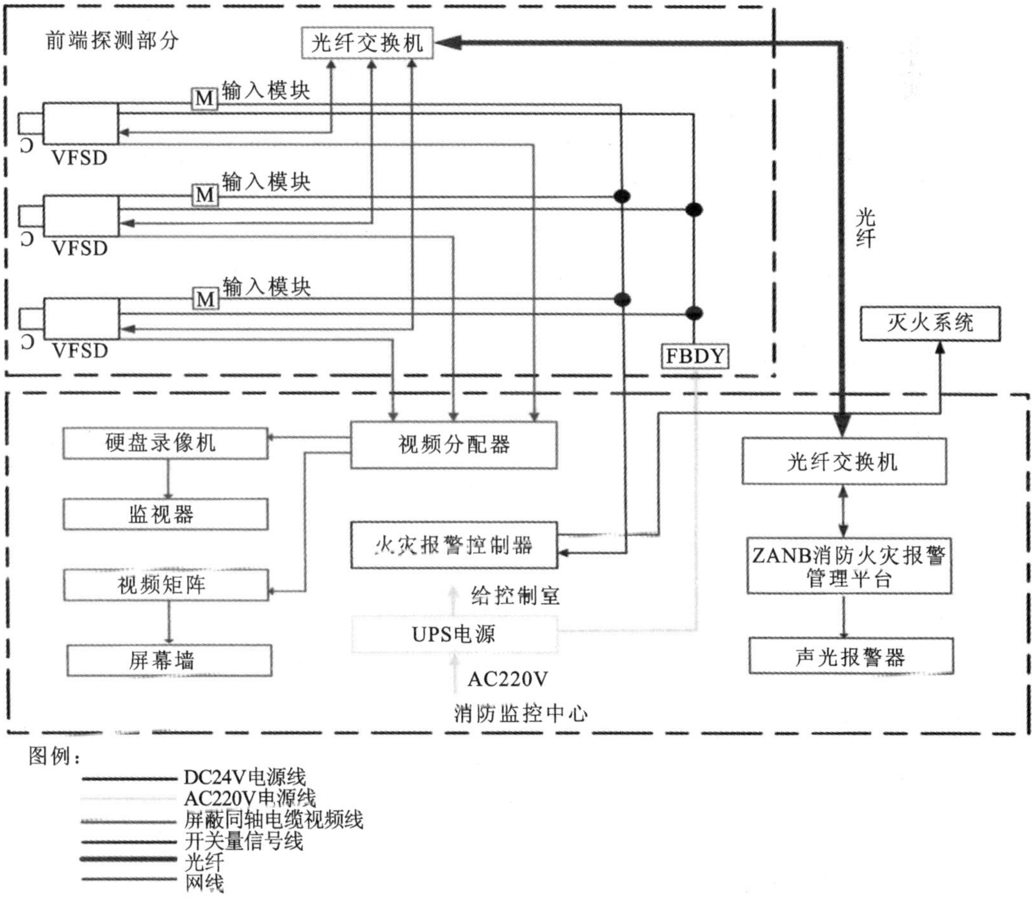

图 2.78 系统原理

示意图说明：自动火灾报警方式分为模拟视频(粉色部分)、开关量(蓝色部分)、数字网络视频(绿色部分)三种方式，三种方式既可以单独使用也可以任意搭配混合使用。

2.2.2.7 其他火灾探测器

探测泄漏电流大小的漏电流感应型火灾探测器；探测静电电位高低的静电感应型火灾探测器；还有在一些特殊场合使用的，要求探测极其灵敏、动作极为迅速，以至要求探测爆炸声产生的某些参数的变化(如压力的变化)信号,来抑制消灭爆炸事故发生的微差压型火灾探测器;以及利用超声原理探测火灾的超声波火灾探测器,等等。

2.3 火灾探测器的选择和设置

2.3.1 火灾探测器的选择

2.3.1.1 火灾探测器选择的一般规定

(1)对火灾初期有阴燃阶段,产生大量的烟和少量的热,很少或没有火焰辐射的场所或部位,应选择感烟探测器。

(2)对火灾发展迅速,可产生大量热、烟和火焰辐射的场所或部位,可选择感温探测器、感烟探测器、火焰探测器或其组合。

(3)对火灾发展迅速、有强烈的火焰辐射和少量的烟、热的场所或部位,应选择火焰探测器。

(4)对火灾形成特征不可预料的部位或场所,可根据模拟试验的结果选择探测器。

(5)对使用、生产可燃气体或可燃蒸气的场所,应选择可燃气体探测器。

(6)应根据保护场所可能发生火灾的部位和燃烧材料的分析,以及火灾探测器的类型、灵敏度和响应时间等选择相应的火灾探测器,对火灾形成特征不可预料的场所,可根据模拟试验的结果选择火灾探测器。

(7)同一探测区域内设置多个火灾探测器时,可选择具有复合判断火灾功能的火灾探测器和火灾报警控制器。

2.3.1.2 点型火灾探测器的选择

(1)对不同高度的房间,可按表2.8进行选择。

表2.8 选择点型火灾探测器

房间高度 h(m)	点型感烟探测器	点型感温探测器			火焰探测器
		A1、A2	B	C、D、E、F、G	
$12<h\leqslant 20$	不适合	不适合	不适合	不适合	适合
$8<h\leqslant 12$	适合	不适合	不适合	不适合	适合
$6<h\leqslant 8$	适合	适合	不适合	不适合	适合
$4<h\leqslant 6$	适合	适合	适合	不适合	适合
$h\leqslant 4$	适合	适合	适合	适合	适合

注:表2.8中A1、A2、B、C、D、E、F、G为点型感温探测器的不同类别,其具体参数应符合表2.9所列。

表2.9 点型感温火灾探测器分类

探测器类别	典型应用温度(℃)	最高应用温度(℃)	动作温度下限值(℃)	动作温度上限值(℃)
A1	25	50	54	65
A2	25	50	54	70
B	40	65	69	85
C	55	80	84	100
D	70	95	99	115
E	85	110	114	130

续表 2.9

探测器类别	典型应用温度(℃)	最高应用温度(℃)	动作温度下限值(℃)	动作温度上限值(℃)
F	100	125	129	145
G	115	140	144	160

(2)下列场所宜选择点型感烟火灾探测器。

①饭店、旅馆、教学楼、办公室的厅堂、卧室、办公室、商场、列车载客车箱等；

②电子计算机房、通信机房、电影或电视放映室等；

③楼梯、走道、电梯机房、车库等；

④书库、档案库等。

(3)符合下列条件之一的场所，不宜选择点型离子感烟火灾探测器。

①相对湿度经常大于 95%；

②气流速度大于 5m/s；

③有大量粉尘、水雾滞留；

④可能产生腐蚀性气体；

⑤在正常情况下有烟滞留；

⑥产生醇类、醚类、酮类等有机物质。

(4)符合下列条件之一的场所，不宜选择点型光电感烟火灾探测器。

①有大量粉尘、水雾滞留；

②可能产生蒸汽和油雾；

③高海拔地区；

④在正常情况下有烟滞留。

(5)符合下列条件之一的场所，宜选择点型感温火灾探测器，且应根据使用场所的典型应用温度和最高应用温度选择适当类别的感温火灾探测器。

①相对湿度经常大于 95%；

②可能发生无烟火灾；

③有大量粉尘；

④吸烟室等在正常情况下有烟和蒸汽滞留的场所；

⑤厨房、锅炉房、发电机房、烘干车间等不宜安装感烟火灾探测器的场所；

⑥需要联动熄灭“安全出口”标志灯的安全出口内侧；

⑦其他无人滞留且不适合安装感烟火灾探测器，但发生火灾时需要及时报警的场所。

(6)可能产生阴燃或发生火灾不及早报警将造成重大损失的场所，不宜选择点型感温火灾探测器；温度在 0℃以下的场所，不宜选择定温探测器；温度变化较大的场所，不宜选择具有差温特性的探测器。

(7)符合下列条件之一的场所，宜选择点型火焰探测器或图像型火焰探测器。

①火灾时有强烈的火焰辐射；

②可能发生液体燃烧等无阴燃阶段的火灾；

③需要对火焰做出快速反应。

(8)符合下列条件之一的场所，不宜选择点型火焰探测器和图像型火焰探测器。

①在火焰出现前有浓烟扩散；

②探测器的镜头易被污染；

③探测器的镜头“视线”易被油雾、烟雾、水雾或冰雪遮挡；

④探测区域内的可燃物是金属和无机物；

⑤探测器易受阳光、白炽灯等光源直接或间接照射。

(9)探测区域内正常情况下有高温物体的场所，不宜选择单波段红外火焰探测器。

(10)正常情况下有明火作业，探测器易受X射线、弧光和闪电等影响的场所，不宜选择紫外火焰探测器。

(11)在下列场所宜选择可燃气体探测器。

①使用可燃气体的场所；

②煤气站和煤气表房以及存贮液化石油气罐的场所；

③其他散发可燃气体和可燃蒸气的场所。

(12)在火灾初期产生一氧化碳的下列场所可选择点型一氧化碳火灾探测器。

①烟不容易对流或顶棚下方有热屏障的场所；

②在棚顶上无法安装其他点型火灾探测器的场所；

③需要多信号复合报警的场所。

(13)污物较多且必须安装感烟火灾探测器的场所，应选择间断吸气的点型采样吸气式感烟火灾探测器或具有过滤网和管路自清洗功能的管路采样吸气式感烟火灾探测器。

2.3.1.3　线型火灾探测器的选择

(1)无遮挡的大空间或特殊要求的房间，宜选择线性光束感烟火灾探测器。

(2)符合下列条件之一的场所，不宜选择线性光束感烟火灾探测器。

①有大量粉尘、水雾滞留；

②可能产生蒸汽和油雾；

③在正常情况下有烟滞留；

④固定探测器的建筑结构由于振动等原因会产生较大位移的场所。

(3)下列场所或部位，宜选择缆式线型感温火灾探测器。

①电缆隧道、电缆竖井、电缆夹层、电缆桥架等；

②不易安装点型探测器的夹层、闷顶；

③各种皮带输送装置；

④其他环境恶劣不适合点型探测器安装的场所。

(4)下列场所或部位，宜选择线型光纤感温火灾探测器。

①除液化石油气外的石油储罐；

②需要设置线型感温火灾探测器的易燃易爆场所；

③需要监测环境温度的地下空间等场所宜设置具有实时温度监测功能的线型光纤感温火灾探测器；

④公路隧道、敷设动力电缆的铁路隧道和城市地铁隧道等；

⑤线型定温火灾探测器的选择，应保证其不动作温度符合设置场所的最高环境温度的要求。

2.3.1.4　吸气式感烟火灾探测器的选择

(1)下列场所宜选择吸气式感烟火灾探测器。

①具有高速气流的场所；

②点型感烟、感温火灾探测器不适宜的大空间、舞台上方、建筑高度超过 12m 或有特殊要求的场所；

③低温场所；

④需要进行隐蔽探测的场所；

⑤需要进行火灾早期探测的重要场所；

⑥人员不宜进入的场所。

(2)灰尘比较大的场所，不应选择没有过滤网和管路自清洗功能的管路采样吸气式感烟探测器。

2.3.2 火灾探测器的设置

2.3.2.1 点型火灾探测器的设置数量和布置

(1)探测区域内的每个房间至少应设置一只火灾探测器。

(2)感烟探测器、感温探测器的保护面积和保护半径，应按表 2.10 确定。

表 2.10 探测器的保护面积和保护半径

火焰探测器的种类	地面面积 $S(m^2)$	房间高度 (h)	一只探测器的保护面积 A 和保护半径 R					
			房间坡度 θ					
			$\theta \leq 15°$		$15° < \theta \leq 30°$		$\theta > 30°$	
			$A(m^2)$	$R(m)$	$A(m^2)$	$R(m)$	$A(m^2)$	$R(m)$
感烟探测器	$S \leq 80$	$h \leq 12$	80	6.7	80	7.2	80	8.0
	$S > 80$	$6 < h \leq 12$	80	6.7	100	8.0	120	9.9
		$h \leq 6$	60	5.8	80	7.2	100	9.0
感温探测器	$S \leq 30$	$h \leq 8$	30	4.4	30	4.9	30	5.5
	$S > 30$	$h \leq 8$	20	3.6	30	4.9	40	6.3

说明：①感烟火灾探测器和 A1、A2、B 型感温火灾探测器的保护面积按照本表确定；②C、D、E、F、F、G 型感温火灾探测器的保护面积和保护半径，应根据生产企业设计说明书确定，但不应超过本表的规定。

(3)感烟探测器、感温探测器的安装间距，应根据探测器的保护面积 A 和保护半径 R 确定，并不应超过探测器安装间距的极限曲线(图 2.79)所规定的范围。

(4)一个探测区域内所需设置的探测器数量，不应小于下式的计算值：

$$N = S/(K \cdot A)$$

式中 N——探测器数量(只)，N 应取整数；

S——该探测区域面积(m^2)；

A——探测器的保护面积(m^2)；

K——修正系数，容纳人数超过 10000 人的公共场所，宜取 0.7～0.8；容纳人数为 2000～10000 人的公共场所，宜取 0.8～0.9；容纳人数为 500～2000 人的公共场所，宜取 0.9～1.0；其他场所可取 1.0。

(5)在有梁的顶棚上设置感烟探测器、感温探测器时，应符合下列规定：

①当梁突出顶棚的高度小于 200mm 时，可不计梁对探测器保护面积的影响。

②当梁突出顶棚的高度为 200～600mm 时，应按有关规范确定梁对探测器保护面积的影响和一只探测器能够保护的梁间区域的个数。

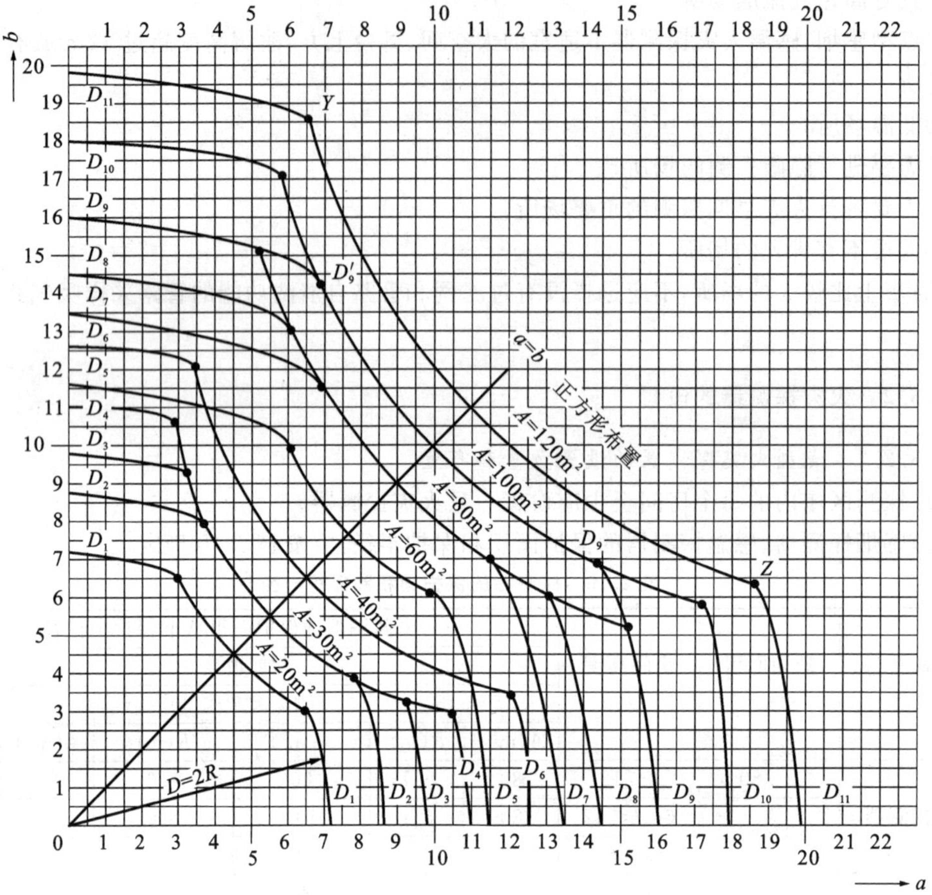

图 2.79 探测器安装间距的极限曲线(一)

A—探测器的保护面积(m^2);a,b—探测器的安装间距(m)

在顶棚有梁时,由于烟的蔓延受到梁的阻碍,探测器的保护面积会受到梁的影响。如果梁间区域的面积较小,梁对热气流(或烟气流)形成障碍,并吸收一部分热量,因而探测器的保护面积必然下降。梁对探测器的影响见图 2.80 及表 2.11。查表 2.11 可以确定一只探测器能保护的梁间区域个数,减少计算工作量。

由图 2.80 可以查得三级感温探测器房间高度极限值为 4m,梁高限度为 200mm;二级感温探测器房间高度极限值为 6m,梁高限度为 225mm;一级感温探测器房间高度极限值为 8m,梁高限度为 275mm。感烟探测器房间高度极限值为 12m,梁高限度为 375m。在线性曲线左边部分均无须考虑梁的影响。

可见,当梁凸出顶棚高度为 200～600mm 时,应按图 2.80 和表 2.11 确定梁的影响和一只探测器能够保护的梁间区域的数目。

③当梁突出顶棚的高超过 600mm 时,被梁隔断的每个梁间区域至少应设置一只探测器。

④当被梁隔断的区域面积超过一只探测器的保护面积时,被隔断的区域应按计算公式确定探测器的设置数量,如图 2.81 所示。

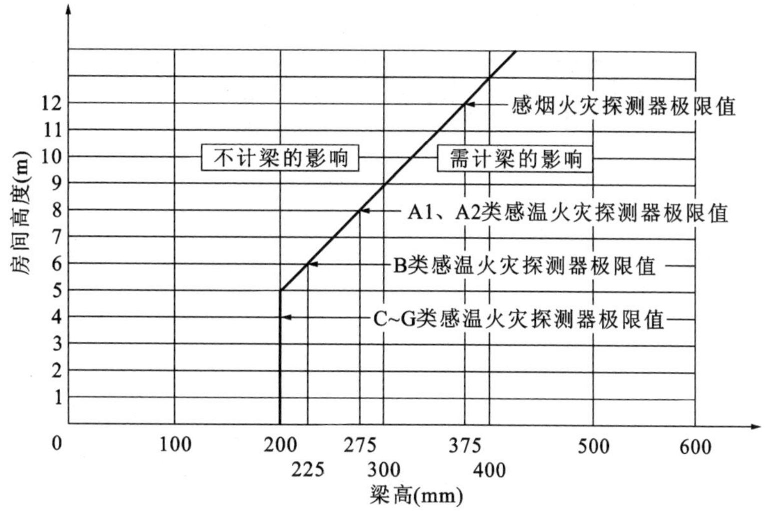

图 2.80 不同高度的房间梁对探测器设置的影响

表 2.11 按梁间区域面积确定一只探测器保护的梁间区域的个数

探测器的保护面积 $A(m^2)$		梁隔断的梁间区域面积 $Q(m^2)$	一只探测器保护的梁间区域的个数（个）
感温探测器	20	$Q>12$	1
		$8<Q\leqslant 12$	2
		$6<Q\leqslant 8$	3
		$4<Q\leqslant 6$	4
		$Q\leqslant 4$	5
	30	$Q>18$	1
		$12<Q\leqslant 18$	2
		$9<Q\leqslant 12$	3
		$6<Q\leqslant 9$	4
		$Q\leqslant 6$	5
感烟探测器	60	$Q>36$	1
		$24<Q\leqslant 36$	2
		$18<Q\leqslant 24$	3
		$12<Q\leqslant 18$	4
		$Q\leqslant 12$	5
	80	$Q>48$	1
		$32<Q\leqslant 48$	2
		$24<Q\leqslant 32$	3
		$16<Q\leqslant 24$	4
		$Q\leqslant 16$	5

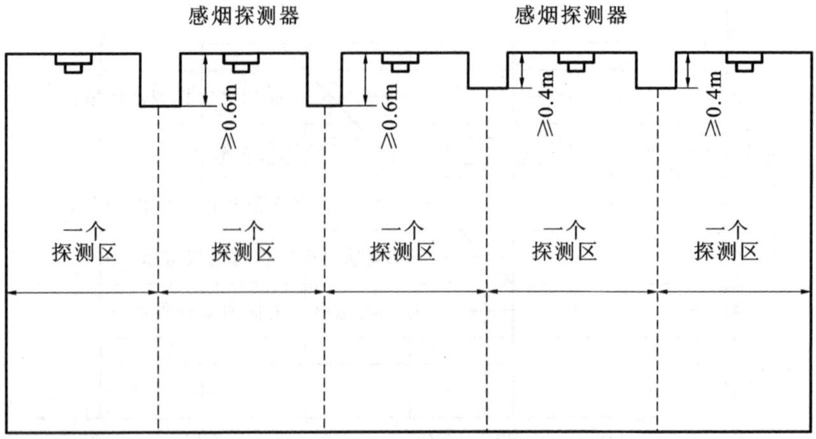

图 2.81 探测器的设置

⑤当梁间净距小于 1m 时,可不计梁对探测器保护面积的影响。

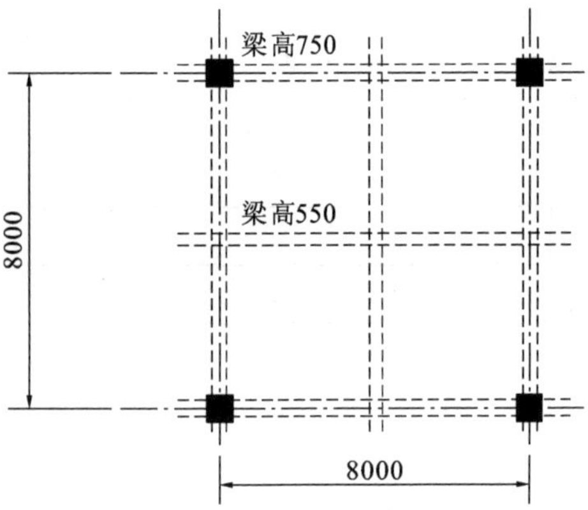

图 2.82 某工程地下柱网

【例题 2.1】 某工程地下一层一个柱网土建条件如图 2.82 所示,房间高度 h 为 5m。试布置探测器。

方案 1:如果是车库。

根据火灾探测器的适用场合采用感温探测器;

$h=5\text{m}, S=8\text{m}\times 8\text{m}=64\text{m}^2$;

感温探测器保护面积 $A=20\text{m}^2$,保护半径 $R=3.6\text{m}$;

由于主梁高 750mm,次梁高 550mm,依据图 2.82要考虑次梁对探测器布置的影响。

根据表 2.11 所规定:梁间区域面积 $Q=4\text{m}\times 4\text{m}=16\text{m}^2>12\text{m}^2$;

一只探测器所能保护的梁间区域个数为 1 个。

通过验证可得:保护半径 $R=3.6\text{m}$ 能够覆盖整个区域。

所以 4 只探测器能够满足要求。布置如图 2.83 所示。

方案 2:如果是风机房。

根据火灾探测器的适用场合采用感烟探测器;

$h=5\text{m}, S=8\text{m}\times 8\text{m}=64\text{m}^2$;

感温探测器保护面积 $A=80\text{m}^2$,保护半径 $R=6.7\text{m}$;

由于主梁高 750mm,次梁高 550mm,依据图 2.81 要考虑次梁对探测器布置的影响。

根据表 2.12 所规定:梁间区域面积 $Q=4\text{m}\times 4\text{m}=16\text{m}^2$,而 $12\text{m}^2<Q\leqslant 16\text{m}^2$;

一只探测器所能保护的梁间区域个数为 4 个。

通过验证可得:保护半径 $R=6.7\text{m}$ 不能够覆盖整个区域。

所以 2 只探测器能够满足要求。布置如图 2.84 所示。

⑥在宽度小于 3m 的内走道顶棚上设置点型探测器时,宜居中布置。感温火灾探测器的安装间距不应超过 10m;感烟火灾探测器的安装间距不应超过 15m;探测器至端墙的距离,不应大于探测器安装间距的 1/2。图 2.85 所示为探测器布置在内走道的顶棚上。

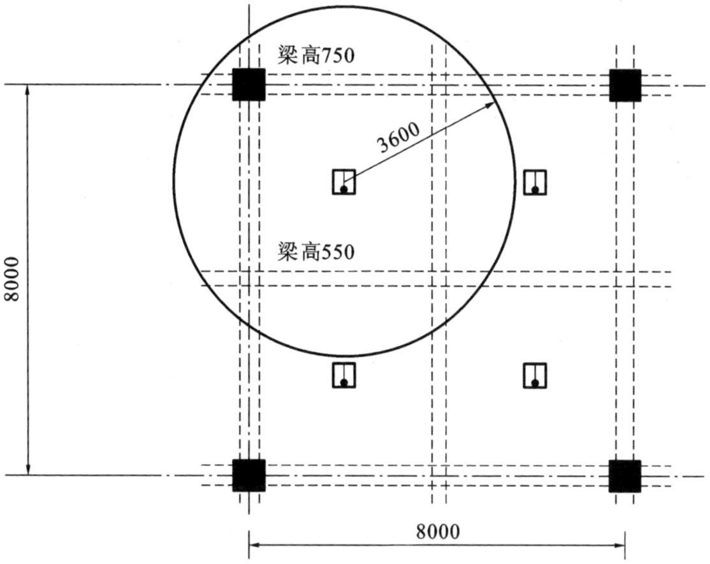

图 2.83 探测器布置(一)

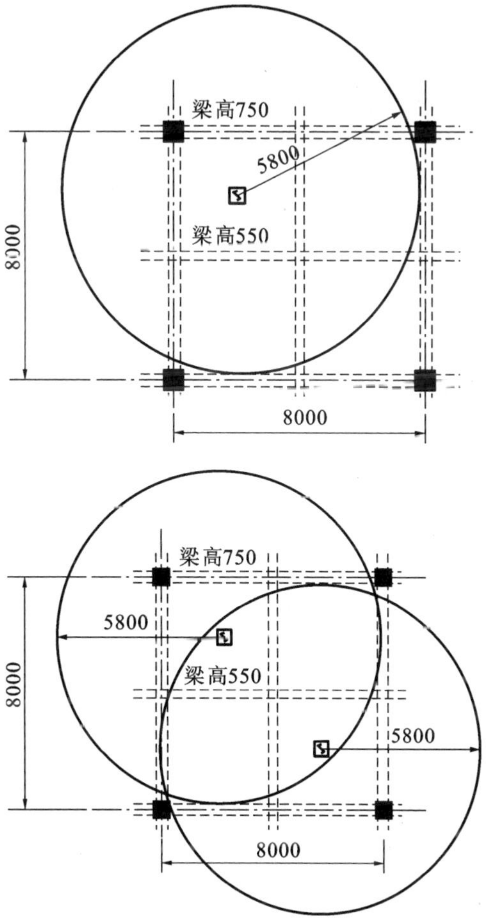

图 2.84 探测器布置(二)

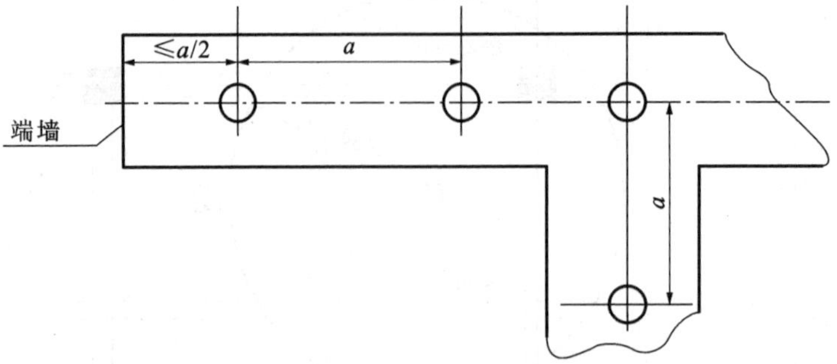

图 2.85 探测器布置在内走道的顶棚上

⑦点型探测器至墙壁、梁边的水平距离，不应小于 0.5m。

⑧点型探测器周围 0.5m 内，不应有遮挡物。

⑨房间被书架、设备或隔断等分隔，其顶部至顶棚或梁的距离小于房间净高的 5%时，每个被隔开的部分至少应安装一只点型探测器。如图 2.86 所示。

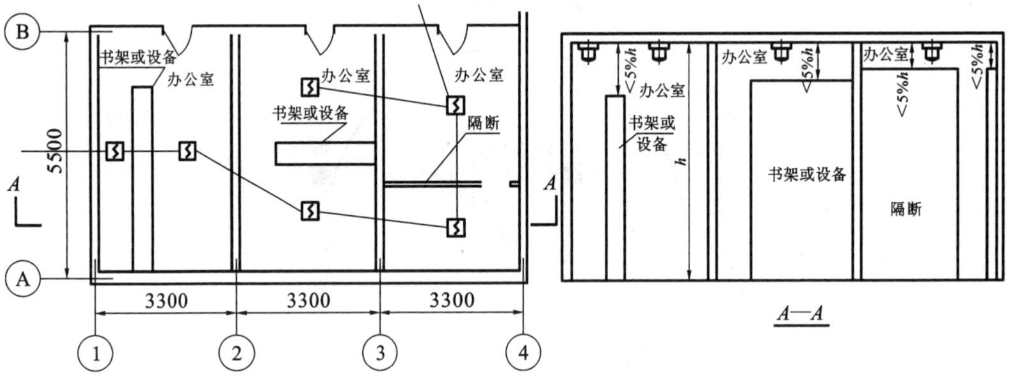

图 2.86 房间有书架、设备等分隔时探测器设置

【例题 2.2】 如果书库地面面积为 $40m^2$，房间高度为 3m，内有两书架分别安在房间，书架高度为 2.9m，问应选用几只感烟探测器？

解：房间高度减去架高度等于 0.1m，为净高的 3.3%，可见书架顶部至顶棚的距离小于房间净高 5%，所以应选用 3 只探测器，即每个被隔开的部分均应安 1 只探测器。

⑩点型探测器至空调送风口边的水平距离不应小于 1.5m，并宜接近回风口安装，探测器至多孔送风顶棚孔口的水平距离不应小于 0.5m。

⑪当屋顶有热屏障时，点型感烟火灾烟探测器下表面至顶棚或屋顶的距离，应符合表2.13 的规定。

⑫锯齿型屋顶和坡度大于 15°的人字形屋顶，应在每个屋脊处设置一排点型探测器，探测器下表面至屋顶最高处的距离应符合表 2.12 的规定。如图 2.87 所示。

⑬点型探测器宜水平安装。当倾斜安装时，倾斜角不应大于 45°(图 2.88)。

⑭在电梯井、升降机井设置点型探测器时，其位置宜在井道上方的机房顶棚上。如图2.89 所示。

表 2.12 点型感烟火灾探测器下表面至顶棚或屋顶的距离规定

探测器的安装高度 h(m)	点型感烟火灾探测器下表面至顶棚或屋顶的距离 d(mm)					
	顶棚或屋顶坡度 θ					
	$\theta \leqslant 15°$		$15° < \theta \leqslant 30°$		$\theta > 30°$	
	最小	最大	最小	最大	最小	最大
$h \leqslant 6$	30	200	200	300	300	500
$6 < h \leqslant 8$	70	250	250	400	400	600
$8 < h \leqslant 10$	100	300	300	500	500	700
$10 < h \leqslant 12$	150	350	350	600	600	800

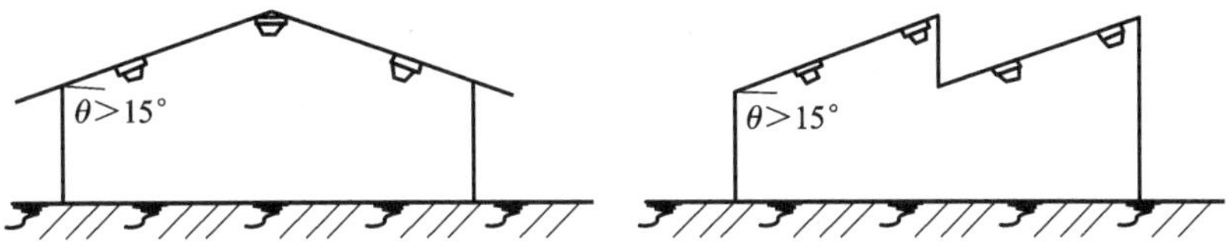

(a) (b)

图 2.87 人字形和锯齿形屋顶探测器安装示意图

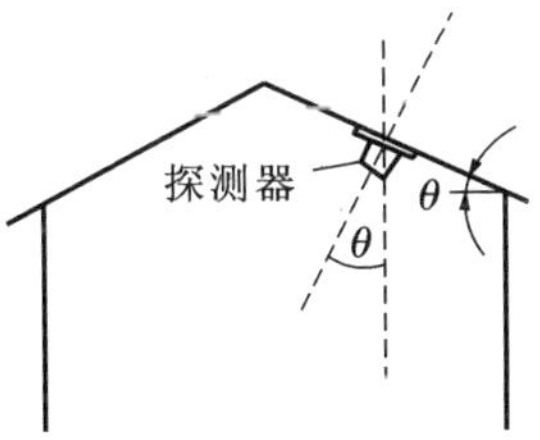

图 2.88 探测器倾斜安装示意图

$\theta < 45°$(θ 为屋顶的法线与垂直方向的夹角)

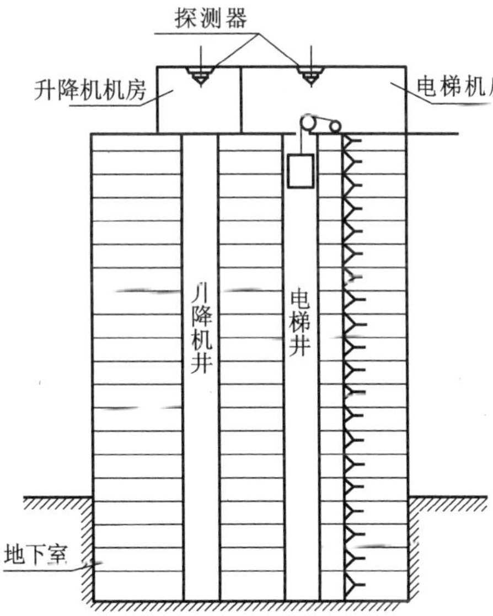

图 2.89 探测器在井道上方机房顶棚上的设置

【例题 2.3】 某高层教学楼的其中一个被划为一个探测区域的阶梯教室，其地面面积为 30m×40m，房顶坡度为 13°，房间高度为 8m，该阶梯教室容纳 500 人，问：a. 应选用何种类型的探测器？b. 探测器的数量为多少只？

解：a. 根据使用场所，可选择感烟或感温探测器均可，但考虑到感烟火灾探测器发现火灾比较及时，能够尽可能减少火灾损失，如图 2.90、图 2.91 所示。

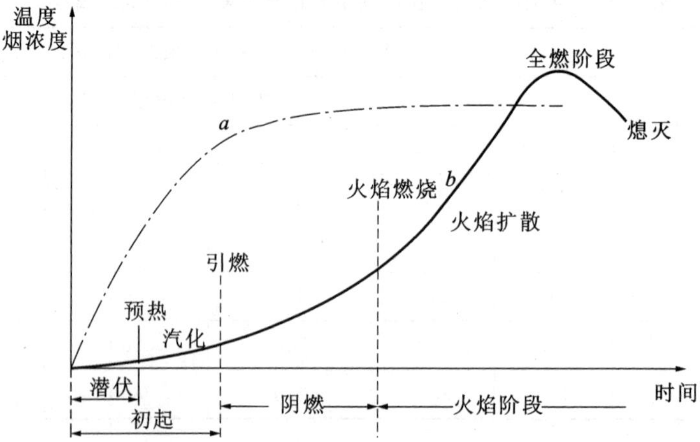

图 2.90 普通可燃物质典型起火过程

a—烟雾气胶浓度与时间的关系；b—热气流温度与时间的关系

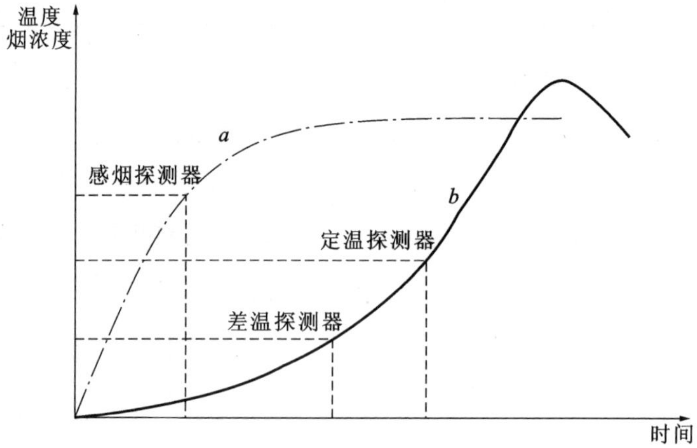

图 2.91 感烟、感温探测器响应时间曲线

a—燃烧气体、烟浓度与时间的关系；b—热气流、温度与时间的关系

所以应选择感烟探测器。

b. 该阶梯教室容纳 500 人，K 取 1；

地面面积 $S=30\text{m}\times40\text{m}=1200\text{m}^2>80\text{m}^2$；

房间高度 $h=8\text{m}$，即 $6\text{m}<h\leqslant12\text{m}$；

房顶坡度 θ 为 13°即 $\theta\leqslant15°$；

于是查表 2.11 得，保护面积 $A=80\text{m}^2$，保护半径 $R=6.7\text{m}$；

由公式 $N\geqslant\dfrac{S}{K\cdot A}$得：

$$N=\frac{1200}{1\times80}=15(\text{只})$$

c. 布置

由表 2.11 查得 $A=80\text{m}^2$ 和 $R=6.7\text{m}$，计算得：

$$D=2R=2\times6.7=13.4\text{m}$$

根据 $D=13.4$m，由极限曲线图中 D_7 上查得 Y、Z 线段上选取探测器安装间距 a、b 的数值，如图 2.92 所示。

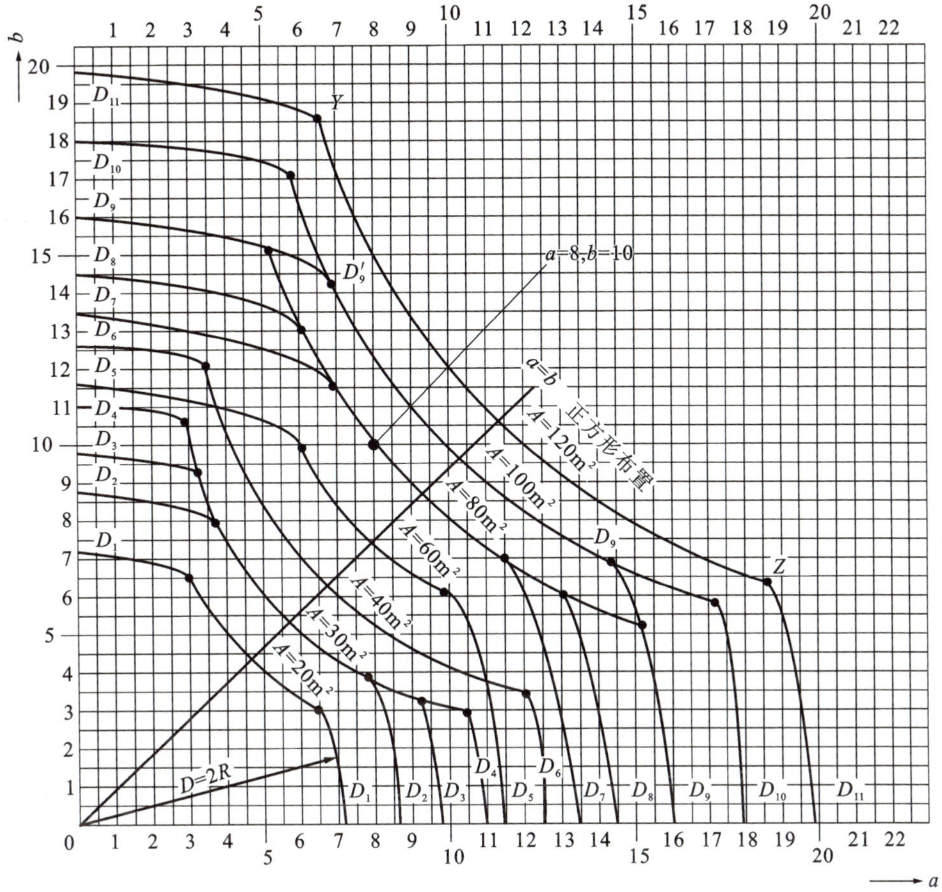

图 2.92　探测器安装间距的极限曲线

并根据现场实际情况选取 $a=8$m、$b=10$m，其布置方式如图 2.93 所示。

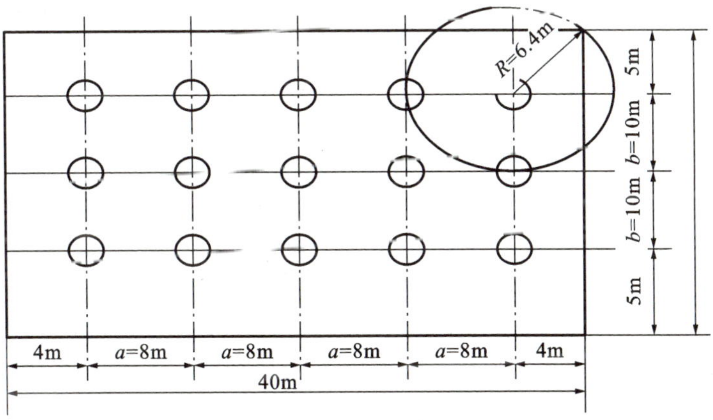

图 2.93　探测器布置示例

d. 验证

本例中所采用的探测器 $R=6.7$m，只要每个探测器之间的半径都小于或等于 6.7m 即可有效地进行保护。图 2.92 中探测器间距最远的半径为：

$$R=\sqrt{4^2+5^2}=6.4$$

$R=6.4$m<6.7m，距墙的最大值为 5m，不大于安装间距 10m 的一半，显然布置合理。

【例题 2.4】 某锅炉房地面长为 20m，宽为 10m，房间高度为 3.5m，房顶坡度为 12°，K 取 1。要求：a. 选探测器类型；b. 确定探测器数量；c. 进行探测器的布置。

解：a. 根据使用场所，选择感温探测器。

b. 该阶梯教室容纳 500 人，K 取 1；

地面面积 $S=20\text{m}\times10\text{m}=200\text{m}^2>30\text{m}^2$；

房间高度 $h=3.5$m，即 $h\leqslant8$m；

房顶坡度 θ 为 12°即 $\theta\leqslant15°$；

于是查表 2.11 得，保护面积 $A=20\text{m}^2$，保护半径 $R=3.6$m。

c. 布置

$$N\geqslant\frac{S}{K\cdot A}=\frac{20\times10}{1\times20}=10(\text{只})$$

采用经验法布置，其横向间距和纵向间距分别为：

$$\text{横向间距 } a=\frac{\text{该房间(该探测区域)的长度}}{\text{横向安装间距个数}+1}=\frac{\text{该房间的长度}}{\text{横向探测器个数}}$$

$$\text{纵向间距 } b=\frac{\text{该房间(该探测区域)的宽度}}{\text{纵向安装间距个数}+1}=\frac{\text{该房间的宽度}}{\text{纵向探测器个数}}$$

$$a=\frac{20}{5}=4\text{m}, a_1=2\text{m}; b=\frac{10}{2}=5\text{m}, b_1=2.5\text{m}$$

可以画出布置示意图，见图 2.94。

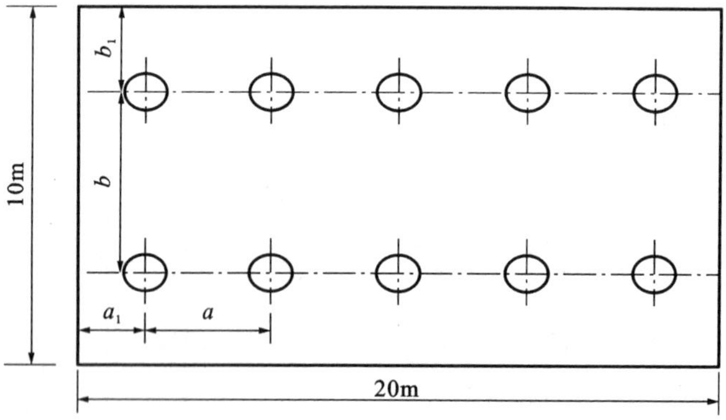

图 2.94 锅炉房探测器布置示意图

d. 验证：$R=\sqrt{2^2+2.5^2}=3.2<3.6$m

显然，探测器距离房间最远点的距离没有超出保护半径。

2.3.2.2 火焰探测器和图像型火灾探测器的设置

(1)应计及探测器的探测视角及最大探测距离，可通过选择探测距离长、火灾报警响应时间短的火焰探测器，提高保护面积要求和报警时间要求。

(2)探测器的探测视角内不应存在遮挡物。

(3)应避免光源直接照射在探测器的探测窗口。

(4)单波段的火焰探测器不应设置在平时有阳光、白炽灯等光源直接或间接照射的场所。

2.3.2.3 线型光束感烟火灾探测器的设置

(1)探测器的光束轴线距顶棚的垂直距离宜为0.3～1.0m,距地高度不宜超过20m。

(2)邻两组探测器的水平距离不应大于14m。探测器距侧墙水平距离不应大于7m,且不应小于0.5m。探测器的发射器和接收器之间的距离不宜超过100m。如图2.95所示。

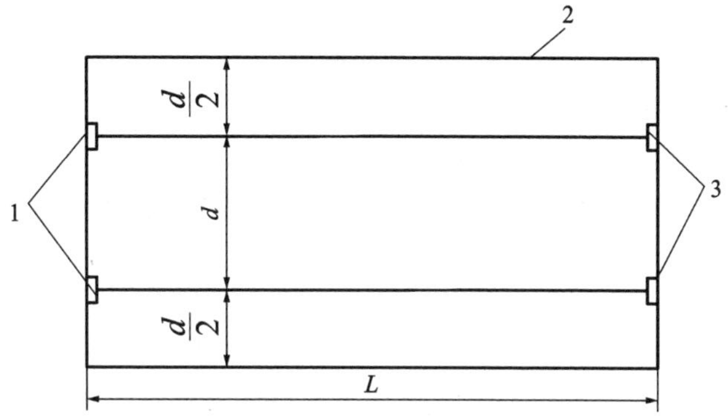

图2.95 发射器与接收器的距离

1—探测器;2—墙体;3—接收器

(3)探测器应设置在固定结构上。

(4)探测器的设置应保证其接收端避开日光和人工光源直接照射。

(5)选择反射式探测器时,应保证在反射板与探测器间任何部位进行模拟试验时,探测器均能正确响应。

2.3.2.4 线型感温火灾探测器的设置

(1)探测器在保护电缆、堆垛等类似保护对象时,应采用接触式布置;在各种皮带输送装置上设置时,宜设置在装置的过热点附近。

(2)设置在顶棚下方的线型感温火灾探测器,至顶棚的距离宜为0.1m。探测器的保护半径应符合点型感温火灾探测器的保护半径要求;探测器至墙壁的距离宜为1～1.5m。

(3)光栅光纤感温火灾探测器每个光栅的保护面积和保护半径,应符合点型感温火灾探测器的保护面积的保护半径要求。

(4)设置线型感温火灾探测器的场所有联动要求时,宜采用两只不同火灾探测器的报警信号组合。

(5)与线型感温火灾探测器连接的模块不宜设置在长期潮湿或温度变化较大的场所。

2.3.2.5 管路采样式吸气感烟火灾探测器的设置

(1)非高灵敏型探测器的采样管网安装高度不应超过16m;高灵敏型探测器的采样管网安装高度可超过16m;采样管网安装高度超过16m时,灵敏度可调的探测器应设置为高灵敏度,且应减小采样管长度和采样孔数量。

(2)探测器的每个采样孔的保护面积、保护半径,应符合点型感烟火灾探测器的保护面面积、保护半径的要求。

(3)一个探测单元的采样管总长不宜超过200m,单管长度不宜超过100m,同一根采样管不应穿越防火分区。采样孔总数不宜超过100个，单管上的采样孔数量不宜超过25个。

(4)当采样管道采用毛细管布置方式时，毛细管长度不宜超过4m。

(5)吸气管路和采样孔应有明显的火灾探测器标识。

(6)有过梁、空间支架的建筑中，采样管路应固定在过梁、空间支架上。

(7)当采样管道布置形式为垂直采样时，每2℃温差间隔或3m间隔(取最小者)应设置一个采样孔，采样孔不应背对气流方向。

(8)采样管网应按经过确认的设计软件或方法进行设计。

(9)探测器的火灾报警信号、故障信号等信息应传给火灾报警控制器，涉及消防联动控制时，探测器的火灾报警信号还应传给消防联动控制器。

2.3.2.6　感烟火灾探测器在格栅吊顶场所的设置

(1)镂空面积与总面积的比例小于15%时，探测器应设置在吊顶下方。

(2)镂空面积与总面积的比例为15%～30%时，探测器的设置部位应根据实际试验结果确定。

(3)镂空面积与总面积的比例大于30%时，探测器应设置在吊顶上方。

(4)探测器设置在吊顶上方且火警确认灯无法观察时，应在吊顶下方设置火警确认灯。

(5)地铁站台等有活塞风影响的场所，镂空面积与总面积的比例为30%～70%时，探测器宜同时设置在吊顶上方和下方。如图2.96所示。

序号	镂空面积与总面积的比例	感烟探测器设置位置
1	<15%	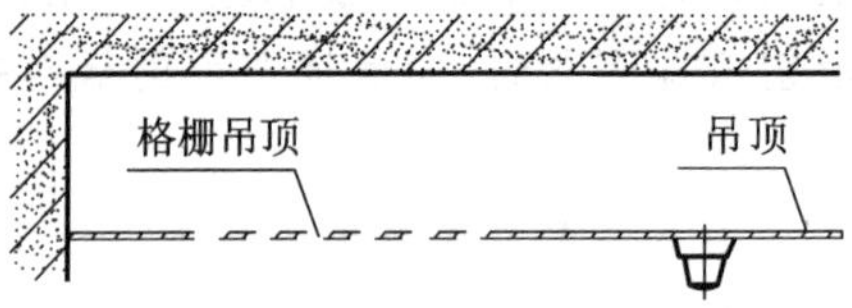
2	15%~30%	应根据实际试验结果确定
3	>30%	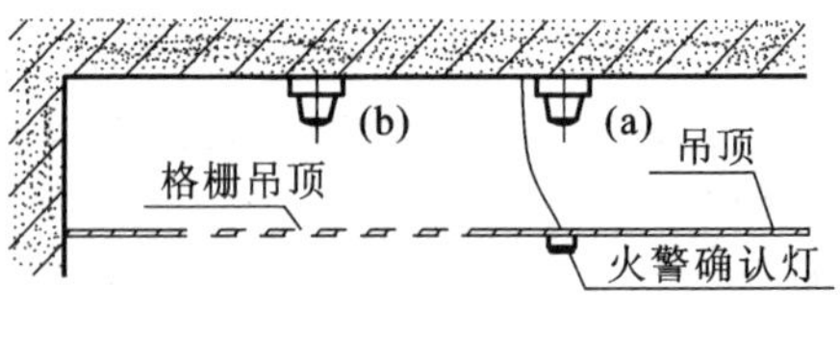
4	30%~70% 注：有活塞风影响的场所	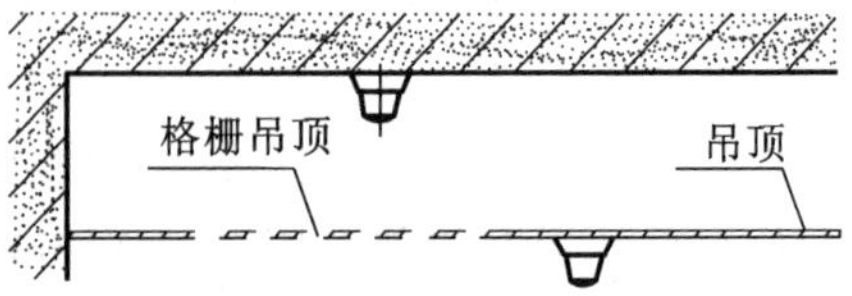

图2.96　探测器的设置

练习

某高层建筑中首层平面图有区域火灾报警控制器一台，如图 2.97 所示，房间使用功能、房间尺寸在图 2.97 中标出，房间高度为 3.5m，为平顶棚，K 取 1，试根据所给条件，结合规范确定每个房间探测器种类，计算探测器数量并进行探测器布置。

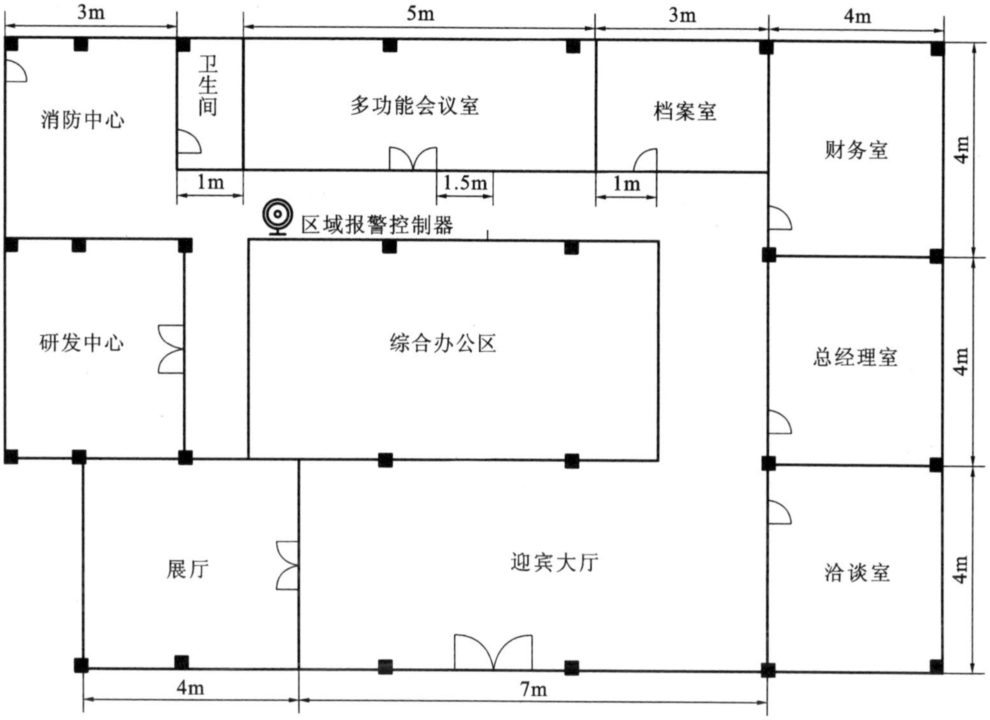

图 2.97 某高层建筑首层平面

2.4 火灾报警控制器

火灾报警控制器是火灾自动报警系统的心脏，是消防系统的指挥中心，控制器可为火灾探测器供电，接收、处理和传递探测点的故障及火警信号，并能发出声、光报警信号，同时显示及记录火灾发生的部位和时间，并能向联动控制器发出联动通知信号的报警控制装置。

2.4.1 报警控制器的分类

火灾报警控制器的种类繁多，按不同角度有不同的分类，如图 2.98、图 2.99 所示。

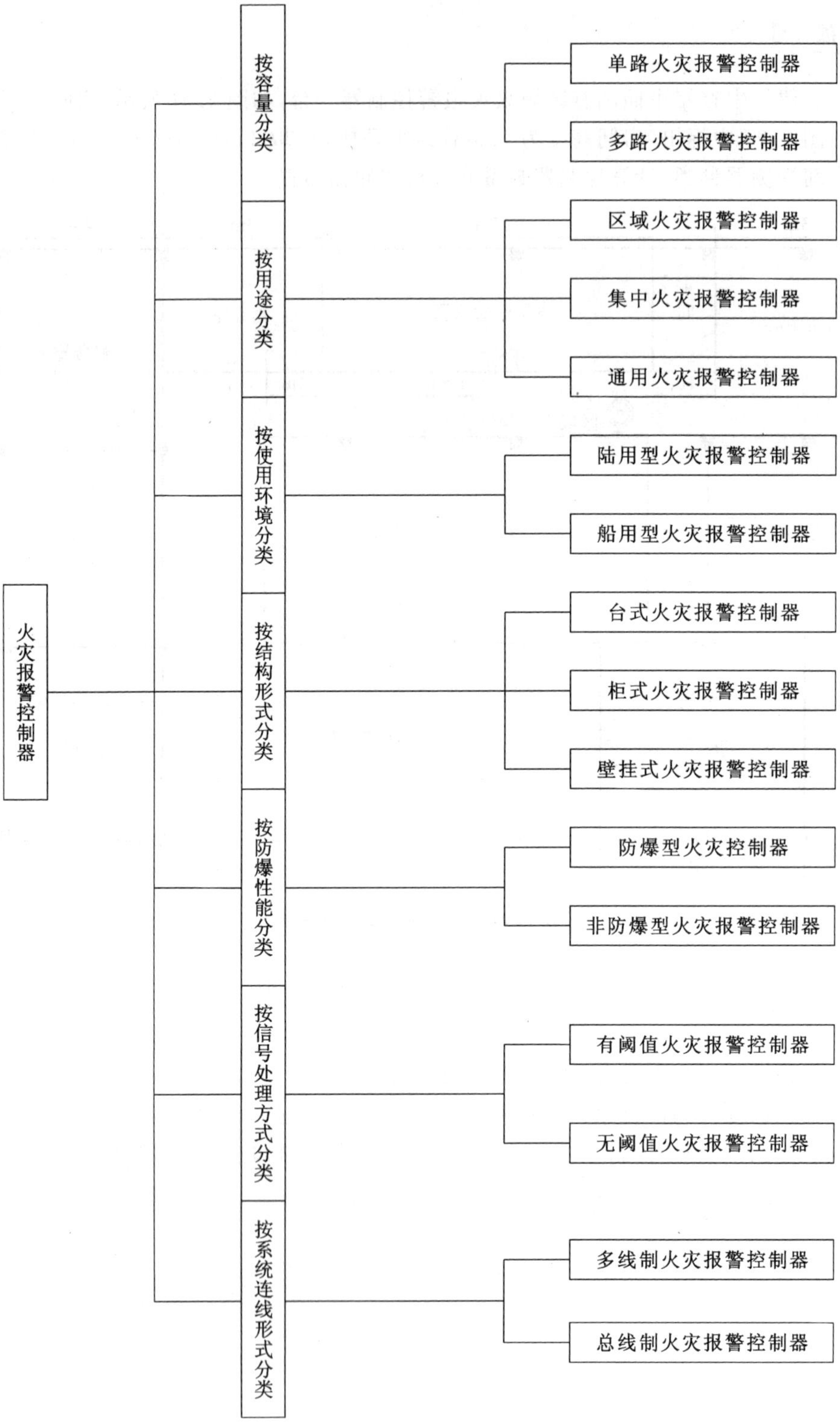

图 2.98 火灾报警控制器的分类

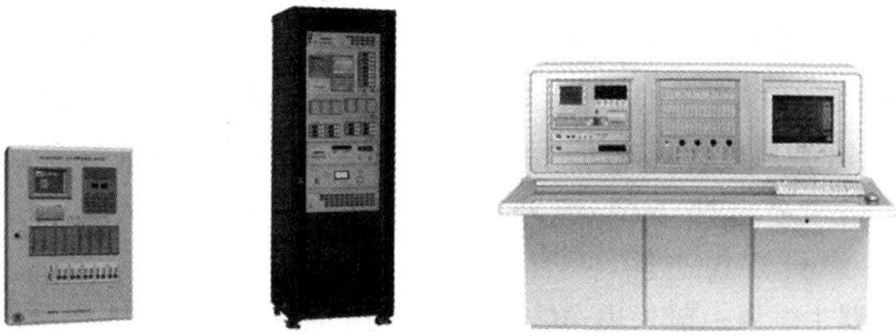

(a) (b) (c)

图 2.99 火灾报警控制器

(a)壁挂式;(b)柜式;(c)台式

2.4.2 火灾报警控制器工作原理

火灾报警控制器的基本工作原理如图 2.100 所示。

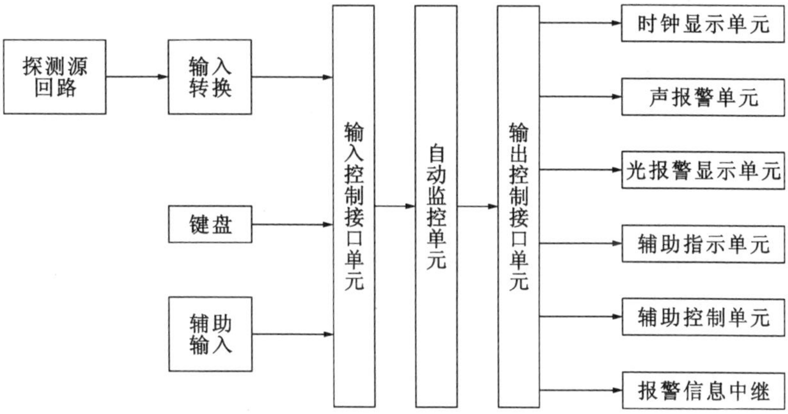

图 2.100 火灾报警控制器的基本工作原理

在图 2.100 中,对输入单元而言,集中报警控制器与区域报警控制器有所不同。区域报警控制器处理的探测信号可以是各种火灾探测器、手动报警按钮或其他探测单元的输出信号,而集中报警控制器处埋的是区域报警控制器输出的信号,由于两者的传输特性不同,响应输入单元的接口电路也不相同。通常,采用总线传输方式的接口电路工作原理是:通过监控单元将待巡检(待检测)的地址(部位)信号发送到总线上,经过一定时序,监控单元从总线上读回信息,执行相应的报警处理功能。一般来说,时序要求严格,每个时序都有其固定含义。火灾报警控制器工作时的基本顺序要求为:发地址→等待→读信息→等待。控制器周而复始地执行上述时序,完成对整个信号源的检测。

2.4.3 火灾报警控制器主要技术性能

(1)容量

容量是指火灾报警控制器能够接受、处理火灾报警信号的回路数,用“M”表示。当一个火灾探测器部位号只连接一个火灾探测器时,回路数等于火灾探测器数量。当一个火灾探测器部位号并联几只火灾探测器时,回路数就少于火灾探测器数量。对总线制编码传输式火灾报警控制器，一般给出两个有关参数，一个是报警控制器具有的连接火灾探测器的区域数，用“*F*”表示；另一个是每个区域可连接的火灾探测器数量，用“*N*”表示。火灾报警控制器的容量则为区域数乘以每个区域可连接的火灾探测器的数量，即 *FN*。对于集中火灾报警控制器，其计算方式与总线制火灾报警控制器相同，只是其所指的区域数为区域火灾报警控制器台数。火灾报警控制器的容量通常优先在 1 路、2 路、4 路、8 路、10 路、20 路、40 路、80 路、100 路、120 路中选取。

(2)工作电压

火灾报警控制器主电源一般采用 AC 220V，备用电源采用蓄电池供电的直流电源，供电电压一般为 DC(24～32V)。在交流供电时，当电网电压波动范围为 15%～10%时，火灾报警控制器在其最大负载条件下应能够正常工作；当采用备用电源工作时，应优先考虑选用直流 24V 供电。备用电源容量应满足火灾报警控制器正常工作 24h 后，在最大负载条件下正常工作 30min。

(3)输出电压

火灾报警控制器的输出电压是指供火灾探测器使用的直流工作电压，一般为 DC 24V。根据国标规定，当火灾报警控制器的交流输入电压在 187～242V 之间时，其输出供火灾探测器的直流工作电压的稳定度和负载稳定度，在最大负载条件下均不应超过 2%，即当输出电压为 24V 时，其允许误差不大于 0.48V。另外，火灾报警控制器输出的最大电流决定了可接负载的大小，一般应大于 0.5A。

(4)空载功耗

空载功耗是指火灾报警控制器及其所接的火灾探测器处于监视状态时所消耗的电源功率，一般为几瓦至几十瓦。它的大小表明了该火灾监测报警系统正常工作时的耗电多少。因此，要求空载功耗越小越好，同时要求火灾报警控制器处于监视状态时，每一个报警回路的最大工作电流不大于 20mA。

(5)满载功耗

满载功耗是指在火灾报警控制器的容量不超过 19 路时，所有回路均处于报警状态所消耗的功率；在火灾报警控制器的容量超过 10 路时，20%的回路(当 20%回路数小于 10 路时，按 10 路计算)处于报警状态时所消耗的功率。正常要求在保证火灾检测报警系统可靠工作的前提下，尽可能减小满载功率，同时要求在火灾报警状态时，每一回路的最大工作电流不得大于 200mA。

(6)使用条件环境

使用条件环境是指火灾报警控制器能够正常工作的温度、湿度、风速、风压等条件。根据国标规定，陆用型火灾报警控制器的环境条件要求是：温度－10～50℃，湿度不大于 92%(40℃)，风速小于 5m/s；船用型火灾报警控制器的环境条件要求是：温度－10～50℃，湿度不大于 95%(40℃)，风速小于 5m/s，气压 85～106kPa。

2.4.4 火灾报警控制器的基本功能要求

火灾报警控制器主要包括电源部分和主机部分。目前，大多数点验设计采用线性调节稳压电路，同时在输出部分增加相应的过压、过流保护环节。通常，火灾报警控制器电源的首选模式是开关型稳压电路。主机部分承担着对火灾探测器输出信号的采集、处理、火警判断、报警及中继等功能。

(1)电源部分

火灾报警控制器的电源由主电源和备用电源两部分组成。主电源取自被保护对象的消防电源，备用电源一般选用可充放电反复使用的各种蓄电池。根据国标，火灾报警控制器电源部分的主要功能如下：

①主电源、备用电源自动切换；

②备用电源充电功能；

③电源故障监测功能；

④电源工作状态指示功能；

⑤给火灾探测器回路供电功能。

(2)主机部分

对火灾报警控制器主机部分而言，其常态是监测火灾探测器回路的变化情况，遇有火灾报警信号时执行相应的操作，因此，火灾报警控制器主机部分的主要功能如下：

①火灾报警。当接收到探测器、手动报警按钮、消火栓报警按钮及输入模块所配接设备发来的火警信号，均可在报警器中报警，火灾指示灯亮并发出火灾变调声音，同时显示首次报警地址号及总数。

②故障报警。系统在正常运行时，主控单元能对现场所有的设备(如探测器、手动报警按钮、消火栓报警按钮等)、控制器内部的关键电路及电源进行监视，一有异常立即报警。报警时，故障灯亮并发出长音故障音响，同时显示报警地址号及类型号(不同型号报警器编号不同)。

③火警优先。在系统存在故障的情况下出现火警，则报警器能由报故障自动转变为报火警，而当火警被清除后又自动恢复报原有故障。当系统存在某些故障而又未被修复时，会影响火警优先功能，如下列情况：电源故障；当本部位探测器损坏时本部位出现火警；总线部位有故障(如信号线对地短路、总线开路与短路等)均会影响火警优先。

④时钟锁定，记录着火时间。系统中时钟走时是软件编程实现的，有年、月、日、时、分。每次开机时，时分值从00:00开始，月日值从01:01开始，所以需要调校。当有火警或故障时，时钟显示锁定，但内部能正常走时，火警或故障一旦恢复，时钟将显示实际时间。

⑤调显火警。当火灾报警时，液晶板显示首次火警地址，通过键盘操作可以调显其他火警地址。

⑥自动巡检。报警系统长期处于监控状态，为提高报警的可靠性，控制器设置了检查键，供用户定期或不定期进行电模拟火警检查。处于检查状态时，凡是运行正常的部位均能向控制器发回火警信号。只要控制器能收到现场发回来的信号并有反应而报警，则说明系统处于正常的运行状态。

⑦自动打印。当有火警、部位故障或有联动时，打印机将自动打印记录火警、故障或联动的地址号，此地址号同显示地址号一致，并打印出故障、火警、联动的月日时分。当系统进行手动检查时，如果控制正常，则打印机自动打印正常(OK)。

⑧测试。控制器可以对现场设备信号电压、总线电压、内部电源电压进行测试。通过测量电压值，判断现场部件、总线、电源的正常与否。

⑨部位的开放及关闭。有以下几种情况：

A. 子系统中空置不用的部位(不装现场部件)，在控制器软件制作中即被永久关闭。如须开放新部位应与生产厂家联系。

B. 系统中暂时空置不用的部位，在控制器第一次开机时需要手动关闭。

C. 系统运行过程中，已被开放的部位其部件发生损坏后，在更新部件之前暂时关闭，在更新部件后将其开放。部位暂时关闭及开放有以下几种方法：

a. 逐点关闭和逐点开放。在控制器正常运行中，将要关闭（或开放）的部位的报警地址显示号用操作键输入控制器，逐个将其关闭（或开放）。被关闭（或开放）的部位如果安装了现场部件，则该部件不起作用；被关闭（或开放）部位如果未安装现场部件，则将报出该部位故障。对于多部件部位（指编码不同的部件具有相同的显示号），进行逐点关闭（或开放），是将该部位中的全部部件实现了关闭（或开放）。

b. 统一关闭及统一开放。统一关闭是在控制器报警（有火警或故障）的情况下，通过操作键将当时存在的全部非正常部位进行关闭；统一开放是在控制器运行中，通过操作键将所有在运行中曾被关闭的部位进行开放。当部位是多部件部位时，统一关闭也只是关闭了该部位中的不正常部件。系统中只要有部位被关闭了，面板上的“隔离”灯就被点亮。

⑩显示被关闭部位。在系统运行过程中，已开放的部位在其部件出现故障后，为了维持整个系统正常运行，应将该部位关闭。但应能显示出被关闭部位，以便人工监视部位的火情并及时更换部件。操作相应的功能键，控制器便能顺序显示所有在运行中被关闭的部位。当部位是多部件部位时，这些部件中只要有一个是关闭的，它的部位号就能被显示出来。

⑪联机控制。可分为“自动”联动和“手动”启动两种方式，但都是总线联动控制方式。在联动方式为“自动”时，当现场主动型设备（包括探测器）发生动作时，满足既定逻辑关系的被动型设备将自动被联动，联动逻辑因工程而异，出场时已存储于控制器中。手动启动在“手动允许”时才能实施，手动启动操作应按操作顺序进行。

无论是自动联动还是手动启动，应该动作的设备编号均应在液晶板上显示，同时启动灯亮。已经发生动作的设备编号也在此显示，同时回答灯亮，启动与回答能交替显示。

⑫阈值设定。报警阈值（即提前设定的报警动作值）对于不同类型的探测器其大小不一，目前报警阈值是在控制器的软件中设定。这样的控制器不仅具有智能化、高可靠性的火灾报警，而且可以按各探测器部位所在应用场所的实际情况不同而灵活方便地设定其报警阈值，以便更加可靠地报警。

2.4.5 火灾自动报警控制系统线制

线制主要是指火灾报警装置（火灾报警控制器）与触发器件（火灾探测器、报警按钮、输入模块等）、联动输出装置之间的传输线的线数。按线制分，火灾自动报警系统主要分为多线制和总线制。

(1)多线制

多线制是指每个触发器件（火灾探测器、报警按钮、输入模块等）、联动输出装置与火灾报警装置（火灾报警控制器）之间都有独立的信号回路，触发器、联动输出装置之间是相对独立的，所有控制信号对于控制器是并行输入的。这种方法又称点对点连接。多线制就是每个设备要单独接线到主机，主机通过专门线路与设备进行通信。多线制的优点是探测器的电路比较简单，但缺点是线多，配管直径大，穿线复杂，线路故障不好查找。

早期的多线制有 $n+4$ 线制（图 2.101），n 为探测器数，4 指公用线，分别为电源线（+24V）、地线（G）、信号线（S）和自诊断线（T），另外每个探测器设一根选通线（ST）。仅当某选通线处于有效电平时，在信号线上传送的信息才是该探测部位的状态信号。这种方式的优点是探测器的电路比较简单，供电和提取信息相当直观；但缺点是线多，配管直径大，穿线复杂，线路故障也多，已逐渐被淘汰。

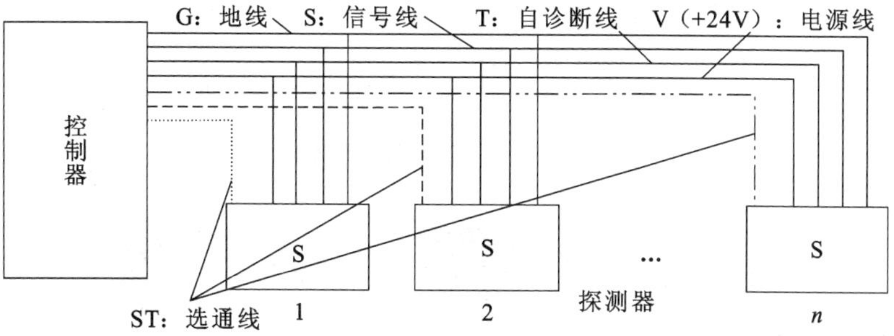

图 2.101 多线制($n+4$)连接方式

二多线制即 $n+1$ 线制，即一条是公用地线，另一条承担供电、选通信息与自检的功能，这种线制比四线制简化了许多，但仍为多线制。二多线制虽然相比四多线制有所改进，但其特点基本相同。

(2)总线制

总线制是指每个触发器件(火灾探测器、报警按钮、输入模块等)、联动输出装置与火灾报警装置(火灾报警控制器)之间都采用公共信号回路，触发器、联动输出装置都有自己的独立的地址编码，控制器采用串行通信的方式按不同的地址信号访问触发器件、联动输出装置。总线制就是每个设备要通过公共总线连接到主机，主机通过地址编码技术与设备进行通信。总线制用线量少，设计施工方便，因此被广泛使用。但缺点是一旦总线回路发生短路故障，整个回路便失效，无法正常工作，甚至有可能损坏部分设备。因此为了保证系统的正常运行和免受损失，必须在系统中采取短路隔离措施，如分段加装短路隔离器。

根据总线制公共线路数量可分为四总线制和二总线制。

四总线制如图 2.102 所示，图中的四条总线(P、T、S、G)均为并联方式连接，P 线给出探测器的电源、编码、选址信号；T 线给出自检信号以判断探测部位或传输线是否有故障；控制器从 S 线上获得探测部位的信息；G 为公共地线。S 线上的信号对探测部位而言是分时的，从逻辑实现方式上看是“线或”逻辑。由于总线制采用了编码选址技术，使控制器能准确地报警到具体探测部位，测试安装简化，系统的运行可靠性大为提高。

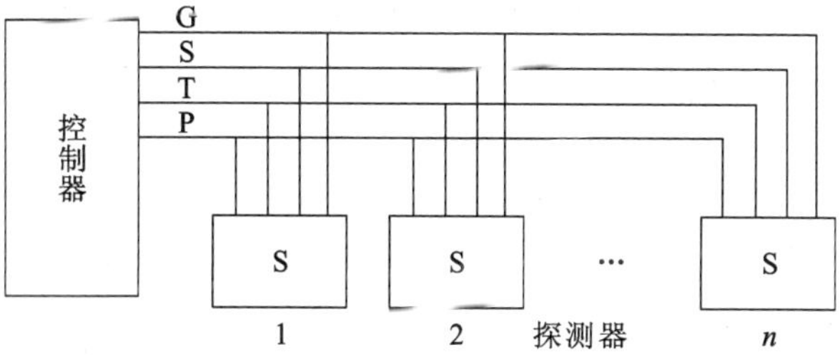

图 2.102 四总线制连接方式

二总线制比四总线制又进了一步，用线量更加少，但技术的复杂性和难度也提高了。二总线制中的 G 线为公共地线，P 线则完成供电、选址、自检、获取信息等功能。二总线制的特点：设备技术复杂，安装简单，成本低，检测维修方便。二总线制的连接方式如图 2.103 所示。

二总线系统常用的连接方式有：树形、环形、链式(图 2.104)。

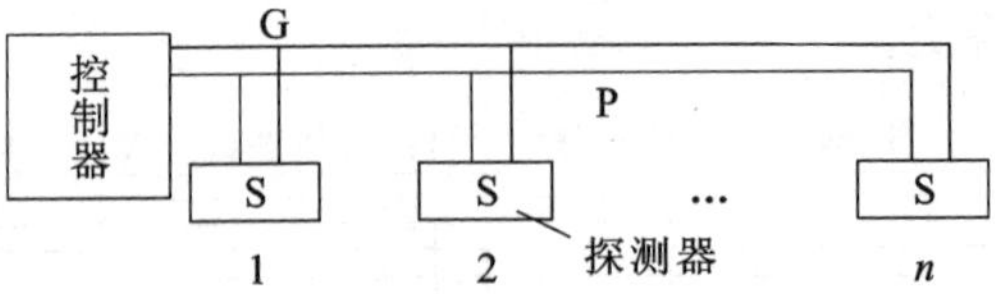

图 2.103　二总线制连接方式

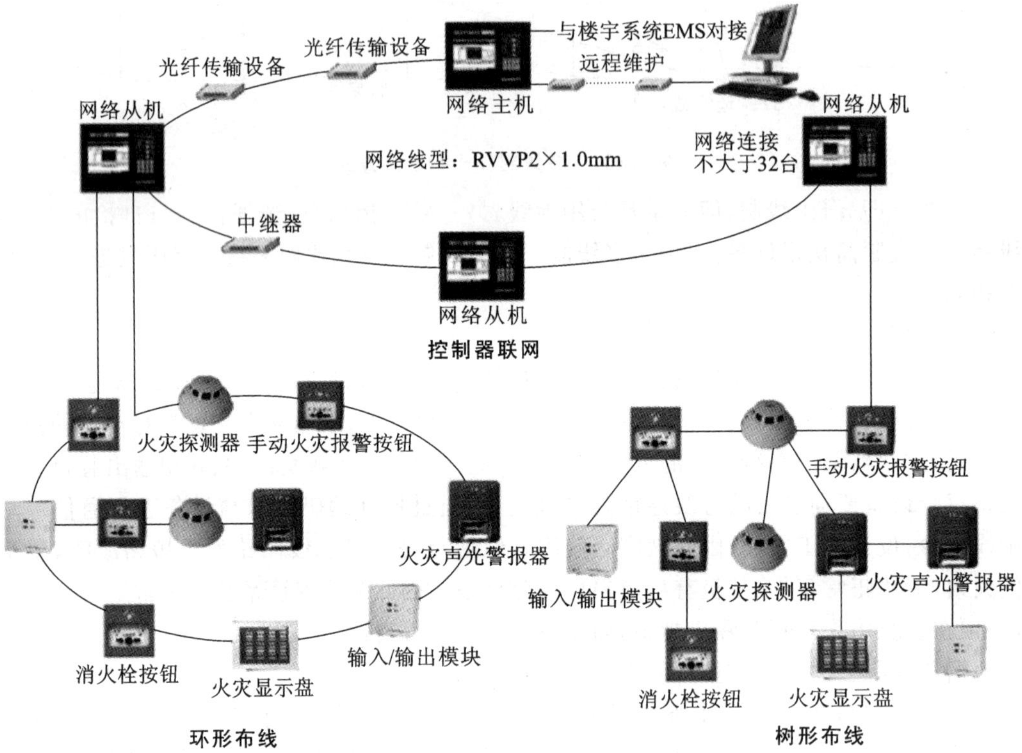

图 2.104　二总线系统常用的连接方式

树形接线方式(图 2.105)为多数系统所采用,采用这种接线方式时,如果发生断线,可以自动判断故障点,但故障点后的探测器不能工作。

环形接线方式(图 2.106)则要求输出的两根总线再返回控制器的另两个输出端子,这对控制器而言变成了四根线。此种接线方式的优点在于,当探测器发生诸如短路、断路等故障时,不影响系统的正常工作。

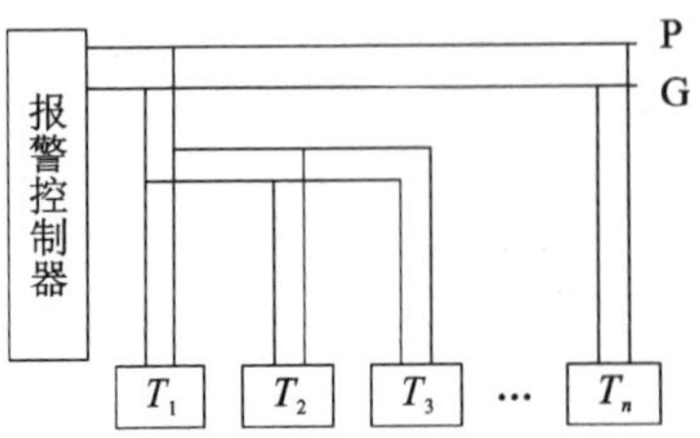

图 2.105　树形接线方式

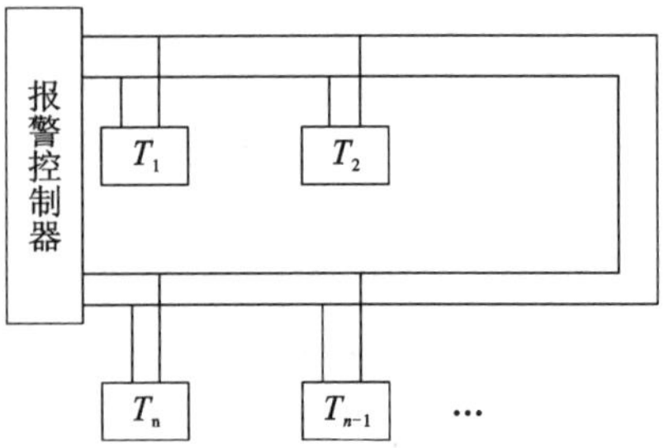

图 2.106　环形接线方式

链式接线方式如图 2.107 所示，这种系统的 P 线对各探测器是串联的。对探测器而言，变成了三根线，而对控制器而言还是两根线。

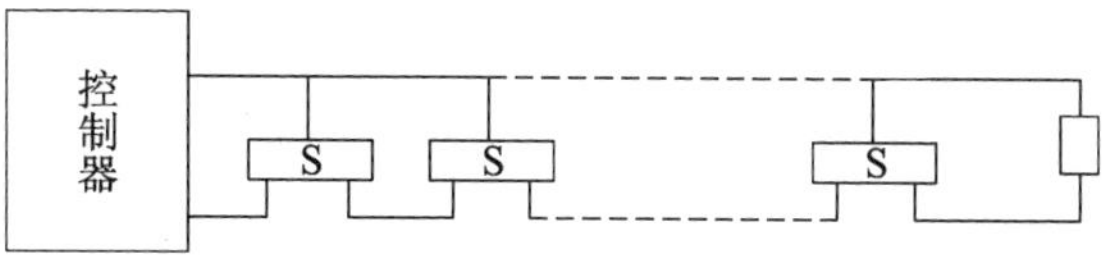

图 2.107 链式接线方式

2.4.6 火灾自动报警控制器的选择

(1)功能选择

根据建筑物特点、国家规范和业主的实际要求(含物业管理需求)确定火灾自动报警系统的形式和基本功能，由此选择火灾自动报警控制器的功能和形式。

方案 1:方案 1 中火灾报警控制器只连接火灾探测器和手动报警按钮等报警设备。如图 2.108 所示。

方案 2:方案 2 中的消防联动控制器只连接输入、输出和输入/输出模块等需要联动控制的设备。如图 2.109 所示。

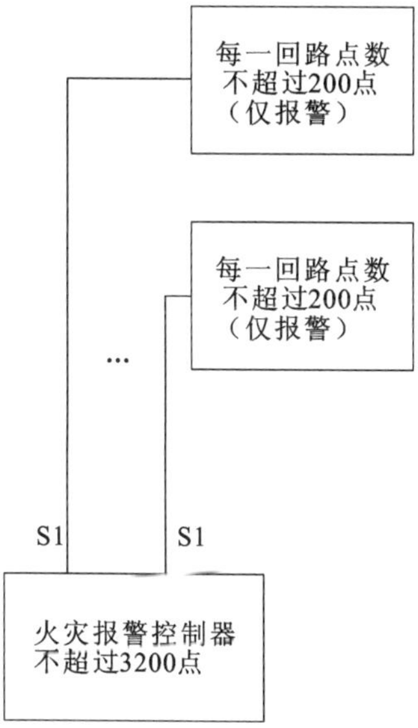

图 2.108 方案 1

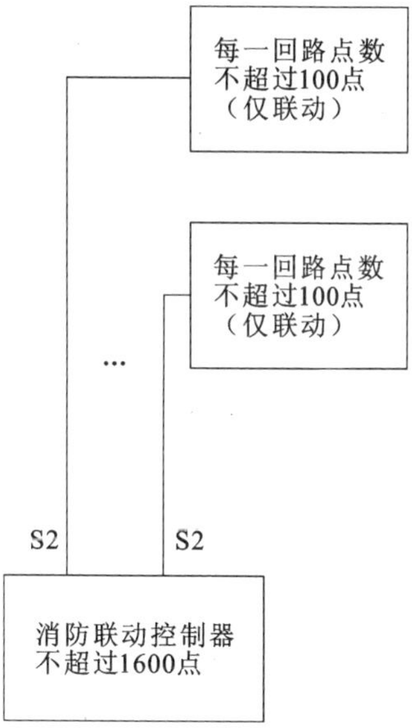

图 2.109 方案 2

方案 3:既可以连接报警设备，又可以连接联动控制设备，适用于报警和联动控制分回路设计的系统。如图 2.110 所示。

方案 4:方案 4 既可以连接报警设备，又可以连接联动控制设备，适用于报警与联动控制同回路设计的系统。如图 2.111 所示。

方案 5:方案 5 为报警与联动控制分回路分控制器的设计系统。适用于较大建筑及建筑群的集中报警系统或控制中心报警系统。如图 2.112 所示。

(2)容量选择

被选用火灾报警控制器，其容量不得小于现场所需容量。区域报警控制器的容量应不小

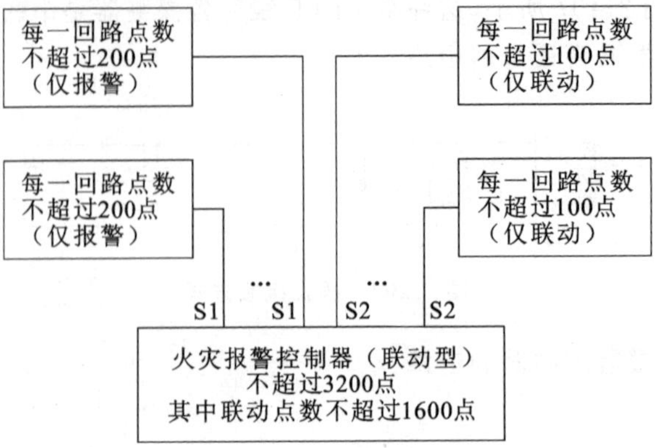

图 2.110　方案 3

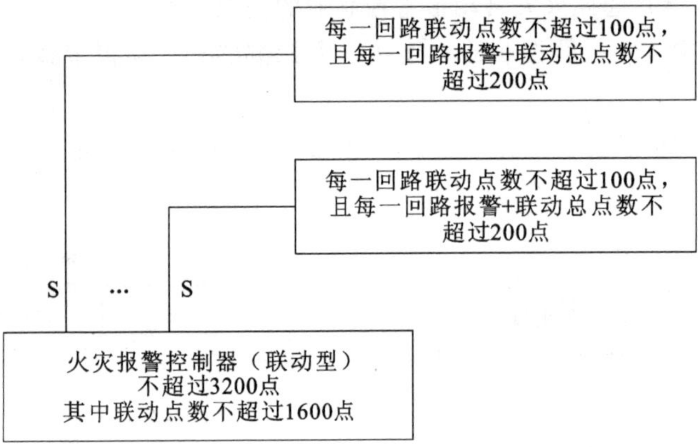

图 2.111　方案 4

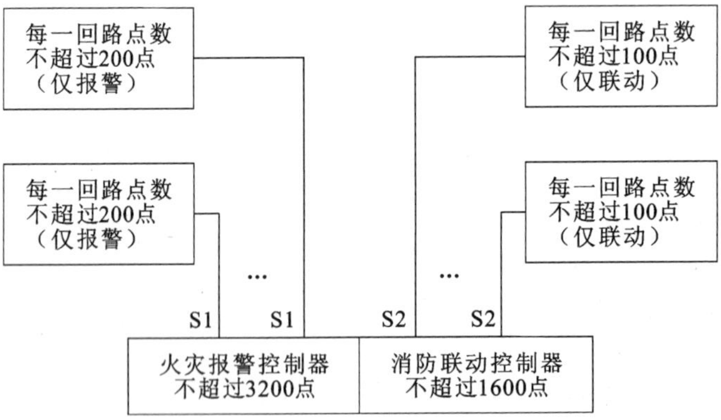

图 2.112　方案 5

于报警区域的探测区域总数。集中报警控制器的部位号(M)应不小于系统内最大容量的区域报警控制器的容量。区域号(层号 N)应不小于系统内所连接区域报警控制器的数量。

任一台火灾报警控制器所连接的火灾探测器、手动火灾报警按钮和模块等设备总数和地址总数均不应超过 3200，其中每一总线回路连接设备的总数不宜超过 200，且应留有不少于额定容量 10%的余量；任一台消防联动控制器地址总数或火灾报警控制器(联动型)所控制的各类模块总数和不应超过 1600，每一联动总线回路连接设备的总数不宜超过 100，且应留有不少于额定容量 10%的余量。

(3)安装位置选择

①区域报警控制器安装位置选择

区域报警控制器宜安装在经常有人值班的场所，如值班室、警卫室、楼层服务台等。其环境条件应清洁、干燥、凉爽、外界干扰少，同时考虑管理、维修方便等条件。

②集中报警控制器安装位置选择

集中报警控制器应设置在专用的房间或消防值班室内，并有直接通向户外的通道，门应向疏散方向开启，入口处设有明显标志，房间要有较高的耐火等级。其环境条件与区域火灾报警控制器安装场所的要求类同。

(4)需根据现场实际确定报警控制器的安装方式，从而确定选择壁挂式、台式还是柜式报警控制器。

(5)在选择和使用火灾报警控制器时，应尽量使用成套产品。

【设备示例 19】 海湾 JB-QB-GST200 火灾报警控制器(联动型)，如图 2.113 所示。

特点：

JB-QB-GST200 火灾报警控制器(联动型)采用壁挂式结构，本控制器为小点数系列产品；控制器开机自检时，不仅自动检测本机设备(指示灯、功能键等)，同时还逐条检测外部设备的注册信息及联动公式信息；控制器配置 6 路直接控制输出，与现场设备采用三线连接，可实现对输入、输出线断路、短路检测功能；控制器对具有特殊重要意义的气体喷洒设备提供了独立的控制密码和联动编程空间，并有相应的声光指示。

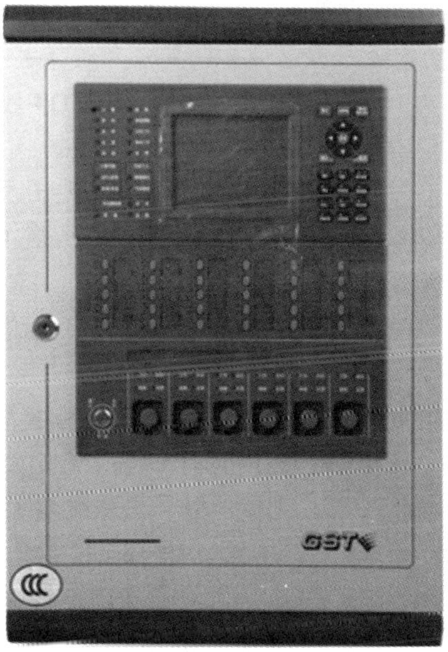

图 2.113 海湾 JB-QB-GST200 火灾报警控制器(联动型)

主要技术指标：

A. 液晶屏规格：240×160 点，可同屏显示 150 个汉字信息。

B. 控制器容量：

a. 最大容量为 242 个地址编码点；

b. 可外接 64 台火灾显示盘，联网时最多可接 32 台其他类型控制器；

c. 30 个直接手动操作总线制控制点；

d. 配置 6 路直接控制点。

C. 线制：

a. 控制器与探测器间采用无极性信号二总线连接；

b. 直接控制点与现场设备采用三线连接，其中 COM 为公共线，O 和 COM 用于控制启停设备，I 和 COM 用于接收现场设备的反馈信号，输出控制和反馈输入均具有检线功能；

c. 控制器与各类编码模块采用四总线连接(无极性信号二总线、无极性 DC 24V 电源线)；

d. 控制器与火灾显示盘采用四总线连接(有极性通信二总线、无极性 DC 24V 电源线)；

e. 与彩色 CRT 系统通过 RS232 标准接口连接，最大连接线长度不宜超过 15m。

D. 使用环境：

温度 0～40℃，相对湿度≤95%，不结露。

E. 电源：主电为交流 220V(－15%～10%)，备电(DC 12V 10A · h 密封铅电池)。

F. 功耗≤25W。

接线(图 2.114)：

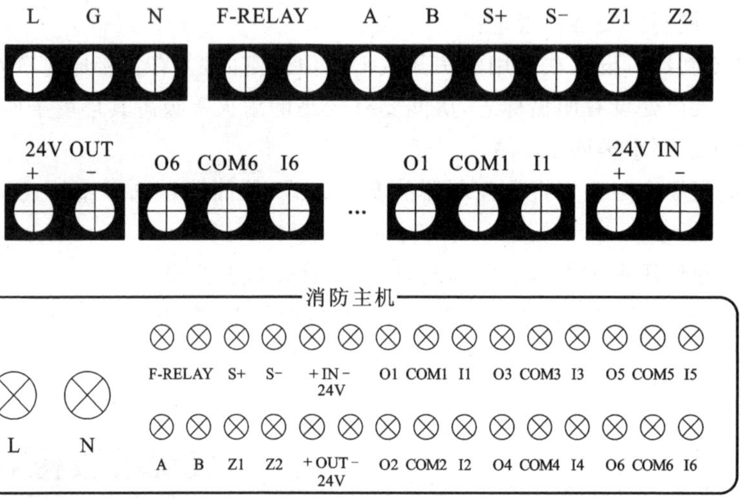

图 2.114 JB-QB-GST200 火灾报警控制器的接线

其中，

L、G、N：交流 220V 接线端子及交流接地端子。

F-RELAY：故障输出端子，当主板上 NC 短接时，为常闭无源输出；当 NO 短接时，为常开无源输出。

A、B：连接火灾显示盘的通信总线端子。

S＋、S－：警报器输出端子，当主板 XS8 上 1、2 脚和 4、5 脚接短路环时，为常开无源输出；当主板 XS8 上 2、3 脚和 5、6 脚接短路环时，为带检线功能有源输出，终端需要接 0.25W 的 4.7kΩ电阻，输出时有 DC 24V/0.15A 的电源输出。

Z1、Z2：无极性信号二总线端子。

24V IN(＋、－)：外部 DC 24V 输入端子，可为辅助电源输出提供电源。

24V OUT(＋、－)：辅助电源输出端子，可为外部设备提供 DC 24V 电源，当采用内部 DC 24V 供电时，最大输出容量为 DC 24V/0.3A，当采用外部 DC 24V 供电时，最大输出容量为 DC 24V/2A。

O、COM：组成直接控制输出端，O 为输出端正极，COM 为输出端负极，启动后 O 与 COM 之间输出 DC 24V；为实现检线功能，O 与 COM 之间接 ZD-01 终端器。

I、COM：组成反馈输入端，接无源触点；为实现检线功能，I 与 COM 之间接 4.7kΩ 终端电阻。注意：由于直接控制输出具有检线功能，当需要直接控制输出与总线模块共同控制同一被控设备时，二者不能直接并联使用，直接控制输出端需要增加继电器，以免影响检线。

【设备示例 20】 海湾 JB-QB-GST5000 火灾报警控制器(联动型)。

特点：

JB-QB-GST5000火灾报警控制器采用柜式结构，其最大容量可扩展到20个242地址编码点的回路，采用大屏幕汉字液晶显示器，各种报警状态信息均可以直观地以汉字方式显示在屏幕上；控制器高度智能化，与智能探测器一起可组成分布智能式火灾报警系统；火灾报警及消防联动控制可按多机分体、分总线回路设计，也可以单机共总线回路设计，同时控制器设计了具有短线、断线检测及设备故障报警功能的直接控制输出，专门用于控制风机、水泵等重要设备；系统内的任一地址编码点既可由各种编码探测器占用，也可由各类编码模块占用；控制器具有强大的面板控制及操作功能，可以观察探测器动态工作曲线；可配置多块手动消防启动盘，完成对总线制外控设备的手动控制，并可配置多块14路直接控制盘，完成对消防控制系统中重要设备的控制；控制器可扩充消防广播控制盘和消防电话控制盘，组成消防广播和消防电话系统。

主要技术指标：

A. 液晶屏规格：320×240图形点阵，可显示12行汉字信息。

B. 控制器容量：

a. 最多可带20个242地址编码点回路，最大容量为4840个地址编码点；

b. 可外接64台火灾显示盘，支持多级联网，每级最多可接32台其他类型控制器；

c. 直接控制点及手动操作总线制控制点可按要求配置。

C. 线制：

a. 控制器与探测器间采用无极性信号二总线连接，与各类控制模块间除无极性二总线外，还需外加2根DC 24V电源总线；

b. 与其他类型的控制器采用有极性二总线连接，对于火灾报警显示盘，需外加2根DC 24V电源供电总线；

c. 与彩色CRT系统采用四芯扁平电话线，通过RS232标准接口连接，最大连接线长度不宜超过15m；

d. 直接控制点与现场设备采用三线连接。

D. 使用环境：

温度0～40℃，相对湿度≤95%，不结露。

E. 电源：

主电：交流220V（－15%～10%）；控制器备电：DC 24V 24A·h密封铅电池。

联动备电：DC 24V 38A·h密封铅电池。

F. 功耗≤150W。

接线：

控制器外接线端子示意图见图2.115。

其中，

L、G、N：交流220V接线端子及机柜保护接地线端子；

＋24V、GND：DC 24V、6A供电电源输出端子；

A、B：连接火灾显示盘的通信总线端子；

ZN-1、ZN-2（N＝1～18）：探测器总线（无极性）；

S＋、S－：火灾报警输出端子（报警时可配置成24V电源输出或无源触点输出）；

A、B：连接其他各类控制器的通信总线端子；

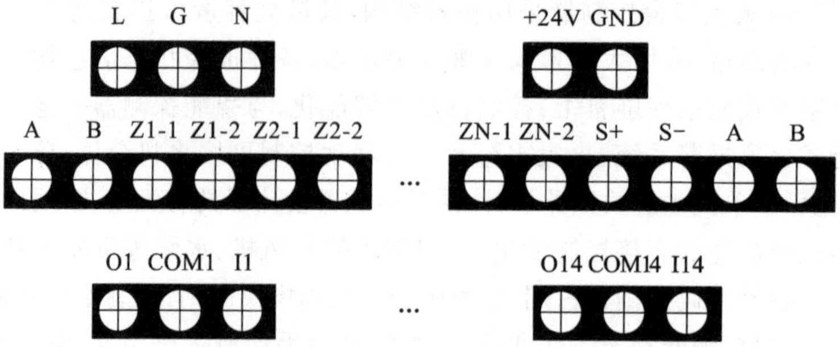

图 2.115 控制器外接线端子示意图

O、COM：组成直接控制输出端，O 为输出端正极，COM 为输出端负极，启动后 O 与 COM 之间输出 DC 24V，为实现检线功能，O 与 COM 之间接 ZD-01 终端器；

I、COM：组成反馈输入端，接无源触点，为实现检线功能，I 与 COM 之间接 4.7kΩ 终端电阻。

【设备示例 21】 西门子 FC1840-B 壁挂式火灾报警控制器（2 回路），如图 2.116 所示。

（1）西门子 FC1840-B 壁挂式火灾报警控制器（2 回路）产品功能概述

①符合国家标准《火灾报警控制器》（GB 4717—2005）和《消防联动控制系统》（GB 16806—2006）。

②全中文 Windows 风格菜单操作，清晰直观。

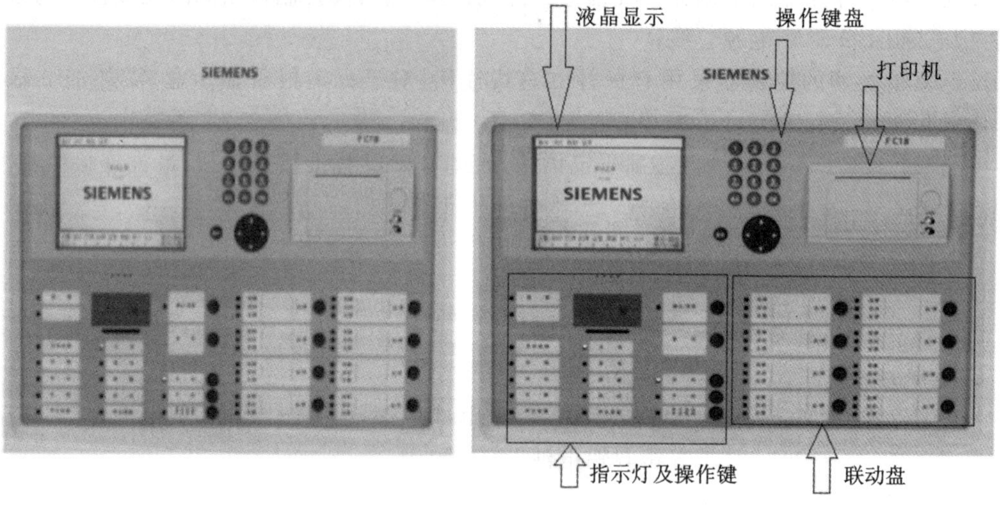

图 2.116 西门子 FC1840-B 壁挂式火灾报警控制器（2 回路）

③右键弹出菜单列出当前设备/事件可选操作项，操作更加方便快捷。

④超大存储空间，最多可记录 3000 条历史记录，运行中发生的各类事件可全部记入历史档案中。

⑤控制器在设定时间内无任何操作发生，同时无任何报警、联动、故障信息时，控制器自动转为屏幕保护状态，延长液晶屏的使用寿命；当有事件/操作发生时，液晶屏自动点亮，控制器自动显示所发生的事件，按照逻辑关系联动相应设备。

⑥控制器带有 2 路可编程输入/输出（输出：40mA@24V DC，可通过编程设置为总报警和总故障输出；输入：干接点）。

⑦控制器带有 1 路声光控制电路(0.5A@24V DC)。

⑧控制器自带 8 路多线联动盘,用于重要设备的自动控制或手动操作。

⑨采用“组”编程方式,同用途的设备可分配到同一个“组”中进行编程,简化逻辑关系,节省编程时间。

⑩单台控制器 FC1820-B(西门子)最大容量 252 点,FC1840-B(西门子)最大容量 504 点,可实现 8 台控制器组成网络。

⑪网络总线(FC18-Bus),最远距离为 1000m。

⑫回路总线(FD18-Bus)为两总线无极性,建议使用截面面积为 1.0～1.5mm² 的阻燃双绞线,传输距离环路可达 2500m,支路可达 1500m。

⑬控制器拥有三种用户界面,分别为:一级用户界面、二级用户界面、三级用户界面;在不同的用户界面下可进行不同的操作,用户级别由密码保护。

⑭接线端子均采用可插拔方式,每个端子上均有清晰标识,安装、调试、维修方便、快捷。

⑮自动映射设备。

⑯可由控制器调整探测灵敏度,自动适应环境变化,使火灾报警可靠性大大提高。

⑰既可以在控制器上现场直接编程,也可通过计算器快速编程。

⑱高效的编码标签调试方法,大大简化调试工作。

(2)西门子 FC1840-B 壁挂式火灾报警控制器(2 回路)主要参数

①LCD 显示屏:320×240 像素,背光式。

②可编程输入/输出(主板上):2。

③直接手动控制开关(联动盘):8 路。

④声光报警路数(500mA@24V DC):1。

⑤最大历史记录:3000 条。

⑥自动映射功能:有。

⑦备用电池:12V DC,12A·h×2。

⑧通信界面:USB1.1(须配接 RS232 与 USB 转换模块)。

⑨输入电压:220V AC,50Hz。

⑩电源容量:5A@24V DC。

⑪外部电源输出:1A@24V DC。

⑫尺寸(单位 mm):437×408×170。

⑬质量(不含电池):10.35kg。

⑭电源保险能力:250V@1.5A。

⑮电池保险能力:250V@5A。

⑯工作温度:0～40℃。

⑰贮存温度:－10～50℃。

⑱相对湿度:≤95%。

⑲保护等级:IP30。

⑳环境要求:室内/干燥。

菜单操作项(图 2.117)及菜单操作界面(图 2.118)。

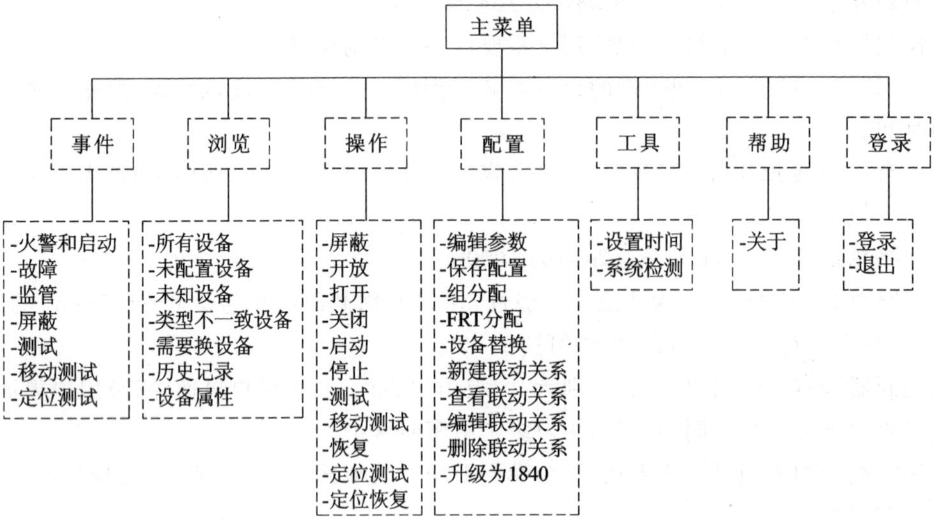

图 2.117　菜单操作项

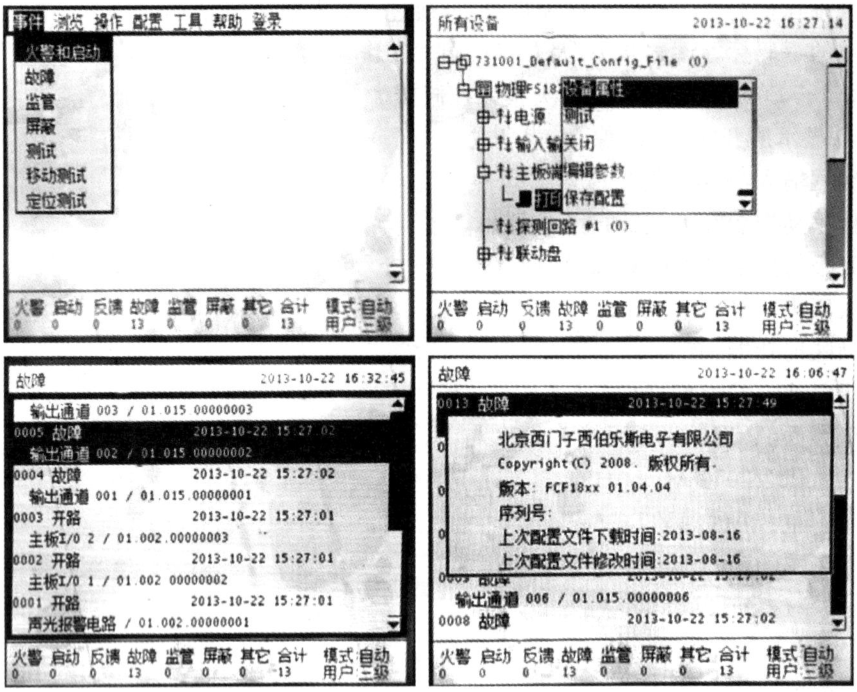

图 2.118　菜单操作界面

2.5　消防报警按钮及模块

2.5.1　报警按钮

报警按钮分为手动报警按钮和消火栓报警按钮。

(1)手动报警按钮

手动报警按钮又称消防报警按钮，是手动触发的报警装置。火灾报警系统中应设自动和手动两种触发装置。手动报警按钮一般设置在公共场所的出入口处，当发生紧急情况时，现场人员按下报警按钮，可向控制器发出火灾报警信号，控制器接收到报警信号后，显示出报警按钮的编号或位置并发出报警音响。

编码型手动报警按钮和编码型火灾探测器一样，直接接入报警二总线，占用一个编码地址。编码手动报警按钮分为两种，一种为不带电话插孔的，另一种为带电话插孔的。编码手动报警按钮一般采用电子编码器进行编码。如图 2.119 所示。

图 2.119 J-SAM-GST9121 手动火灾报警按钮

每个防火分区应至少设置一只手动火灾报警按钮，从一个防火分区内的任何位置到最邻近的手动火灾报警按钮的步行距离不应大于 30m。手动火灾报警按钮宜设置在疏散通道或出入口处。列车上设置的手动火灾报警按钮，应设置在每节车厢的出入口和中间部位。

手动火灾报警按钮应设置在明显和便于操作的部位。当采用壁挂式安装时，其底边距地高度宜为 1.3～1.5m，且应有明显的标志。

【设备示例 22】 海湾 J-SAM-GST9121 手动火灾报警按钮。

特点：

J-SAM-GST9121 手动火灾报警按钮安装在公共场所，与控制器采用无极性信号二总线连接，采用电子编码器编码。当人工确认火灾发生后按下报警按钮上的按片，可向控制器发出火灾报警信号，控制器接收到报警信号后，显示出报警按钮的编码信息并发出报警声响。

主要技术指标：

①工作电压：总线 24V。

②监视电流≤0.6mA。

③报警电流≤1.8mA。

④输出容量：额定 DC 30V/100mA 无源输出触点信号，接触电阻≤0.1Ω。

⑤使用环境：

温度－10～55℃，相对湿度≤95%，不结露。

⑥外壳防护等级：IP43。

接线：

手动火灾报警按钮接线端子如图 2.120 所示。

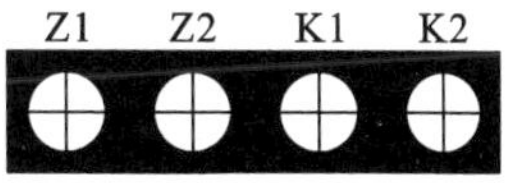

图 2.120 手动火灾报警按钮接线端子

其中，Z1、Z2：无极性信号二总线接线端子。

K1、K2：额定 DC 30V/100mA 无源常开输出端子，当报警按钮按下时，输出触点闭合信号，可直接控制外部设备。

【设备示例 23】 海湾 J-SAM-GST9122 手动火灾报警按钮（带电话插孔），如图 2.121 所示。

特点：

海湾 J-SAM-GST9122 手动火灾报警按钮（含电话插孔）安装在公共场所，与控制器采用无极性信号二总线连接，采用电子编码器编码。当人工确

图 2.121 海湾 J-SAM-GST9122 手动火灾报警按钮(带电话插孔)

认发生火灾后，按下报警按钮上的按片，即可向控制器发出报警信号，控制器接收到报警信号后，将显示出报警按钮的编码信息并发出报警声响，将消防电话分机插入电话插孔即可与电话主机通信。

主要技术指标：

①工作电压：总线 24V。

②监视电流≤0.6mA。

③报警电流≤1.8mA。

④额定 DC 30V/100mA 无源输出触点信号，接触电阻≤0.1Ω。

⑤使用环境：

温度－10～55℃，相对湿度≤95%，不结露。

⑥外壳防护等级：IP43。

接线：

手动火灾报警按钮的外接端子示意图见图 2.122。

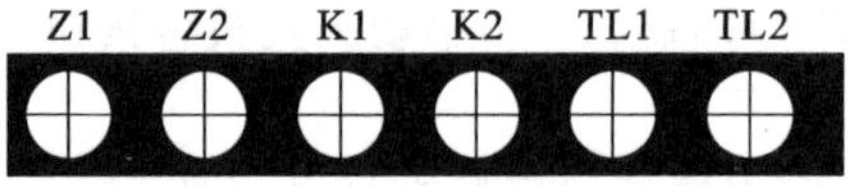

图 2.122 外接端子示意图

其中，

Z1、Z2：报警控制器来的信号总线，无极性。

K1、K2：额定 DC 30V/100mA 无源输出端子，当报警按钮按下时，输出触点闭合信号，可直接控制外部设备。

TL1、TL2：与 GST-LD-8304 连接的端子如图 2.123 所示。

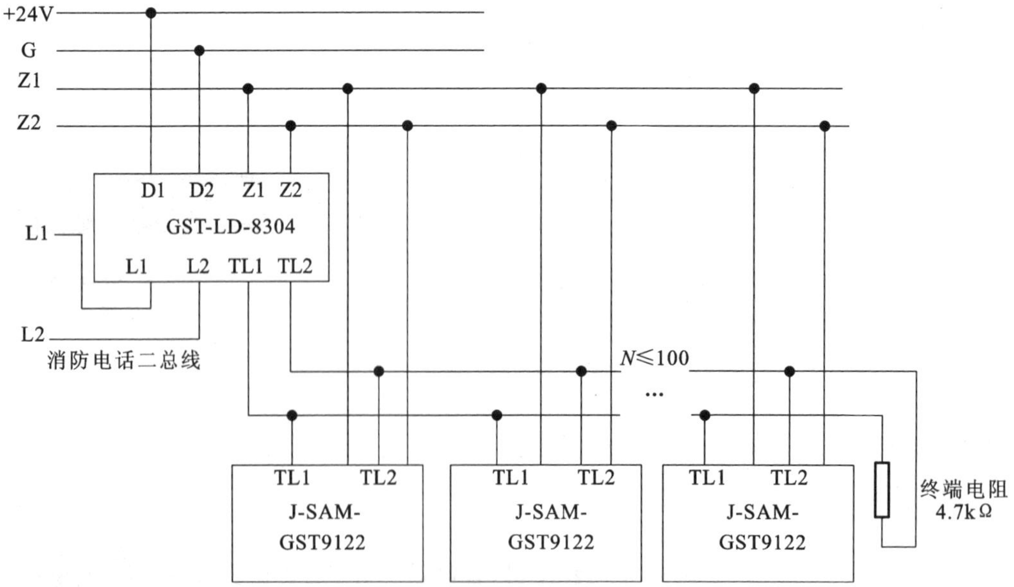

图 2.123 与 GST-LD-8304 连接的端子

【设备示例 24】　西门子 FDM228-CN 手动报警按钮(可复位式),如图 2.124 所示。

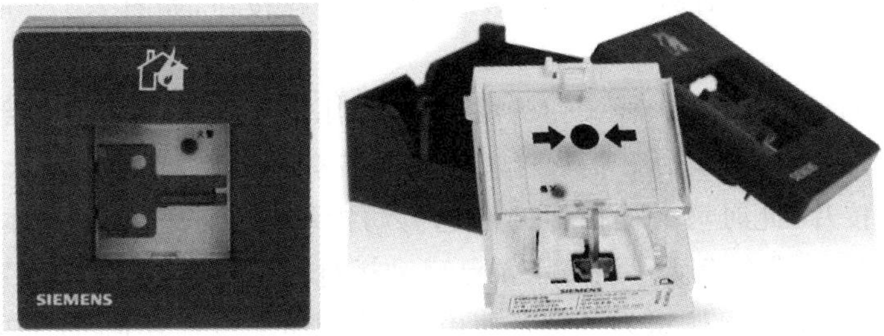

图 2.124　西门子 FDM228-CN 手动报警按钮(可复位式)

西门子 FDM228-CN 手动报警按钮(可复位式)由中国生产,用于火灾发生时手动启动报警。它由外壳和电子部件两部分组成,按下盖板直接报警,盖板可通过钥匙复位,满足国家标准《手动火灾报警按钮》(GB 19880—2005)。双色 LED 可显示报警、定位及测试等状态;内部集成短路隔离器;通过 FDnet 回路与控制器通信;软地址编址模式(通电自适应编码,无须手动拨码或预设编址);表面安装和预埋方式安装,位置需易于接近;它带有一个内部报警指示灯,该指示灯也可被控制器启动,用于定位和测试。

FDM228-CN 手动报警按钮(可复位式)的参数:

A. 工作电压 12～33V DC;

B. 工作电流(静态)200μA;

C. 工作温度－25～70℃;

D. 贮存温度－30～75℃;

E. 相对湿度≤95%rel;

F. 通信协议 FDnet;

G. 接线端子截面面积 0.28～1.5mm^2;

H. 尺寸(mm)87×87;

I. 质量(kg)0.16;

J. 颜色红,RAL3000;

K. 保护等级:EN60529/IEC529IP44。

(2)消火栓报警按钮

消火栓报警按钮是手动触发的报警装置,具有启动、报警、反馈显示于一体,在消火栓报警系统中起着重要作用。它可以安在消火栓箱外,但一般放置于消火栓箱内,其表面装有一按片,当发生火灾时可直接按下按片,此时消火栓按钮的红色启动指示灯亮,通过连接的一些外部电路便可以实现启动消防泵的功能。

消火栓按钮(图 2.125、图 2.126)的主要功能是在火灾状态下远程启动消火栓泵,而手动火灾报警按钮的功能是在火灾状态下将报警信号传送到中央控制室,由中央控制室发出指令,启动相关消防设施。

消火栓泵通过消火栓按钮启动的方式一般有两种:一是消火栓按钮将启动信号送至泵房直接启动消火栓泵;二是消火栓按钮将信号先送到中央控制室,再由中央控制室将信号送至泵房启动消火栓泵。如果功能共用,共用按钮将信号直接传送到中央控制室,实现起来较容易;如果共用按钮将信号分别直接送至泵房(起泵)和中央控制室(发现火灾后报警)两个不同的位置，实现起来也是可以的。

【设备示例 25】 海湾 J-SAM-GST9123 消火栓按钮，如图 2.125 所示。

特点：

J-SAM-GST9123 消火栓按钮为编码型，采用电子编码，采用二总线与控制器连接，占一个地址编码。消火栓按钮表面装有一按片，当启用消火栓时，可直接按下按片，此时消火栓按钮的红色启动指示灯亮，表明已向消防控制室发出了报警信息，火灾报警控制器在确认了消防水泵已启动运行后，就向消火栓按钮发出命令信号点亮绿色回答指示灯。本消火栓按钮为可重复使用型，采用压下报警方式，按下后可用专用钥匙复位。

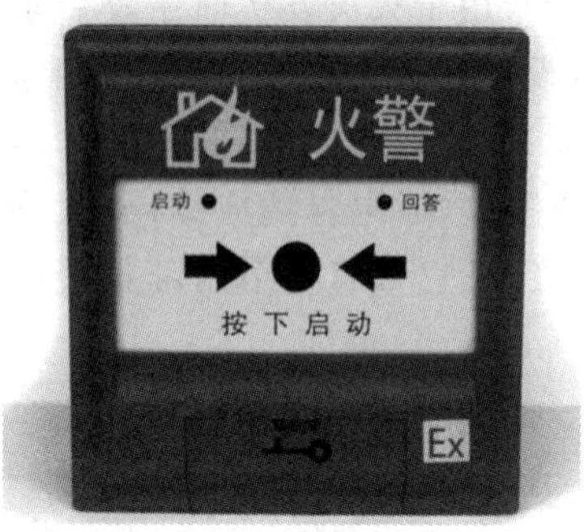

图 2.125　J-SAM-GST9123 消火栓按钮

主要技术指标：

A. 工作电压：总线 24V。

B. 监视电流≤0.8mA。

C. 报警电流≤2mA。

D. 指示灯。

启动：红色，巡检时闪亮，消火栓按钮按下时此灯点亮；

回答：绿色，消防水泵运行时此灯点亮。

E. 无源输出触点容量：DC 30V/100mA。

F. 使用环境：

温度－10～55℃，相对湿度≤95%，不结露。

G. 外壳防护等级：IP65。

接线：

消火栓按钮外接端子示意图如图 2.126 所示。

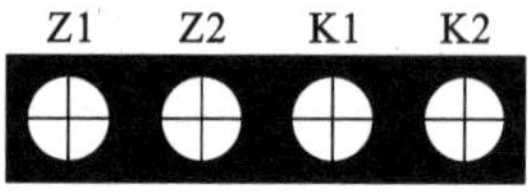

图 2.126　消火栓按钮外接端子示意图

其中，

Z1、Z2：无极性信号二总线接线端子。

K1、K2：无源常开触点，用于直接启泵控制时，需外接 24V 电源。

J-SAM-GST9123 消火栓按钮与火灾报警控制器及泵控制箱的连接可分为总线制启泵方式和多线制直接起泵方式。

采用总线制起泵方式时，消火栓按钮直接和信号二总线连接，消火栓按钮总线制起泵方式应用接线示意图如图 2.127 所示。这种方式中，按下消火栓按钮，即向控制器发出报警信号，控制器发出启泵命令并确认泵已启动后，将点亮消火栓按钮上的绿色回答指示灯。

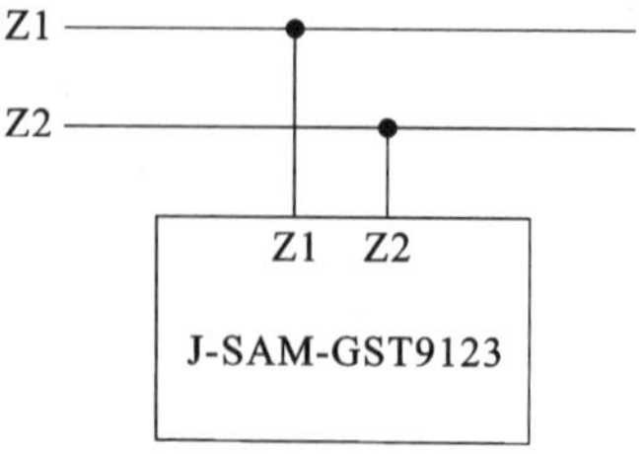

图 2.127　总制线起泵方式应用接线示意图

采用消火栓按钮直接起泵方式应用接线示意图如图 2.128 所示。这种方式中，按下消火栓按钮，可直接控制消防泵的启动，泵运行后，火灾报警控制器确认泵已启动后，将点亮消火栓按钮上的绿色回答指示灯。

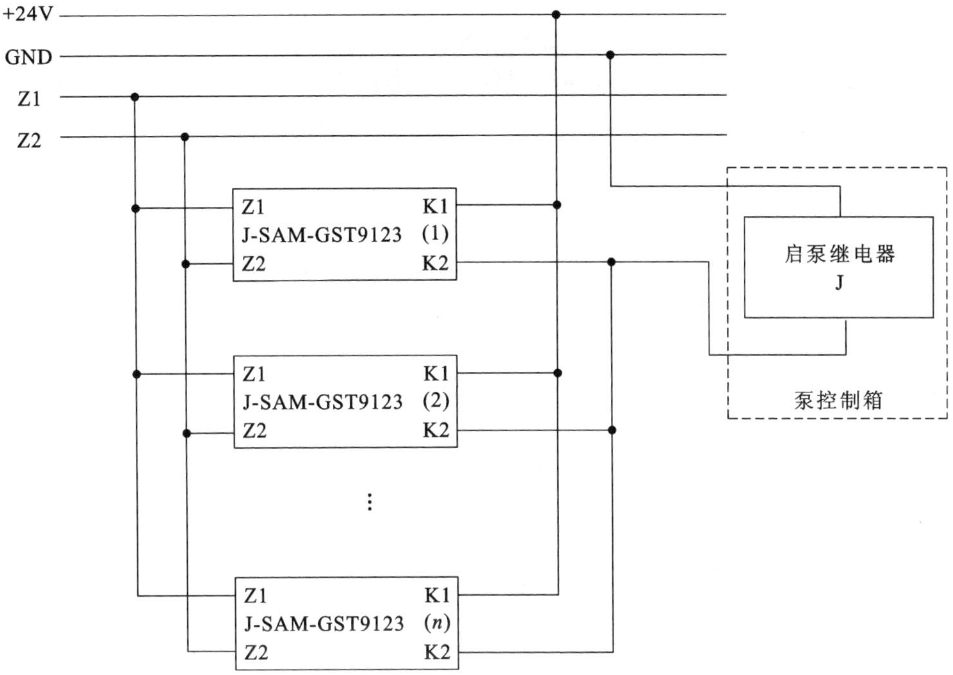

图 2.128　直接起泵方式应用接线示意图

【设备示例 26】　海湾 J-SAM-GST9124 消火栓按钮，如图 2.129 所示。

特点：

J-SAM-GST9124 消火栓按钮通常安装在消火栓箱内，采用电子编码，采用二总线与控制器连接，占一个地址编码。当人工确认发生火灾后，按下此按钮，即可启动消防水泵，同时向火灾报警控制器发出报警信号，火灾报警控制器接收到报警信号，将显示出按钮的编码号，并发出报警声响。本按钮采用三线制(一根 24V 输出线，一根回答输入线，一根公共地线或电源线)与设备连接，可完成对设备的启动及泵回答信号的监视功能，断开与火灾报警控制器连接的信号总线仍可正常启泵、检测回答信号和点亮指示灯。

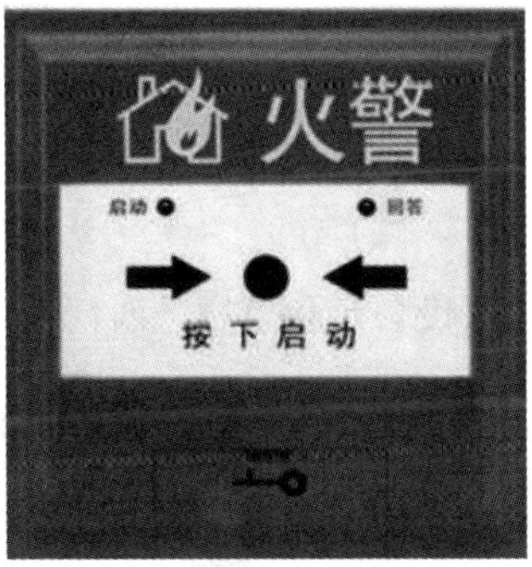

图 2.129　海湾 J-SAM-GST9124 消火栓按钮

主要技术指标：

A. 工作电压：总线电压，总线 24V；电源电压，DC 24V。

B. 监视电流≤0.5mA。

C. 报警电流≤5mA。

D. 线制：与控制器的信号二总线连接。

E. 输出容量：COM、NO 输出触点信号，额定容量 DC 24V/100mA，接触电阻≤0.1Ω。

F. 使用环境：

温度−10～55℃，相对湿度≤95%，不结露。

G. 外壳防护等级:IP65。

接线:

J-SAM-GST9124 消火栓按钮对外接线端子示意图如图 2.130 所示。

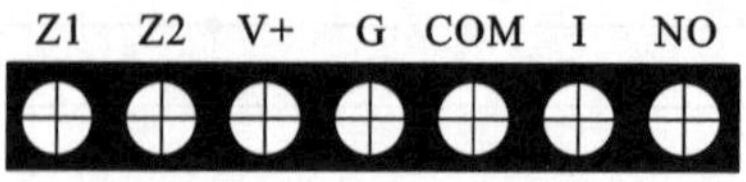

图 2.130 J-SAM-GST9124 消火栓按钮对外接线端子示意图

其中,

Z1、Z2:接控制器信号总线,无极性。

V+、G:DC 24V 电源输入端,有极性;DC 24V 由泵控制箱提供时不用。

COM:DC 24V 启泵信号输出端。

I:无源常开触点回答信号输入端。

COM、NO:输出常开触点信号,额定容量 24V DC/100mA。

J-SAM-GST9124 消火栓按钮可以采用多线制方式直接启动消防泵,启泵电源由泵控制箱提供并仅将 24V 正极线接到按钮的 V+端。此时如果按下按钮则 COM 端子输出 DC 24V 电压信号,同时总线上报按钮动作;泵控制箱上的无源动作触点信号通过 I 端反馈至按钮,可以点亮按钮上的绿色回答指示灯。如图 2.131 所示。

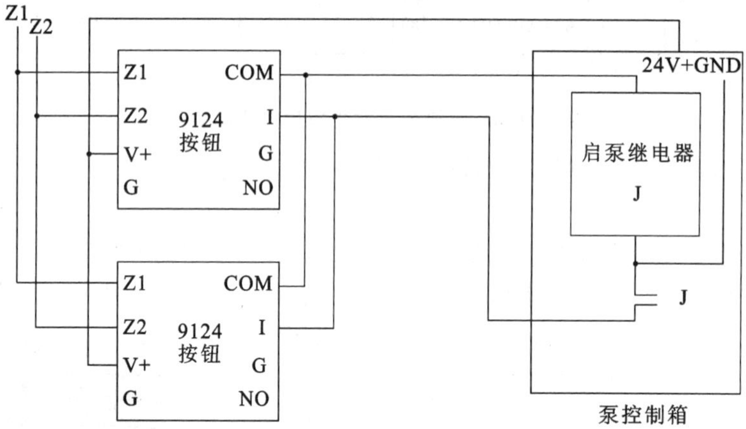

图 2.131 J-SAM-GST9124 消火栓按钮接线

【设备示例 27】 西门子 FDHM183 消火栓按钮,如图 2.132 所示。

图 2.132 西门子 FDHM183 消火栓按钮

FDHM183 消火栓按钮产品功能概述：

该消火栓按钮用于当火灾发生时按下操作面板，控制器发出启动信号联动消防水泵及其他设备。它由消火栓按钮和底座两部分组成。

①满足国家标准《消防联动控制系统》(GB 16806—2006)。

②每个按钮独立编址，地址自动设定，无须编码器设置或者拨码开关。

③两个 LED 可显示正常、启动、测试及回答等状态。

④通过 FD18-Bus 与 FC18 系列控制器通信。

⑤产品标签上自带可撕式编码贴，方便工程调试。

⑥可复位压下式报警，使用专用钥匙复位。

表 2.13 所列为 FDHM183 消火栓按钮主要参数。

表 2.13　FDHM183 消火栓按钮主要参数

工作电压	12～32V DC
工作电流	(静态)0.22mA
动作电流	1.0mA 干接点输出容量 2A@24V DC
工作温度	−10～55℃
贮存温度	−20～75℃
相对湿度	≤95%rel
通信协议	FD18-Bus
负载因子	1
接线端子	1.0～2.5mm^2
颜色	红色，RAL3000

2.5.2　消防模块

消防模块是火灾自动报警系统和消防联动系统的重要组成部分，是消防自动报警系统中不可或缺的左臂右膀。消防模块分为：隔离模块、输入模块、输出模块、输入输出模块、中继模块、切换模块、多线控制模块等。

(1)隔离模块

隔离模块(又称总线短路隔离器)在总线制火灾自动报警系统中，往往会出现某一局部总线出现故障(例如短路)，造成整个报警系统无法正常工作的情况。隔离模块的作用是，当总线发生故障时，将发生故障的总线部分与整个系统隔离开来，以保证系统的其他部分能够正常工作，同时便于确定发生故障的总线部位。当故障部分的总线修复后，隔离器可自行恢复工作，将被隔离出去的部分重新纳入系统。

系统总线上应设置总线短路隔离器，每只总线隔离器保护的火灾探测器、手动火灾报警按钮和模块等消防设备的总数不应超过 32 点；总线穿越防火分区时，应在穿越处设置总线短路隔离器。在总线各分支回路中通常设置总线短路隔离器，以起到保护作用。

【设备示例 28】 海湾 GST-LD-8313 隔离器，如图 2.133 所示。

特点：

总线短路故障排除后，可自动将被隔离出去的部分重新纳入系统。GST-LD-8313 隔离器输入、输出信号无极性，串联在二总线系统中，不占用地址码。GST-LD-8313 隔离器有 170mA、270mA 两种输出电流可选。

主要技术指标：

A. 工作电压：总线 24V。

B. 动作电流≤100mA。

C. 动作确认灯：黄色。

D. 使用环境：

温度－10～50℃，相对湿度≤95%，不结露。

E. 外壳防护等级：IP30。

接线：

隔离器的外形尺寸及结构与 GST-LD-8319 输入模块相同，安装方法也相同，一般安装在总线的分支处，可直接串联在总线上，其端子示意图见图 2.134。

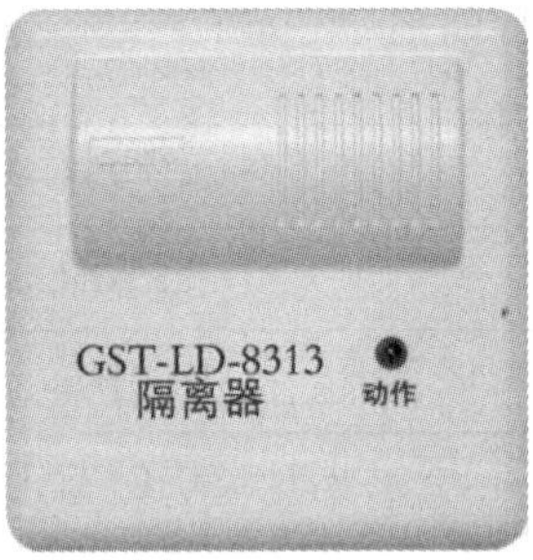

图 2.133 海湾 GST-LD-8313 隔离器

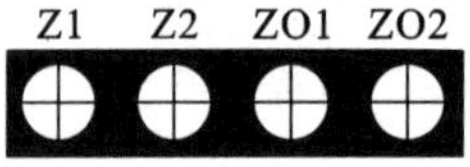

图 2.134 隔离器的端子示意图

其中，

Z1、Z2：无极性信号二总线输入端子。

ZO1、ZO2：无极性信号二总线输出端子，动作电流为 100mA。

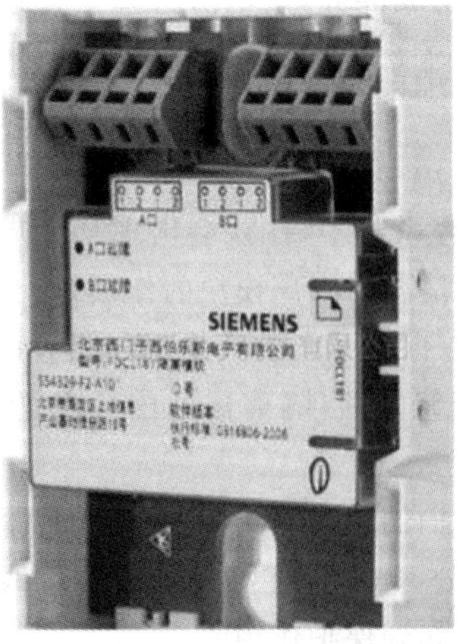

图 2.135 西门子 FDCL181 隔离模块

【设备示例 29】 西门子 FDCL181 隔离模块，如图 2.135 所示。

隔离模块用于探测并隔离 FD18-Bus 回路中的短路部分。为防止因短路而使多条分支同时失效，隔离模块之间是相互连接的。

①防止 FD18-Bus 回路短路；

②生成 FD18-Bus 回路的 T 形分支；

③LED 指示灯状态显示；

④全自动地址设定，无须编码器设置或者拨码开关；

⑤通过 FD18-Bus 与控制器通信(独立地址)；

⑥可直接安装在干燥环境，如安装在保护盒内，可用于潮湿、粉尘环境；

⑦产品标签上自带可撕式编码贴，方便工程调试；

⑧隔离模块相当于一个电子开关，嵌在 FD18-Bus 回路中，用于隔离掉回路中的短路部分，使得未短路部分可以继续正常工作；

⑨隔离模块有 2 个 4 路接线端子，将模块连接到探测总线；

⑩黄色 LED 指示灯用于指示短路隔离状态；

⑪隔离模块可以用来防止因短路而使多条分支同时失效；

⑫环路连接时，两个隔离模块之间最多可接 32 个现场设备；

⑬分支连接时，每个隔离模块最多可接 32 个现场设备。

FD18-Bus 隔离模块主要参数见表 2.14。

表 2.14 FD18-Bus 隔离模块主要参数

工作电压	12～32V DC
工作电流	(静态)0.25mA
动作电流	0.43mA
工作温度	−10～42℃
贮存温度	−20～75℃
相对湿度	≤95%
通信协定	FD18-Bus
负载因子	1
接线端子	1.0～1.5mm^2
颜色	外壳白色，RAL9010，盒盖透明
防护等级	EN60529/IEC529/GB 4208—2008
	装在 FDCH221 保护盒内(IP65)

FDCH221 模块保护盒(IP65)如图 2.136 所示。

图 2.136 FDCH221 模块保护盒(IP65)

FDCH221 模块保护盒适用于 Sinteso，CerberusFD720 及 CerberusECOFS18 系列的各类模块(包含 FDCI221-CN 输入模块、FDCIO221-CN 输入输出模块、FDCIO223-CN 输入输出模块、FDCI181-2 输入模块、FDCIO181-2 输入输出模块、FDCL181 隔离模块等)。

(2)输入模块

输入模块用于接收信号输入，将输入的设备作为火灾报警系统的一部分，根据输入信号的不同输入模块又可分为开关量输入和模拟量输入两种。

开关量输入是接收一个无源触点信号，通过该信号的输入接入系统中，一般的输入模块可以用于接收水流指示器、压力开关、信号阀等设备的报警、反馈信号。输入模块经过参数的设定可以接收常开或者常闭信号输入，另外还有双输入模块、多输入模块等。

模拟量输入模块用于接收电流量或者电压量信号，一般非编码探测器报警时输出的是电流量信号，就需要通过模拟量输入模块来接到系统中。

【设备示例 30】 海湾 GST-LD-8300 输入模块，如图 2.137 所示。

特点：

GST-LD-8300 输入模块用于接收消防联动设备输入的常开或常闭开关量信号，并将联动信息传回火灾报警控制器(联动型)。模块可通过二总线与控制器相连，采用电子编码器编码设置。主要用于配接现场各种主动型设备如水流指示器、压力开关、位置开关、信号阀及能够送回开关信号的外部联动设备等。这些设备动作后，输出的动作信号可由模块通过信号二总线送入火灾报警控制器，产生报警，并可通过火灾报警控制器来联动其他相关设备动作。输入端具有检线功能，可现场设为常闭检线、常开检线输入，应与无源触点连接。当模块本身出现故障时，控制器将产生报警并可将故障模块的相关信息显示出来。

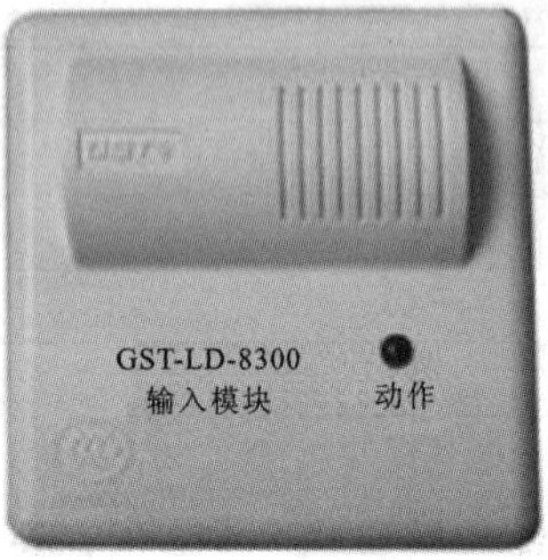

图 2.137　GST-LD-8300 型输入模块

主要技术指标：

A. 工作电压：总线 24V。

B. 工作电流≤1mA。

C. 线制：与控制器的信号二总线连接。

D. 出厂设置：常开检线方式。

E. 使用环境：

温度－10～55℃，相对湿度≤95%，不结露。

F. 外壳防护等级：IP30

接线(图 2.138)：

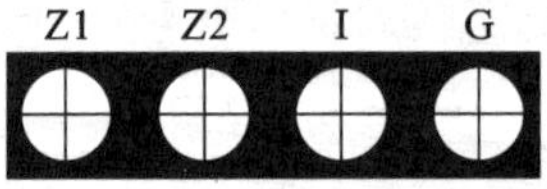

图 2.138　GST-LD-8300 输入模块接线

其中，Z1、Z2 表示与控制器信号二总线连接的端子；I、G 表示与设备的无源常开触点(设备动作闭合报警型)连接，也可通过电子编码器设置为常闭输入。

应用方法：

模块输入端如果设置为“常闭检线”状态输入，模块输入线末端(远离模块端)必须串联一个 4.7kΩ 的终端电阻；模块输入端如果设置为“常开检线”状态输入，模块输入线末端(远离模块端)必须并联一个 4.7kΩ 的终端电阻。

GST-LD-8300 输入模块与现场设备的接线：

A. 模块与具有常开无源触点的现场设备的连接方法如图 2.139 所示。模块输入设定参数设为常开检线。

B. 模块与具有常闭无源触点的现场设备的连接方法如图 2.140 所示，模块输入设定参数设为常闭检线。

输入模块与信号阀安装实例见图 2.141。输入模块与稳压泵控制箱安装实例见图 2.142。

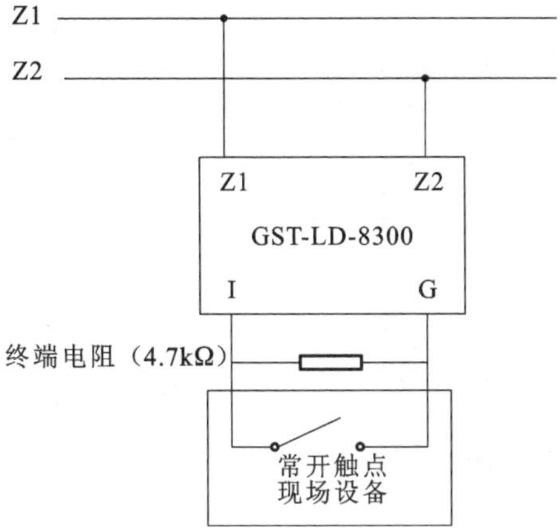

图 2.139　模块与设备的连接方法(一)

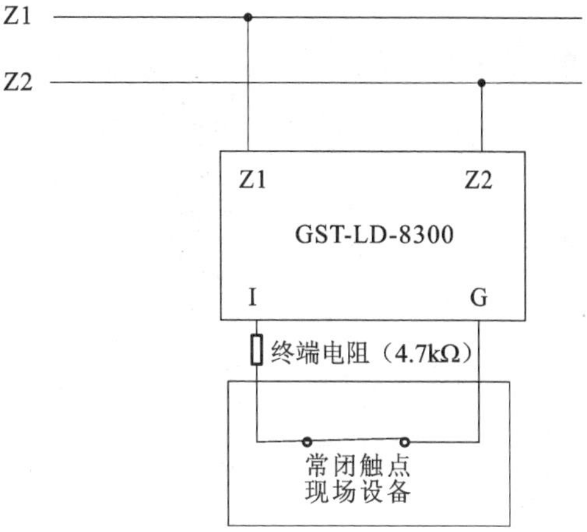

图 2.140　模块与设备的连接方法(二)

图 2.141　输入模块与信号阀安装实例

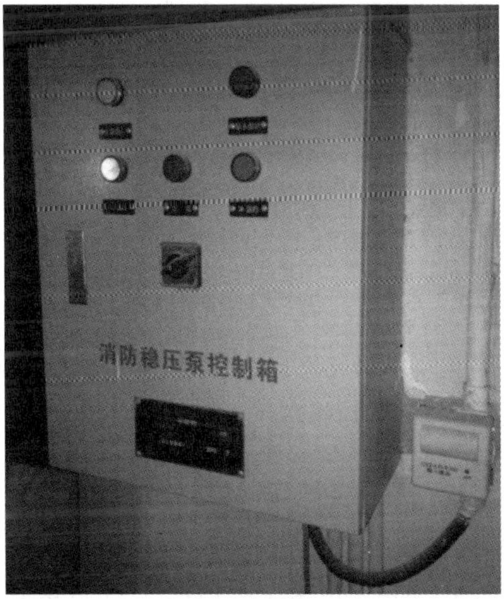

图 2.142　输入模块与稳压泵控制箱安装实例

【**设备示例 31**】 西门子 FDCI221-CN 输入模块，如图 2.143 所示。

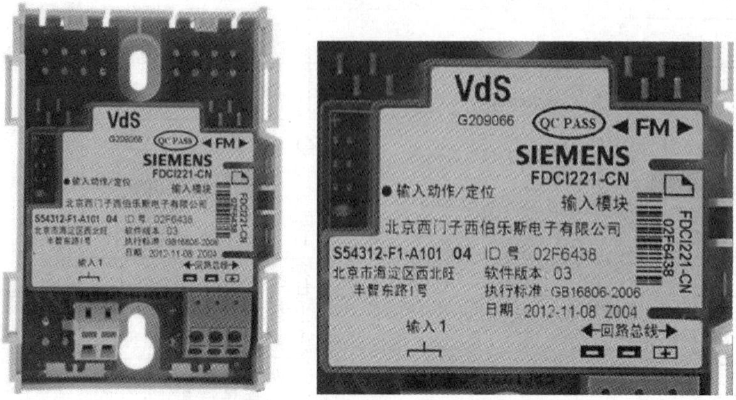

图 2.143 西门子 FDCI221-CN 输入模块

西门子 FDCI221-CN 输入模块特性：

A. 提供一个无源干节点输入，可监视接入线路的短路和开路状态（需连接配送的终端电阻）。

B. 符合 EN54-17 标准隔离功能要求。

C. 符合国家标准《消防联动控制系统》(GB 16806—2006)。

D. 获得德国 VdS 认证证书（编号：G209066）。

E. 无须额外的工作电源。

F. 输入可设置为报警或状态的输入。

G. 内置微处理芯片，即时信号处理。

H. 配置有 LED，指示其输入工作状态。

I. 内置短路隔离器，隔离回路中的故障线路部分。

J. 内置防潮防护涂层，提供高度防潮和抗腐蚀性能。

K. 通电自适应编址，无须手动拨码或预设编址，免除人为差错。

L. 极高的抗电磁干扰性能。

M. 与控制器采用两线制总线连接，支持环路、支路和分支多种方式。

N. 自带不干胶自粘标签用于在安装图纸上准确标示。

O. 诊断接口可直接于现场读出模块工作时间和状态，以及建议采取的相应措施。

P. 使用环保型可回收材料。

技术指标：

工作电压：12～32V DC；

工作电流：250μA（静态），400μA（动作）；

工作温度：－25～70℃；

工作湿度（温度＜34℃）：＜100％相对湿度；

EMC 抗电磁干扰性能：50V/m；

EN 60529 防护等级：IP 30（使用专用模块盒 FDCH221 可达 IP65）。

(3)输出模块

输出模块用于控制某些设备的启停或者切换，不接收信号输入。一般用于控制无信号反馈的设备，如广播（如海湾的 GST-LD-8305 输出模块）、声光警报器、警铃等设备。

【设备示例 32】 海湾 GST-LD-8305 输出模块，如图 2.144 所示。

特点：

GST-LD-8305 输出模块用于总线制消防应急广播系统中正常广播和消防广播间的切换。模块在切换到消防广播后自回答，并将切换信息传回火灾报警控制器，以表明切换成功。

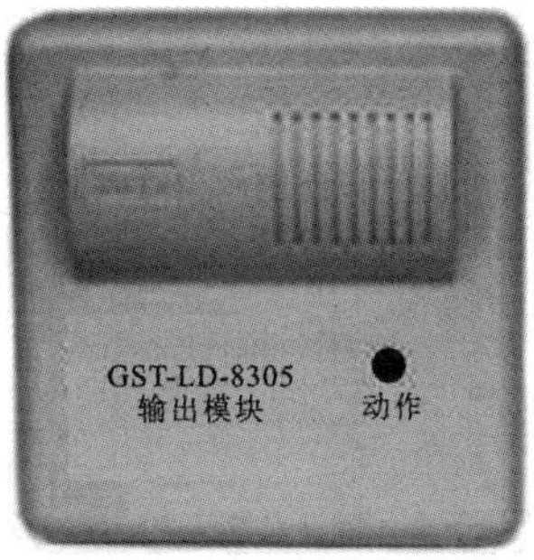

图 2.144 GST-LD-8305 输出模块

主要技术指标：

A. 工作电压

总线电压：总线 24V；电源电压：DC 24V。

B. 监视电流

总线电流≤1mA；电源电流≤3mA。

C. 动作电流

总线电流≤3mA；电源电流≤20mA。

D. 线制

a. 与火灾报警控制器采用无极性信号二总线连接，与电源线采用无极性二线制连接；

b. 可接入两根正常广播线、两根消防广播线及两根音响线。

E. 输出容量

接入正常广播时，每只模块最多可配接 50 个 BG5-2/YXJ3-4A 型音箱；不接入正常广播时，每只模块最多可配接 60 个 BG5-2/YXJ3-4A 型音箱。

F. 使用环境

温度 $-10 \sim 55$℃，相对湿度≤95%，不结露。

G. 外壳防护等级：IP30。

接线：

GST-LD 8305 输出模块外端子示意图如图 2.145 所示。

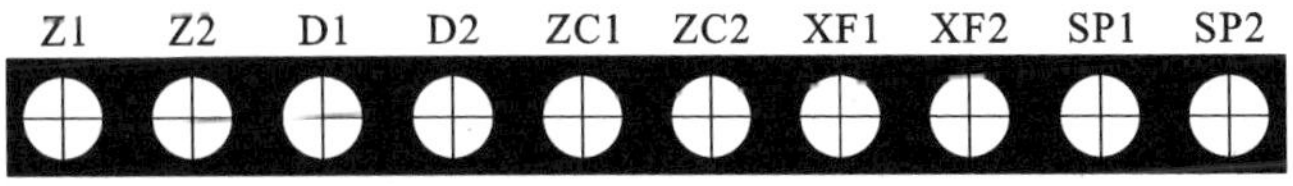

图 2.145 GST-LD-8305 输出模块外端子示意图

其中，

Z1、Z2：接火灾报警控制器信号二总线，无极性。

D1、D2：DC 24V 电源输入端子，无极性。

ZC1、ZC2：正常广播线输入端子。

XF1、XF2：消防广播线输入端子。

SP1、SP2：与放音设备连接的输出端子。

注意：如果 GST-LD-8305 输出模块接入正常广播线，需要在正常广播线和输出模块之间串接两个 250V-22μM 双极性铝电解电容器。

布线要求：

无极性信号二总线采用阻燃 RVS 双绞线，截面面积≥1.0mm^2；DC 24V 电源二总线采用阻燃 BV 线，截面面积≥1.5mm^2；正常广播线 ZC1、ZC2，消防广播线 XF1、XF2 及放音设备的连接线 SP1、SP2 均采用阻燃 RV 线，截面面积≥1.0mm^2。

应用方法：

系统接线图如图 2.146 所示。

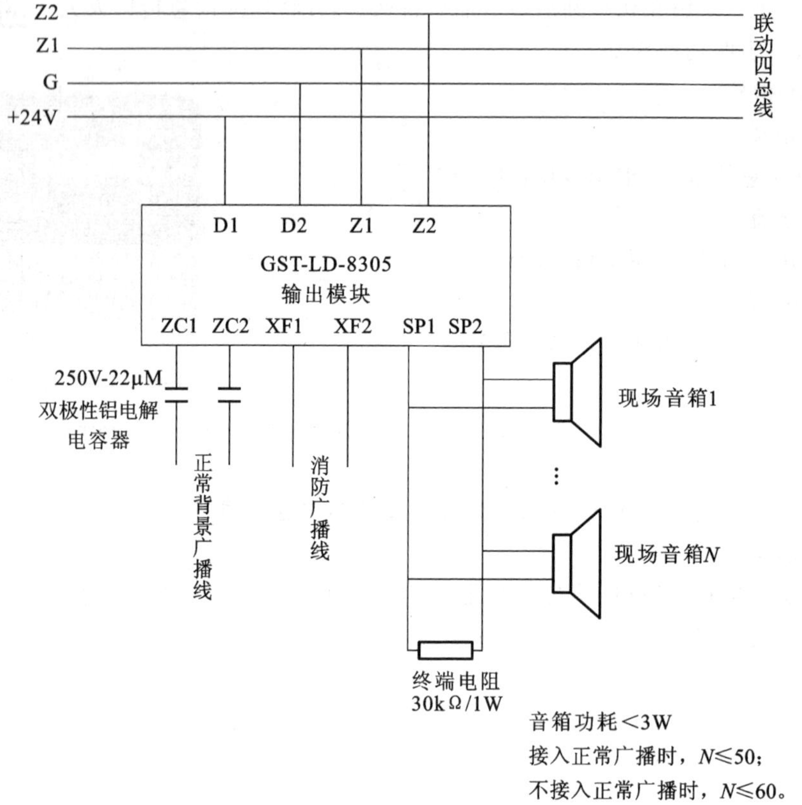

图 2.146 系统接线图

(4)输入输出模块

输入输出模块在有的场合也称为控制模块，在有控制要求时可以输出信号，或者提供一个开关量信号，使被控设备动作，同时可以接收设备的反馈信号，以向主机报告，是火灾报警联动系统中重要的组成部分。输入输出模块提供一对无源常开/常闭触点，用以控制被控设备，有些输入输出模块可以通过参数设定，设置成有源输出，相对应的还有双输入输出模块、多输入输出模块等。

输入输出模块主要用于双动作消防联动设备的控制，同时可接收联动设备动作后的回答信号。例如，可完成对二步降防火卷帘门、水泵、排烟风机等双动作设备的控制。

【设备示例 33】 海湾 GST-LD-8301 输入输出模块，如图 2.147 所示。

特点：

GST-LD-8301 输入输出模块用于现场各种一次动作并有动作信号输出的被动型设备，如排烟阀、送风阀、防火阀等接入控制总线上。模块采用电子编码器进行编码，模块内有一对常开、常闭触点。模块具有直流 24V 电压输出，用于与继电器触点接成有源输出，满足现场的不同需求。另外模块还设有开关信号输入端，用来和现场设备的开关触点连接，以便对现场设备是否动作进行确认。模块具有输入、输出检线功能。不应将模块触点直接接入交流控制回路，以防强交流干扰信号损坏模块或控制设备。

主要技术指标：

A. 工作电压：

总线电压为总线 24V；电源电压为 DC 24V。

B. 监视电流：

总线电流≤3mA；电源电流≤20mA。

C. 动作电流：

总线电流≤3mA；电源电流≤20mA。

D. 线制：与控制器采用无极性信号二总线连接，与 DC 24V 电源采用无极性电源二总线连接。

E. 无源输出触点容量：DC 24V/2A，正常时触点阻值为 100kΩ，启动时闭合，适用于 12～48V 直流或交流。

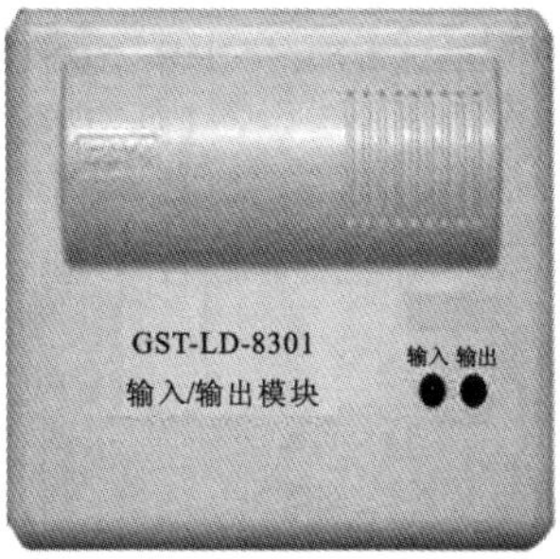

图 2.147 海湾 GST-LD-8301 输入输出模块

F. 输出控制方式：脉冲、电平（继电器常开触点输出或有源输出，脉冲启动时继电器吸合时间为 10s）。

G. 出厂设置：常开检线输入、无源输出方式。

H. 使用环境：

温度－10～55℃，相对湿度≤95%，不结露。

I. 外壳防护等级：IP30。

接线：

GST-LD-8301 输入输出模块接线端子示意图见图 2.148。

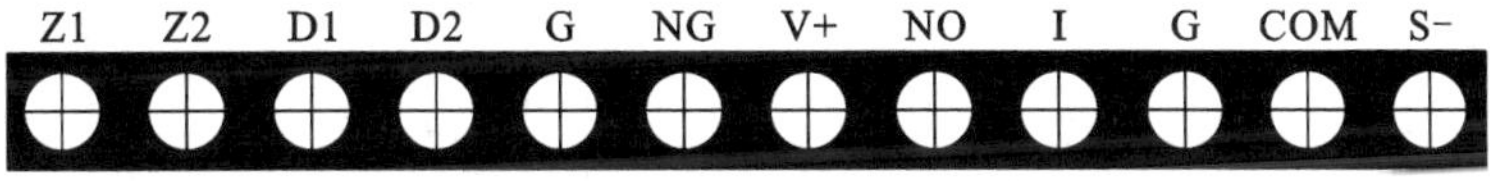

图 2.148 GST-LD-8301 输入输出模块接线端子示意图

其中，

Z1、Z2：接火灾报警控制器信号二总线，无极性。

D1、D2：DC 24V 电源输入端子，无极性。

I、G：与被控制设备无源常开触点连接，用于实现设备动作回答确认（也可通过电子编码器设为常闭输入或自回答）。

COM、NO：无源常开输出端子（注意：此端子间有微弱检线电流）。

NG、S－、V＋：留用。

应用方法：

模块输入端如果设置为“常开检线”状态输入，模块输入线末端（远离模块端）必须并联一个 4.7kΩ 的终端电阻；模块输入端如果设置为“常闭检线”状态输入模块输入线末端（远离模块端）必须串联一个 4.7kΩ 的终端电阻。

无源输出时，输出检线电压由被控设备提供，模块与控制设备的接线示意图如图 2.149 所示。

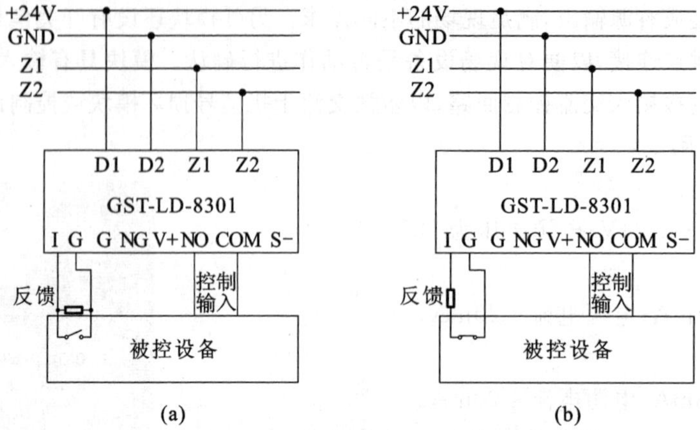

图 2.149 模块与设备接线(一)

(a)无源常开输入;(b)无源常闭输入

对于需要模块控制 24V 输出给被控设备时,推荐使用无源输出方式,接线示意图如图 2.150所示。

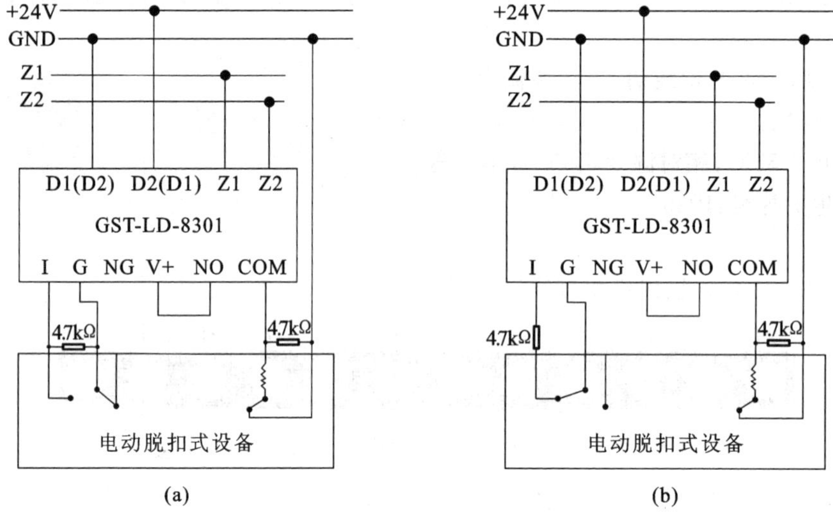

图 2.150 模块与设备接线(二)

(a)无源常开输入;(b)无源常闭输入

【设备示例 34】 海湾 GST-LD-8303 输入/输出模块,如图 2.151 所示。

特点:

GST-LD-8303 输入/输出模块是一种总线制控制接口,可用于完成对二步降防火卷帘门、水泵、排烟风机等双动作设备的控制。主要用于防火卷帘门的位置控制,既能控制其从上位到中位,又能控制其从中位到下位,同时也能确认防火卷帘门是处于上、中、下的哪一位置。该模块也可作为两个独立的 GST-LD-8301 输入/输出模块使用。

GST-LD-8303 输入/输出模块具有两个编码地址,两个编码地址连续,最大编码为 242,可接收来自控制器的二次不同动作的命令,具有两次不同控制输出和确认两个不同输入回答信号的功能。此模块所需输入信号为常开开关信号,一旦开关信号动作,GST-LD-8303 将此开关信号通过联动总线送入控制器,联动控制器产生报警并显示出动作设备的地址号。当模块本身出现故障时，控制器也将产生报警并将模块编号显示出来。本模块具有两对常开、常闭触点及两组有源输出，输入、输出具有检线功能。

GST-LD-8303 模块的编码方式为电子编码，在编入一个编码地址后，另一个编码地址自动生成为：编入地址+1。该编码方式简便快捷，采用电子编码器编码。

图 2.151　海湾 GST-LD-8303 输入/输出模块

主要技术指标：

A. 工作电压：

总线电压为总线 24V；电源电压为 DC 24V。

B. 监视电流：

总线电流≤1mA；电源电流≤6mA。

C. 动作电流：

总线电流≤4mA；电源电流≤45mA。

D. 线制：与控制器采用无极性信号二总线连接，与 DC 24V 电源采用无极性电源二总线连接。

E. 输出容量：DC 24V/5A。

F. 输出控制方式：脉冲、电平（继电器常开/常闭无源触点输出，脉冲启动时继电器吸合时间为 10s）。

G. 出厂设置：两路常开检线方式。

H. 使用环境：

温度为−10～55℃，相对湿度≤95%，不结露。

I. 外壳防护等级：IP30。

接线：

GST-LD-8303 输入/输出模块对外端子示意图见图 2.152。

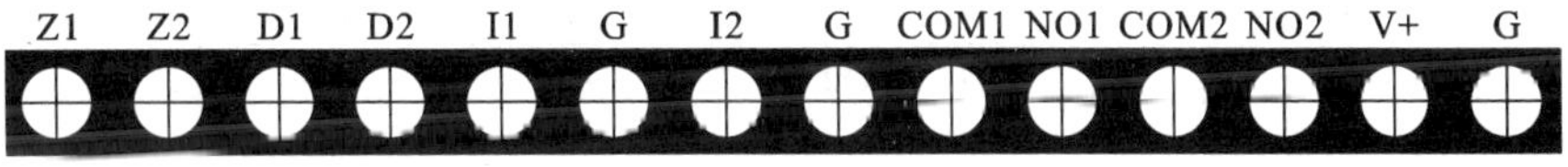

图 2.152　GST-LD-8303 输入/输出模块对外端子示意图

其中，

Z1、Z2：接火灾报警控制器信号二总线，无极性。

D1、D2：DC 24V 电源输入端子，无极性。

I1、G：第一路无源输入端（可通过电子编码器设为常开检线、常闭检线、自回答方式）。

I2、G：第二路无源输入端（可通过电子编码器设为常开检线、常闭检线、自回答方式）。

COM1、NO1：第一路无源输出触点。

COM2、NO2：第二路无源输出触点。

V+、G：DC 24V 输出端子，输出容量为 DC 24V/1A。

应用方法：

模块输入端如果设置为“常开检线”状态输入，模块输入线末端（远离模块端）必须并联一个 4.7kΩ 的终端电阻；模块输入端如果设置为“常闭检线”状态输入，模块输入线末端（远离模块端）必须串联一个 4.7kΩ 的终端电阻。

A. 模块与防火卷帘门电气控制箱（标准型）接线示意图如图 2.153（无源常开触点输入，有源输出控制型)、图 2.154(无源常闭触点输入,有源输出控制型)、图 2.155(无源输出控制型)所示。

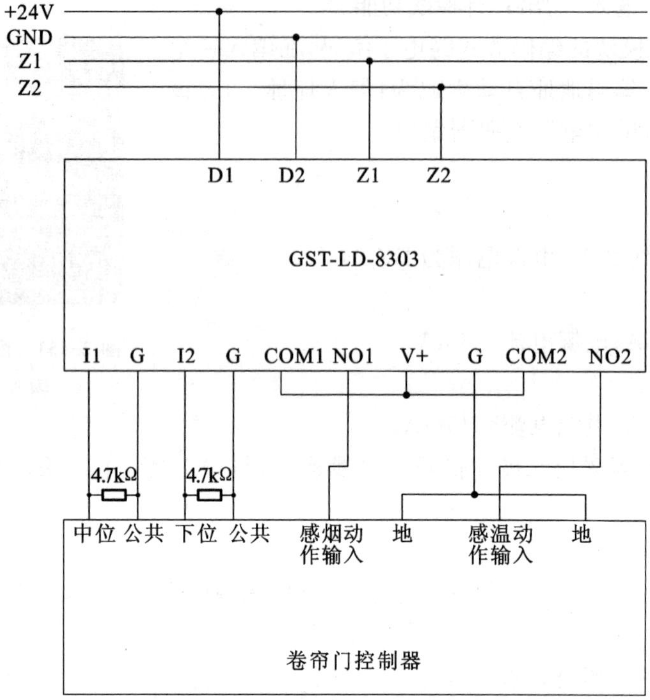

无源常开触点输入,有源输出控制型

图 2.153 模块与防火卷帘门电气控制箱接线示意图(一)

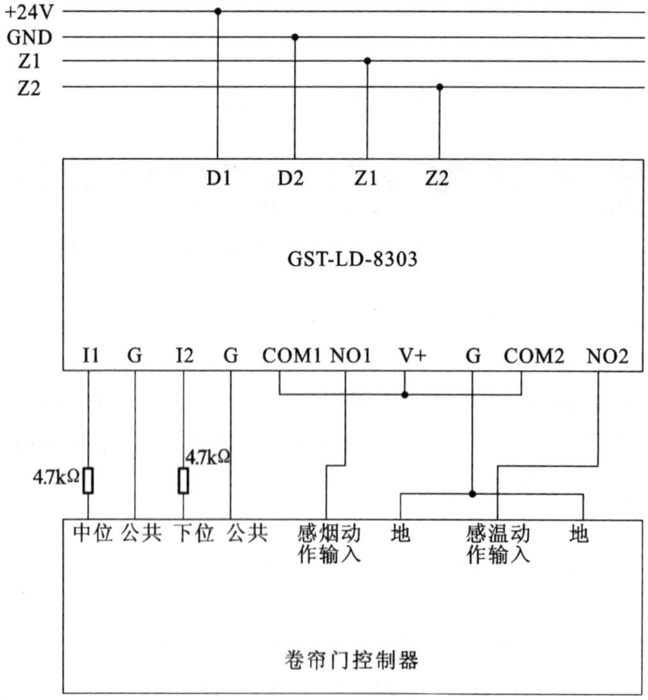

无源常闭触点输入,有源输出控制型

图 2.154 模块与防火卷帘门电气控制箱接线示意图(二)

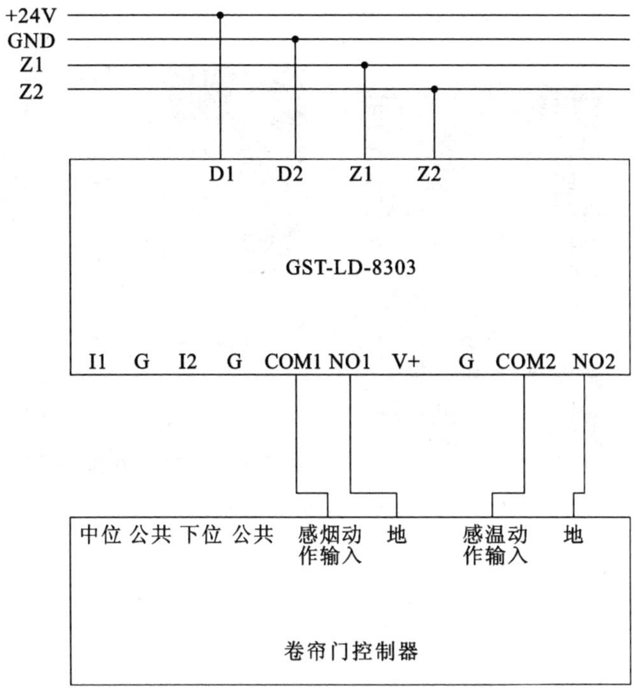

无源输出控制型

图 2.155 模块与防火卷帘门电气控制箱接线示意图(三)

B. GST-LD-8303 模块与 GST-LD-8302A 模块组合连接的方法如图 2.156 所示。

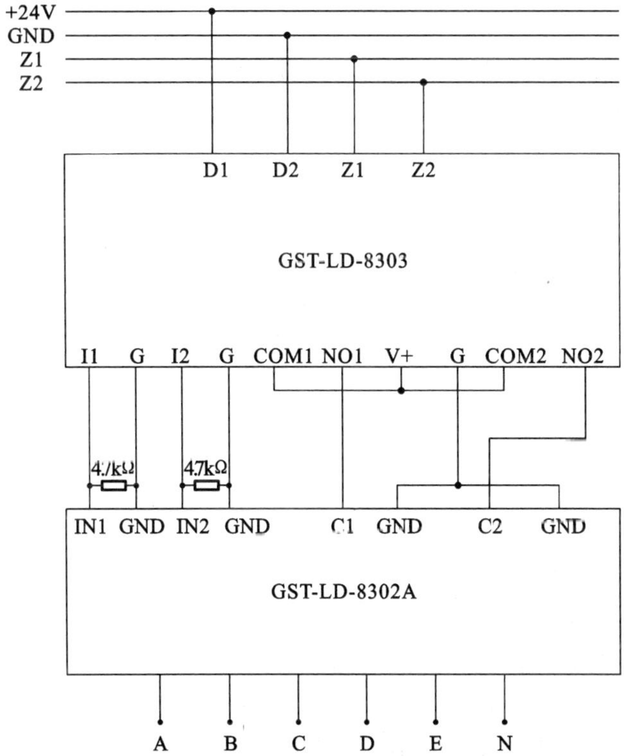

图 2.156 GST-LD-8303 模块与 GST-LD-8302A 模块组合连接

【设备示例 35】 西门子 FDCIO221-CN 输入/输出模块，如图 2.157 所示。

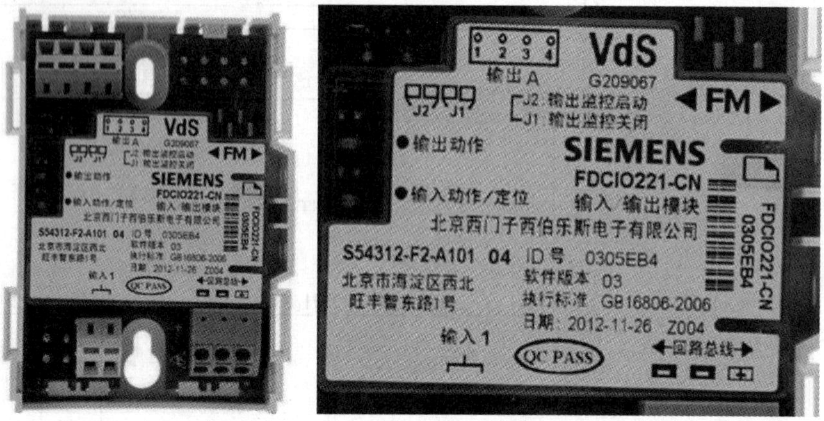

图 2.157　西门子 FDCIO221-CN 输入/输出模块

西门子 FDCIO221-CN 输入/输出模块特性：

A. 提供一个无源干节点输入和一路继电器输出，可监视输入/输出线路的短路和开路状态(需连接配送的终端电阻)。

B. 符合 EN54-17 标准隔离功能要求。

C. 符合国家标准《消防联动控制系统》(GB 16806—2006)。

D. 获得德国 VdS 认证证书(编号：G209067)。

E. 微处理器控制信号评估。

F. 输入和输出用途可以分别设置。

G. 输入可用于监视输出所控制消防设备的启动状态。

H. 每个输入/输出配置有相应 LED 指示其工作状态。

I. 内置短路隔离器，隔离回路中的故障线路部分。

J. 内置防潮防护涂层，提供高度防潮和抗腐蚀性能。

K. 通电自适应编址，无须手动拨码或预设编址，免除人为差错。

L. 极高的抗电磁干扰性能。

M. 与控制器采用两线制总线连接，支持环路、支路和分支多种方式。

N. 自带不干胶自粘标签，用于在安装图纸上准确标示。

O. 使用环保型可回收材料。

技术参数：

工作电压：12～32V DC；

工作电流：320μA(静态)，600μA(动作)；

输出容量：2A@24V DC；

工作温度：−25～70℃；

工作湿度(温度<34℃)：<95%相对湿度；

EMC 抗电磁干扰性能：50V/m；

EN60529 防护等级：IP30(使用专用模块盒 FDCH221，可达 IP65)。

(5)中继模块

中继模块在系统通信距离过远的情况下，可以延长总线的通信距离，同时可以增强系统的抗干扰能力。主要用于总线处在有比较强的电磁干扰的区域及总线长度超过1000m需要延长总线通信距离的场合。

【设备示例36】 海湾GST-LD-8321中继模块，如图2.158所示。

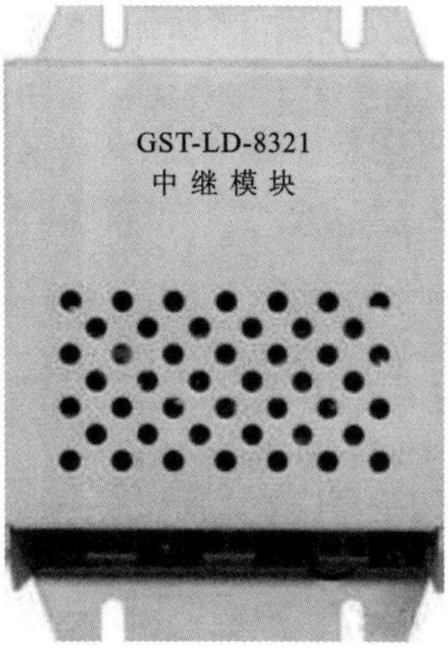

图2.158 海湾GST-LD-8321中继模块

特点：

GST-LD-8321中继模块采用DC 24V供电，总线信号输入与输出间电气隔离，完成了探测器总线的信号隔离传输，可增强整个系统的抗干扰能力，并且具有扩展探测器总线通信距离的功能。主要用于总线处在有比较强的电磁干扰的区域及总线长度超过1000m需要延长总线通信距离的场合。

主要技术指标：

A. 总线输入距离≤1000m。

B. 总线输出距离≤1000m。

C. 电源电压：DC 18～27V。

D. 静态工作电流≤20mA。

E. 带载能力及兼容性：可配接1～242点总线设备，兼容所有总线设备。

F. 隔离电压：总线输入与总线输出间隔离电压≥1500V。

G. 使用环境：

温度－10～50℃，相对湿度≤95%，不结露。

接线：

GST-LD-8321中继模块的对外接线端子示意图如图2.159所示。

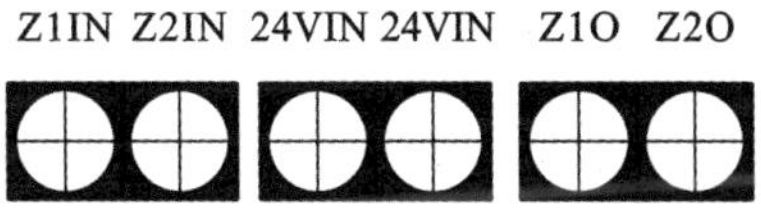

图2.159 GST-LD-8321中继模块的对外接线端子示意图

其中，

24VIN：DC 24V电源无极性输入端子，电源与中继器的输出总线共地。

Z1IN、Z2IN：无极性信号二总线输入端子，与控制器无极性信号二总线输出连接，距离应小于 1000m。

Z1O、Z2O：隔离无极性两总线输出端子，总线最大长度应小于 1000m。

【设备示例 37】 西门子 FDCI183 中继模块，如图 2.160 所示。

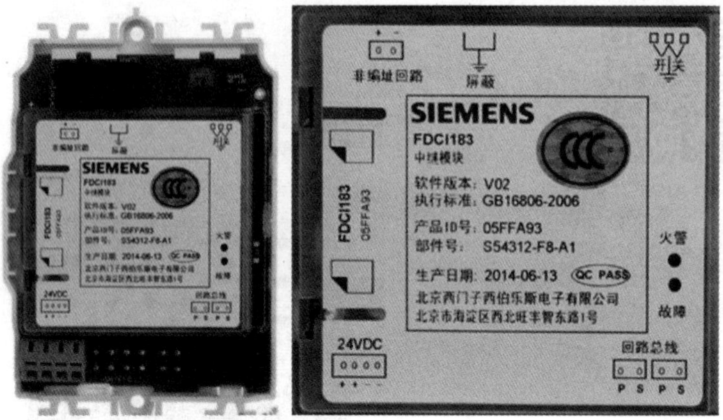

图 2.160 西门子 FDCI183 中继模块

FDCI183 中继模块特点：

A. 满足国家标准《消防联动控制系统》(GB 16806—2006)；

B. 1 路输入，用于连接非编址探测器：非编址感烟感温探测器 32 个，线性光束感烟探测器 1 个，防爆型感烟感温探测器 25 个，防爆型火灾探测器 5 个；

C. 通过安全隔离栅，可连接本质安全型防爆探测器，LED 指示灯显示火警及故障；

D. 外部供电 24V DC；

E. 信号分析采用微处理器控制；

F. 对地故障监视；

G. 可直接安装在干燥环境，如保护盒内，可用于潮湿、肮脏环境；

H. 地址自动设定，无须编码器设置或拨码开关；

I. 采用环保安全材料，符合 RoHS 标准。

主要参数：

A. FD18-Bus 回路工作电压：12～33V DC；

B. FD18-Bus 回路工作电流：静态电流为 0.45 mA，报警电流为 1.1 mA；

C. 扩展电源；

D. 输入参数：18～32V DC@0.15A；

E. 终端元件：1.5KE20CA(EOL)或 EOL22(ex)；

F. 工作温度：－10～50℃；

G. 贮存温度：－30～70℃；

H. 相对湿度：≤95%；

I. 通信协议：FD18-Bus；

J. 负载因子：3；

K. 接线端子截面面积：0.2～2.5mm^2；

L. 颜色：保护盒纯白，RAL 9010，盒盖为透明材料；

M. 防护等级：EN60529/IEC529，装在保护盒内，IP65；

N. 非编址探测器回路线阻抗：150Ω(双绞线)。

【设备示例 38】 西门子 FDCI223-CN 中继模块如图 2.161 所示。

FDCI223-CN 中继模块产品特点：

图 2.161 西门子 FDCI223-CN 中继模块

A. 提供一个输入，可监视输入线路的短路和开路状态(需连接配送的终端电阻)。

B. 符合 EN54-17 标准隔离功能要求。

C. 符合国家标准《消防联动控制系统》(GB 16806—2006)。

D. 微处理器控制信号评估。

E. 通过编程可独立连接非编址探测器(含防爆探测器)等非编址设备。

F. 通过 SB3 齐纳二极管隔离栅，可连接本质安全型探测器(防爆区类型 1)，并须配接防爆终端电阻 EOL22(Ex)(须单独订购)。

G. LED 指示模块工作状态。

H. 内置短路隔离器，隔离回路中的故障线路部分。

I. 内置防潮防护涂层，提供高度防潮和抗腐蚀性能。

J. 通电自适应编址，无须手动拨码或预设编址，免除人为差错。

K. 极高的抗电磁干扰性能。

L. 与控制器采用两线制总线连接，支持环路、支路和分支多种方式。

M. 自带不干胶自粘标签，用于在安装图纸上准确标示。

N. 诊断接口可直接于现场读出模块工作时间和状态，以及建议采取的相应的措施。

O. 使用环保型可回收材料。

FDCI223-CN 中继模块产品类型：

可兼容的探测器类型(次级侧)，如表 2.15 所示。

表 2.15 可兼容的探测器类型(次级侧)

型号	每条回路最多可接探测器数量
HI510/OP520	32
DO1101A Ex/DT1101A-Ex	25
DF1101-Ex	5
FDL241-9-CN/DF1192	1
FDO181C/FDT181C	32

技术参数：

A. C-NET 回路工作电压：DC 12～33V；

B. C-NET 回路工作电流：静态电流 0.45mA，报警电流 0.9mA；

C. 扩展电源：2A@24V DC，－25～70℃；

D. 输入参数：DC 18～32V@0.15A；

E. 终端元件：EOL 或 EOL22(ex)；

F. 工作温度：－10～50℃；

G. 存储温度：0～70℃；

H. 相对湿度：≤95%；

I. 通信协议：C-NET；

J. 负载因子：3；

K. 接线端子截面面积：0.2～2.5mm²；

L. 盒盖：透明材料；

M. 非编址探测器回路线路阻抗：<150Ω(双线)；

N. 质量：0.101kg(含 EOL)。

(6)切换模块

切换模块用于连接输入输出模块和大电流被控设备，起保护作用，其作用相当于继电器。

【设备示例 39】 海湾 GST-LD-8302 切换模块，如图 2.162 所示。

特点：

GST-LD-8302 切换模块专门用来与 GST-LD-8301 型模块配合使用，实现对现场大电流(直流)启动设备的控制及交流 220V 设备的转换控制，以防由于使用 GST-LD-8301 模块直接控制设备造成将交流电源引入控制系统总线的危险。本模块为非编码模块，不可直接与控制器总线连接，只能由 GST-LD-8301 模块控制。模块具有一对常开、常闭输出触点。

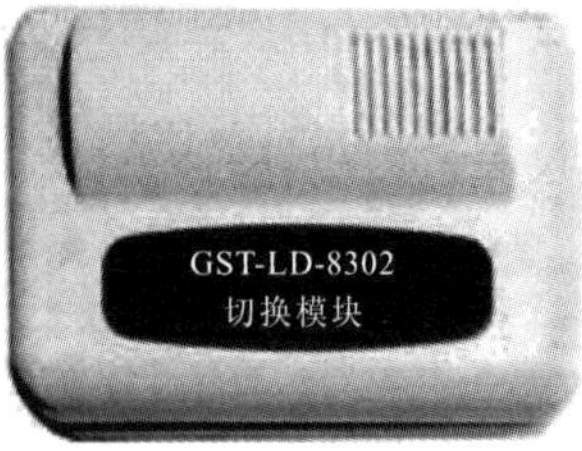

图 2.162 海湾 GST-LD-8302 切换模块

主要技术指标：

A. 工作电压：DC 24V。

B. 监视电流＝0mA，动作电流≤20mA。

C. 线制：输入端采用两线制与 GST-LD-8301 模块连接，无极性；输出端采用两线制与电源及受控设备连接，无极性。

D. 无源输出触点容量：DC 24V/5A 或 AC 220V/5A。

E. 使用环境：

温度－10～50℃，相对湿度≤95%，不结露。

F. 外壳防护等级：IP30。

接线：

GST-LD-8302 切换模块对外端子示意图如图2.163所示。

其中，

NC、COM、NO：常闭、常开控制触点输出端子。

O、G：有源 DC 24V 控制信号输入端子，输入无极性。

布线要求：

各端子外接线均采用阻燃 BV 线，截面面积≥2.5mm²。

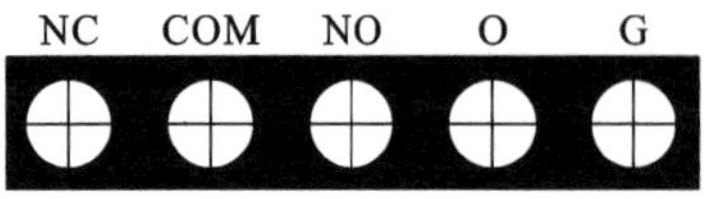

图 2.163 GST-LD-8302 切换模块对外端子示意图

应用方法：

控制交流设备的方法如图 2.164 所示。

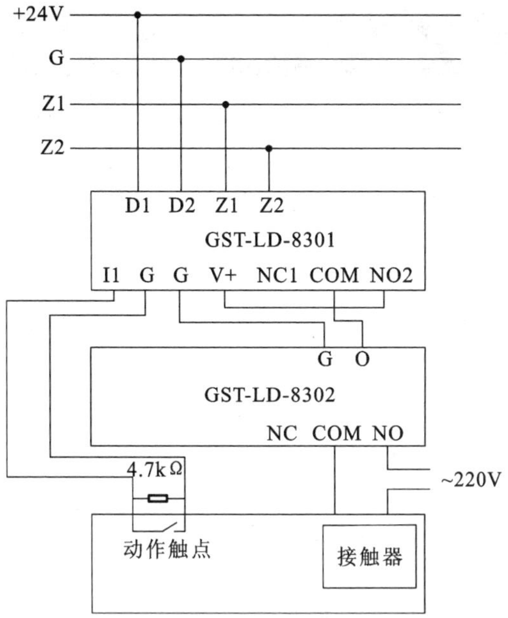

图 2.164 控制交流设备的方法

【设备示例 40】 海湾 GST-LD-8302A 双动作切换模块,如图 2.165 所示。

特点:

GST-LD-8302A 双动作切换模块是一种专门设计用于与 GST-LD-8303 输入/输出模块连接,实现控制器与被控设备之间作交流直流隔离及启动、停动双动作控制的接口部件。本模块为一种非编码模块,不可与控制器的总线连接。模块有两对常开、常闭输出触点,可分别独立控制。

主要技术指标:

A. 工作电压:DC 24V。

B. 监视电流为 0,动作电流≤40mA。

C. 线制:输入端采用五线制与 GST-LD-8303 模块连接;输出端采用六线制与受控设备连接,其中三线用于控制设备,三线用于接收回答信号。

D. 无源输出触点容量:DC 24V/5A 或 AC 220V/5A。

E. 输出控制方式:电平方式,继电器始终吸合。

F. 使用环境:

温度－10～50℃,相对湿度≤95%,不结露。

G. 外壳防护等级:IP30。

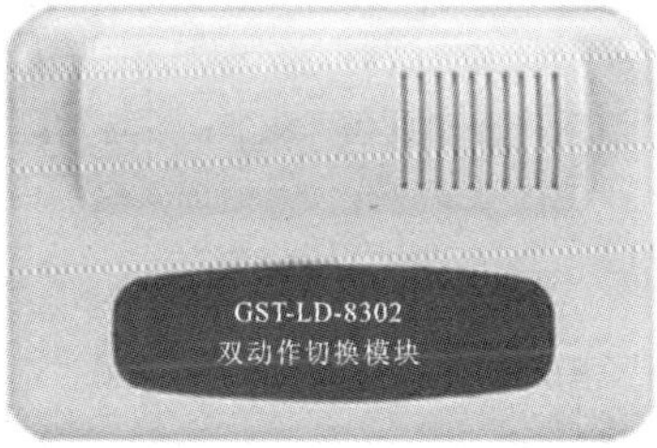

图 2.165 海湾 GST-LD-8302A 双动作切换模块

接线:

本模块的外形尺寸及结构与 GST-LD-8302 切换模块相同,其对外端子示意图如图 2.166 所示。

其中,

弱电端子如下:

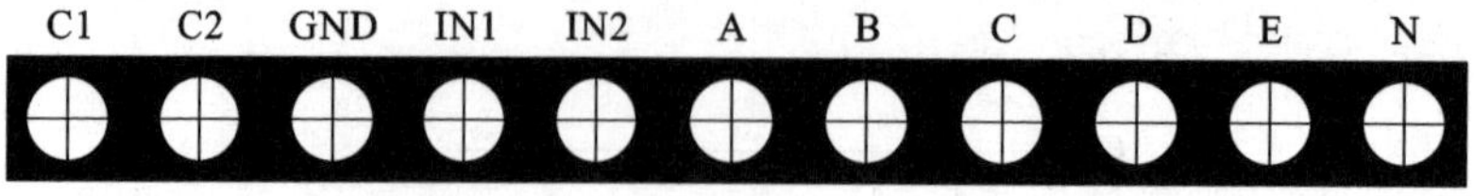

图 2.166 GST-LD-8302A 双动作切换模块对外端子示意图

C1:启动命令信号输入端子;

C2:停动命令信号输入端子;

GND:地线端子;

IN1:启动回答信号输出端子;

IN2:停动回答信号输出端子。

强电端子如下:

A、B:启动命令信号输出端子,为无源常开触点;

C、B:停动命令信号输出端子,为无源常闭触点;

D:启动回答信号输入端子,取自被控设备 AC 220V 常开触点;

E:停动回答信号输入端子,取自被控设备 AC 220V 常闭触点;

N:AC 220V 零线端子。

GST-LD-8302A 模块工作原理见图 2.167。

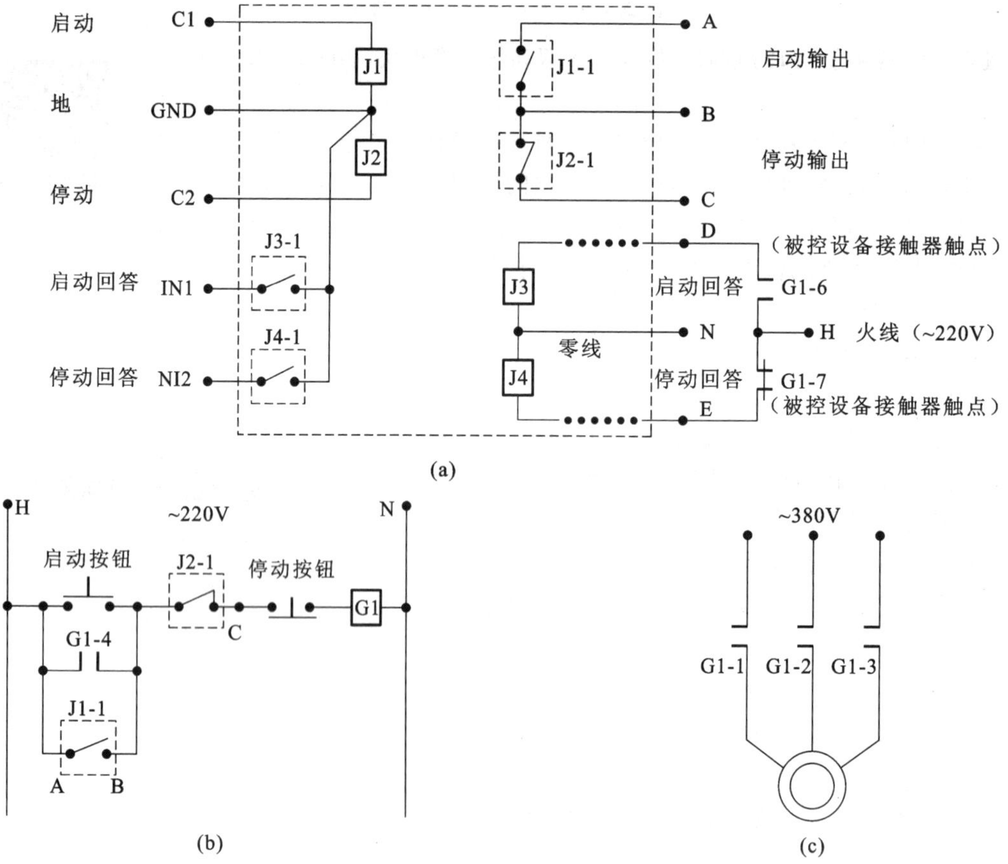

图 2.167 GST-LD-8302A 模块工作原理

(a)GST-LD-8302A 模块电气原理图;(b)被控设备电气回路;(c)电机回路

应用方法：

本模块可直接与 GST-LD-8303 模块连接使用(参见 GST-LD-8303 双输入/双输出模块)。

消防模块箱见图 2.168。

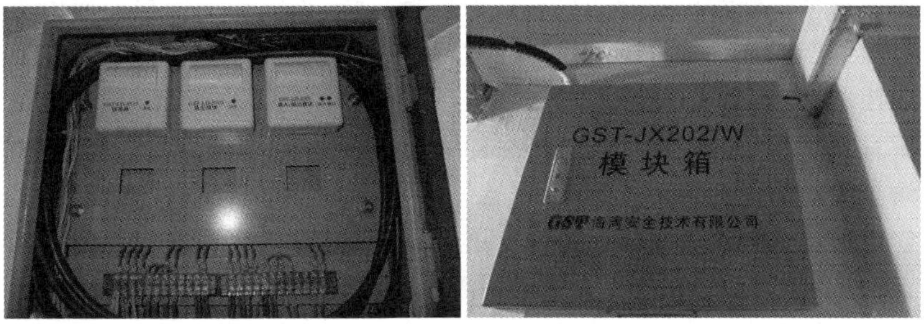

图 2.168 消防模块箱

(7)警报器

①火灾光警报器

火灾光警报器应设置在每个楼层的楼梯口、消防电梯前室、建筑内部拐角等处的明显部位，且不宜与安全出口指示标志灯具设置在同一面墙上。火灾光警报器用于显示室内火灾探测器报警情况。一般安装在巡视观察方便的地方，如会议室、餐厅、房间等门口上方，当房间内探测器报警时，警报器上的指示灯根据警报器设置的设备类型可以自动闪亮，也可以通过控制器联动启动闪亮，使工作人员在不进入室内的情况下就可知道室内的探测器已触发报警。

【设备示例 41】 海湾 GST-MD-M9514 火灾光警报器，如图 2.169 所示。

图 2.169 海湾 GST-MD-M9514 火灾光警报器

特点：

海湾 GST-MD-M9514 火灾光警报器为编码型警报器，可直接接入火灾报警控制器的信号二总线。

主要技术指标：

A. 工作电压：总线 24V；

B. 监视电流≤0.6mA；

C. 动作电流≤5mA；

D. 线制：直接接入火灾报警控制器信号二总线；

E. 使用环境：

温度－10～50℃，相对湿度≤95%，不结露；

F. 外壳防护等级：IP30。

接线：

火灾光警报器的对外端子示意图如图 2.170 所示。

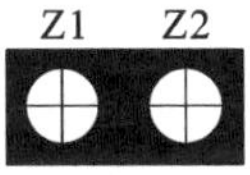

图 2.170 火灾光警报器的对外端子示意图

其中，Z1、Z2 为与对应探测器信号二总线的接线端子。

②火灾声光警报器

火灾声光警报器又称声光讯响器，当现场发生火灾并确认后，安装在现场的声光警报器可由消防控制中心的火灾报警控制器启动，发出强烈的声光警报信号，以达到提醒现场人员注意的目的。也可同手动报警按钮配合使用，达到声光报警目的。

火灾自动报警系统应设置火灾声光警报器，并应在确认火灾后启动建筑内的所有火灾声光警报器。未设置消防联动控制器的火灾自动报警系统，火灾声光警报器应由火灾报警控制器控制；设置消防联动控制器的火灾自动报警系统，火灾声光警报器应由火灾报警控制器或消防联动控制器控制。

公共场所宜设置具有同一种火灾变调声的火灾声警报器；具有多个报警区域的保护对象，宜选用带有语音提示的火灾声警报器；学校、工厂等各类日常使用电铃的场所，不应使用警铃作为火灾声警报器。火灾声警报器设置带有语音提示功能时，应同时设置语音同步器。同一建筑内设置多个火灾声警报器时，火灾自动报警系统应能同时启动和停止所有火灾声警报器工作。火灾声警报器单次发出火灾警报时间宜为8～20s，同时设有消防应急广播，火灾声警报应与消防应急广播交替循环播放。

每个报警区域内应均匀设置火灾警报器，其声压级不应小于60dB；在环境噪声大于60dB的场所，其声压级应高于背景噪声15dB。火灾警报器采用壁挂式安装时，其底边距地面应较高。

【设备示例42】 海湾HX-100B、HX-100B/T火灾声光警报器，如图2.171所示。

特点：

HX-100B、HX-100B/T火灾声光警报器为编码型警报器，可直接接入火灾报警控制器的信号二总线（需由电源系统提供两根DC 24V电源线）。

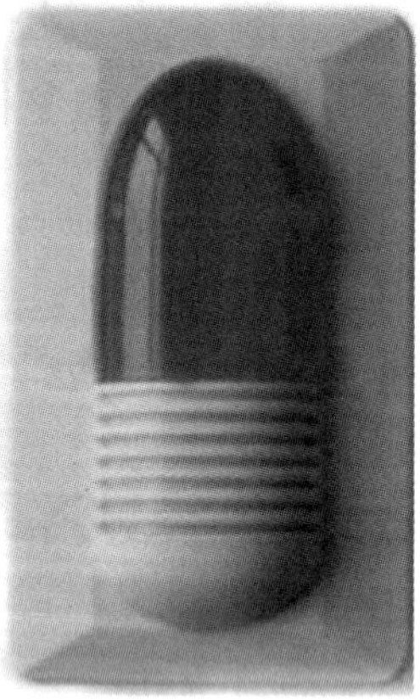

图2.171　海湾HX-100B、HX-100B/T火灾声光警报器

HX-100B/T火灾声光警报器为特种产品，耐低温，抗磷化铝、盐雾、二氧化硫腐蚀，适用于仓库、厂房，及其他有磷化铝、盐雾、二氧化硫腐蚀环境的场所。

主要技术指标：

A. 工作电压：

信号总线电压24V，允许范围16～28V；

电源总线电压DC 24V，允许范围DC 20～28V。

B. 工作电流：

总线监视电流≤0.8mA；

总线启动电流≤6.0mA；

电源监视电流≤10mA；

电源动作电流≤90mA。

C. 线制：四线制，与控制器采用无极性信号二总线连接，与电源线采用无极性二线制连接。

D. 声压级：80～115dB[前方3m水平处（A计权）]。

E. 闪光频率：1.0～1.5Hz。

F. 变调周期：4s(1±20%)。

G. 声调：火警声。

H. 使用环境：

温度－10～50℃，相对湿度≤95%，不结露。

I. 外壳防护等级：IP43。

接线(图 2.172)：

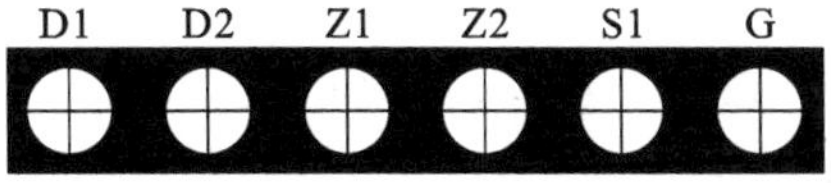

图 2.172　HX-100B、HX-100B/T 火灾声光警报器对外接线端子示意图

其中，

Z1、Z2：与火灾报警控制器信号二总线连接的端子。

D1、D2：与 DC 24V 电源线连接的端子，无极性。

S1、G：外控输入端子可以利用手动火灾报警按钮的无源常开触点直接控制编码型的火灾声光警报器启动，系统接线示意图如图 2.173 所示。

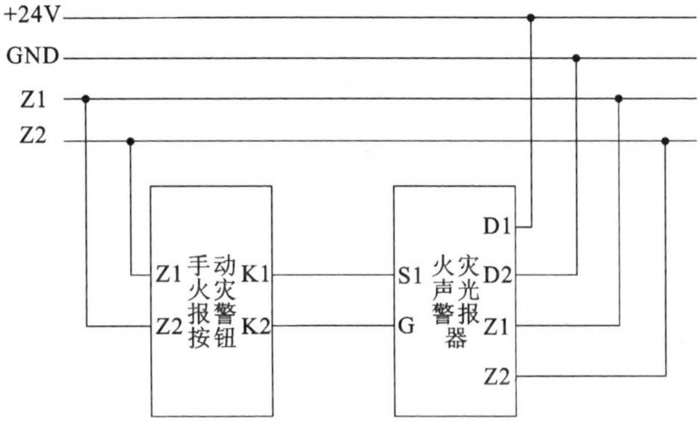

图 2.173　系统接线示意图

【设备示例 43】 海湾 GST-HX-M8503 火灾声光警报器，如图 2.174 所示。

特点：

GST-HX-M8503 火灾声光警报器是一种安装在现场的声和光报警设备，由消防控制中心的火灾报警控制器启动。启动后警报器发出强烈的声和光报警信号，以达到提醒现场人员注意的目的。警报器功耗低、寿命长；火警声报警，声音洪亮清晰，能够在远距离的情况下提醒现场人员；报警光显示醒目。

主要技术指标：

A. 工作电压：

总线电压总线 24V；

电源电压 DC 24V。

B. 监视电流：

总线电流≤0.5mA；

电源电流≤2mA。

图 2.174　海湾 GST-HX-M8503 火灾声光警报器

C. 动作电流：

总线电流≤2mA；

电源电流≤60mA。

D. 线制：四线制，与控制器采用无极性信号二总线连接，与电源线采用无极性二线制连接。

E. 声压级≥85dB[正前方 3m 水平处(A 计权)]。

F. 闪光频率：1.0～1.5Hz。

G. 变调周期：4s(1±20%)。

H. 声调：火警声。

I. 使用环境：

温度－10～50℃，相对湿度≤95%，不结露。

J. 外壳防护等级：IP30。

③接线(图 2.175)

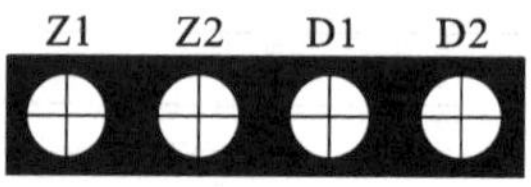

图 2.175 GST-HX-M8503 火灾声光警报器对外接线端子示意图

其中，

Z1、Z2：控制器信号总线，无极性。

D1、D2：接 DC 24V 电源，无极性。

【设备示例 44】 西门子 HSG1010 声光报警器，如图 2.176 所示。

图 2.176 西门子 HSG1010 声光报警器

西门子 HSG1010 声光报警器特点：

A. 声光报警器是一种安装在现场的声光报警设备，当现场发生火灾并被确认后，消防控制中心的火灾报警联动控制器就会启动现场的声光报警器，使现场发出具有震惊效果的火灾报警声响，以此达到影响人员注意的目的。

B. 光电转换率高，频闪寿命大于 100000 次，可连续工作 48h 以上。

C. 可暗线连接，也可明线连接。

D. 声光报警器可直接由有源的 DC 24V 常开触点进行控制。

HSG1010 主要技术指标：

A. 工作电压 DC 10～28V。

B. 推荐电压 DC 22～26V。

C. 工作电流≤120mA。

D. 闪光强度≥1.2Ws。

E. 闪光周期≤2.0s。

F. 最大声报警音量≥90dB。

G. 外形尺寸 160×127×52(mm)。

(8)火灾显示盘(楼层显示器、区域显示器)

当建筑物内发生火灾后，消防控制中心的火灾报警控制器产生报警，同时把报警信号传输到失火区域的火灾显示盘上，火灾显示盘将产生报警的火灾探测器或手动报警按钮编号及相关信息显示出来，同时发出声光报警信号，以通知失火区域的人员。当用一台报警控制器同时监控数个楼层或防火分区时，可在每个楼层或防火分区设置火灾显示盘以取代区域报警控制器。火灾显示盘可分为数字式、汉字/英文式、图形式三种显示方式。

每个报警区域宜设置一台区域显示器(火灾显示盘)；宾馆、饭店等场所应在每个报警区域设置一台区域显示器。当一个报警区域包括多个楼层时，宜在每个楼层设置一台仅显示本楼层的区域显示器。区域显示器应设置在出入口等明显和便于操作的部位。当采用壁挂式安装时，其底边距地高度宜为 1.3～1.5m。

【设备示例 45】 海湾 ZF-500 火灾显示盘，如图 2.177 所示。

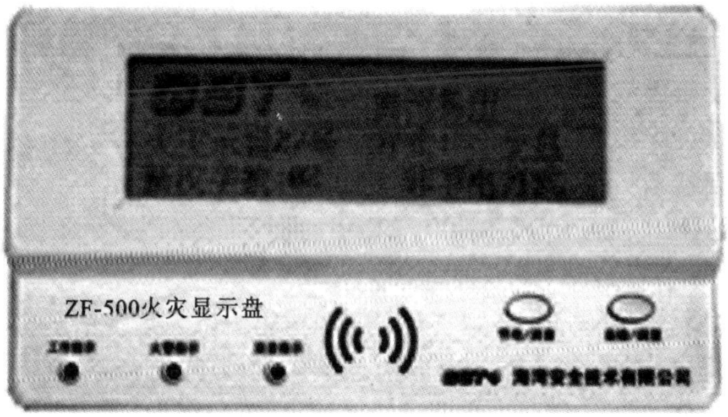

图 2.177　海湾 ZF-500 火灾显示盘

特点：

海湾 ZF-500 火灾显示盘是用单片机设计开发的汉字式火灾显示盘，用来显示火警探测器部位编号及其汉字信息并同时发出声光报警信号，显示内容清晰直观，便于人员确认。它通过总线与火灾报警控制器相连，处理并显示控制器传送过来的数据。当用一台报警器同时监控数个楼层或防火分区时，可在每个楼层或防火分区设置火灾显示盘以取代区域报警控制器。

主要技术指标：

A. 显示方式：可显示报警时间、设备号、设备类型、注释信息。

B. 显示容量：最多不超过 126 条汉字报警信息。

C. 线制：与火灾报警控制器间采用有极性二总线连接，另需两根 DC 24V 电源供电线(不分极性）。

D. 使用环境：

温度 0～40℃，相对湿度≤95%，不结露。

E. 电源：采用 DC 24V 电源集中供电。

F. 静态功耗≤2W，最大功耗≤5W。

接线：

ZF-500 火灾显示盘对外端子接线示意图如图 2.178 所示。

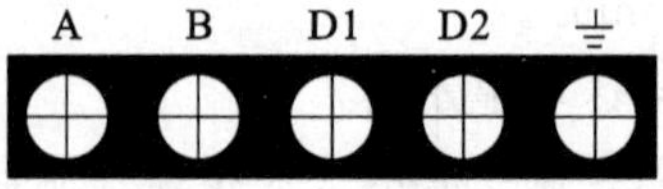

图 2.178 ZF-500 火灾显示盘对外端子接线示意图

其中，

A、B：连接火灾报警控制器的通信总线端子。

D1、D2：DC 24V 电源线端子，不分极性。

⏚：接地线端子

【设备示例 46】 海湾 GST-ZF-500Z 火灾显示盘。

特点：

海湾 GST-ZF-500Z 火灾显示盘是用单片机设计开发的汉字式火灾显示盘，用来显示已报火警的探测器位置编号及其汉字信息并同时发出声光报警信号。它通过消防总线与 GST200、GST500、GST5000、GST9000 及 GSTN1500 等火灾报警控制器相连，处理并显示火灾报警控制器传送过来的数据。当用一台火灾报警控制器同时监控数个楼层或防火分区时，可在每个楼层或防火分区设置火灾显示盘以取代区域火灾报警控制器。火灾报警控制器每个回路最多可配接 242 台火灾显示盘。

主要技术指标：

A. 工作电压：DC 16.8～27.6V。

B. 显示容量：120 条火警信息。

C. 显示范围：每屏显示 2 条火警信息，第 1 条为首警信息，第 2 条为循环显示的火警信息；按自检/调显键时，第 1 条为首警信息，第 2 条为调显火警信息。

D. 线制：四线制，总线和电源线各两根，不分极性。

E. 功耗：

电源，静态功耗≤15mA(DC 24V)，最大功耗≤50mA(DC 24V)；

总线，电源供电时≤0.2mA，无电源时≤1.0mA。

F. 使用环境：

温度 0～40℃，相对湿度≤95%，不凝露。

G. 外壳防护等级：IP20。

接线：

GST-ZF-500Z 火灾显示盘对外接线端子如图 2.179 所示。

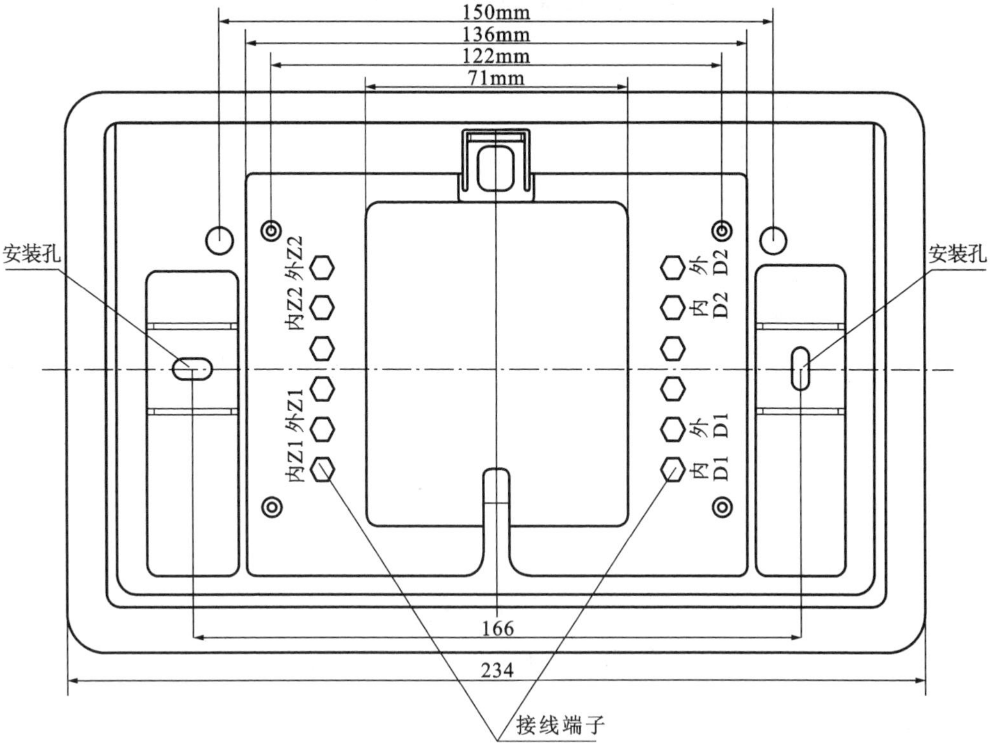

图 2.179　GST-ZF-500Z 火灾显示盘对外接线端子

【设备示例 47】　西门子 FT1810 火灾显示盘，如图 2.180 所示。

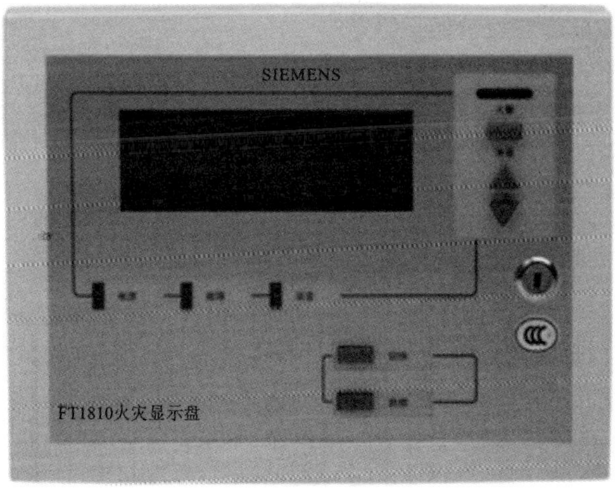

图 2.180　西门子 FT1810 火灾显示盘

西门子 FT1810 火灾显示盘概述：

西门子 FT1810 火灾显示盘在火灾探测系统中是用来显示及操作的部分，通过总线与火灾报警控制器(联动性)连接，火灾显示盘可与控制器同步显示与之相关联设备的文本信息。

FT1810 火灾显示盘技术参数(表 2.16)：

表 2.16 FT1810 火灾显示盘技术参数

型号	FT1810
工作电压	DC 24V±20%
工作电流	30mA
动作电流	110mA
工作温度	−3～42℃
贮存温度	−20～60℃
相对湿度	≤95%
通信协议	FR18-Bus(CAN)
接线端子	1.0～1.5mm²
颜色	白色,RAL9010
防护等级	IP30

FT1810 火灾显示盘主要特点：

A. 小巧的操作显示盘,用于 FC18 火灾探测系统中。

B. 超大背光液晶显示屏(192×64),可手动调节对比度。

C. 通过 CAN-Bus 与控制器通信(独立编址)。

D. 外接 DC 24V 电源。

E. 每台控制器最多可连接 32 台火灾显示盘。

F. 外观优雅精致。

FT1810 火灾显示盘功能：

A. 最多可显示 252 条火警/故障信息。

B. 事件显示与控制器一致。

C. 通过查询键可浏览所有显示信息。

D. 发生火灾/故障后,蜂鸣器可以手动关闭。

FT1810 火灾显示盘外形尺寸图见图 2.181。

图 2.181 FT1810 火灾显示盘外形尺寸图

2.6　消防报警按钮及模块常用线缆、海湾消防系统设计示例

(1)消防通信总线(信号总线):RVS 2×2.5(ZR RVS 2×2.5、NH RVS 2×2.5)

RVS电线全称:铜芯聚氯乙烯绝缘绞型连接用软电线、对绞多股软线,简称双绞线,俗称“花线”,现阶段此种线材多用于消防系统,也叫“消防线”。ZR代表阻燃材质,NH代表耐火材质。RVS线缆实物见图2.182。

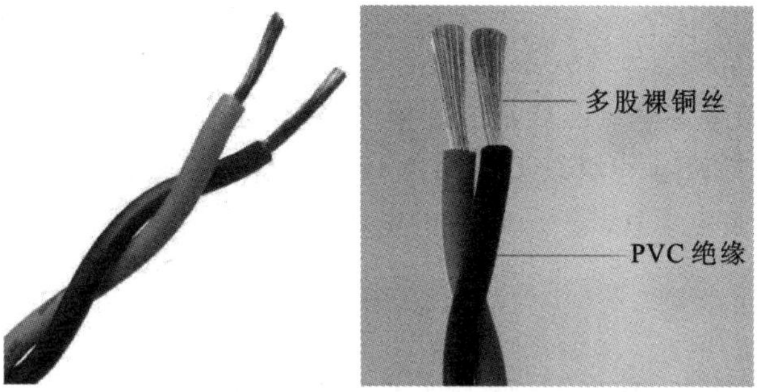

图2.182　RVS线缆实物

字母S代表双绞线,字母R代表软线,字母V代表聚氯乙烯(绝缘体)。

执行标准:JB/T 8734.3—2012。

RVS双绞线的用途:

①多用于消防火灾自动报警系统的探测器线路。

②适用于家用电器、小型电动工具、仪器仪表及动力照明用线。双白芯用于直接接灯头线;红蓝芯用于消防、报警等;红白芯用于广播线、电话线;红黑芯用于广播线。

③用于连接功放与音响设备、广播系统传输经功放机放大处理的音频信号。

(2)控制线BV 2.5(ZR BV 2.5、NH BV 2.5)

BV电线:全称为铜芯聚氯乙烯绝缘电线,即一般用单芯硬导体无护套电缆,也就是日常生活中使用的普通绝缘电线、家装电线,是最常用的电线类型。具有抗酸碱、耐油性、防潮、防霉等特性。ZR代表阻燃材质。BV线缆实物见图2.183。

BVR电线:全称为铜芯聚氯乙烯绝缘软护套电线。常用的聚氯乙烯绝缘导线还有BLV、BVR。BVR线缆实物见图2.184。

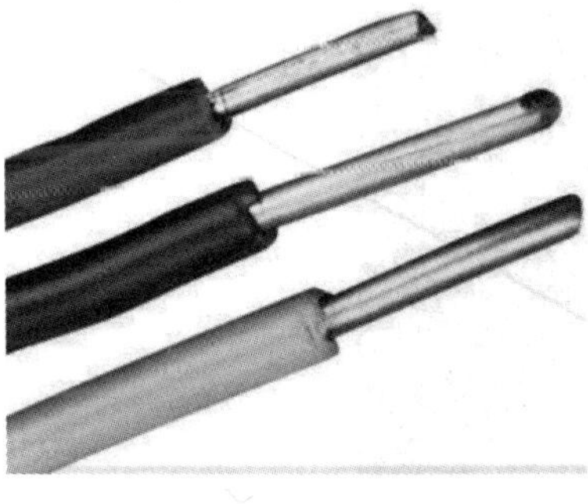

图2.183　BV线缆实物

图2.184　BVR线缆实物

字母 B 代表布线(例如:作室内电力线,把它钉布在墙上),电压:300/500V。字母 V——聚氯乙烯塑料护套(一个 V 代表一层绝缘;两个 V 代表双层绝缘),也就是塑料绝缘层。L 代表铝线,无 L 表示的是铜线。字母 R 代表软线,要做到软,就是增加导体根数,减少每根线的直径。结构:导体为铜丝,平均每根铜丝直径小于 1mm。

BV 为单芯铜线,较硬,不方便施工,但强度大;BVR 为多芯铜线,较软,方便施工,但强度小。BV 单芯铜线一般用于较为固定的场所;BVR 多芯铜线一般用于有轻微移动的场合。另外,BVR 多股线的载流量要比单股线大,价格也高些。通常柜内线可以用 BVR,不用这么大的强度,方便接线。

(3)电话通信线 RVSP 2×1.5(ZR RVSP 2×1.5、NH RVSP 2×1.5)

RVSP 是普通屏蔽铜芯聚氯乙烯绝缘绞型连接软电线,R——连接用软电缆(电线),软结构;V——绝缘聚氯乙烯;S——双绞型软结构;P——编织屏蔽,P2——铜带屏蔽,P22——钢带铠装;22——2 号铠装电缆;0.5——电缆的电压等级。RVSP 线缆实物见图 2.185。

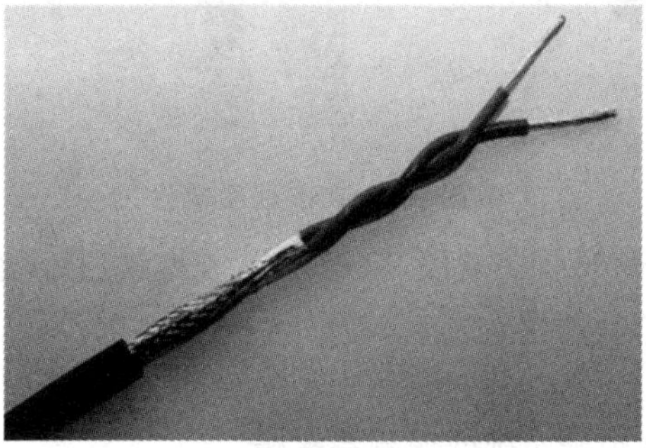

图 2.185 RVSP 线缆实物

举例:

RVSP22-0.5-2×2×1.0mm^2。

RVSP22 表示绝缘聚氯乙烯双绞编织屏蔽 2 号铠装软线电缆;0.5 表示耐压等级 5kV;

2×2×1.0 表示 2 芯绞合然后 2 芯对绞,其中前面的 2 为芯数,后面的 2 表示 2 芯对绞,1.0mm^{2}表示电缆芯的横截面面积。

火灾自动报警系统中,常采用 RVSP 2×1.5 作为消防电话信号传输电缆。

(4)联动启动线(直接启动控制线)KVV-6×2.5(NH KVV6×2.5)

KVV 是聚氯乙烯绝缘聚氯乙烯护套控制电缆,NH 为耐火材质。KVV 线缆实物见图 2.186。

图 2.186 KVV 线缆实物

聚氯乙烯绝缘护套控制电缆适用于额定电压 450/750V 及以下或 0.6/1kV 及以下控制、信号、保护及测量系统接线中。

使用特性：

①工频额定电压 U_0/U 为 450/750V 或 0.6/1kV。

②电缆导体的允许长期最高工作温度为 70℃。

③电缆敷设时环境温度应不低于 0℃，若环境温度低于 0℃时，应对电缆进行预热。

④电缆的推荐允许弯曲半径如下：

无铠装电缆，应不低于电缆外径的 6 倍；

铠装或铜带屏蔽电缆，应不低于电缆外径的 12 倍；

屏蔽软电缆，应不低于电缆外径的 6 倍。

拓展知识点：

KVV 控制电缆系列名称含义介绍：

KVV，聚氯乙烯绝缘聚氯乙烯护套控制电缆；

KVVP，聚氯乙烯绝缘聚氯乙烯护套编织屏蔽控制电缆；

KVVP2，聚氯乙烯绝缘聚氯乙烯护套铜带屏蔽控制电缆；

KVV22，聚氯乙烯绝缘聚氯乙烯护套钢带铠装控制电缆；

KVV32，聚氯乙烯绝缘聚氯乙烯护套细钢丝铠装控制电缆；

KVVR，聚氯乙烯绝缘聚氯乙烯护套控制软电缆；

KVVRP，聚氯乙烯绝缘聚氯乙烯护套编织屏蔽控制软电缆；

KVVP22，聚氯乙烯绝缘聚氯乙烯护套铜丝编织屏蔽钢带铠装控制电缆；

KVVP2-22，聚氯乙烯绝缘聚氯乙烯护套铜带屏蔽钢带铠装控制电缆。

(5)火灾自动报警及联动控制系统一体化设计举例

参见附图 1。

思考题

2-1　简述火灾自动报警系统的组成及各部分的作用。

2 2　简述火灾自动报警系统工作过程。

2-3　简述探测器的分类及其工作原理。

2-4　火灾报警控制器主要技术性能包括哪些？

2-5　简述探测器的布置及相关依据。

2-6　已知某计算机机房，房间高度为 8m，地面面积为 15m×20m，房顶坡度为 14°，属于二级保护对象，完成以下计算：①探测器的种类选择；②确定探测器的数量并布置探测器。

2-7　简述手动报警按钮与消火栓按钮的区别及安装位置。

2-8　输入模块、输出模块、总线隔离器的作用分别是什么？

2-9　现阶段的火灾报警控制器有哪些种类？

2-10　现阶段主流的火灾自动报警系统厂家有哪些？试分析其中 3 家厂家的火灾自动报警系统设备产品异同点。

2-11　试用海湾品牌的 GST-BMQ-2 电子编码器，对其探测器、输入输出模块进行地址码编码操作，并记录操作步骤。

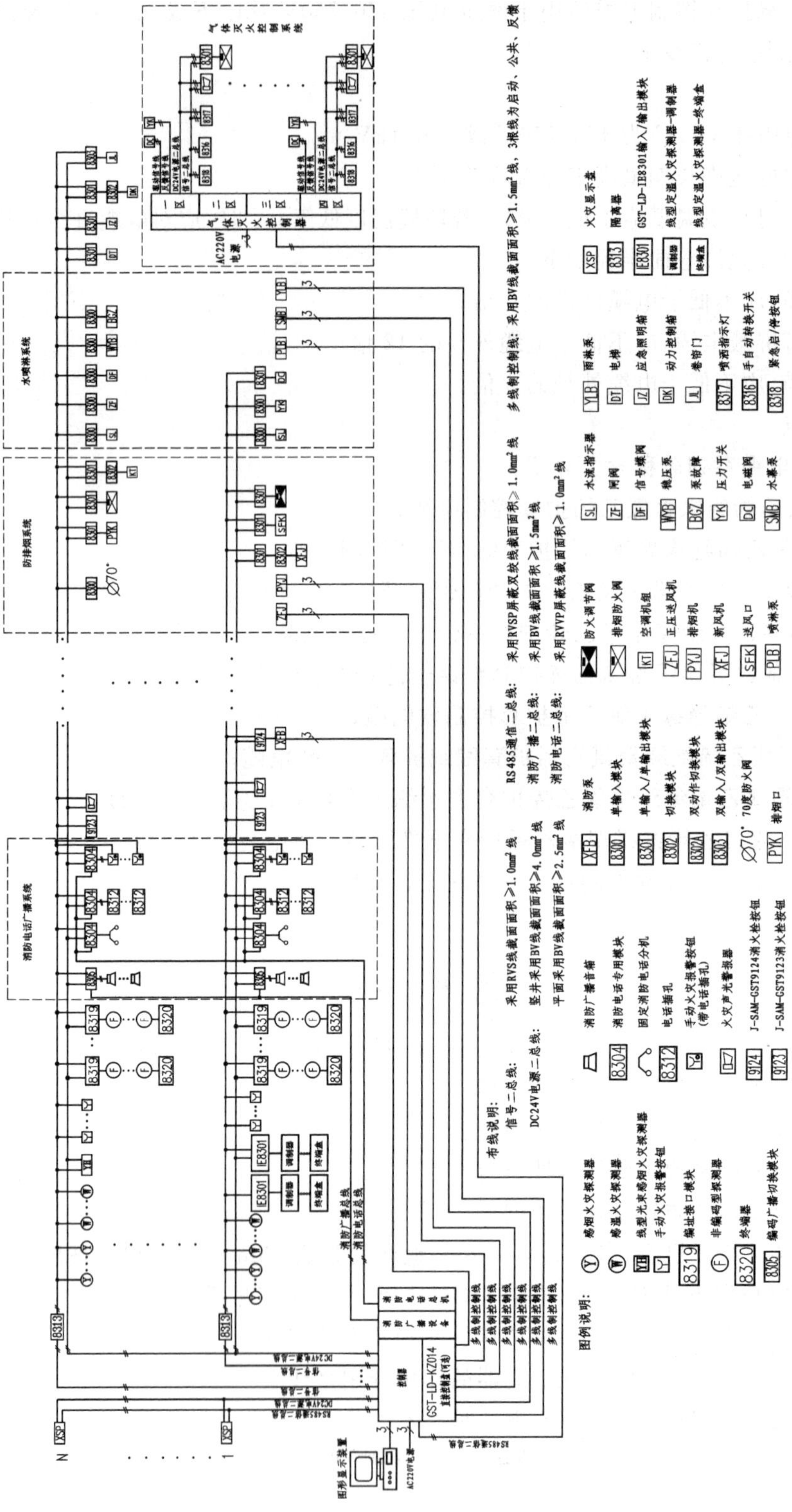

附图 1　火灾自动报警与消防联动控制系统示意图

3 防排烟设施联动控制及自动灭火装置

3.1 防排烟基本知识

(1)烟气

烟气是物质燃烧和热解的产物。火灾过程所产生的气体剩余空气和悬浮在气体中的微粒的总和称为烟气。

(2)影响烟气的成分和性质的因素

烟气的成分和性质首先取决于发生热解和燃烧的物质本身的化学组成,其次还与燃烧条件有关。

对于正常的燃烧工况,燃烧条件得到良好的保证,燃烧进行得比较完全,所生成的气体都不能再燃烧,这种燃烧称为完全燃烧,其燃烧产物称为完全燃烧产物。

对于非正常的燃烧工况,没有良好的燃烧条件,燃烧进行得很不完全,称为不完全燃烧;相应的燃烧产物称为不完全燃烧产物,建筑物发生火灾时就属于这种情况。由于火灾时参与燃烧的物质比较复杂,尤其是发生火灾的环境千差万别,所以火灾烟气的组成相当复杂。

(3)火灾烟气的危害性

火灾烟气会造成严重危害,其危害性主要有毒害性、减光性和恐怖性。火灾烟气的危害性可概括为对人们生理上的危害和心理上的危害两方面,烟气的毒害性和减光性是对生理上的危害,而恐怖性则是对心理上的危害。

①火灾烟气的毒害性

第一,烟气中含氧量往往低于人们生理正常所需要的数值,当空气中含氧量降到15%时,人的肌肉活动能力下降;降到10%~14%时,人就四肢无力,智力混乱,辨不清方向;降到6%~10%时,人就会晕倒。所以对处在着火房间内的人们来说,氧的短时致死浓度为6%。而实际的着火房间中氧的最低浓度可达到3%左右,可见在发生火灾时人们要是不及时逃离火场是很危险的。

第二,烟气中含有各种有毒气体,而且这些气体的含量已超过人们生理所能承受的最高浓度,造成人们中毒死亡。

第三,烟气中悬浮微粒也是有害的。危害最大的颗粒是直径小于10μm的飘尘,人们肉眼看不见,能长期漂浮在大气中,短则数小时,长则数年。微粒小于5μm的飘尘,由于气体扩散作用,能进入人体肺部黏附并聚集在肺泡壁上,引起呼吸道疾病和增大心脏病死亡率,对人造成直接危害。

第四,火灾烟气具有较高的温度,这对人们也是一个很大的危害,在着火房间内,烟气温度可高达数百摄氏度,在地下建筑中,火灾烟气温度可高达一千摄氏度以上。人们对高度烟气的忍耐性是有限的。在65℃时,可短时忍受;在120℃时15min内将产生不可恢复的损伤。

总之,火灾生成烟气的毒害性可归纳为八个字,即缺氧、毒害、尘害、高温。

②火灾的减光性

可见光波的波长为0.4～0.7μm，一般火灾烟气中烟粒子粒径为几微米到几十微米，即烟粒子的粒径大于可见光的波长，这些烟粒子对可见光是不透明的，即对可见光有完全的遮蔽作用，当弥漫时，可见光因受到烟粒子的遮蔽而大大减弱，能见度大大降低，这就是烟气的减光性。

③火灾烟气的恐怖性

发生火灾时，特别是发生爆燃时，火焰和烟气冲出门窗空洞，浓烟滚滚，烈火熊熊，易使人产生恐怖感，给疏散造成混乱局面，使某些人失去活动能力，有的甚至失去理智，惊慌失措。所以说恐怖性的危害也是很大的。

(4)防排烟方式

①防烟方式

防烟方式归纳起来有非燃化防烟、密闭防烟、阻碍防烟和加压送风防烟几种方式。

A. 非燃化防烟

防烟的基本做法首先是非燃化。非燃化防烟是从根本上杜绝烟源的一种防烟方式，关于非燃化的问题，各国都制定了专门的法规或规范，对包括建筑材料、室内家具材料以及各种管道及其保温绝热材料在内的各种材料的燃化都做了明确的规定，特别是对那些特殊建筑、大型建筑、地下建筑等许多场所，要求是非常严格的。非燃烧材料的特点是不容易发烟，即不燃烧且发烟量很小，所以非燃材料可使发生火灾时产生的烟气量大大减小，烟气光学浓度大大降低。

B. 密闭防烟

对发生火灾的房间实行密闭防烟也是防烟的一种基本方式，其原理是采用密封性能很好的墙壁等将房间封闭起来，并对进出房间的气流加以控制。房间一旦起火，就可杜绝新鲜的空气流入，使着火房间内的燃烧因缺氧而自行熄灭，从而达到防烟灭火的目的。

这种方式一般适用于防火分区容易分得很细的住宅、公寓、旅馆等，并优先用于容易发生火灾的房间，如灶房等。这种方式的优点是不需要动力，而且效果很好。缺点是门窗等经常处于关闭状态，使用不方便，而且发生火灾时，如果房间内有人需要疏散，仍将发生漏烟。

C. 阻碍防烟

在烟气扩散流动的路线上设置各种阻碍以防止烟气继续扩散的方式，称为阻碍防烟方式。这种方式常常用在烟气控制区域的交界处，有时在同一区域内也采用防烟卷帘、防火门、防火阀、防烟垂壁等，以上都是这种阻碍结构。

D. 加压送风防烟

在建筑物发生火灾时，对着火区以外的区域进行加压送风，使其保持一定的正压，以防止烟气侵入的防烟方式，称为加压防烟。因为加压区域和非加压区域之间有若干常规的挡烟物，如墙壁、楼板及门窗等，挡烟物两侧的压力差可有效地防止烟气通过门窗周围的缝隙和围护结构缝隙渗漏过来。发生火灾时，由于疏散和扑救的需要，加压区域之间的门总是要打开的，或者是在疏散期间打开，或者是在整个火灾期间打开。如果敞开门洞处的气流速度方向与烟气流向相反，那么达到一定值时，仍能有效阻止烟气，即阻止烟气由非加压的着火区流动。如图3.1所示。

加压防烟方式的优点是能有效地防止烟气侵入所控制的区域，而且可以送入大量的新鲜空气，故特别适用于作为疏散通道的楼梯间、电梯间及前室的防烟。

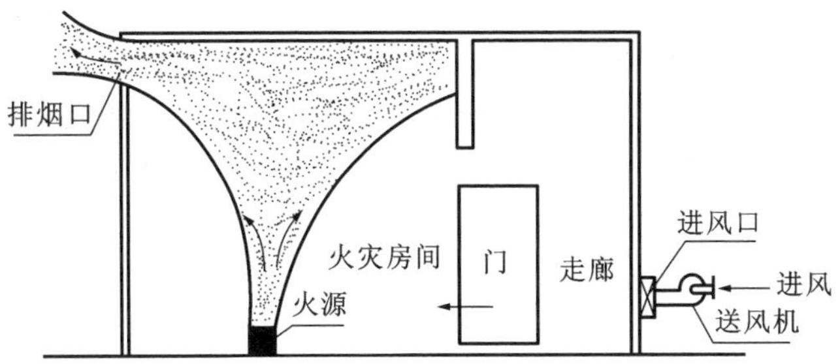

图 3.1 加压防烟方式

②排烟方式

A. 自然排烟方式

自然排烟是利用火灾产生的烟气流的浮力和外部风力作用，通过建筑物的对外开口，把烟气排至室外的排烟方式。实质是热烟气和冷空气的对流运动。在自然排烟中，必须有冷空气的进口和热烟气的排出口。烟气排出口可以是建筑物的外窗，也可以是专门设置在侧墙上部的排烟口。对高层的建筑来说，曾一度采用专用的通风排烟竖井，在平常，由于建筑物内空气温度一般比室外高，产生浮力，使气流上升，便于房间排气。发生火灾时，由于室内温度较大幅度上升，室内外温差较大，形成烟囱效应，成为排烟的一种动力，国外常称为烟塔排烟方式。如图 3.2 所示。

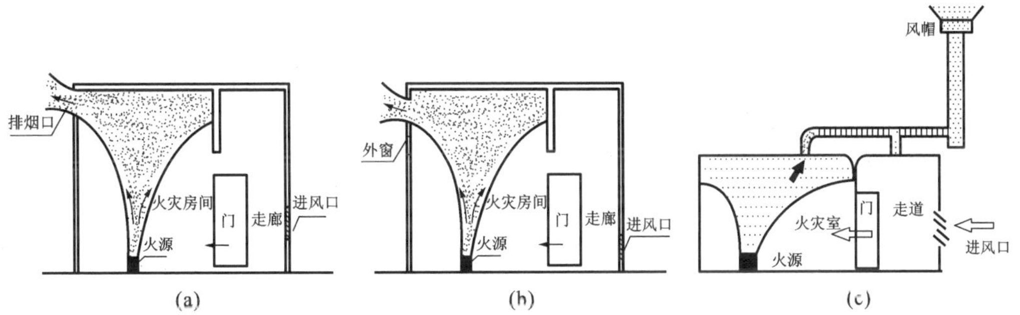

图 3.2 自然排烟方式

(a)排烟口排烟；(b)外窗排烟；(c)竖井排烟

由于这种方式利用了竖井的“烟囱效应”，产生抽风力，所以排烟效果好，它不受室外条件影响，而且设备简单，不需要动力，如果考虑了竖井的耐热问题，可排除较高温度的烟气，因此得到了一定的应用。这种方式的主要缺点是占地面积大。

B. 机械排烟方式

a. 全面通风排烟方式

在对房间利用排烟机进行机械排烟的同时，利用送风机进行机械送风，这种方式称为全面通风排烟方式。由于这种机械排烟方式给控制区送入了大量的新鲜空气，为避免产生助燃的影响，它不适于应用在着火区的有烟区，可用于非着火的有烟区。系统运行时可使系统的送风量稍大于排烟量，使控制区显微正压。这种方式的优点是防烟排烟效果好，而且稳定，不受任何气象条件的影响从而确保控制区域的安全，缺点是需要送、排风两套机械设备，投资较高，耗电量也较大。

b. 负压机械排烟方式

利用排烟机把着火房间中产生的烟气通过排烟口排到室外的排烟方式称为负压排烟方式。在火灾发展初期，这种排烟方式能使着火房间内压力下降，造成负压，烟气不会向其他区域扩展。但火灾猛烈发展阶段，由于烟气大量产生，排烟机若来不及完全排除，烟气就可能扩散到其他区域中去。另外排烟机要求能承受高温烟气，而且还需要设防火阀，在超温时自动关闭停止排烟，如图 3.3 所示。所以，这种排烟方式投资高，而且日常维护管理费用也高。机械排烟与自然排烟的比较见图 3.4。

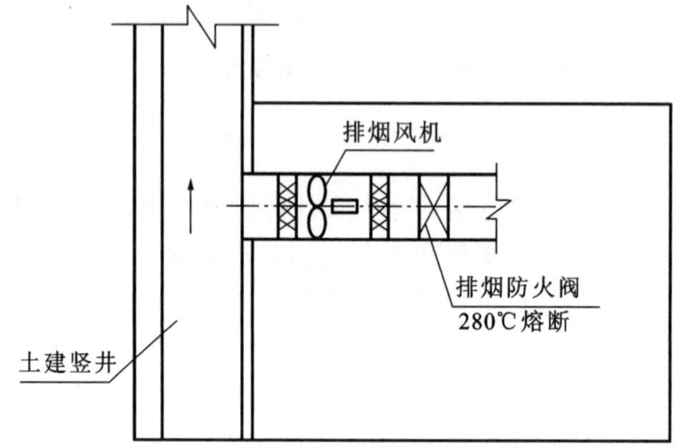

图 3.3　防火阀设置于排烟风机入口管道

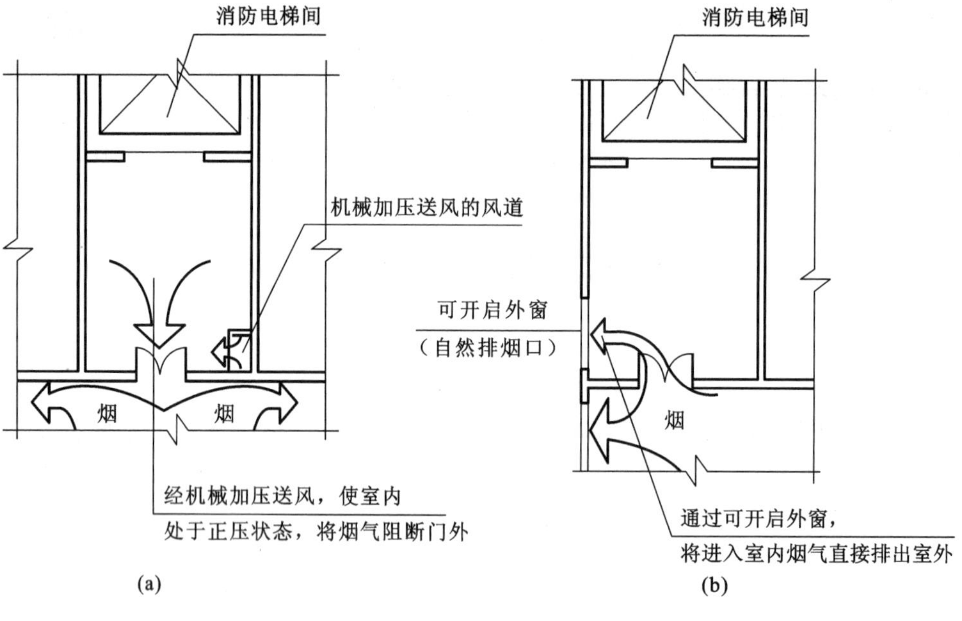

图 3.4　建筑中的防烟

(a)机械加压送风方式；(b)自然排烟方式

3.2　防排烟系统

防排烟系统是设置在建筑物内用于有效地控制火灾烟气，为安全疏散、消防扑救创造有利条件，并且可有效控制火势蔓延扩大的消防设施；是指建筑内的用以防止火灾烟气蔓延扩大的防烟系统和排烟系统的总称。

3.2.1 防烟系统

防烟系统是指采用机械加压送风方式或自然通风方式，防止建筑物发生火灾时烟气进入疏散通道和避难场所等区域的系统。机械加压送风防烟系统是指对建筑的楼梯间、前室及其他需要被保护区域采用机械送风，使该区域形成正压，防止烟气进入的系统。

(1)机械加压送风防烟系统的作用

机械加压送风防烟系统的作用，是为了在建筑物发生火灾时提供不受烟气干扰的疏散路线和避难场所。因此，加压部位在关闭着火门时，必须与着火楼层保持一定的压力差(该部位空气压力值为相对正压)；同时在打开加压部位的门时，在门洞断面处能有足够大的气流速度，以有效地阻止烟气的入侵，保证人员安全疏散与避难。总结来说就是以下三点：

①为安全疏散创造有利条件。

②为消防扑救创造有利条件。

③可控制火势蔓延扩大，减少烟害造成的财产损失。

(2)机械加压送风防烟系统的工作原理

为保证疏散通道不受烟气侵害，使人员安全疏散，发生火灾时，从安全角度出发，高层建筑内可分为四个安全区：第一类安全区为防烟楼梯间、避难层；第二类安全区为防烟楼梯间前室、消防电梯间前室或合用前室；第三类安全区为走道；第四类安全区为房间。如图 3.5 所示。

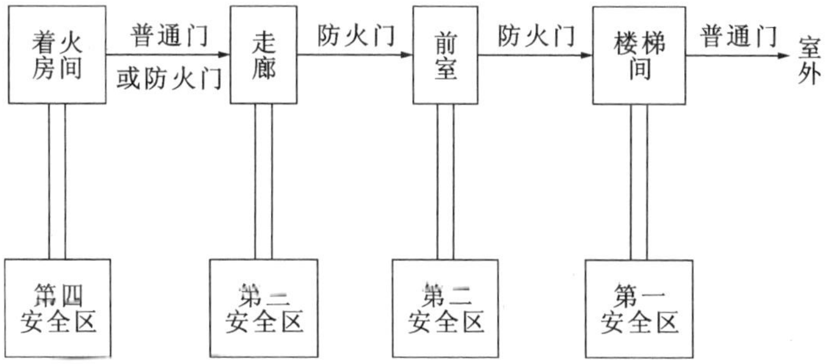

图 3.5 疏散通路的安全分区示意图

依据上述原则，加压送风时应使防烟楼梯间压力＞前室压力＞走道压力＞房间压力，同时还要保证楼梯间与非加压区的压差不要过大，造成开门困难影响疏散。我国现行规范规定，防烟楼梯间与非加压区的设计压差为 40～50Pa，防烟楼梯间前室、合用前室、消防电梯间前室、封闭避难层(间)为 25～30Pa。一般来说，机械加压送风防烟是向防烟楼梯间及其前室加压送风，造成与走道之间一定的压力差，防止烟气入侵。如图 3.6、图 3.7 所示。

现代建筑的房间起火引起火灾时：

一般的疏散通路为：着火房间→走廊→楼梯间前室→楼梯间→室外。

而起火房间中所产生的烟气的主要扩散流动路线是：房间→走廊→楼梯间前室→楼梯间→上部各楼层→室外。

防止烟气侵入作为疏散通道的走廊、楼梯间及其前室，以确保有一个安全可靠、畅通无阻的疏散通道和安全疏散所需的时间，这是建筑物进行防排烟工程设计的根本任务。

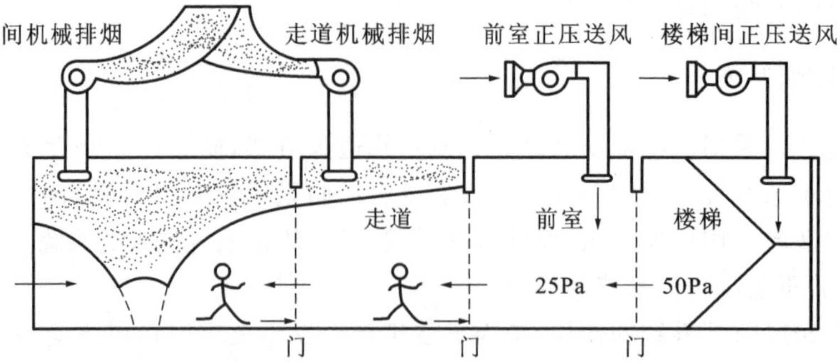

图 3.6 走道排烟、前室加压送风、楼梯间加压送风

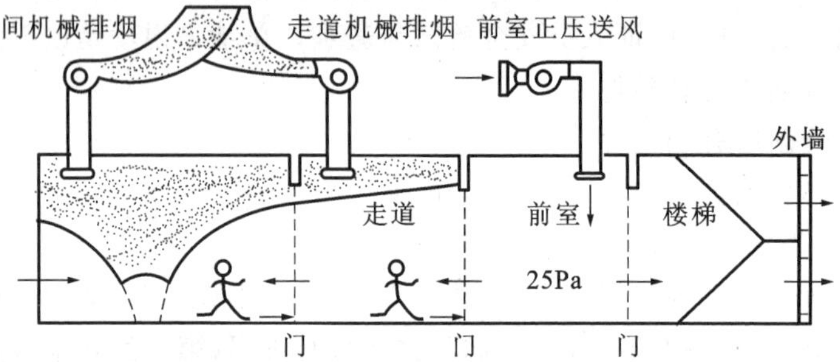

图 3.7 走道排烟、前室加压送风、楼梯间自然排烟(楼梯间靠外)

(3)机械加压送风防烟系统的适用范围

根据《建筑设计防火规范》(GB 50016—2014)规定,建筑的下列部位应设置独立的机械加压送风的防烟设施:

①防烟楼梯间及其前室。

②消防电梯间前室或合用前室。

③避难走道的前室、避难层(间)。

建筑高度不大于 50m 的公共建筑、厂房、仓库和建筑高度不大于 100m 的住宅建筑,当其防烟楼梯间的前室或合用前室符合下列条件之一时,楼梯间可不设置防烟系统:

①前室或合用前室采用敞开的阳台、凹廊。

②前室或合用前室具有不同朝向的可开启外窗,且可开启外窗的面积满足自然排烟口的面积要求。

(4)机械加压送风防烟系统的组成与设置

组成:一般由新风口、加压送风口、风道及风机等组成。

具体由送风口、送风管道、防火阀、送风机和防烟部位(楼梯间、前室或合用前室)以及风机控制柜等组成。

①新风口

为保证机械加压送风系统的新风安全可靠(发生火灾时无烟雾混入),新风口应低于排烟口,与排烟口的水平距离应大于 20m。因此,新风口(和加压风机)一般应设在建筑物的底部,例如,把加压送风机设置在靠近建筑物底部的设备层。

②加压送风口(图 3.8)

前室、合用前室应每层设置送风口,楼梯间的加压送风口应每隔 2～3 层楼设一个,风口形式采用常闭型电动式多叶调节阀加上百叶风口，或者选用某些排烟口作为加压送风口。常闭型加压风口应同时具有手动和自动开启功能，并与加压风机连锁，手动开启装置宜设置在距地面 0.8～1.5m 处。也可采用专用加压送风口，火灾时，接受消防控制中心 DV 24V 电信号开启，也可远距离手动开启，280℃重新关闭，并反馈启闭信号。机械加压送风口的设置高度为：送风口底边离地 300～600mm。机械加压送风口的风速不宜大于 7m/s。图 3.9 所示为某建筑电梯前室的百叶风口及常闭型电动式多叶调节阀安装实例。图 3.10 所示为手动脱扣装置。

图 3.8 加压送风口

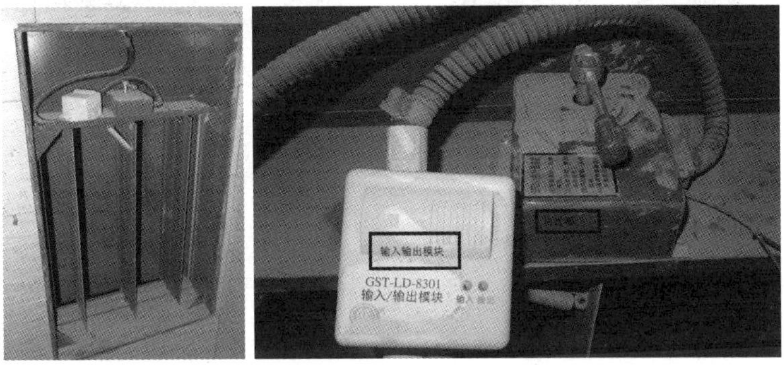

图 3.9 某建筑电梯前室的百叶风口及常闭型电动式多叶调节阀安装实例

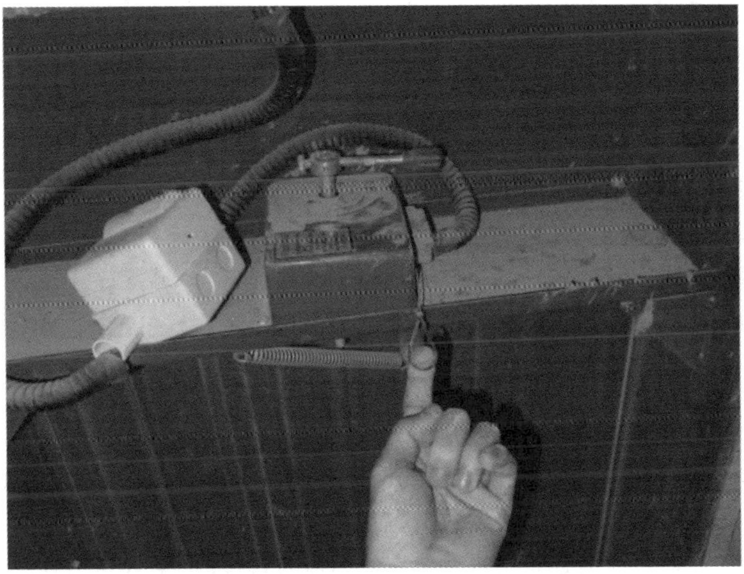

图 3.10 手动脱扣装置

③加压送风管道

加压送风管道宜采用金属管道，也可以采用钢筋混凝土风道，但要注意内表面应平整光滑，无突出物或构件；不采用砖砌土建风道，以避免漏风，影响加压效果。金属风道的风速不应大于 20m/s，采用内表面光滑的混凝土风道时，风速不应大于 15m/s；风道的漏风量应小于

10%左右。在机械加压送风系统的管道上不应设置防火阀。

④机械加压送风机

机械加压送风机可采用轴流风机或中、低压普通离心式风机，如图 3.11 所示。加压送风机应设置在不受建筑物内火灾影响的送风机房内。机房的位置可根据供电条件，风量分配均衡和新风入口不受火、烟威胁等因素确定。机械加压送风机的全压，除计算最不利环路管路的压头损失外，尚应留有余压；当所有门均关闭时，余压值应符合下列要求：防烟楼梯间为 40～50Pa，前室、合用前室、消防电梯间前室、封闭避难层(间)余压值为 25～30Pa。图 3.12 所示为位于某建筑楼顶的混流(斜流)式风机安装实例。

(a)　　(b)

图 3.11　机械加压送风机

(a)离心式风机；(b)轴流风机

图 3.12　位于某建筑楼顶的混流(斜流)式风机安装实例

(5)机械加压送风系统的运行方式与压力控制

机械加压送风系统按照运行方式可以分为两种：一段式运作(图 3.13)和二段式运作(图 3.14)。

一段式运作：只在发生火灾时投入运行，而在平时则停止运行。

二段式运作：平时可作为建筑物内调节空气的需要，以较低空气压力连续地送风换气，当发生火灾时，能立即投入增加空气压力的运转。

相对而言，二段式运作比较理想，因为机械加压送风系统一直在运转，在火灾的初起阶段，就可以起到加压防烟的作用，而且加压系统的设备在经常使用的条件下，可保持良好的工作状态。加压送风系统的部位与室外空间保持的设计压差，当平时运行时为 8～12Pa，当发生火灾运行时为 25～50Pa。加压送风设备启动除设置手动装置外，还必须设有与火灾自动报警联动装置，当建

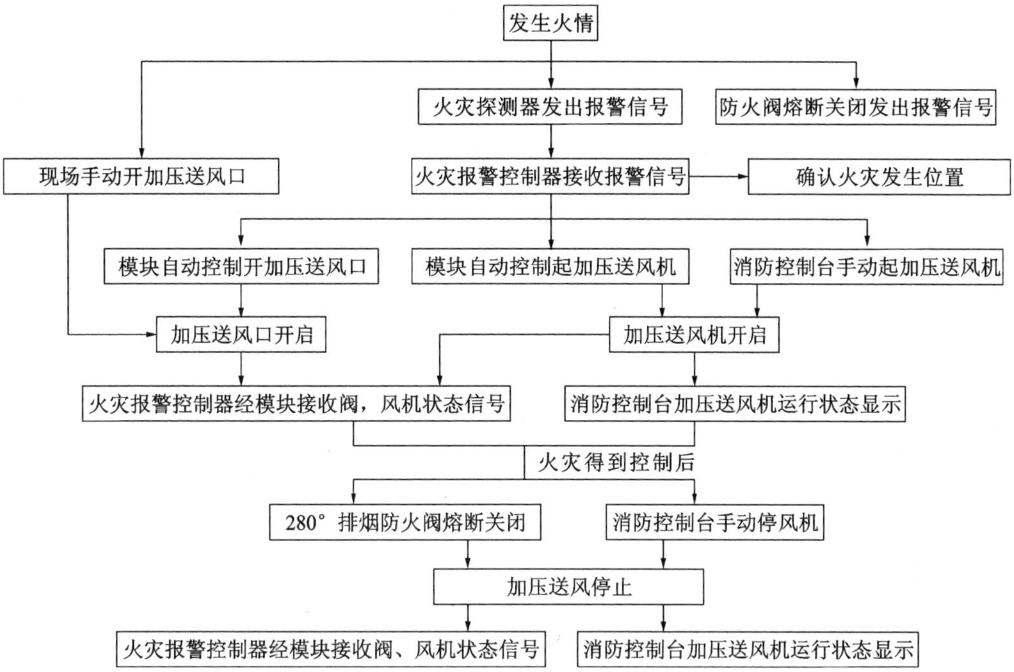

图 3.13 一段式运作

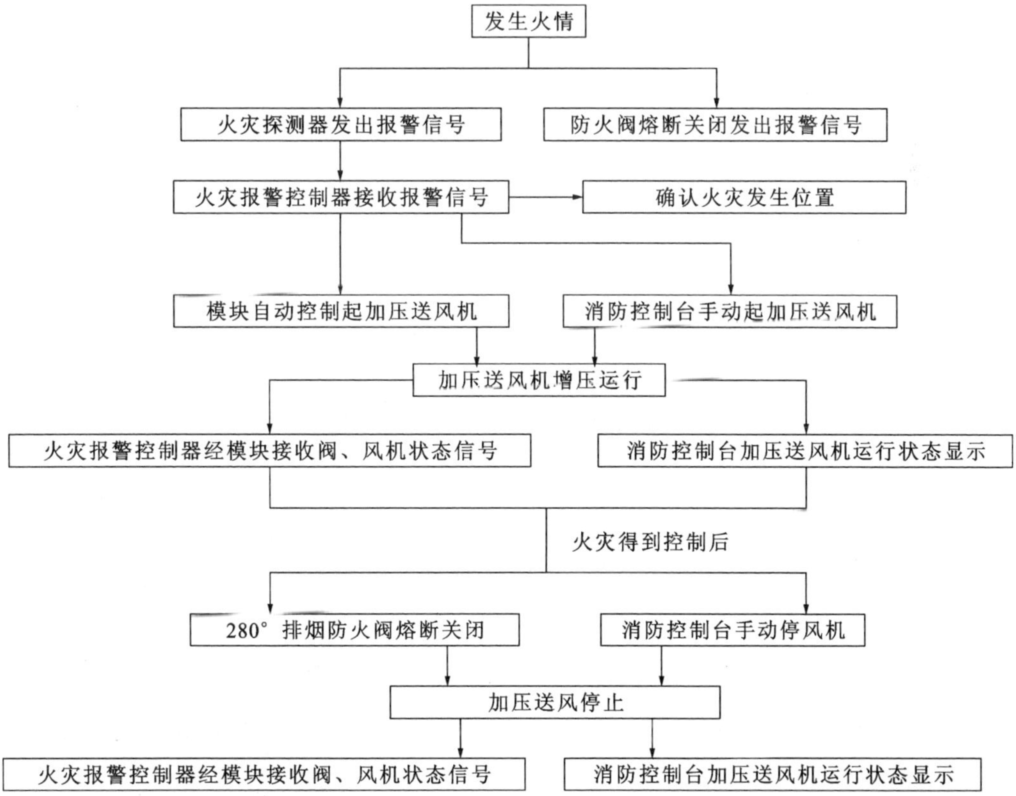

图 3.14 二段式运作

筑物内任一火灾自动报警装置确定有火灾发生而报警时，加压送风设备同时投入运行。

(6)防火门

防火门又称防烟门，是用来维持走火通道的耐火完整性及提供逃生途径的门。其目的是要确保在一段合理时间(通常是逃生时间)内，保护走火通道内正在逃生的人免受火灾的威胁，包括阻隔浓烟及热力。

防火门除具有普通门的作用外，更具有阻止火势蔓延和烟气扩散的作用，可在一定时间内阻止火势的蔓延，确保人员疏散。

防火门一般设在以下部位：

①封闭疏散楼梯，通向走道；封闭电梯间，通向前室及前室通向走道的门。

②电缆井、管道井、排烟道、垃圾道等竖向管道井的检查门。

③划分防火分区，控制分区建筑面积所设防火墙和防火隔墙上的门。当建筑物设置防火墙或防火门有困难时，要用防火卷帘门代替，同时须用水幕保护。

④规范[如《建筑设计防火规范》(GB 50016—2014)]或设计特别要求防火、防烟的隔墙分户门。

例如，附设在高层民用建筑内的固定灭火装置的设备室(钢瓶室、泡沫站等)，通风、空气调节机房等的隔墙门应采用甲级防火门；经常有人停留或可燃物较多的地下室房间隔墙上的门，应采用甲级防火门；因受条件限制，必须在高层建筑内布置燃油、燃气的锅炉，可燃油油浸电力变压器，充有可燃油的高压电容器和开关等，专用房间隔墙上的门，都应采用甲级防火门。还有设计有特殊要求的须防火的分户门，如消防监控指挥中心、档案资料室、贵重物品仓库等的分户门，通常选用甲级或乙级防火门。高层高级住宅楼的分户门，常采用防火防盗门。

防火门是消防设备中的重要组成部分，是社会防火中的重要一环，防火门应安装防火门闭门器或设置让常开防火门在火灾发生时能自动关闭门扇的闭门装置(特殊部位使用除外，如管道井门等)。也就是说除了一些特殊的部位，如管道井门这些不需要安装闭门器外，其他的部位都是需要安装防火门闭门器的。防火门结构如图 3.15 所示。

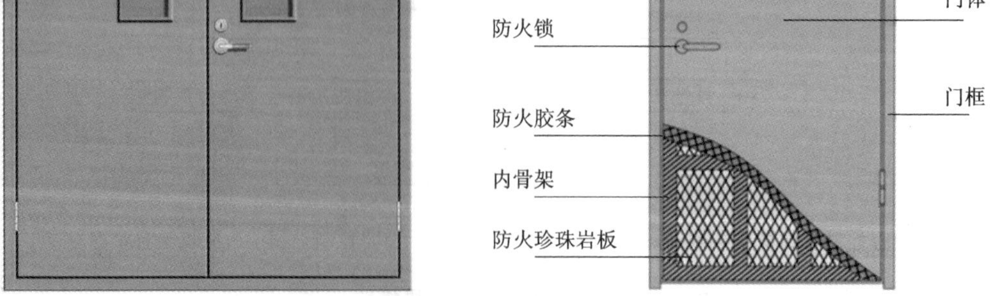

图 3.15　防火门结构

2014 年 2 月 10 日国家质检总局、公安部、国家认监委联合发布公告，决定对家用火灾报警产品、可燃气体报警产品、防火门、手提式灭火器、消防应急照明和疏散指示产品等 59 种消防产品实施强制性产品认证(即“CCC 认证”)。

自 2015 年 9 月 1 日起实施。凡列入本次强制性产品认证目录内的消防产品，未获得强制性产品认证证书和未标注强制性产品认证标志的，不得出厂、销售、进口或者在其他经营活动中使用。

防火门类别：

①按制作材质划分：钢质防火门、木质防火门、钢木质防火门、全玻璃防火门。其中，木质防火门结构如图 3.16 所示。

②按耐火极限及隔热的性能划分：甲级防火门不小于 1.5h；乙级防火门不小于 0.9h；丙级防火门不小于 0.6h。

③按启闭特征划分：常闭防火门和常开防火门。可以根据建筑物的需求选择不同层次的防火门。

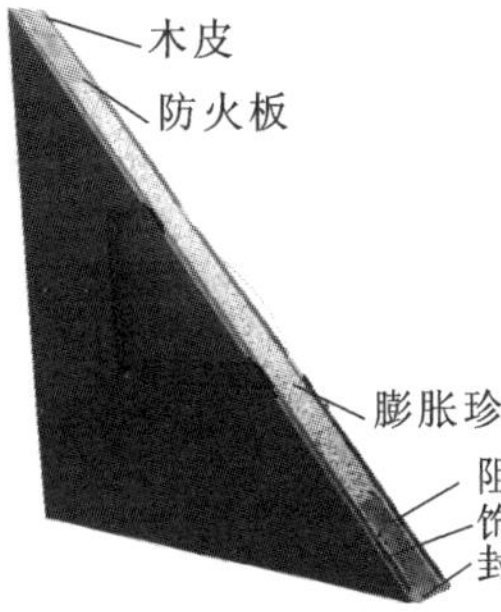

图 3.16 木质防火门结构

新版防火门国家标准与 GB 12955—1991、GB 14101—1993 相比主要变化如下：

①增加按防火门功能分类，分为常开防火门、常闭防火门、遇火灾快开防火门、高温防爆防火门、快速闭锁防火门、活动防火门等；

②增加按防火门安装闭门器方式分类，为外置闭门器防火门和内置闭门器防火门；

③对防火门的耐火性能分类进行了修改，原来按甲、乙和丙分类，本版改为按“隔热防火门(A 类)”、“部分隔热防火门(B 类)”和“非隔热防火门(C 类)”分类；

④对防火门用材料的要求更加全面而具体，除金属材料以外的材料，增加了有关材料燃烧性能和材料燃烧烟气毒性的要求；

⑤删去对用作建筑物外门的木质防火门的耐风压变形性能，抗空气渗透性能和抗雨水渗透性能的要求；

⑥对防火锁的性能要求更为具体；

⑦对防火合页(铰链)的性能要求更为具体；

⑧对常开防火门要求安装电控自动释放装置；

⑨对防火玻璃的要求更为具体；

⑩增加了防火门的门扇质量要求和试验方法；

⑪增加对门扇宽度方向弯曲度的要求和试验方法；

⑫增加了门扇与门框贴合面间隙的要求和试验方法；

⑬增加了防火门灵活性的要求和试验方法；

⑭增加了防火门可靠性的要求和试验方法；

⑮对防火门的门扇扭曲度试验方法有所改进；

⑯增加了门扇与门框的搭接尺寸测量方法；

⑰增加了判定准则。

新版标准从国际标准中引入了部分隔热防火门和非隔热防火门的概念和要求，对防火门的分类由原来仅按隔热防火门分类，改为完全隔热防火门（A类）、部分隔热防火门（B类）和非隔热防火门（C类）进行分类，见表3.1；同时，将原来的甲、乙、丙级防火门的耐火极限调整为1.5h、1.0h和0.5h，丰富了我国防火门产品的种类，增加了实际应用的选择余地，对于仅需要防火门具有部分隔热性或耐火完整性要求的应用场合，可以选用部分隔热或非隔热的防火门。

表3.1　按耐火性能分类

<table>
<tr><th>名称</th><th colspan="2">耐火性能</th><th>代号</th></tr>
<tr><td rowspan="5">隔热防火门（A类）</td><td colspan="2">耐火隔热性≥0.50h
耐火完整性≥0.50h</td><td>A0.50（丙级）</td></tr>
<tr><td colspan="2">耐火隔热性≥1.00h
耐火完整性≥1.00h</td><td>A1.00（乙级）</td></tr>
<tr><td colspan="2">耐火隔热性≥1.50h
耐火完整性≥1.50h</td><td>A1.50（甲级）</td></tr>
<tr><td colspan="2">耐火隔热性≥2.00h
耐火完整性≥2.00h</td><td>A2.00</td></tr>
<tr><td colspan="2">耐火隔热性≥3.00h
耐火完整性≥3.00h</td><td>A3.00</td></tr>
<tr><td rowspan="4">部分隔热防火门
（B类）</td><td rowspan="4">耐火隔热性≥0.50h</td><td>耐火完整性≥1.00h</td><td>B1.00</td></tr>
<tr><td>耐火完整性≥1.50h</td><td>B1.50</td></tr>
<tr><td>耐火完整性≥2.00h</td><td>B2.00</td></tr>
<tr><td>耐火完整性≥3.00h</td><td>B3.00</td></tr>
<tr><td rowspan="4">非隔热防火门（C类）</td><td colspan="2">耐火完整性≥1.00h</td><td>C1.00</td></tr>
<tr><td colspan="2">耐火完整性≥1.50h</td><td>C1.50</td></tr>
<tr><td colspan="2">耐火完整性≥2.00h</td><td>C2.00</td></tr>
<tr><td colspan="2">耐火完整性≥3.00h</td><td>C3.00</td></tr>
</table>

新版标准还规定门扇内若填充材料，应采用对人体无毒无害的防火隔热材料，减少对人身健康的影响。这些规定，不仅使防火门的设置更加合理，而且降低了防火门的生产成本和原材料消耗，符合环保以及建设节约型社会的要求。同时，新版标准还增加了钢木质防火门和其他材质防火门的内容和要求，为新材料、新技术应用和新型防火门的生产、检验提供了技术依据，拓展了防火门生产企业的发展空间。

A类：又称为完全隔热防火门，在规定的时间内能同时满足耐火隔热性和耐火完整性要求，耐火等级分别为0.5h（丙级）、1.0h（乙级）、1.5h（甲级）和2.0h、3.0h。

B类：又称为部分隔热防火门，其耐火隔热性要求为0.5h，耐火完整性等级分别为1.0h、1.5h、2.0h、3.0h。

C类：又称为非隔热防火门，对其耐火隔热性没有要求，在规定的耐火时间内仅满足耐火完整性的要求，耐火完整性等级分别为1.0h、1.5h、2.0h、3.0h。英国BS标准中，就有非隔热防火门的内容。

《防火窗》(GB 16809—2008)标准规定了防火窗产品的命名、分类与代号、规格与型号、技术要求、试验方法、检验规则、标志、包装、运输和贮存等内容，适用于建筑中具有采光功能的钢质防火窗、木质防火窗和钢木复合防火窗，其他防火窗也可参照执行。新标准对应于防火门标准修改了防火窗的相关耐火性能参数。与1997版标准相比，主要变化如下：扩大了标准的适用范围；参照国际、国外标准修改了防火窗耐火性能分类方法，按“隔热性(A类)”和“非隔热性(C类)”进行分类，并增加了从0.5h至3.0h共五个耐火等级；明确了防火窗的型号编制方法；增加了防火窗上使用的防火玻璃的质量要求和试验方法；增加了防火窗抗风压性能和气密性能、活动窗扇的扭曲度、活动式防火窗的热敏感元件静态动作温度、窗扇关闭可靠性、窗扇自动关闭时间等技术要求和试验方法；同时修改了防火窗的型式检验抽样方法和判定准则。《高层民用建筑设计防火规范》对防火门要求设置在高层建筑防火设计中，防火门除具备普通门的作用外，还具有防火、隔烟、抑制火灾蔓延、保护人员疏散的特殊功能。

(7)防火卷帘门

防火卷帘门同防火墙的作用一样起到水平防火分隔，它由帘板、座板、导轨、支座、卷轴、箱体、控制箱、卷门机、限位器、门楣、手动速放开关装置、按钮开关和保险装置等13个部分组成，如图3.17所示。图3.18所示为帘中门式防火卷帘平面图。

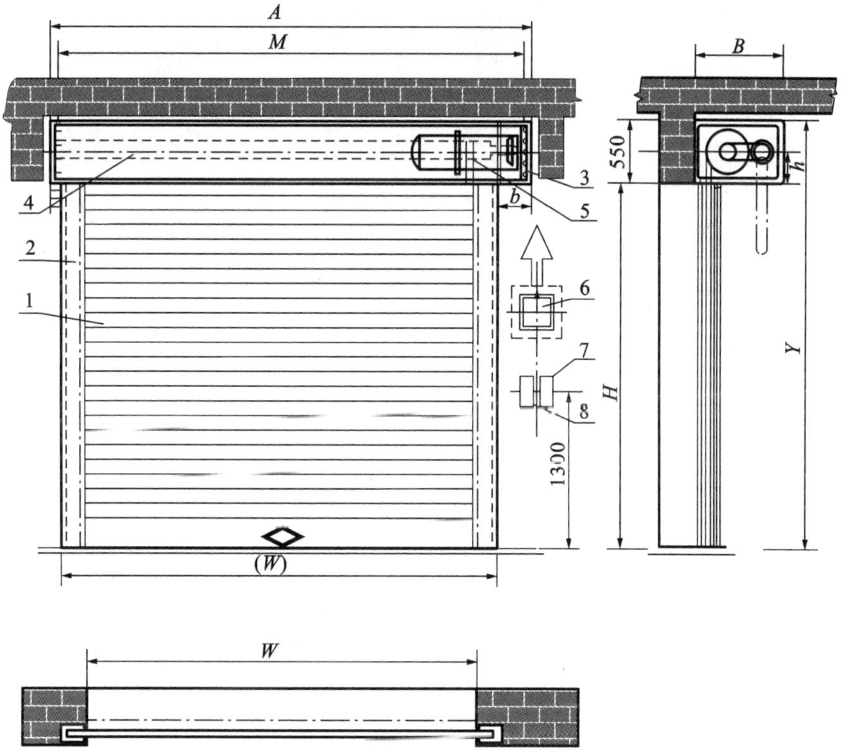

图3.17　防火卷帘门结构

1—帘板；2—导轨；3—方型罩壳；4—卷筒机构；5—电动、驱动机构；6—控制箱；7—控制按钮

防火卷帘门的种类主要有复合型钢质防火卷帘(防火防烟)、无机特级防火卷帘(双轨双帘)、钢质复合型水喷汽雾式防火卷帘、钢质复合型侧向式防火卷帘、钢质复合型水平式防火卷帘、无机特级折叠式防火卷帘以及带各种帘中门的防火卷帘。

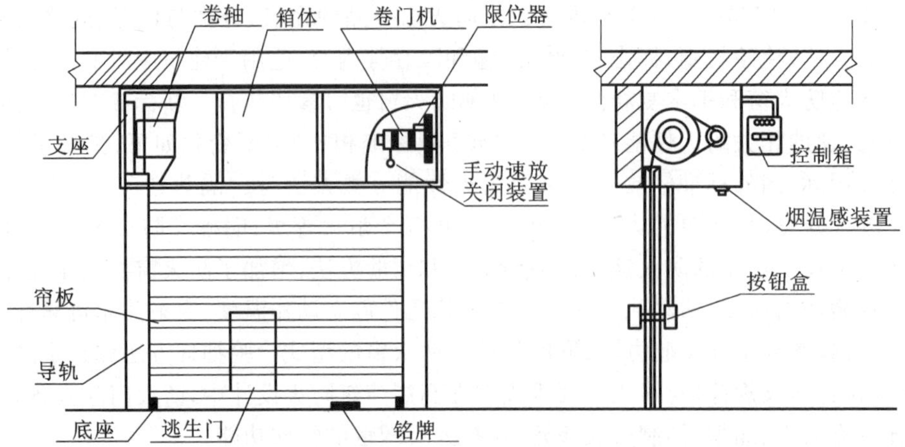

图 3.18 帘中门式防火卷帘平面图

①按材质分:钢质、复合、无机,如图 3.19 所示。

(a) (b) (c)

图 3.19 按材质分

(a)钢质防火卷帘门;(b)复合防火卷帘门;(c)无机防火卷帘门

②按安装形式分:墙中和墙侧(或称洞内、洞外),如图 3.20 所示。

(a) (b)

图 3.20 按安装形式分

(a)墙中式安装;(b)洞内、洞外

③按开启方向分：上卷式和侧卷式，如图 3.21 所示。

(a)　(b)

图 3.21　按开启方向分

(a)上卷式；(b)侧卷式

防火卷帘门防火性能的分级尚无国家标准，《防火卷帘》(GB 14102—2005)中将普通钢质防火卷帘分为：F1 级，耐火时间 1.50h；F2 级，耐火时间 2.0h。

防火卷帘门一般安装在不便采用防火墙分隔的部位。如敞开的电梯厅、自动扶梯、百货大楼的宽大营业厅、展览楼的展览厅和建筑物中洞口较大不能用防火门窗的部位。防火卷帘门在建筑工程中，使防火分隔得到了广大的应用。

防火卷帘门是现代高层建筑中不可缺少的防火设施，防火门除具备普通门的作用外，还具有防火、隔烟、抑制火灾蔓延、保护人员疏散的特殊功能，广泛应用于高层建筑、大型商场等人员密集的场合。

通常情况下，大型建筑根据国家消防法的规定配置了消防中央控制系统。当火灾发生时，安装在房顶的烟感传感器(简称烟感)首先接到烟雾信号，同时向中央控制系统报警，消防中央控制系统通过识别后接通火警所在区域的防火卷帘门电源，使火灾区域的防火卷帘按一定的速度下行。当卷帘下行到离地面约 1.8m 位置时，停止下行，以利于人员的疏散和撤离。防火卷帘门在中间停留一定时间后，再继续下行，直至关闭。防火卷帘门的下行速度和中间停留时间可在安装时进行调整。

在某些场合，建筑内不配备消防中央控制系统，防火卷帘门仅用作借助于消防控制电器箱实现防火规定的运行程序。在这种情况下，当火警发生时，烟雾传感器接收的火警信号直接传至防火卷帘门的消防控制电器箱。

在停电的情况下，只能通过拉动铁链将防火卷帘门放下。防火卷帘门配备的手动，只能单向放下，不能提升。

防火卷帘门的制作要求较高，即要求整个系统能经受一定时间的 1100℃左右高温考验，防火卷帘门的耐火时间是防火卷帘门的主要指标。《防火卷帘》(GB 14102—2005)中对耐火时间规定了四个防火等级。

防火卷帘门在使用过程中注意的操作细节：

钢质防火卷帘是公共场所防火分区和防火隔断的重要消防设施。它是机械与电器综合性能的消防产品，因此对安装好的防火卷帘应始终处于正常状态。钢质防火卷帘在使用过程中，专用设备应由专人使用和保管，并具有一定电工及机械基础知识。

在操作使用过程中，操作人员不得擅自离开操作地点，应密切注意启闭情况和执行情况，在启闭时卷帘下面不准有人站立、走动，以防止行程开关失灵，卷帘卡死，电机受阻和发生其他事故。防火分区和防火隔断的钢质防火卷帘平时不频繁使用，一旦区域发生火情，卷帘就应有效地投入使用。带有联动控制、中央控制的自动控制防火卷帘必须根据一套控制指令程序运行。

在使用过程中一旦发现异常情况应立即采取紧急措施，切断输入电源，排除故障。防火卷帘应建立定期保养制度，并做好每樘卷帘的保养记录工作，备案存档。长期不启闭的卷帘半年必须保养一次，内容为消除尘埃，涂刷油漆，对传动部分的链轮滚子链加润滑油等。检查电器线路和电器设备是否损坏，运转是否正常，能否符合各项指令，如有损坏或不符要求时应立即检修。图 3.22 所示为某广场中庭处防火卷帘。

图 3.22　某广场中庭处防火卷帘

3.2.2　排烟系统

排烟系统是指采用机械排烟方式或自然排烟方式，将烟气排至建筑物外的系统。机械排烟是指采用排烟风机将烟气排至建筑物外的系统。

(1)机械排烟系统的作用

机械排烟方式一般都是利用排风机把着火区域中产生的高温烟气通过排烟口强制排至室外，为受灾人员的疏散和物资财产的转移在时间上和空间上创造条件。

(2)机械排烟系统设置范围

①高层建筑面积超过 $100m^2$、非高层公共建筑中建筑面积大于 $300m^2$ 且经常有人停留或可燃物较多的地上房间。

②总建筑面积大于 $200m^2$、经常有人停留或可燃物较多，或一个房间建筑面积大于 $50m^2$、经常有人停留或可燃物较多的地下、半地下建筑或地下室、半地下室。

③长度超过 20m 的疏散走道；多层建筑中的公寓、通廊式居住建筑长度大于 40m 的地上疏散走道。

④多层建筑设置在一、二、三层且房间建筑面积大于 $200m^2$；或设置在四层及四层以上或地下、半地下的歌舞娱乐放映游艺场所；高层建筑内设置在首层或二、三层以及设置在地下一

层的歌舞娱乐放映游艺场所。

⑤非高层建筑及高度大于 24m 的单层公共建筑中，建筑占地面积大于 1000m^2 的地上丙类仓库。

⑥汽车库。

(3)机械排烟方式和系统组成

机械排烟方式可分为局部排烟方式和集中排烟方式。局部排烟方式是在每个房间内设置风机直接进行；集中排烟方式是将建筑物划分为若干个防烟分区，在每个区内设置排烟风机，通过风道排出各区内的烟气。

高层建筑在机械排烟的同时还要向房间内补充室外的新风，根据补风形式的不同，机械排烟又可分为两种方式：机械送风和自然进风。

①机械排烟——机械送风

利用设置在建筑物最上层的排烟风机，通过设在防烟楼梯间、前室或消防电梯前室上部的排烟口及与其相连的排烟竖井排至室外，或通过房间（或走道）上部的排烟口排至室外；由室外送风机通过竖井和设于前室（或走道）补充室外的新风。各层的排烟口及送风口的开启与排烟风机及室外送风风机相连锁，如图 3.23 所示。

②机械排烟——自然进风

排烟系统同上，但室外风向前室（或走道）的补充并不依靠风机，而是依靠排烟风机所造成的负压，通过自然进风竖井和进风口补充到前室（或走道）内，如图 3.24 所示。

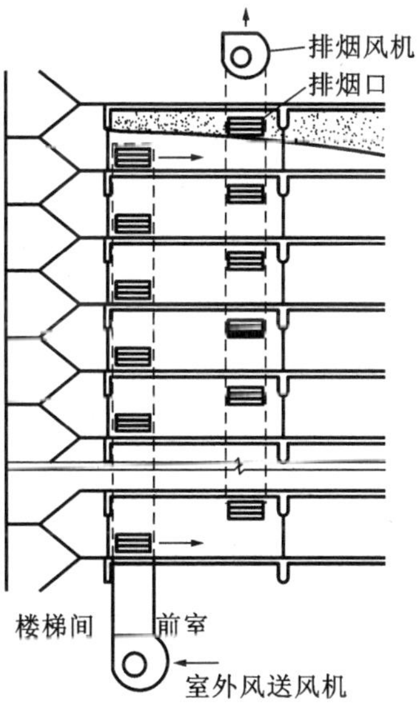

图 3.23　机械送风

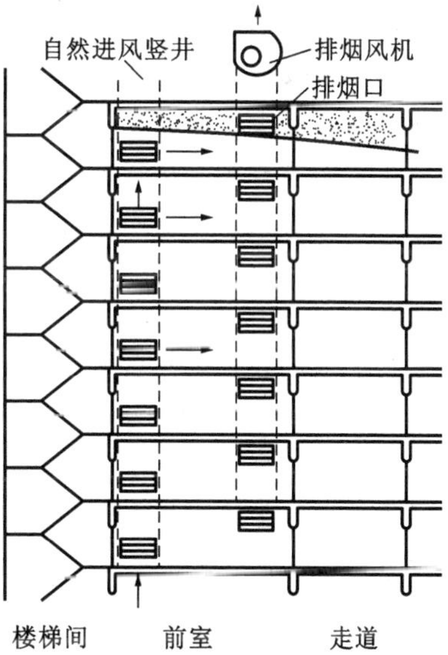

图 3.24　自然进风

(4)机械排烟系统的组成

机械排烟系统由隔烟设施、排烟口、排烟防火阀门、排烟道、排烟风机等组成。

①隔烟设施

防烟分区是在区域边界上设置隔烟和阻烟设施而实现的，这些设施包括防烟垂壁和挡烟梁两大类。其基本的方法是在区域边界上形成围挡，使烟气不能越过阻碍物而继续流动，如图 3.25 所示。在火灾发展初期，垂壁和挡烟梁对阻止烟气的水平扩散很有效，若及时启动排烟装置，则烟气能被有效地控制在本区域内；若没有及时排烟，烟气将越聚越多，烟气层的厚度增大，烟气将越过垂壁下端继续沿水平方向扩散。挡烟垂壁通常有防烟卷帘、活动式挡烟板(图3.26)、固定式挡烟板等。

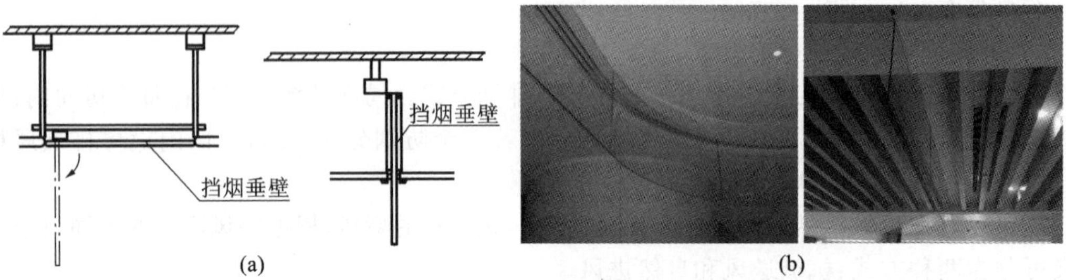

图 3.25　挡烟垂壁

(a)示意图；(b)实物图

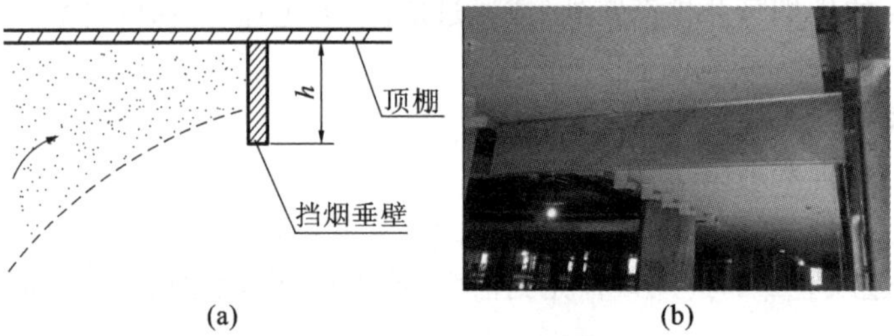

图 3.26　活动式挡烟板

(a)示意图；(b)实物图

A. 活动式挡烟垂壁的作用

挡烟垂壁是人防工程和高层民用建筑工程中，作为防烟分区的垂直防烟分隔物。在火灾发生初期，有效地阻止高温烟气横向蔓延，形成储烟池，由排烟风机将高温烟气迅速排出室外，提高排烟风机工作效率，为火警区人员逃生和火灾扑救创造了环境，争取了时间。

B. 挡烟垂壁的分类

挡烟垂壁分为活动式挡烟垂壁和固定式挡烟垂壁。

C. 挡烟垂壁的设计和安装要求

挡烟垂壁形成的防烟分区不大于 500m^2 且同一防烟分区不应跨越不同防火分区。挡烟垂壁下垂高度为吊顶以下不小于 500mm，吊顶以上用挡烟不燃材料做挡烟封堵。无吊顶为梁下大于或等于 500mm，同时满足挡烟垂壁下垂高度要大于排烟风机口所处高度。

图 3.27　某厂家挡烟垂壁

挡烟垂壁执行的标准：《挡烟垂壁》(GA 533—2012)。

D. 某厂家挡烟垂壁产品介绍

活动式挡烟垂壁安装在吊顶内，平时挡烟垂壁底垂条的底面与吊顶齐平，从下往上看，看不到挡烟垂壁。这样活动式挡烟垂壁就有很好的隐蔽性和装饰性，如图 3.27 所示。当遇到火灾接到火警信号时，活动式挡烟垂壁就会自动下垂，形成防烟分区。其主要运用于有吊顶的场所。

技术参数：

a. 电源为220V消防电源；

b. 单台电机功率为230W；

c. 控制信号线两根，无源干触点信号，接入控制箱；

d. 反馈信号线两根，无源干触点信号，接入控制箱；

e. 电控箱安装位置在电机出线口800mm范围内；

f. 挡烟垂壁的外形尺寸为单樘挡烟垂壁不超过4m，超过4m部分制作成多樘做搭接处理；

g. 活动式挡烟垂壁必须设置重量足够的底梁，以保证垂壁运行得顺利、平稳，且确保系统断电时，挡烟垂壁能自动下降至挡烟工作位置。

②排烟口

发生火灾时，建筑物内所产生的烟气排向室外或烟道的出口称为排烟口。排烟口装于烟气吸入口处，平时处于关闭状态，只有在发生火灾时才根据火灾烟气扩散蔓延情况予以开启。开启动作可手动或自动，手动又分为就地操作和远距离操作两种。温度熔断动作温度通常为280℃。排烟口动作后，可通过手动复位装置或更换温度熔断器予以复位，以便重复使用。

排烟口至最远点水平距离如图3.28所示。

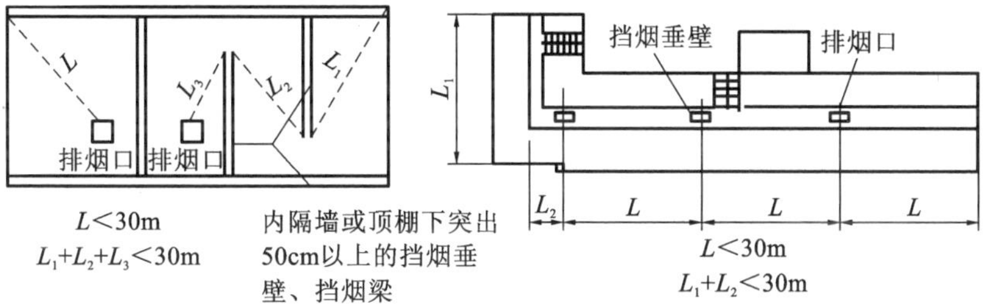

图3.28　房间、走道排烟口至防烟分区最远水平距离示意图

排烟口有板式和多叶式两种：

A. 板式排烟口。如图3.29所示，板式排烟口的开关形式为单横轴旋转式，其手动方式为远距离操作装置。

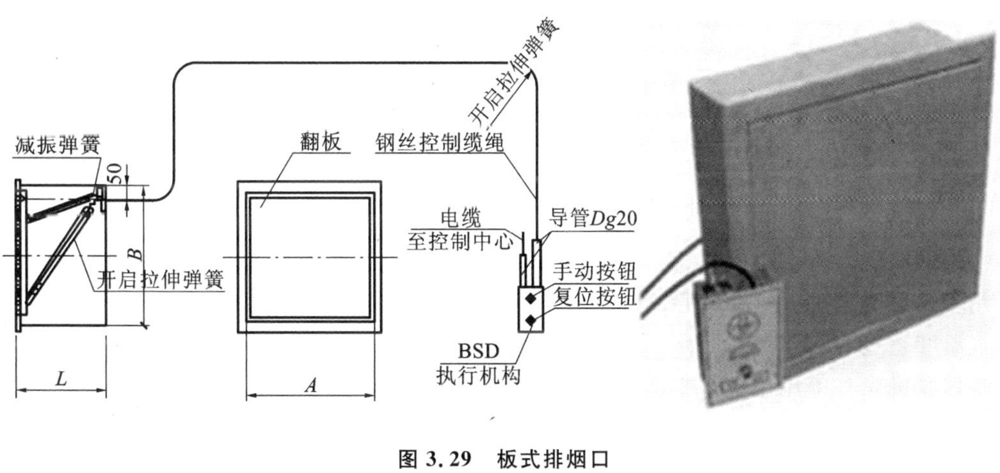

图3.29　板式排烟口

B. 多叶式排烟口。如图 3.30 所示，多叶式排烟口的开关形式为多横轴旋转式，其手动方式为就地操作和远距离操作两种。

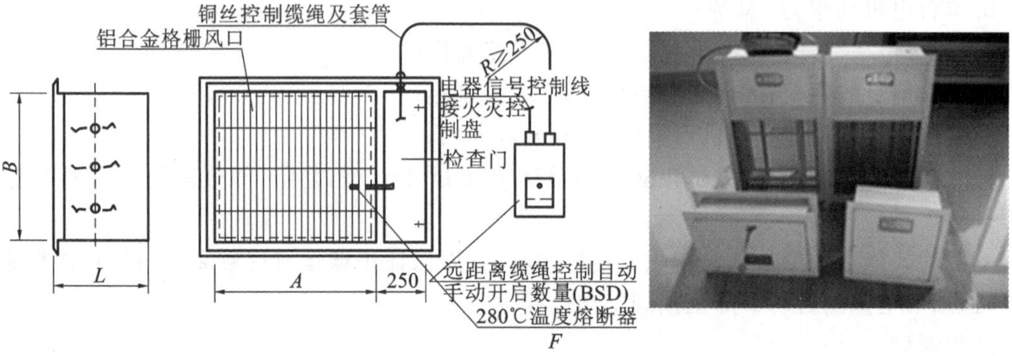

图 3.30 多叶式排烟口

③排烟防火阀

排烟防火阀是与感烟火灾探测器连锁的阀门，即通过能够探知火灾初期发生的烟气的感烟火灾探测器来开启阀门，是由电动机或电磁机构驱动的自动阀门，在这种阀门上加易熔合金的温度熔断器，利用重力作用和弹簧机构的作用关闭，可起到防火作用的自动阀门。

排烟防火阀一般安装在排烟支管上，平时关闭，发生火灾时，烟感探头发出火警信号，控制中心通过 DC 24V 电压将阀门迅速打开排烟；也可手动使阀门打开，手动复位。

当烟道内烟气温度达到 280℃时，温度熔断器动作，排烟防火阀自动关闭；温度熔断器更换后，可手动复位。阀门开启后，可发出电信号至消防控制中心。根据要求，还可以与其他设备连锁。图3.31所示为某品牌排烟防火阀安装实例及铭牌。

图 3.31 某品牌排烟防火阀安装实例及铭牌

④排烟风机

用于排烟的风机主要有离心风机和轴流风机，如图 3.32 所示，并应在其机房入口处设有当烟气温度超过 280℃时能自动关闭的排烟防火阀。另外，还有自带电源的专用排烟风机。

排烟风机应有备用电源，并应有自动切换装置，排烟风机应耐热，变形小，使其在排出 280℃烟气时连续工作 30min 仍能达到设计要求。

排烟风机可采用普通钢制离心通风机。

消防排烟轴流风机在烟气温度 280℃时，可连续运行 30min 以上；烟气温度≤150℃可长时间连续运行。可配单速或双速电机，满足平时排风和消防时高温排烟的需求。

(a)

(b)

图 3.32 排烟风机

(a)离心风机；(b)轴流风机

A. 不设消防控制室的机械排烟控制程序(图 3.33)

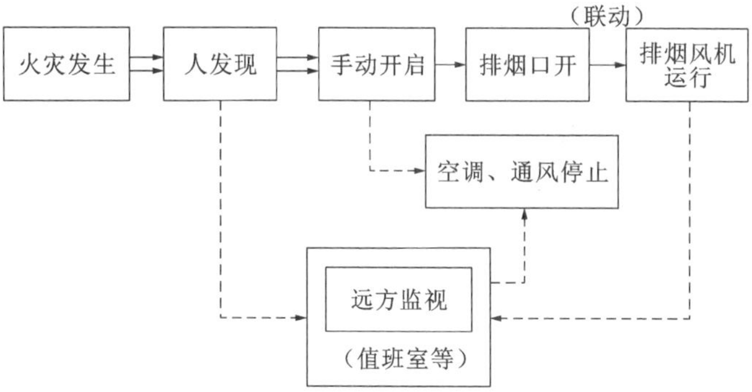

(a)

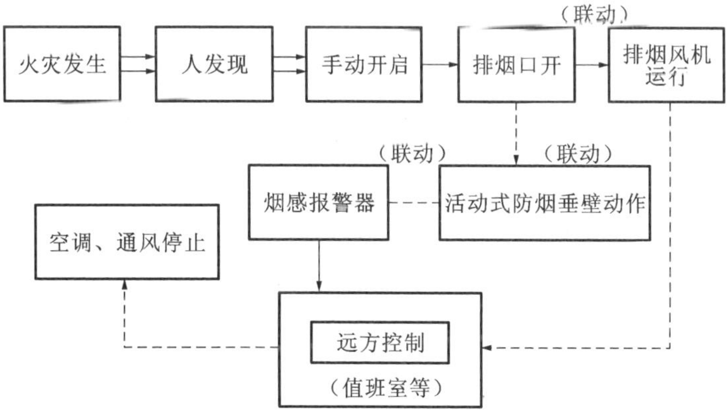

(b)

图 3.33 不设消防控制室的机械排烟控制程序

在图 3.33(a)中，排烟口和排烟风机连锁，属基本的控制程序图；

在图 3.33(b)中，当火灾报警器动作后，活动挡烟垂壁动作，并有信号到值班室，同时排烟口和排烟风机启动。

B. 设消防控制室的机械排烟控制程序(图 3.34)

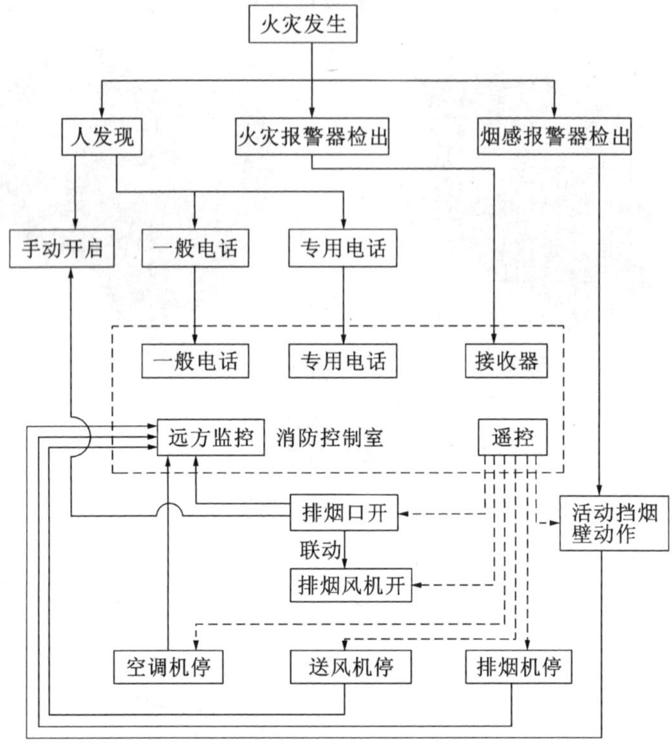

图 3.34 设消防控制室的机械排烟控制程序

3.3 自动喷水灭火系统

水是天然灭火剂,资源丰富,易于获取和储存,其自身和在灭火过程中对生态环境没有危害作用。水灭火系统包括室内外消火栓系统、自动喷水灭火系统、水幕和水喷雾灭火系统等。

水灭火系统的适用范围十分广泛,除下列不宜用水扑救的火灾情况外,可应用于各类民用与工业建筑。

(1)过氧化物,如钾、钠、钙、镁等的过氧化物。这些物质遇水后发生剧烈化学反应,并同时放出热量、产生氧气而加剧燃烧。

(2)轻金属,如金属钠、钾、碳化钠、碳化钾、碳化钙、碳化铝等,遇水分解,并夺取水中的氧并与之化合,同时放出热量和可燃气体,引起加剧燃烧或爆炸的后果。

(3)高温黏稠的可燃液体。发生火灾时如用水扑救,会引起可燃液体的沸溢和喷溅现象,导致火灾蔓延。

(4)其他用水扑救会使对象受严重破坏的火灾,如高温密闭容器等。

自动喷水灭火系统,简单地说就是在火灾情况下,能自动启动喷水灭火,以保障人身和财产安全的一种控火、灭火系统。自动喷水灭火系统是当今世界上公认的最为有效的自救灭火设施,是应用最广泛、用量最大的自动灭火系统。

3.3.1 自动喷水灭火系统分类

(1)按照喷头的开闭形式分类

按照喷头的开闭形式分为:闭式自动喷水灭火系统和开式自动喷水灭火系统。

闭式自动喷水灭火系统是采用闭式洒水喷头的自动喷水灭火系统。闭式喷头平时处于常闭状态,它的感温、闭锁装置只有在预定的温度环境下,才会脱落开启喷头。

开式自动喷水灭火系统是采用开式喷头的自动喷水灭火系统。开式喷头不带感温闭锁装置,处于常开状态。发生火灾时,系统保护区域内的所有开式喷头一起出水灭火。

(2)按照报警阀组的形式分类

自动喷水灭火系统按报警阀组的形式,可分为湿式系统、干式系统、预作用系统和雨淋系统。

湿式系统的报警阀组是湿式报警阀组。报警阀组两侧管网平时充满带有压力的水,呈现“湿”的状态。

干式系统的报警阀组是干式报警阀组。报警阀组的供水侧管网充有压力水,而系统侧管网充有压缩空气,呈现“干”的状态。

预作用系统的报警阀组是预作用报警阀组。报警阀组的供水侧管网充有压力水,而系统侧充有压缩空气,呈现“干”的状态。与干式系统不同的是,预作用系统可以通过火灾探测及控制系统在火灾初起时打开系统侧管网上安装的快速排气阀将管网中的压缩空气排出,使管网由“干”变为“湿”,以提高响应火灾的时间。

雨淋系统的报警阀组是雨淋阀组。报警阀组的供水侧管网充有压力水,系统侧管网则敞开,呈开式状态。

3.3.2 自动喷水灭火系统的组成及工作原理

3.3.2.1 湿式系统的组成

湿式系统由闭式洒水喷头、水流指示器、湿式报警阀组、末端试水装置、管道、报警控制装置及供水设施等组成,如图 3.35 所示。

(1)喷头(洒水喷头)

在自动喷水灭火系统中,洒水喷头担负着探测火灾、启动系统和喷水灭火的任务,它是系统中的关键组件。洒水喷头有多种不同形式的分类,如图 3.36 所示。

①按有无释放机构分类,有闭式和开式两种喷头。

②按喷头流量系数分类,包括 $K-55$、80、115 等,其中 $K=80$ 的称为标准喷头。

③按安装方式分类,有下垂型、直立型、普通型和边墙型喷头。

图 3.37 所示为消防隐蔽式喷头盖板及安装实例。

封闭式喷头:可以分为易熔合金式、双金属片式和玻璃球式三种,应用最多的是玻璃球式喷头,如图 3.38 所示。喷头布置在房间顶棚下边,与支管相连。

在正常情况下,喷头处于封闭状态。发生火灾时,开启喷水是由感温部件(充液玻璃球)控制,当装有热敏液体的玻璃球达到动作温度(57℃、68℃、79℃、93℃、141℃、182℃、227℃、260℃)时,球内液体膨胀,使内部压力增大,玻璃球炸裂,密封垫脱开,喷出压力水,如图 3.39 所示。喷水后,由于压力降低而使压力开关动作,将水压信号变为电信号向喷淋泵控制装置发出启动喷淋泵信号，保证喷头有水喷出。同时，流动的消防水使主管道分支处的水流指示器电接点动作，接通延时电路（延时 20～30s），通过继电器触点发出声光信号给控制室，以识别火灾区域。

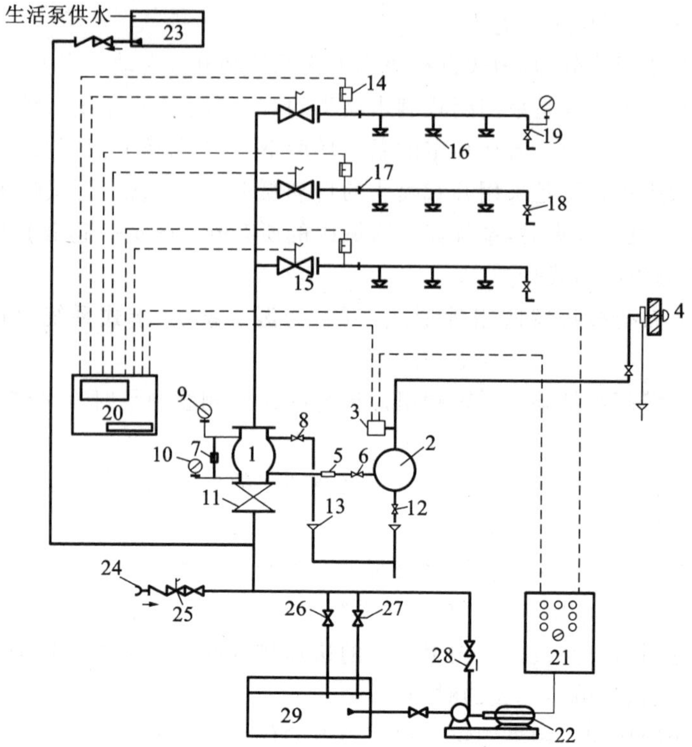

图 3.35　湿式系统

1—湿式报警阀；2—延时器；3—压力开关；4—水力警铃；5—过滤器；6—水力警铃控制阀；7—补偿器；8—试验阀；9—阀后压力表；10—阀前压力表；11—供水总阀；12—漏水小孔；13—漏斗；14—水流指示器；15—信号阀；16—闭式喷头；17—减压孔板；18—末端试验阀；19—末端试验装置；20—报警控制装置；21—水泵控制柜；22—消防水泵；23—屋顶水箱；24—水泵接合器；25—安全阀；26—消防水泵试验阀；27—泄压阀；28—止回阀；29—消防水池

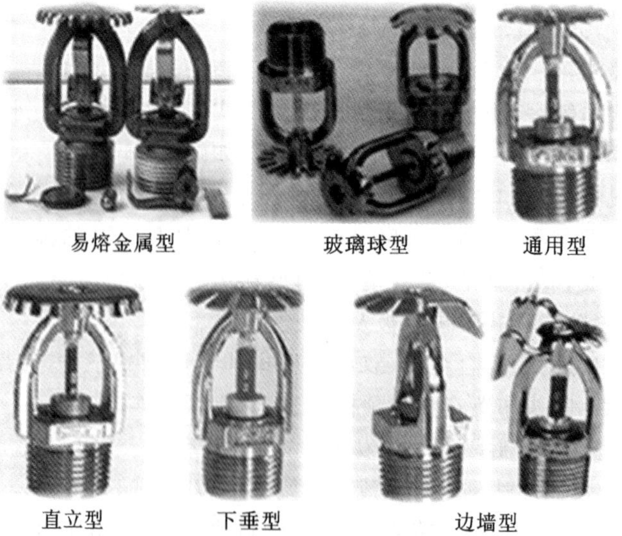

图 3.36　洒水喷头

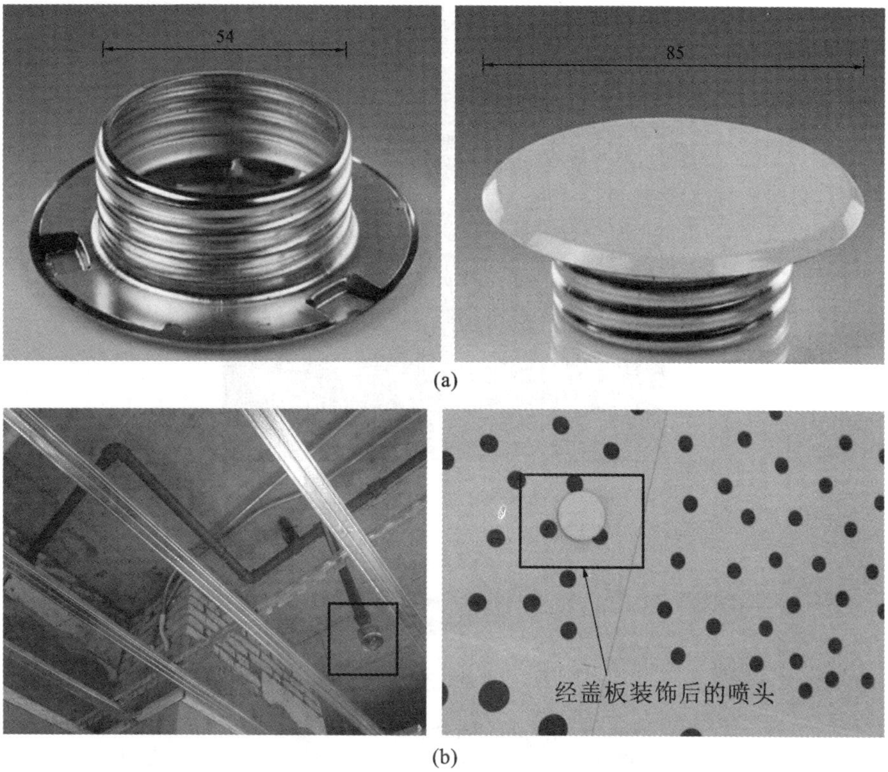

图 3.37　消防隐蔽式喷头盖板及安装实例

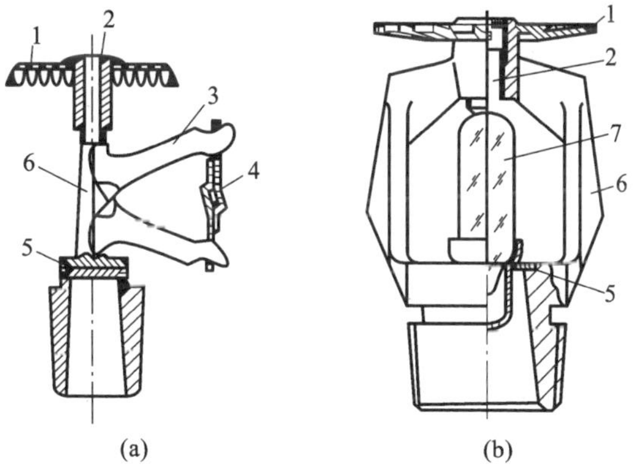

图 3.38　玻璃球式喷头

(a)易熔元件洒水喷头结构图；(b)玻璃球洒水喷头结构图

1—溅水盘；2—调整螺丝，3　悬臂支撑；

4—感温元件；5—密封垫及封堵；6—轭臂；7—玻璃球

在不同的环境温度场所使用喷头，对其公称动作温度也有不同的要求，见图 3.40。规范要求，选择喷头时，喷头的公称动作温度应比环境最高温度高 30℃左右。为了更好地更清楚地区分不同动作温度的喷头，将易熔合金喷头的轭臂和玻璃球中的液体饰以不同颜色加以区分。喷头的公称动作温度和色标见表 3.2。

图 3.39 喷出压力泵

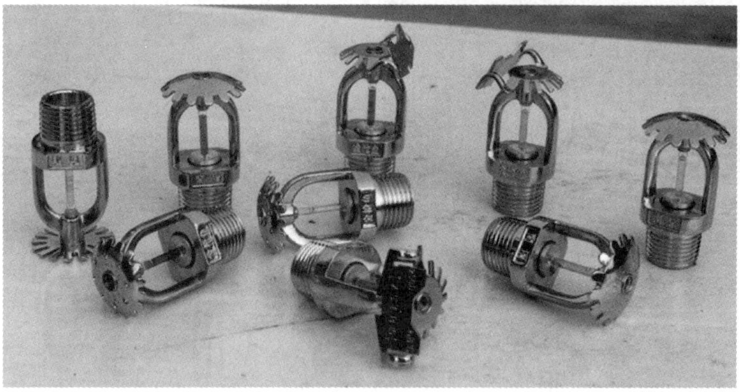

图 3.40 不同公称动作温度的喷头

表 3.2 喷头的公称动作温度和色标

玻璃球喷头		易熔元件喷头	
公称动作温度(℃)	工作液色标	公称动作温度(℃)	轭臂色标
57	橙	57～77	本色
68	红	80～107	白
79	黄	121～149	蓝
93	绿	163～191	红
141	蓝	204～246	绿
182	淡紫	260～302	橙
277	黑	320～343	橙
260	黑		
343	黑		

(2)水流指示器

桨片式水流指示器,多用于湿式系统,不宜用于干式系统和预作用系统。发生火灾时,当湿式报警阀自动开启后,由于管道中水流的突然冲击,有可能使桨片或其他机械部件遭到损坏。因此当湿式系统第一次充水或检修后重新充水时,都应该防止水流的突然冲击。

为了防止因水压瞬间波动而引起的误报警,一般水流指示器需经 15～20s 延时后才报警,其工作电压一般为 24V。水流指示器如图 3.41 所示。

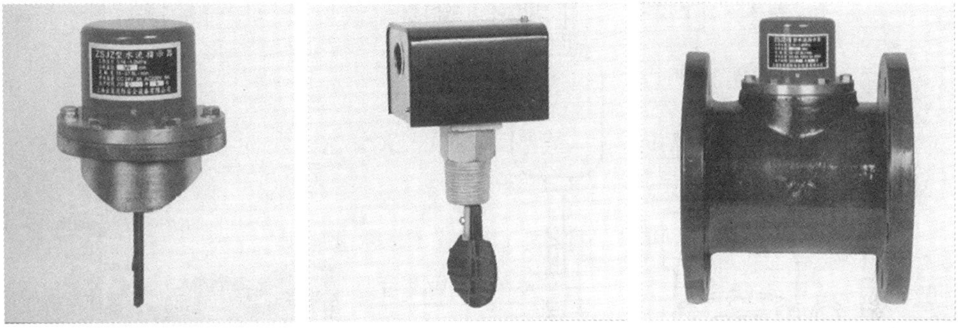

ZSJZ-Ⅱ-1型水流指示器(插入焊接式)　规格:*DN*80,*DN*100,*DN*125,*DN*150,*DN*200

ZSJZ-Ⅱ-2型水流指示器(螺纹连接式)　规格:*DN*50,*DN*65,*DN*80

ZSJZ-Ⅱ-3型水流指示器(法兰连接式)　规格:*DN*80,*DN*100,*DN*125,*DN*150,*DN*200

图 3.41　水流指示器

水流指示器有法兰式、焊接式、马鞍式、丝口式等,如图 3.42 所示。图 3.43 所示为马鞍式水流指示器安装实例(施工过程)。

法兰式水流指示器　焊接式水流指示器　马鞍式水流指示器　丝口式水流指示器

图 3.42　不同种类的水流指示器

图 3.43　马鞍式水流指示器安装实例(施工过程)

(3)湿式报警阀组

湿式报警阀组(图 3.44)主要由湿式报警阀、水力警铃、压力开关、延时器等组成,一般由生产厂家组装配套出售。

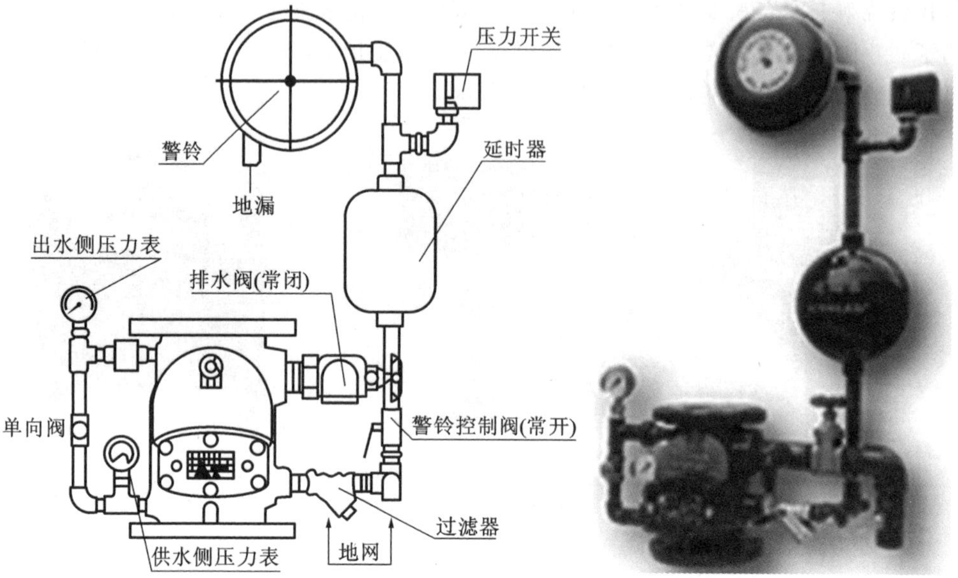

图 3.44 湿式报警阀组

①湿式报警阀

湿式报警阀是自动喷水灭火系统的一个主要部件,它安装在总供水干管上,起连接供水设备与配水管网的作用,是一种只允许水流单方向流入配水管网,并在规定流量下报警的止回型阀门。湿式报警阀具有两个基本作用,首先,在系统动作前,它将管网与水流隔开,当系统工作时,湿式报警阀打开,接通水源和配水管网;其次,在湿式报警阀开启的同时,部分水流通过阀座上的环形槽,经信号管道送至水力警铃,发出声响报警信号,如图 3.45 所示。其中,图 3.45(a)中阀瓣与阀体铰接在一起,图 3.45(b)中阀瓣则是浮动的。

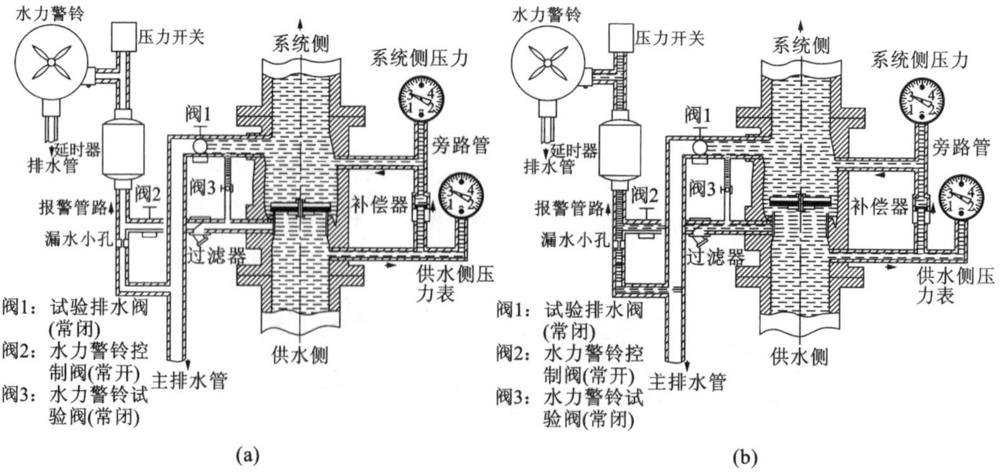

图 3.45 湿式报警阀

(a)动作前状态;(b)动作后状态

湿式报警阀是只允许水流入湿式灭火系统并在规定压力、流量下驱动配套部件报警的一种单向阀。按照阀体结构不同，湿式报警阀可分为座圈型、导阀型及蝶阀型，建筑工程常用的是前两种。

A. 座圈型湿式报警阀

座圈型湿式报警阀的结构如图 3.46 所示，其中，图 3.46(a)中阀瓣是浮动的，图 3.46(b)中阀瓣与阀体则铰接在一起。以图 3.46(b)为例，此类湿式报警阀的主要特点是，主阀瓣铰接在阀体上，并借自重坐落在阀座上，当主阀瓣后、前压力差很小时，阀板不会开启；只有当主阀瓣前压力大于主阀瓣后压力与主阀瓣自重之和，水才能流过主阀瓣，向配水管网供水和产生报警信号。

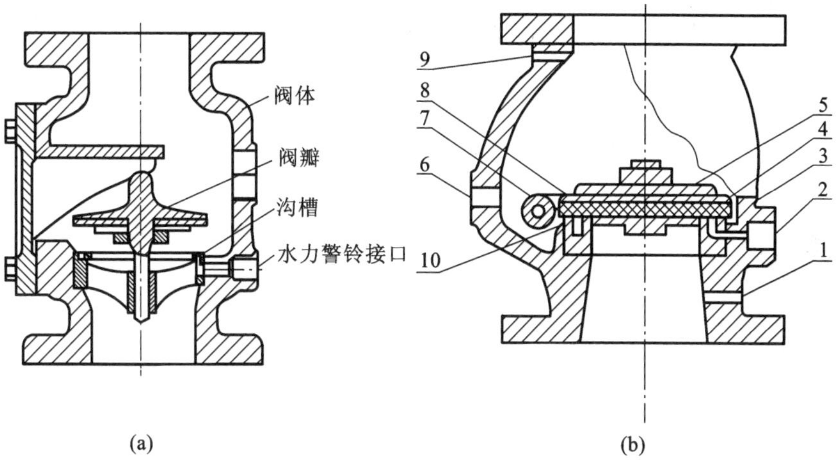

图 3.46 座圈型湿式报警阀

1—阀前压力表接口；2—水力警铃接口；3—环形槽；4—密封胶垫；5—隔板组件；6—排水接口；7—转轴；8—单向阀；9—阀后压力表接口；10—座圈

B. 导阀型湿式报警阀

导阀型湿式报警阀的结构如图 3.47 所示，其主要特点是除了主阀芯外，还有一个弹簧承载式导阀，此导阀在压力正常波动范围内都是关闭着的，在压力波动小时不致使水流入报警阀而产生误报警，只有在火灾时，管网压力迅速下降，水才能不断流入，使喷头出水并由水力警铃报警。

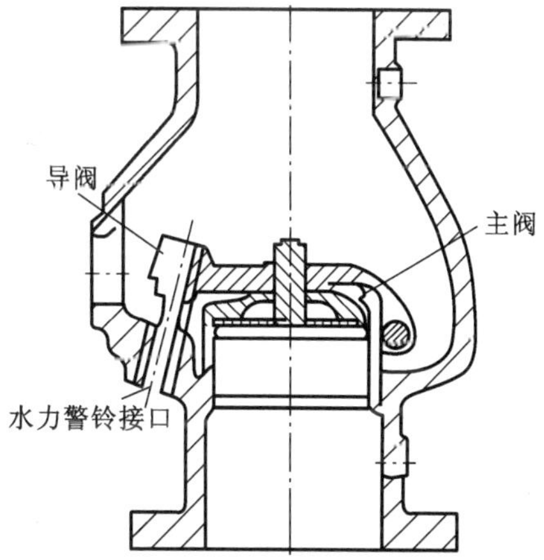

图 3.47 导阀型湿式报警阀

②水力警铃

水力警铃是一种能发出声响的水力驱动报警装置，结构如图 3.48 所示。

当管网喷水时，即使只有一个喷头动作，湿式报警阀也能自行开启，水流迅速通过信号管道进入水力警铃的水轮机室，推动水轮，旋转击铃轴甩锤击铃，发出在 3m 远处不低于 70dB 的连续不断的击铃声。每套湿式系统都必须附有一个水力警铃。水力警铃应安装在人员经常通过的走道附近，与湿式报警阀连接的信号管道，公称直径应为 20mm，总长不宜大于 20m。

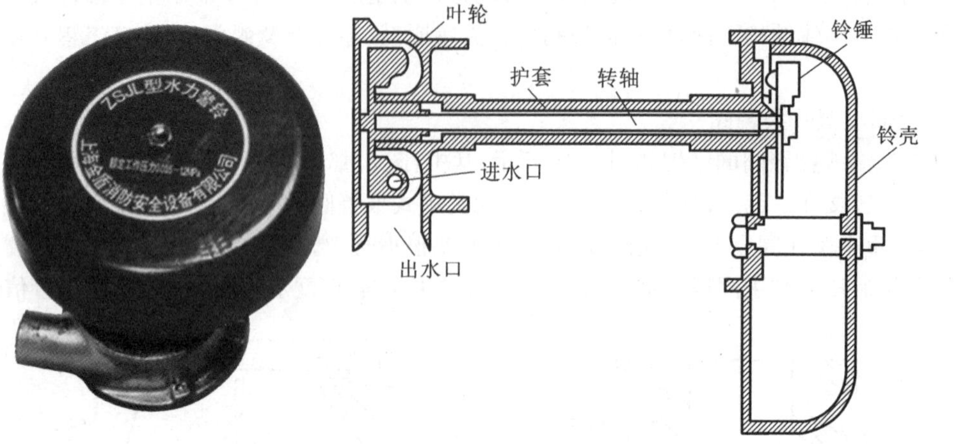

(a) (b)

图 3.48 水力警铃

图 3.49 压力开关

③压力开关

压力开关是一种压力型水流探测开关，安装在延时器和水力警铃之间的报警管路上，如图 3.49 所示。

④延时器

延时器是一个罐式容器，安装于报警阀与水力警铃(或压力开关)之间，如图 3.50 所示。延时器是防止由于水压波动原因引起报警阀短时开启而导致的误报。报警阀开启后，水流需经 30s 左右充满延时器后方可冲打水力警铃，底部配有节流孔，可串接使用。

(4)信号阀

为了让消防控制室及时了解系统中阀门的关闭情况，在每一层和每个分区的水流指示器前安装一个信号阀，如图 3.51 所示。信号阀由闸阀或蝶阀与行程开关组成，当阀门打开 3/4 时，才有信号输出，表明此阀门打开；当阀门关上 1/4 时，就有信号输出，表明此阀门关闭。

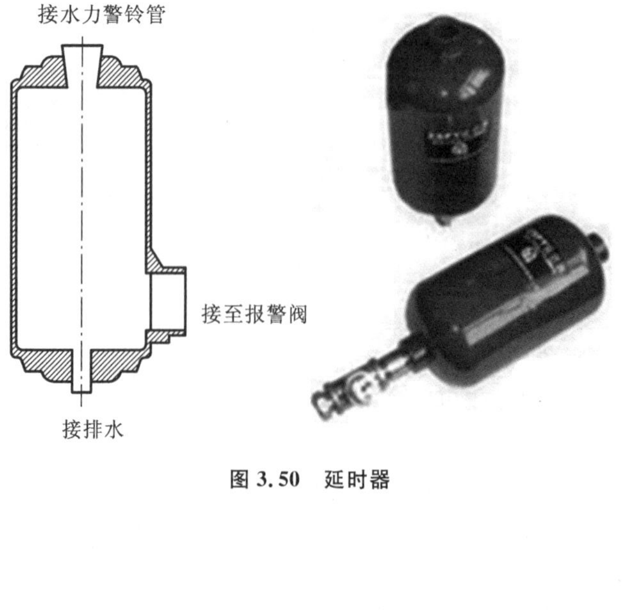

图 3.50 延时器

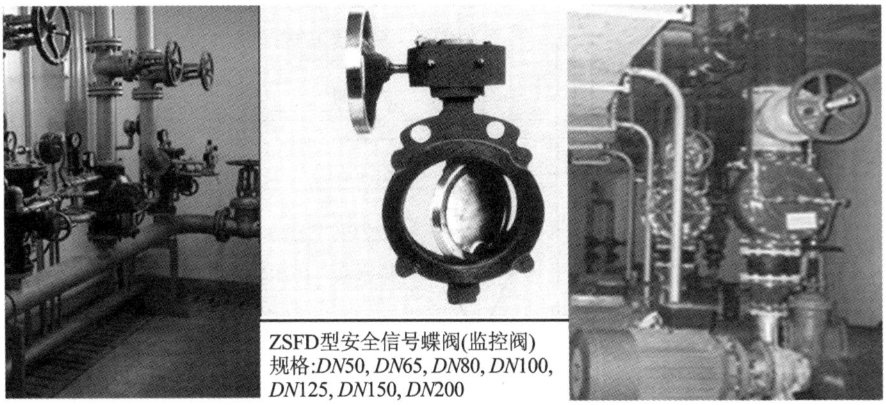

图 3.51　信号阀

(5)末端试水装置

为了检验自动喷水灭火系统的可靠性，测试系统能否在开启一只喷头的最不利条件下可靠报警并正常启动，要求在报警阀组控制的最不利点喷头处设置末端试水装置，其他防火分区、楼层均应设直径为 25mm 的试水阀。末端试水装置测试内容，包括水流指示器、湿式报警阀、压力开关、水力警铃的动作是否正常，配水管道是否畅通，以及最不利点处的喷头工作压力等。其他的防火分区与楼层，则要求在供水最不利点处装设直径 25mm 的试水阀，以便在必要时连接末端试水装置。

末端试水装置出水，应采用孔口出水的方式排入排水管道，如图 3.52 所示。

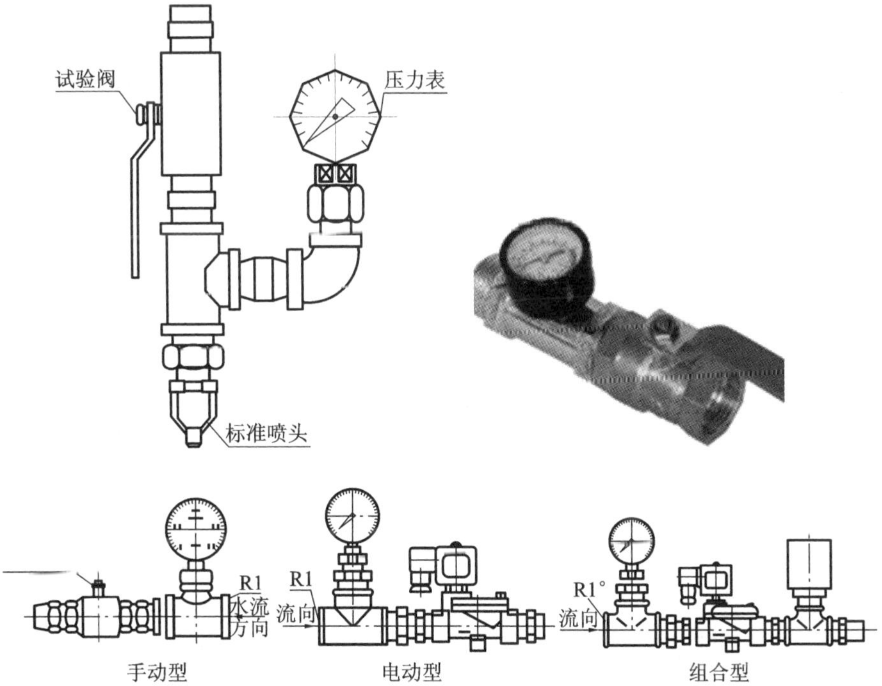

图 3.52　手动型末端试水装置

图 3.53 所示为喷洒系统末端试水装置大样图。图 3.54 所示为末端试水装置测试方法(消防末端试装水置贴纸标识牌)。

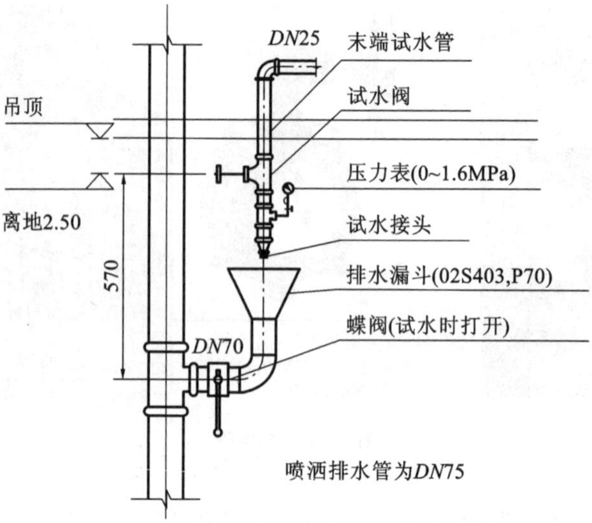

图 3.53 喷洒系统末端试水装置大样图

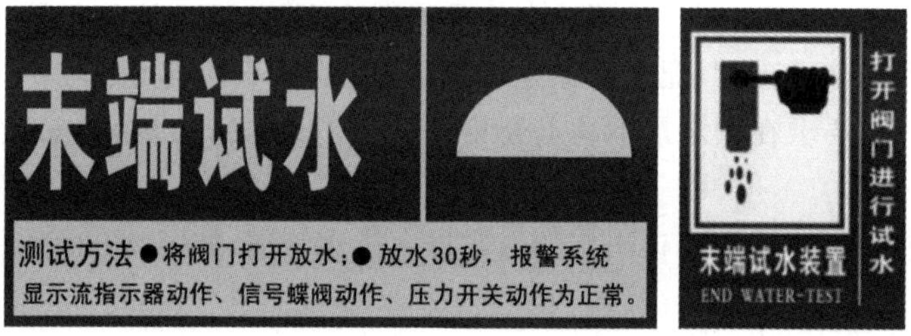

图 3.54 末端试水装置测试方法(消防末端试水装置贴纸标识牌)

3.3.2.2 湿式系统的工作原理

(1)准工作状态

湿式系统在准工作状态下，由高位水箱或气压罐、稳压泵，提供扑救初期火灾所需的水量和水压。在湿式报警阀后无任何系统组件出水时，系统管网内的水应处于相对静止状态；如果在末端压力为 0.14MPa 的末端试水装置处于 15L/min 流量放水时，系统不会发出报警信号。因此，本系统在准工作状态时，允许供水系统有微小的波动，不会产生误报，如图 3.55 所示。

(2)工作状态

湿式系统保护区域内的室温由于火灾或其他原因突然升高，达到闭式喷头热敏元件的公称动作温度时，玻璃球喷头的球体便炸裂而致使喷头开启。这时湿式报警阀阀前供水压力大于阀后压力(产生压差)，使湿式报警阀阀瓣打开(湿式报警阀开启)，其中一路压力水通过配水立管、配水干管、配水管、配水支管流向洒水喷头，对保护区域进行喷水灭火；另一路压力水由湿式报警阀的报警管路通过延时器流向水力警铃，发出持续铃声报警。如图 3.56 所示。

处于工作状态的湿式系统，由于管网中压力水的流动，使配置在配水干管上的水流指示器动作，以电信号送至报警控制器发出区域报警信号；同时由湿式报警阀报警口流经报警管路的压力水，经延时器延时后触发延时器上端的压力开关动作，以电信号的方式送至水泵控制箱，启动消防水泵，向管网加压供水，以达到持续自动加压供水的目的。其工作原理框图见图 3.57。

3.3.2.3 湿式系统的适用范围

环境温度不低于 4℃、不高于 70℃的新建、扩建、改建民用与工业建筑物和场所(不能用水

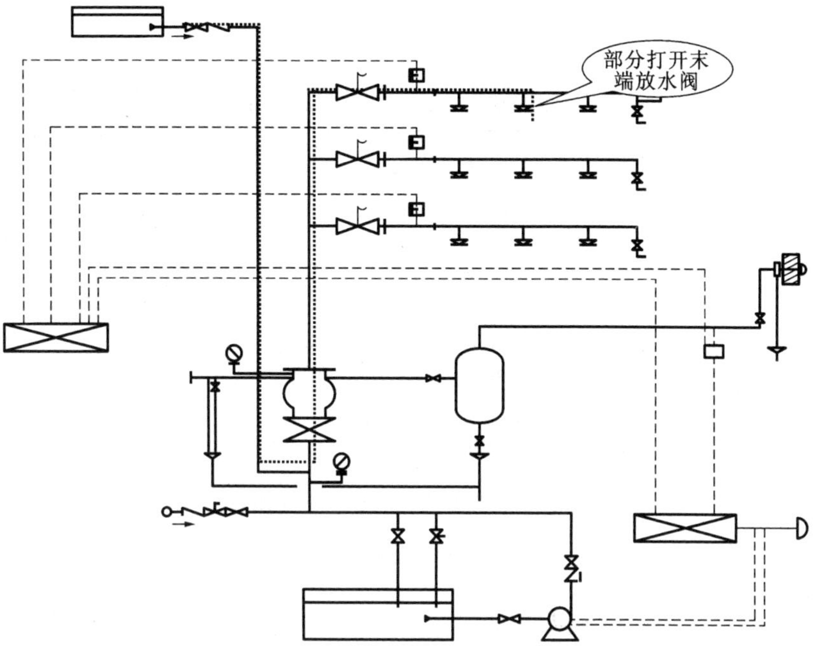

图 3.55　准工作状态

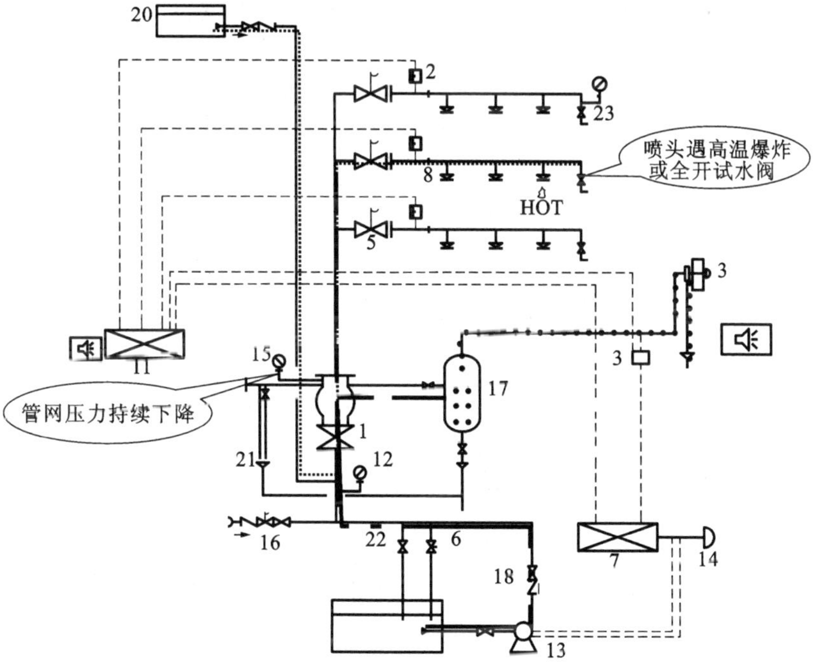

图 3.56　工作状态

扑救的建筑物和场所除外）都可采用湿式系统。

3.3.2.4　干式系统的组成

干式系统主要由闭式喷头、管网、干式报警阀组、充气设备、报警控制装置和供水设施组成，其系统示意图如图 3.58 所示。

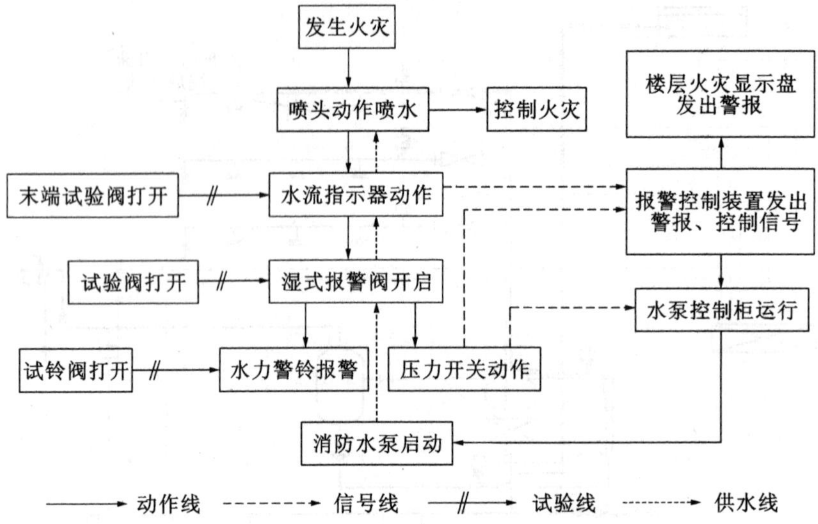

图 3.57 湿式系统工作状态的工作原理

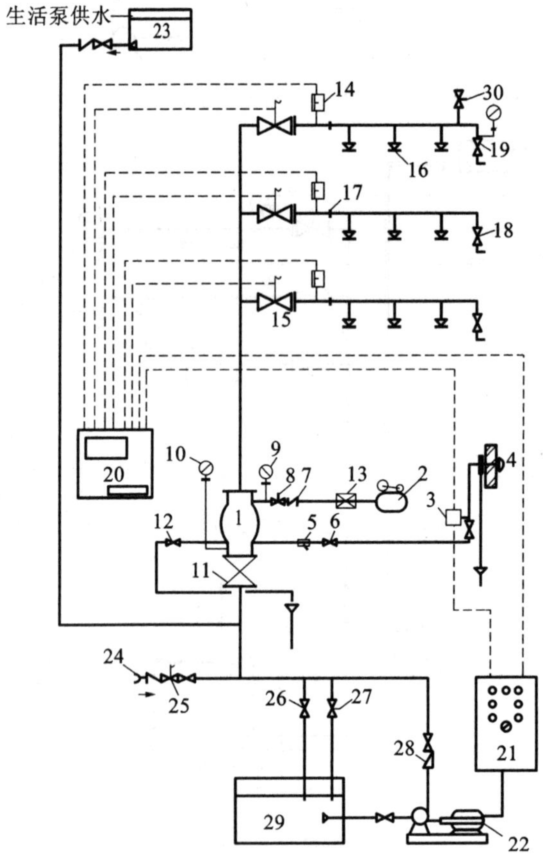

图 3.58 干式系统示意图

1—湿式报警阀；2—空气压缩机；3—压力开关；4—水力警铃；5—过滤器；6—信号管阀门；7—气体单向阀；8—气体安全阀；9—气压表；10—供水侧压力表；11—供水总阀；12—总排水阀；13—气压保持器；14—水流指示器；15—信号阀；16—闭式喷头；17—减压孔板；18—末端试验阀；19—末端试验装置；20—报警控制装置；21—水泵控制柜；22—消防水泵；23—屋顶水箱；24—水泵接合器；25—安全阀；26—消防水泵试验阀；27—泄压阀；28—止回阀；29—消防水池；30—排气阀

(1)干式报警阀

干式报警阀主要用在干式系统中。其作用是用来隔开喷水管网中的空气和供水管道中的压力水,使喷水管网始终保持干管状态,当喷头开启时,管网空气压力下降,干式阀阀瓣开启,水通过报警阀进入喷水管网,同时部分水流通过报警阀的环形槽进入信号设施进行报警。

干式报警阀的构造如图 3.59 所示。由阀体、差动双盘阀板、充气塞、信号管网、控制阀等组成。差动双盘阀板,下阀板的作用是阻止水从供水管进入喷水管网,上阀板的作用是承受喷水管网中空气的压力,保持干式报警阀处于关闭状态。上阀板的面积为下阀板的 8 倍,因此为了使上、下阀板上的作用力达到平衡而使阀瓣处于关闭状态,就要求喷水管内的空气压力应大于水压的 1/8,并应使空气压力保持恒定。

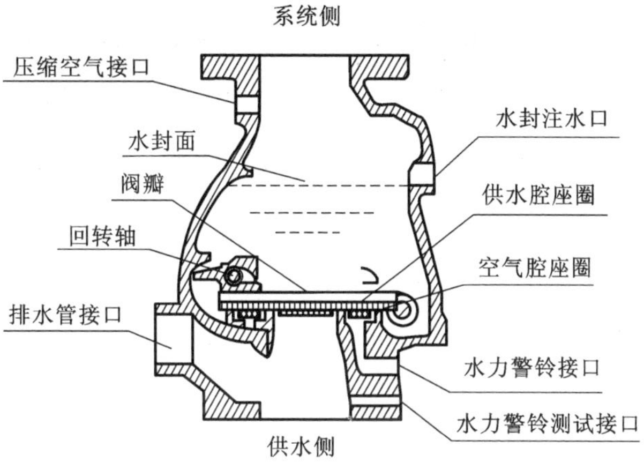

图 3.59 干式报警阀

(2)排气阀

用来排空管道内的空气,垂直安装于配水干管的顶端或管道等高部位,如图 3.60 所示。防止由于管路中存在空气造成水压波动引起报警阀开启而导致的泄漏。

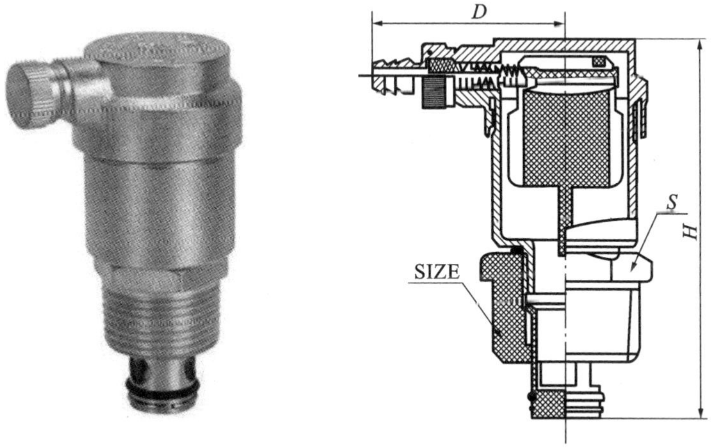

图 3.60 排气阀

图 3.61 所示为某酒店屋顶消防水池处的自动排气阀安装实例。

图 3.61 自动排气阀安装实例

3.3.2.5 干式系统的工作原理

干式系统平时报警阀上下阀板压力保持平衡，当系统管网有轻微漏气时，由空气压缩机进行补气，安装在供气管道上的压力开关监视系统管网的气压变化状况。

干式系统工作原理是：发生火灾时，火源处温度上升，使火源上方喷头开启，首先排出管网中的压缩空气，于是报警阀后管网压力下降，干式报警阀阀前的压力大于阀后压力，干式报警阀开启，水流向配水管网，并通过已开启的喷头喷水灭火，其工作原理框图如图 3.62 所示。

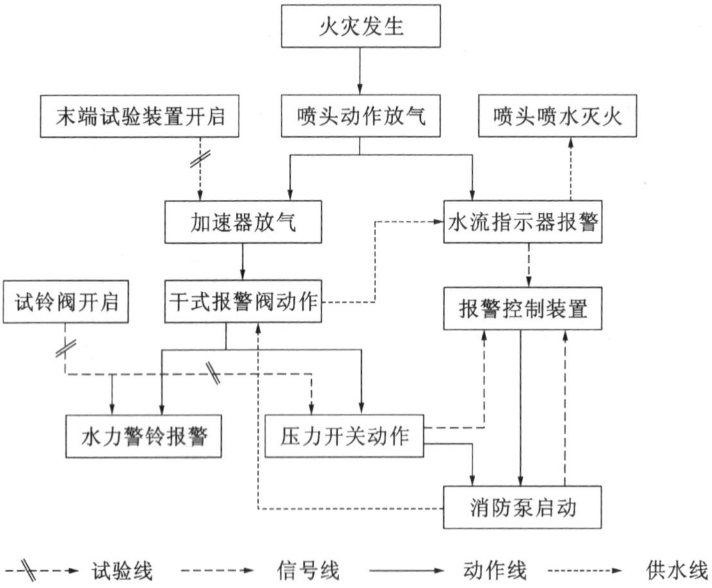

图 3.62 干式系统工作原理

3.3.2.6 干式系统的适用范围

干式系统适用于环境温度低于 4℃或高于 70℃的建筑物和场所，如不采暖的地下停车场、冷库等。

3.3.2.7　预作用系统的组成

预作用自动喷水灭火系统适用于不允许有水渍损失或误动作及寒冷环境的建筑。

预作用系统主要由闭式喷头、管网系统、预作用阀、充气设备、供水设施、火灾探测器、报警控制装置等组成。其系统示意图如图 3.63 所示。

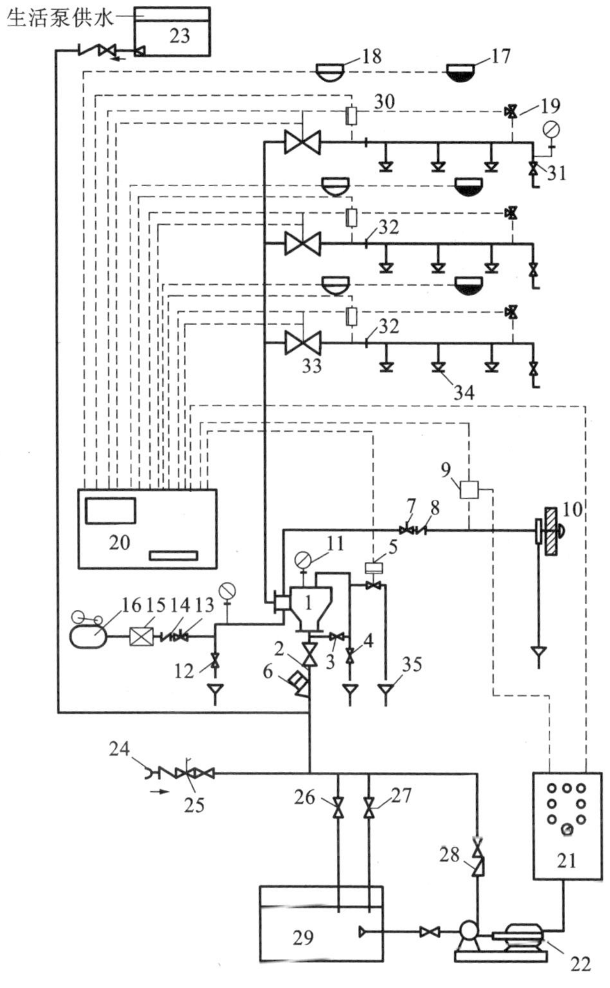

图 3.63　预作用系统

1—预作用报警阀；2—总供水阀；3—压力腔供水阀；4—手动液压阀；5—电磁液压阀；6—供水侧压力表；7—信号管阀门；8—过滤器；9—压力开关；10—水力警铃；11—压力腔压力表；12—排水总阀；13—安全阀；14—气体单向阀；15—气压保持器；16—空气压缩机；17—感温探测器；18—感烟探测器；19—排气电磁阀；20—报警控制装置；21—水泵控制阀；22—消防水泵；23—屋顶水箱；24—水泵接合器；25—安全阀；26—消防水泵试验阀；27—液压阀；28—水回阀；29—消防水池；30—水流指示器；31—末端试验装置；32—减压孔板；33—信号阀；34—闭式喷头；35—漏斗

3.3.2.8　预作用系统的工作原理

发生火灾时，由火灾探测系统自动开启预作用阀，使管道充水呈临时湿式系统。以后的工作情况和湿式系统一样。由此可知，预作用系统的火灾探测器的动作应先于喷头的动作，而且应确保当闭式喷头受热开放时管道内已充满了压力水。从火灾探测器动作并开启预作用阀开始充水，到水流充满整个管网，应不超过 3min，此时水流在配水支管中流速应不小于 2m/s，由此确定预作用系统管网最长的保护距离。

火灾发生时，即使由于火灾探测器发生故障，导致火灾探测系统不能发出报警信号来启动预作用阀，使配水管道充水，也能够因喷头在高温作用下自行开启，使配水管道内气压迅速下降，引起压力开关报警，并启动预作用阀供水灭火。因此，对于充气式预作用系统，即使火灾探测器发生故障，预作用系统仍能正常工作。

预作用系统的配水管道应设快速排气阀，以便火灾时配水管尽快排气充水，在排气阀入口前应设电动阀，该阀平时常闭，系统开始充水时打开，工作原理框图如图 3.64 所示。

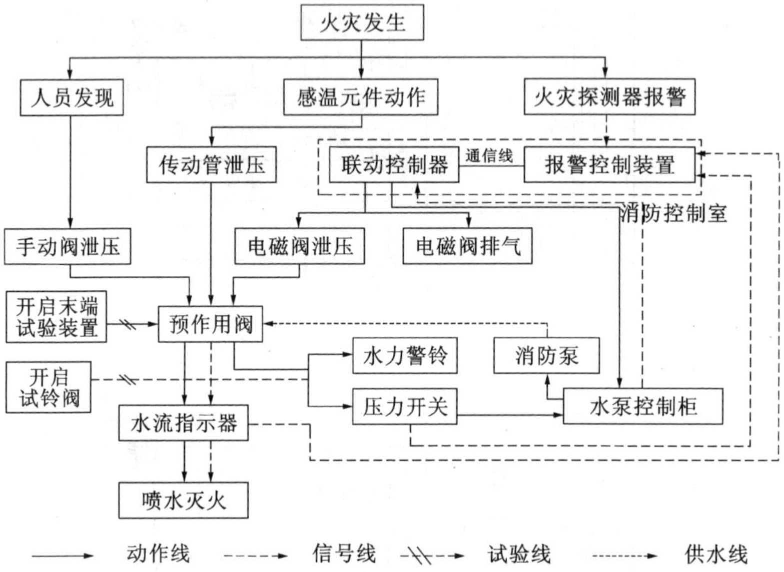

图 3.64 预作用系统的工作原理

3.3.2.9 预作用系统的适用范围

预作用系统同时具备了干式系统和湿式系统的特点，可以代替干式系统提高灭火速度，也可代替湿式系统避免由于管道和喷头被损坏而产生喷水和漏水所造成的严重水渍损失，还可用于对自动喷水灭火系统安全可靠性要求较高的建筑物中。

因此，预作用系统可以用在干式系统、湿式系统所能使用的任何场所，而且还能用于这两个系统都不适宜的场所。

3.3.2.10 雨淋系统的组成

雨淋系统通常由三部分组成：

①火灾探测传动控制系统；

②自动控制成组作用阀门系统；

③带开式喷头的自动喷水灭火系统。

其中，火灾探测传动控制系统可采用火灾探测器、传动管网、易熔锁封等自动完成火灾探测和控制系统启动，当采用自动控制装置时，还应设手动控制装置备用。自动控制成组作用阀门系统，可采用雨淋阀或雨淋阀加湿式报警阀。

雨淋系统可分为空管式雨淋系统和充水式雨淋系统两大类型。充水式雨淋系统的灭火速度比空管式雨淋系统快，实际应用时，可根据保护对象的要求来选择合适的系统形式。雨淋系统组成示意图如图 3.65 所示。

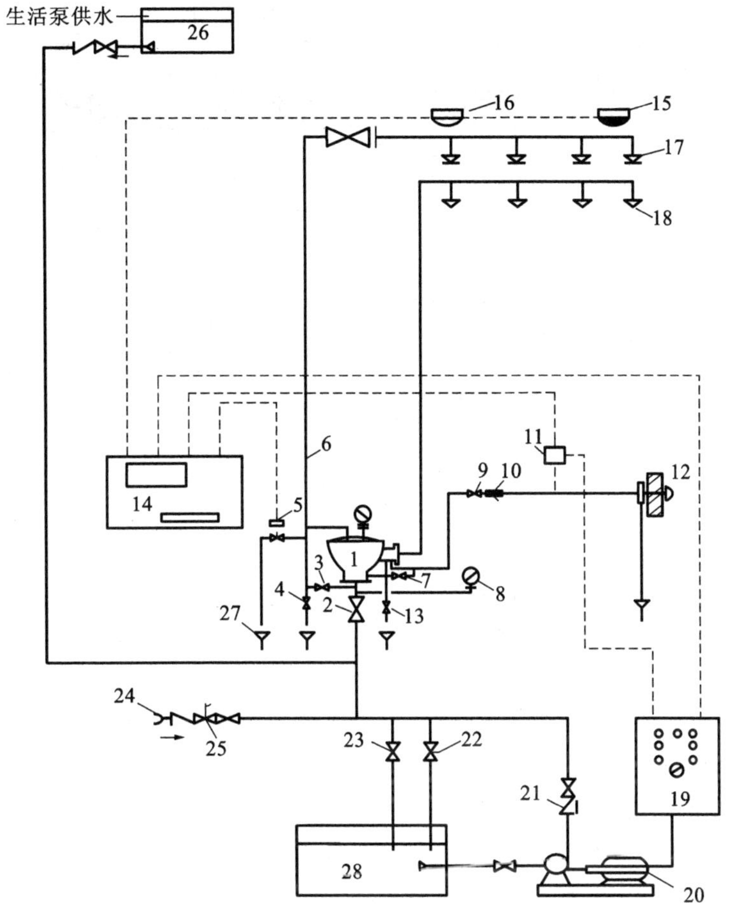

图 3.65　雨淋系统

1—雨淋报警阀；2—总供水阀；3—压力腔供水阀；4—手动泄压阀；5—电磁泄压阀；6—传动控制管；7—试铃阀；8—供水侧压力表；9—信号管路阀门；10—过滤器；11—压力开关；12—水力警铃；13—排水阀；14—报警控制装置；15—感温探测器；16—感烟探测器；17—闭式喷头；18—开式喷头；19—水泵控制柜；20—消防水泵；21—止回阀；22—泄压阀；23—水泵试验阀；24—水泵接合器；25—安全阀；26—屋顶水箱；27—漏斗；28—消防水池

雨淋阀是雨淋系统、预作用系统、水幕系统和水喷雾灭火系统的关键部件。雨淋阀种类很多，使用较普遍的是隔膜式雨淋阀。

隔膜式雨淋阀的构造如图 3.66 所示。其构造与双圆盘成组作用阀基本相同，所不同的是其上阀板是一个与阀体相连的夹布橡胶隔膜，隔膜将 B、C 两室完全隔开，即使在阀门开启时，B、C 室也不相通。

隔膜式雨淋阀的特点是：隔膜式雨淋阀在供水水压波动时，也会发生误动作，但由于阀动作时，B、C 两室不相通，A、C 两室间旁通管上的 ϕ3mm 小孔闸阀对 C 室的补水能在阀门短暂开启后使隔膜自动复位，重新关闭阀门。因此隔膜式成组作用阀误动作所造成的水渍损失较双圆盘成组作用阀要轻得多。

另外，隔膜式雨淋阀在灭火工作完成后，能通过关闭通往传动管网的阀门手动复位，操作简单易行。同时由于隔膜式雨淋阀只需单盘封闭，阀板与阀座之间的封闭性能好。如图 3.66 所示。

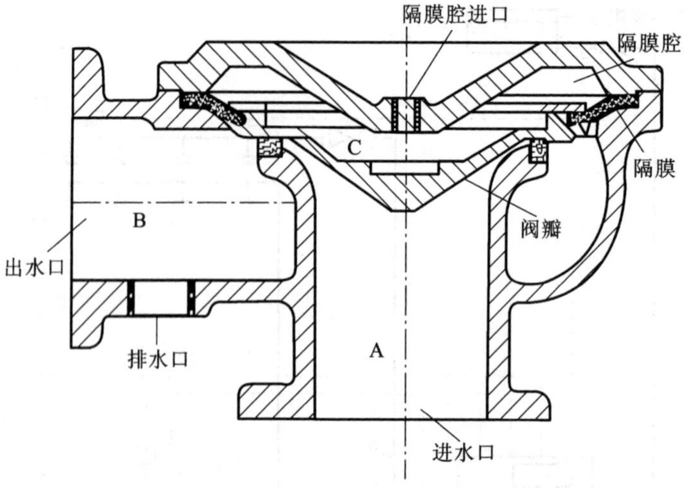

图 3.66 隔膜式雨淋阀

(1)立式雨淋阀系统

立式雨淋阀系统平时喷水管网为干管状态,属于空管式雨淋系统,该系统结构较简单,但在水源压力不稳定时,易发生误动作。

(2)由湿式报警阀和雨淋阀组成的雨淋系统

此系统平时喷水管网为干管状态,属于空管式雨淋系统,该系统的报警阀组由湿式报警阀和雨淋阀组成,能有效地防止水源压力不稳定而造成系统的误动作,系统工作比较稳定。

(3)充水式雨淋系统

此系统的雨淋阀后管网内平时充以压力水,水面低于开式喷头的出口,并由溢流管保持恒定平面。由于系统管网中经常充满水,能有效地提高系统灭火出水的速度。所以充水式雨淋自动喷水灭火系统多数用在对灭火出水速度要求较高、有火灾危险和爆炸危险的炸药类危险品加工场所。

3.3.2.11 雨淋系统的工作原理

在实际应用中,雨淋系统可能有许多不同的组成形式,但其工作原理大致相同,如图 3.67 所示。发生火灾时,由火灾探测传动系统感知到火灾,控制雨淋阀开启,接通水源和供水管网,喷头出水灭火。由于雨淋系统采用的是开式喷头,所以系统一旦动作,整个保护区域内所有喷头同时喷水。

3.3.2.12 雨淋系统的适用范围

雨淋系统适用于燃烧猛烈、蔓延迅速的严重危险级建筑物或场所,如剧院舞台上部、大型演播室、电影摄影棚等。如果在这些建筑物中采用闭式自动喷水灭火系统,发生火灾时,只有火焰直接影响到的喷头才能开启喷水,且闭式喷头开启的速度慢于火灾蔓延的速度,因此不能迅速出水控制火灾。

3.3.2.13 水幕系统的组成

水幕系统是开式自动喷水灭火系统的一种。水幕系统不直接用来扑灭火灾,而是用作防火隔断或进行防火分区及局部降温保护,一般情况下,多与防火幕或防火卷帘配合使用。在某些大空间,既不能用防火墙作防火隔断,又无法做防火幕和防火卷帘,只能用水幕系统来做防火分隔或进行防火分区。

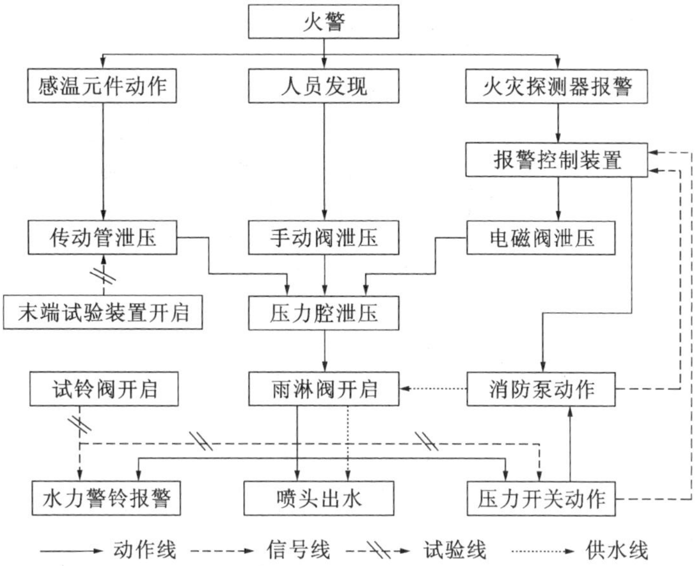

图 3.67 雨淋系统的工作原理

水幕系统的开启装置可采用自动或手动两种方式，采用自动开启装置时应同时设有手动开启装置。图 3.68 为水幕系统组成示意图。

3.3.2.14 水幕系统的工作原理

水幕系统的作用方式和工作原理与雨淋系统相同，当发生火灾时，由火灾探测器或人发现火灾，电动或手动开启控制阀，然后系统通过水幕喷头喷水，进行阻火、隔火或冷却防火隔断物。控制阀可以是雨淋阀、电磁阀或手动闸阀。

3.3.2.15 水幕系统的适用范围

水幕系统是自动喷水灭火系统中唯一的一种不以灭火为主要目的的系统。

水幕系统可安装在舞台口、门窗口、孔洞口用来阻火、隔断火源，使火灾不致通过这些通道蔓延。水幕系统还可以配合防火卷帘、防火幕等一起使用，用来冷却这些防火隔断物，以增强它们的耐火性能。水幕系统还可作为防火分区的手段，在建筑面积超过防火分区的规定要求，而工艺要求又不允许设防火隔断物时，可采用水幕系统来代替防火隔断设施。

3.3.2.16 大空间智能水炮(自动寻的喷水灭火装置)

大空间智能水炮(自动寻的喷水灭火装置)针对现代大空间建筑的消防需要，运用多项高新技术，将计算机、红外和紫外信号处理、通信、机械传动、系统控制等技术有机地结合在一起，实现了高智能化的现代消防理念。其主要特点是：全天候主动火灾监控，全方位主动射水灭火。当其保护的现场一旦发生火灾，装置及时启动并进行全方位扫描，在 30s 内判定着火点，并精确定位射水灭火，同时发出信号，启动水泵，打开电磁阀、消防报警器等系统配套设施。火灾扑灭后主动关闭阀门、系统复位(监控状态)。智能水炮还具有较强的电子电路和机械传动组件的自检能力，可迅速发现故障并报告消防监控中心。

大空间智能水炮灭火系统主要由中心控制软件、集中控制装置、区域控制装置、消防水炮、控制设备、电动阀门、水流指示器或压力感应器、管道、消防泵组、末端试水装置等组成，在火灾发生时，能自动定位着火点并实施自动喷水灭火。如图 3.69 所示。

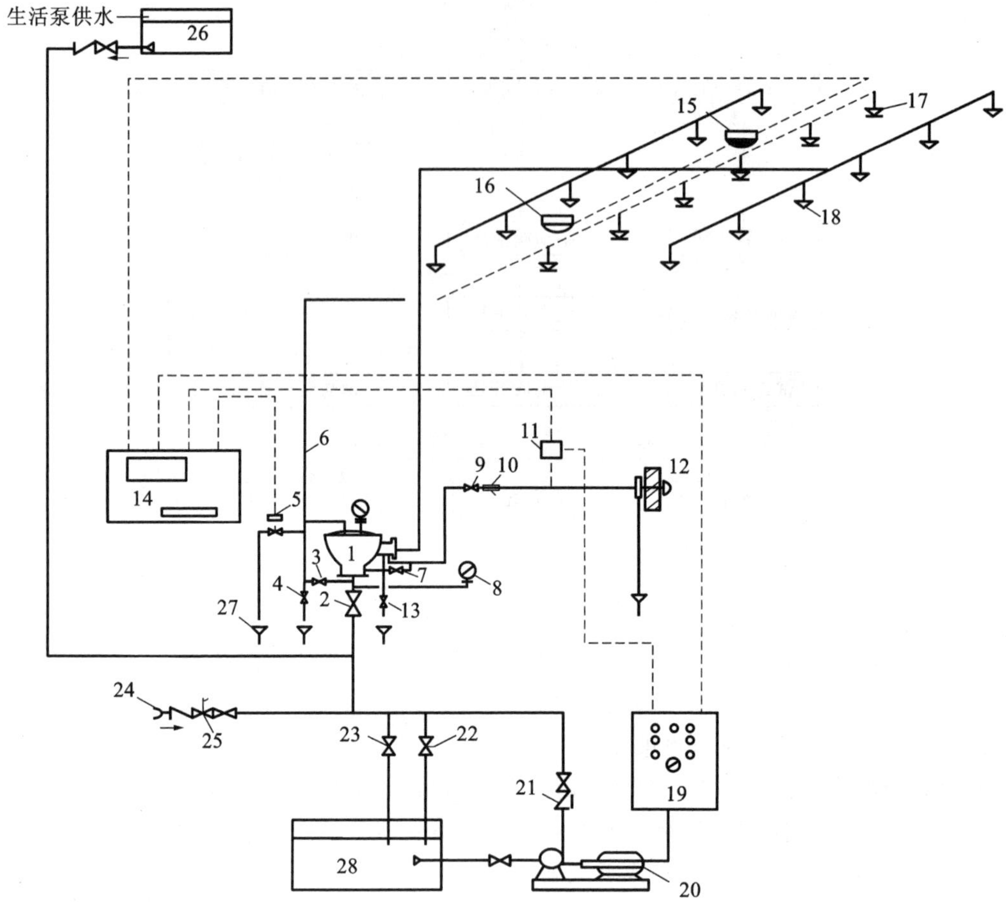

图 3.68 水幕系统组成示意图

1—雨淋报警阀；2—总供水阀；3—压力腔供水阀；4—手动泄压阀；5—电磁泄压阀；6—传动控制管；7—试铃阀；8—供水侧压力表；9—信号管路阀门；10—过滤器；11—压力开关；12—水力警铃；13—排水阀；14—报警控制装置；15—感温探测器；16—感烟探测器；17—闭式喷头；18—水幕喷头；19—水泵控制柜；20—消防水泵；21—止回阀；22—泄压阀；23—水泵试验阀；24—水泵接合器；25—安全阀；26—屋顶水箱；27—漏斗；28—消防水池

图 3.69 大空间智能水炮

适用场合：体育馆、会展中心、影剧院、购物中心、候车(机)大厅等人流量大、人员密集的大空间场所，主要针对火灾蔓延速度较慢的场所。如图 3.70 所示。

图 3.70 智能水电安装场所

特点：

①可自动探测报警与自动定位着火点；

②控制俯仰回转角和水平回转角动作；

③接收其他火灾报警器联动信号；

④自动控制、远程手动控制和现场手动控制；

⑤采用图像呈现方式，实现可视化灭火；

⑥探测距离远，保护面积大，响应速度快，探测灵敏度高；

⑦自动定位技术，远程控制定点灭火，减少了扑救过程中造成的损失；

⑧同时具有防火、灭火、监控功能，提高了系统整体的性价比；

⑨二次寻的，无须复位，大大缩短了灭火时间。

图 3.71～图 3.75 所示为消防系统图及其安装实例。

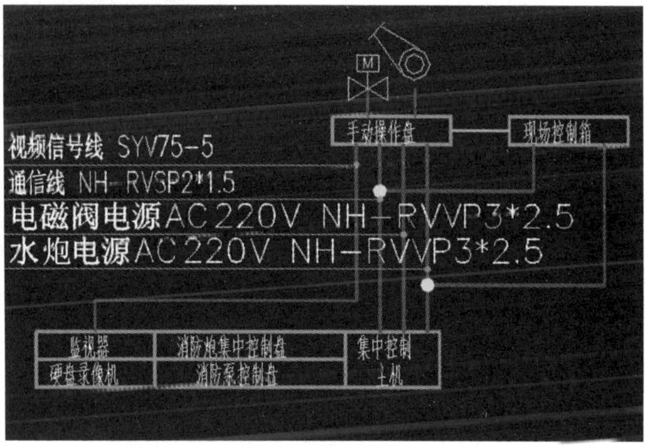

图 3.71 消防炮系统图

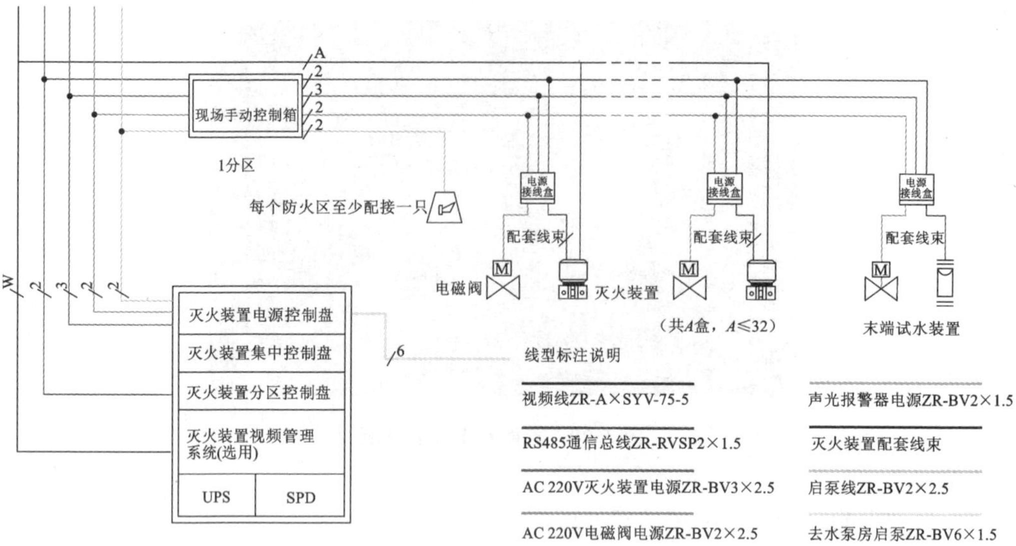

图 3.72 消防炮电气控制系统图

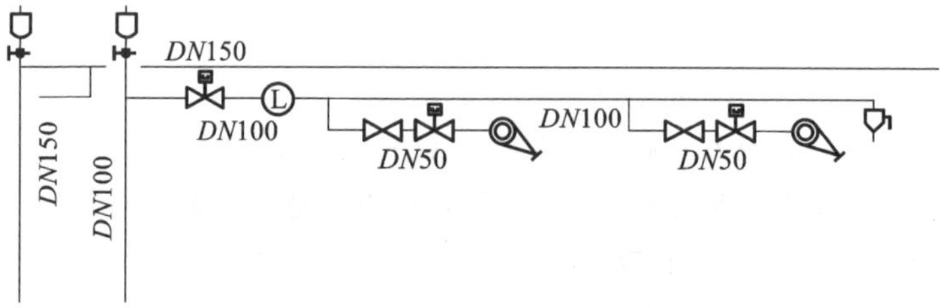

图 3.73 消防炮管道系统图

图 3.74 某商场中庭水炮安装实例

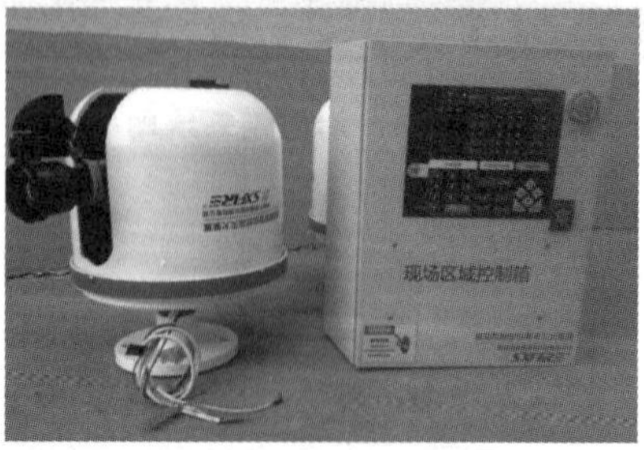

图 3.75 消防水炮及其现场区域控制箱

3.4 自动气体灭火系统

气体灭火系统是以某些气体作为灭火介质，通过这些气体在整个防护区内或保护对象周围的局部区域建立起灭火浓度实现灭火。

3.4.1 气体灭火系统的特点

(1)气体灭火系统的优点

①灭火效率高。

②灭火速度快。气体灭火系统多为自动控制，探测、启动及时，对火的抑制速度快，可以快速将火灾控制在初期，几秒到几分钟就可以将火扑灭。

③适应范围广。可以有效地扑灭固体火灾、液体火灾、气体火灾、电气设备火灾。

④对被保护物不造成二次污染。

(2)气体灭火系统的缺点

①系统的一次投资较大。

②对大气环境的影响。

③不能扑灭固体物质深位火灾。由于气体灭火系统的冷却效果较差，灭火浓度维持时间短，所以不能扑灭固体物质深位火灾。

④被保护对象限制条件多。

3.4.2 气体灭火系统的分类

(1)按灭火剂品种分类

①卤代烃类(化学灭火剂)灭火系统

七氟丙烷灭火系统(HFC-227ea)；

三氟甲烷灭火系统(HFC-23，出于环保要求，现已停用)。

②卤代烷类(化学灭火剂)气体灭火系统

卤代烷 1211 灭火系统(我国已于 2005 年停止生产 1211 灭火剂)；

卤代烷 1301 灭火系统(我国承诺 2010 年停止生产 1301 灭火剂)。

③纯天然气体类灭火系统

IG-541(N_2、Ar、CO_2 混合气体)灭火系统；

IG-100(N_2)灭火系统；

IG-55(N_2、Ar 混合气体)灭火系统；

IG-01(Ar)灭火系统；

CO_2(二氧化碳)灭火系统。

(2)按气体灭火剂输送压力的来源及形式分类

①内贮压式灭火系统

灭火剂在瓶组内采用驱动气体(一般为 N_2)进行加压贮存，系统动作时灭火剂靠瓶内的充压气体进行输送的系统。如常见的七氟丙烷灭火系统。

②外贮压式灭火系统

系统动作时灭火剂由专设的充压气体(一般为 N_2)瓶组按设计压力对其进行充压的系统。

③自压式气体灭火系统

灭火剂无须充压,而是依靠其自身饱和蒸汽压力进行输送的灭火系统。如三氟甲烷灭火系统,IG-541 灭火系统、IG-100 灭火系统、IG-55 灭火系统、IG-01 灭火系统,二氧化碳灭火系统等。

(3)按灭火剂储存压力分类

①高压系统

灭火剂储存压力为 15.0MPa、20.0MPa 的气体灭火系统。如:IG-541、IG-100、IG-55、IG-01 灭火系统等。由于 20.0MPa 的气体灭火系统设备成本过高,缺乏经济性,一般不采用。

②中低压系统

灭火剂储存压力为 2.1MPa、2.5MPa、4.2MPa、5.6MPa、5.7MPa 的气体灭火系统。如低压二氧化碳、七氟丙烷、高压二氧化碳等灭火系统。因为高压 CO_2 灭火系统是指灭火剂在常温下加压液化储存(20℃时储存压力为 5.5MPa)的二氧化碳灭火系统,低压 CO_2 灭火系统是指灭火剂在−20～−18℃低温下液态储存(−18℃时储存压力为 2.1MPa)的二氧化碳灭火系统,所以它们二者均属于中低压气体灭火系统范围。

(4)按保护范围分类

①全淹没灭火系统

灭火剂在规定喷放时间内使整个防护区密闭空间达到设计灭火浓度。各类气体灭火剂均适用于此系统。

②局部应用灭火系统

以设计喷射率向具体保护对象喷放灭火剂,并持续一定时间。CO_2 是唯一既可用于全淹没灭火系统也可用于局部应用灭火系统的气体灭火剂。

(5)按灭火剂输送途径分类

①管网灭火系统

灭火剂从贮存容器须经由管网(干管及支管)输送至喷放组件(喷嘴)才能实施喷放的气体灭火系统。

A. 一套灭火剂储存装置只保护一个防护区或保护对象的灭火系统为单元独立系统,如图 3.76 所示。

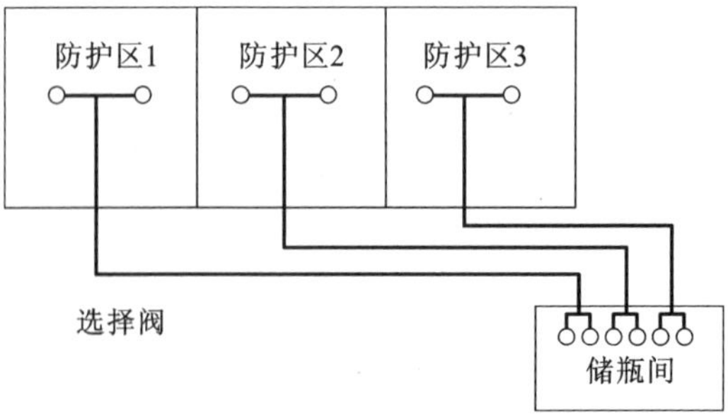

图 3.76 单元独立灭火系统

B. 用一套灭火剂储存装置保护两个及两个以上(≤8 个)防护区或保护对象的灭火系统为组合分配系统,如图 3.77 所示。

C. 无管网灭火系统：将灭火剂储存容器、控制和释放部件等组合装配在一起的小型、轻便灭火系统。无管网灭火系统没有管网或仅有一段短管，如图 3.78 所示。

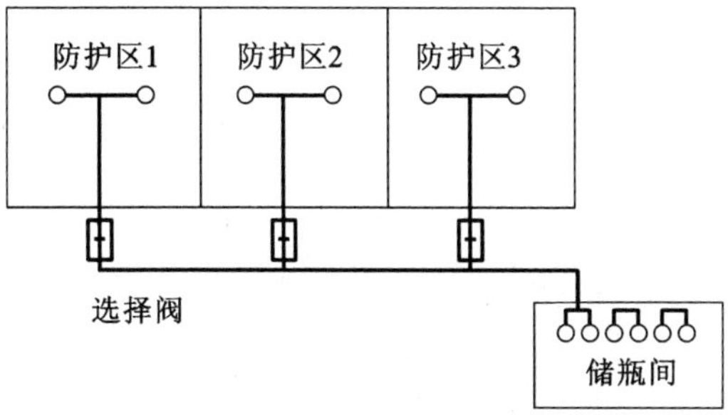

图 3.77　组合分配系统

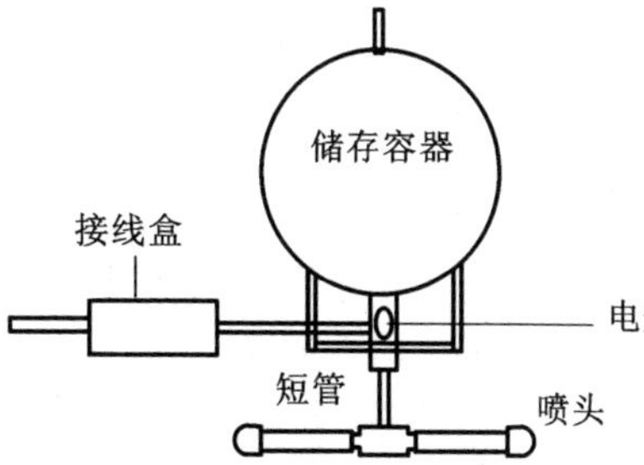

图 3.78　无管网灭火系统

②柜式灭火装置

按一定的应用条件，将灭火剂贮存容器和喷放组件等预先设计、组装成套且具有联动控制功能的灭火系统。如柜式七氟丙烷气体灭火装置（图 3.79）、柜式三氟甲烷灭火装置。

图 3.79　柜式七氟丙烷气体灭火装置

③悬挂式气体灭火装置

由灭火剂贮存容器、启动释放组件、悬挂支架（座）等组成可悬挂或壁挂式安装，能自动或手动（电气启动或机械应急启动）启动喷放气体灭火剂的灭火装置。

3.4.3　气体灭火系统的适应范围

(1)适用气体灭火系统扑救的火灾

①液体火灾或石蜡、沥青等可熔化的固体火灾。

②气体火灾。

③固体表面火灾（二氧化碳可扑救部分固体深位火灾）。

④电气火灾。

(2)不适用气体灭火系统扑救的火灾

①硝化纤维、火药等含氧化剂的化学制品火灾。

②钾、钠、镁、钛、锆等活泼金属火灾。

③氢化钾、氢化钠等金属氢化物。

(3)气体灭火系统应用场所

常用应用场所包括:图书馆、档案馆、珍品库、电子计算机房、电信中心、通信室、无人值守机房、喷漆线处、喷漆室、燃气轮机处、变配电室、变压器室、电站、飞机库、汽车库、船舱、轧机处、印刷机处、浸渍油槽处等。图 3.80 所示为某住宅小区发电机房及指示牌。

图 3.80　某住宅小区发电机房及指示牌

3.4.4　气体灭火系统的选择原则

气体灭火系统由于其设置上需要满足一些特殊的要求,如封闭空间、灭火剂对人有危害以及系统造价较高等,因此,适用于如计算机房、通信机房、变配电室等有贵重、精密设备的特殊场所。

选用气体灭火系统应考虑:该场所要求被保护物不能被灭火剂污染;该场所有电气危险要求使用不导电的灭火剂;该场所有贵重设备、物品,要求使用高效洁净灭火剂;该场所不宜或难以使用其他类型的灭火剂。

气体灭火系统选择的基本原则,主要考虑灭火剂的环境因素、毒性和灭火效能等因素。

环境因素,主要是考虑选择的气体灭火剂应以不消耗大气臭氧层为首选原则。如卤代烷 1211、1301 灭火剂因消耗大气臭氧层,国际环保组织已限制使用,1211 已淘汰,1301 只能用于特殊场所。

从毒性考虑,选择的气体灭火剂对人的毒害应尽可能地小。灭火剂对人的危害主要来自灭火剂自身的毒性和灭火剂在火场温度下热分解产物的毒性。

从灭火效能考虑,选择气体灭火剂应有较高的灭火效能。

3.4.5　气体灭火系统的组成、工作原理及启动方式

(1)气体灭火系统的组成

气体灭火系统由灭火剂储存装置、启动分配装置、输送释放装置、监控装置及辅助装置组成。灭火剂储存装置包括储存容器、容器阀、单向阀、汇集管、安全阀等;启动分配装置包括:启动气瓶、启动气体管路、选择阀等;输送释放装置包括:管道、喷嘴等;监控装置包括:探测器、报警控制器、压力开关等;辅助装置指称重装置。图 3.81 所示为七氟丙烷气体灭火系统的组成。图 3.82 所示为某机房七氟丙烷气体灭火系统安装实例。

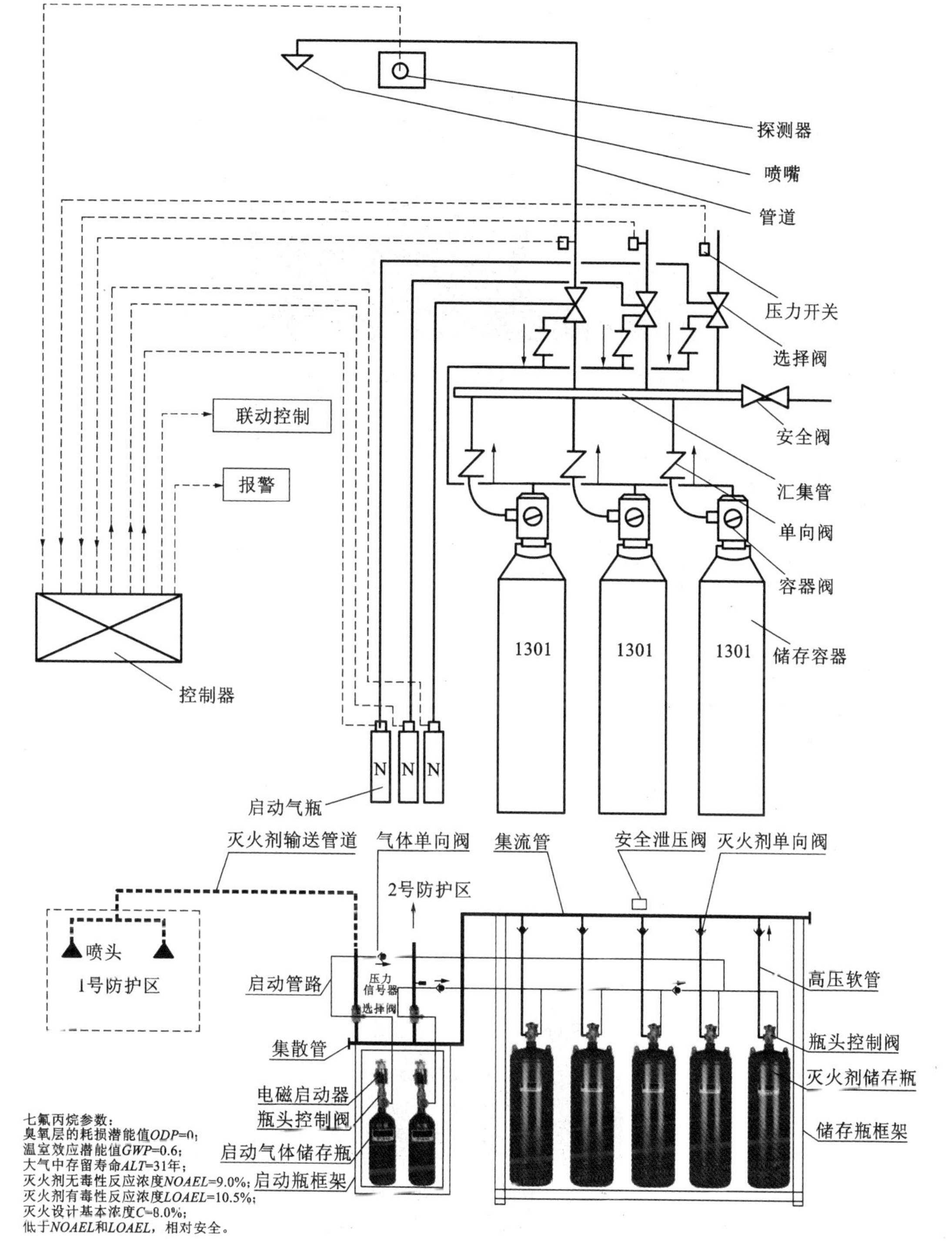

图 3.81　七氟丙烷气体灭火系统的组成

①储存装置

气体灭火系统的储存装置包括灭火剂储存容器、容器阀、单向阀、集流管、连接软管及支架等，组合在一起，放置在靠近防护区的专储瓶间内。

图 3.82　某机房七氟丙烷气体灭火系统安装实例

CO_2 高压系统：储存容器、容器阀、单向阀、集流管、安全泄压装置；

CO_2 低压系统：储存容器、容器阀、压力表、安全泄压装置[至少两套，泄压动作压力(2.38±0.12)MPa]、压力报警装置、制冷装置。

A. 灭火剂储存容器

a. 作用：储存灭火剂，提供动力源。

b. 类型：高压储存容器　40L，15MPa，50kg；

　　　　低压储存容器　2.5MPa。

c. 设置要求：

a)满足充装压力强度要求；

b)设安全泄压装置和压力表；

c)同一防护区规格一致；

d)应有金属标牌；

e)必须用支架固定；

f)设置于便于检查维护处；

g)易受化学、机械伤害处应设置保护和围护装置。

图 3.83 所示为七氟丙烷灭火器。

图 3.83　七氟丙烷灭火器

B. 容器阀

a. 作用：平时封存灭火剂，火灾时自动或手动开启释放灭火剂。

b. 类型：高电动型、气动型、机械型和电引爆型(CO_2 低压系统容器阀应能在喷出要求的量后自行关闭)。

c.设置要求：

a)符合环境要求，长期可靠地工作；

b)20～50℃范围内工作；

c)具备一定强度，不得有变形、渗漏现象；

d)灵活、准确；

e)耐腐蚀、耐冲击。

容器阀如图 3.84 所示。

C.集流管(汇集管)

a.作用：将若干储瓶同时开启释放出的灭火剂汇集起来，然后通过分配管输送到保护空间。

b.设置要求：

a)工作压力不小于最高环境温度时储存容器的压力；

b)装设安全阀。

集流管如图 3.85 所示。

图 3.84　容器阀

图 3.85　集流管

D.单向阀

a.作用：控制介质流向，防止灭火剂回流到空瓶或从卸下的储瓶接口处泄漏。

b.设置要求：设置在连接软管的前边或后边均可；启动气体管路中设置的单向阀较小，用以控制启动气瓶放出高压气体开启相应的阀门。

单向阀如图 3.86 所示。

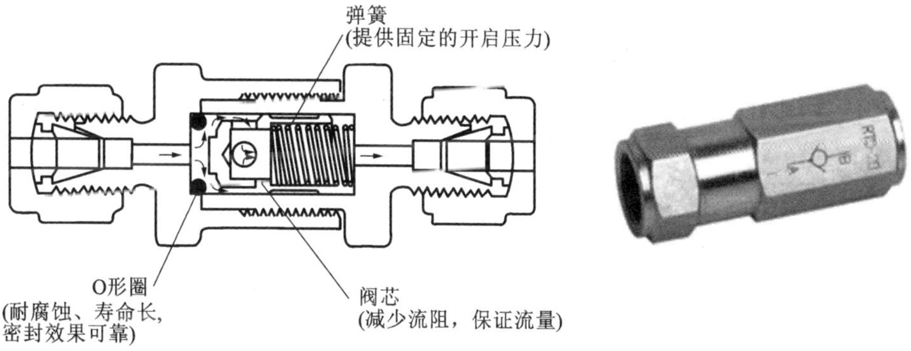

(a)　(b)

图 3.86　单向阀构造及实物

E. 连接软管

为了便于储存容器的安装和维护，减缓释放灭火剂时对管网系统的冲击力，一般在单向阀与容器阀或单向阀与集流管之间采用软管连接。连接软管应为钢丝编织的耐压胶管，两端装有接头组成的连接软管组。

储存装置宜设在专用的储存容器间内，局部应用系统的储存装置，可设置在固定安全围栏内。专用储存容器间应符合下列要求：

a. 应靠近防护区，出口应直接通向室外和疏散通道；

b. 耐火等级不低于二级；

c. 室内应保持干燥和良好通风；

d. 设在地下储存容器间应设机械排风装置，排风口应直通室外。

②启动分配装置

图 3.87 选择阀

A. 启动气瓶

a. 作用：打开容器阀及相应的选择阀。

b. 启动气瓶的开启：通过其上的瓶头阀实现自动开启，瓶头阀为电动型或电引爆型，由火灾报警系统控制。

B. 启动气体管路

输送启动气体的管路，多采用铜管，符合“拉制铜管”或“挤制铜管”的规定。

C. 选择阀（图 3.87）

a. 作用：平时常闭，系统启动时与着火防护区相对应的选择阀打开。

b. 启动方式：自动-电动、气动、手动。

c. 设置要求：靠近储存容器，便于手动操作；公称直径与防护区管道的公称直径相等；应设有标明所保护防护区的金属标牌。选择阀的工作压力：高压系统不应小于 12MPa，低压系统不应小于 2.5MPa。

③输送释放装置

A. 管道

a. 作用：输送灭火剂。

b. 管道材料：CO_2 高压系统承受最高环境温度下的储存压力；低压系统应能承受4.0MPa 的压力，采用无缝钢管。对镀锌层有腐蚀的环境，采用不锈钢管、铜管。

c. 管道附件：有三通、弯头、接头、堵头，根据连接管道材料的壁厚进行选择，连接应具有良好的密封性能和强度。

d. 管道布置：

a）管道应尽量短、直，避免绕流；

b）管网应布置成均衡管网；

c）不得采用四通分流；

d）阀门间的封闭管段应设置泄压装置；

e）爆炸危险场所的管段应设防静电接地装置。

e. 管道的安装：

a)管道的公称直径小于或等于 80mm 的管道附件宜采用螺纹连接，公称直径大于 80mm 的管道附件应采用法兰连接；

b)管道系统必须固定牢固，能承受灭火剂喷射时产生的推力及温度变化引起的膨胀与收缩。在有可能发生爆炸的地方，管道必须固定在支撑物上，并不能出现位移。

B. 喷嘴(图 3.88)

a. 作用：保证灭火剂以特定的射流形式喷出，促使灭火剂迅速汽化，在保护空间内达到灭火浓度。

b. 喷嘴类型：全淹没二氧化碳灭火系统喷嘴；局部应用二氧化碳灭火系统喷嘴。

c. 喷嘴布置：喷头应均匀布置，以保证灭火剂分布均匀。粉尘场所喷头应增设不影响喷射效果的防尘罩；进行局部应用系统面积法设计时，喷头应等距离布置；架空喷头应垂直于保护对象表面，其瞄准点应是喷头保护面积的中心。如图 3.89 所示。

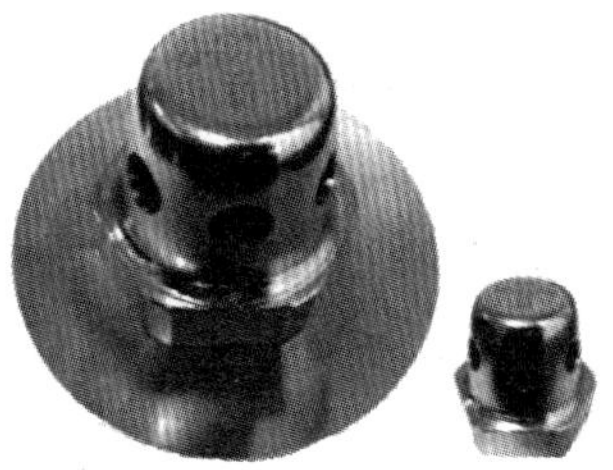

图 3.88　喷嘴

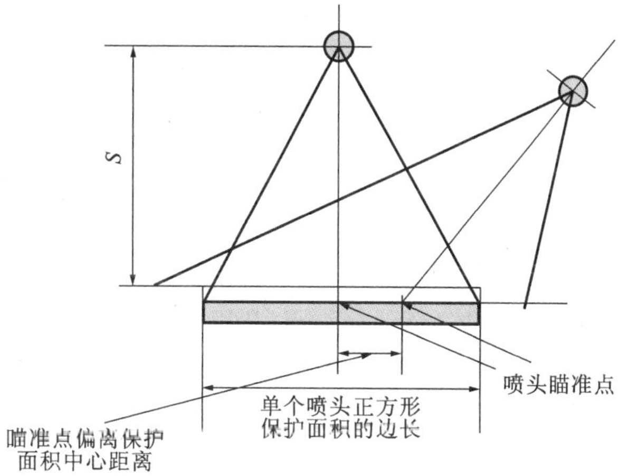

图 3.89　喷嘴布置

d. 喷嘴的性能要求：

a)喷嘴应能承受一定的压力，试验后喷嘴不得有变形、裂纹及其他损坏。

b)应能承受高温和冷击，按标准规定的试验方法进行试验后，喷嘴体不得发生变形、裂纹和破裂。

c)喷嘴能承受住控制、操作、运输和安装的冲击。

d)具有一定耐腐蚀性能。

e)横截面面积不得小于规定值。

④监控装置

防护区应有火灾自动报警系统，通过其探测火灾并监控气体灭火系统，实现气体灭火系统的自动启动。火灾自动报警系统可以单独设置，最好利用建筑物的火灾自动报警系统的报警主机集中控制。报警主机的功能：

a. 报警主机带有各保护区域的烟、温感报警功能；

b.带有警铃和声光报警器警报功能；

c.有防护区门边手动紧急延时启动功能；

d.有手动紧急启动、停止功能；

e.有手/自动转换、联动驱动瓶、选择阀、风机、风阀等功能；

f.提供开关量或24V信号与火灾自动报警主机联网功能。

气体灭火系统还应有监测系统工作状态如流量或压力的监测装置，常用的监测装置是压力开关。

⑤辅助装置(称重装置)

每个储存容器应设有称重检测装置，当灭火剂泄漏量超过标定值的5%就自动报警，如图3.90所示。

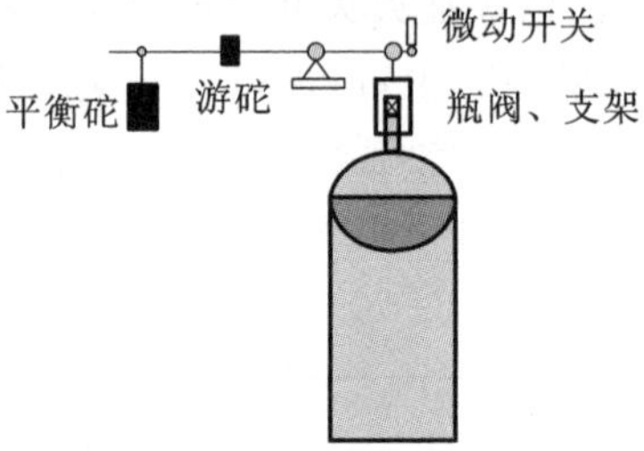

图3.90 称重装置

(2)气体灭火系统的工作原理

气体灭火系统防护区发生火灾后，首先火灾探测器动作，并向火灾报警灭火控制器报警，确认后发出声、光报警信号，同时启动联动装置(关闭防护区开口、停止空调和通风机等)，延时一定时间(一般为30s)后打开启动气瓶的瓶头阀，利用气瓶中的高压氮气将灭火剂储存容器上的容器阀打开，灭火剂经管道输送到喷头喷出实施灭火。灭火实施时，压力开关动作发出反馈信号，灭火控制器同时发出施放灭火剂的声、光报警信号。

延时主要有三个方面的作用，一是考虑防护区内人员的疏散，二是及时关闭防护区的开口，三是判断有没有必要启动气体灭火系统。如图3.91所示。

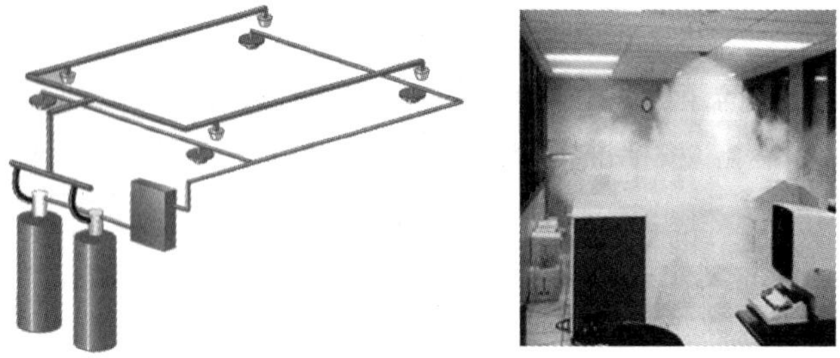

(a) (b)

图3.91 气体灭火系统的工作原理

(3)气体灭火系统的启动方式

气体灭火系统一般具有自动、手动、机械应急启动三种启动方式：

自动启动是指系统从火灾探测报警到关闭联动设备和释放灭火剂，均由系统自动完成，不需人员介入的操作与控制方式。

手动启动是指人员发现起火或接到火灾自动报警信号并经确认后，启动手动控制按钮，通过灭火控制器操作联动设备和释放灭火剂的操作与控制方式。

机械应急启动是指系统在自动与手动操作均失灵时，人员用系统所设的机械式启动机构，释放灭火剂的操作与控制方式，在实施前必须关闭相应的联动设备。

气体灭火系统的管网灭火系统应设自动控制、手动控制和机械应急操作三种启动方式。管网灭火系统的工作流程如图 3.92 所示。

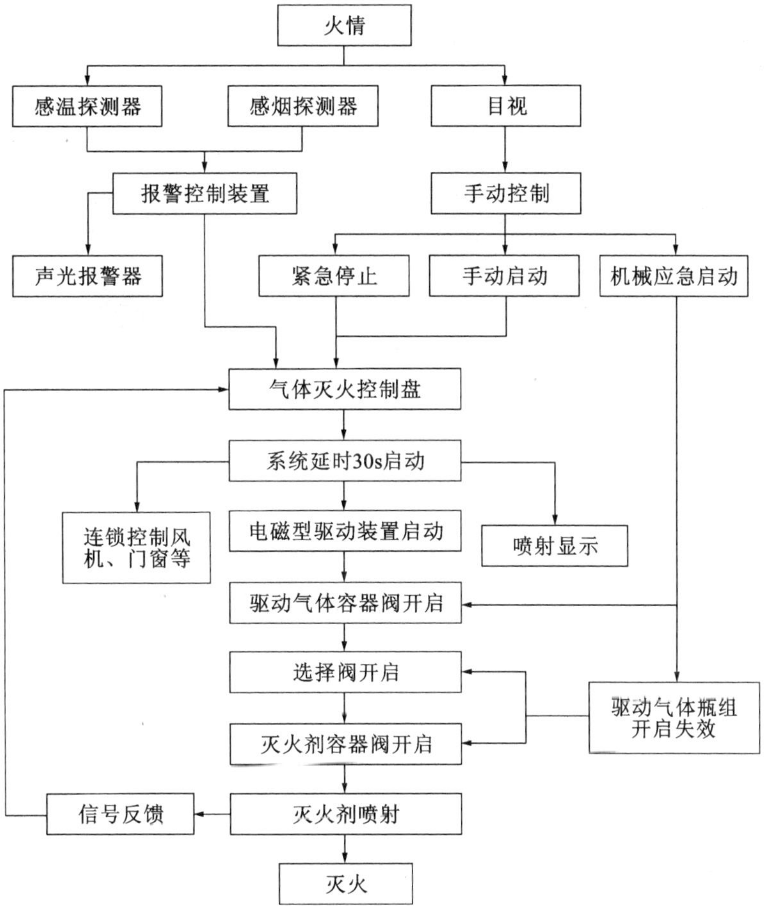

图 3.92 管网灭火系统工作流程

预制(无管网)灭火系统应设自动控制和手动控制两种启动方式。

气体灭火系统机械应急操作装置应设在钢瓶间内或防护区外便于操作的地方，且能在一个地点完成释放灭火剂的全部操作，如图 3.93 所示。

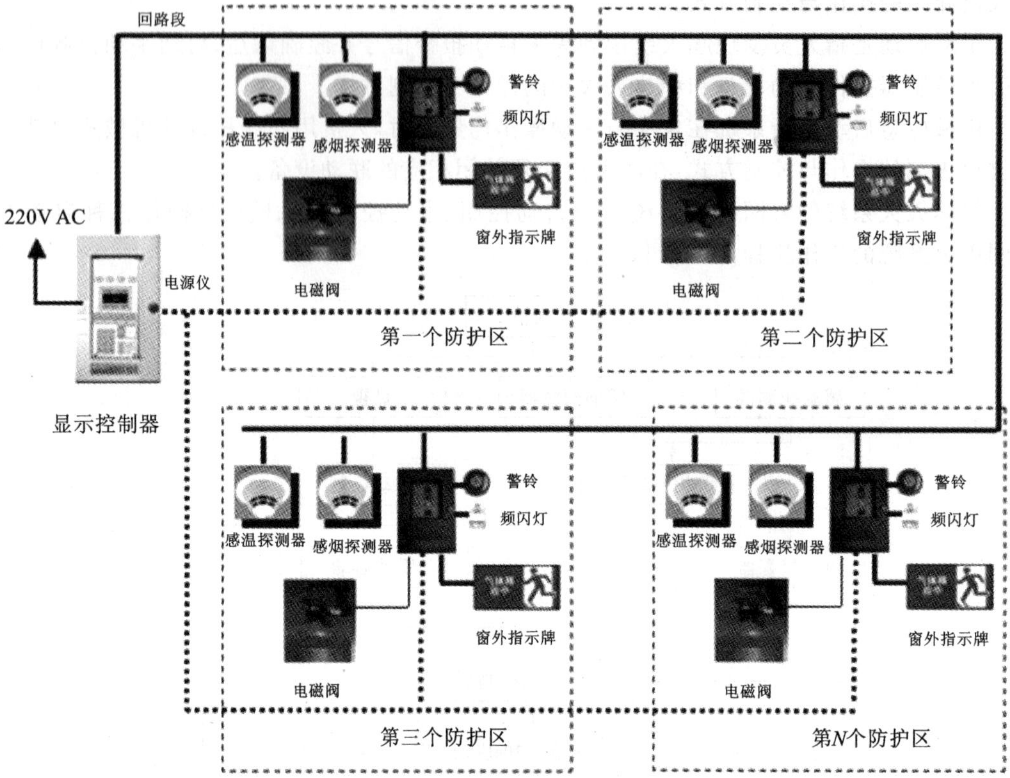

图 3.93 应急操作装置布设

3.5 消防应急广播系统

消防应急广播系统也叫消防广播系统，是火灾逃生疏散和灭火指挥的重要设备，在整个消防控制管理系统中起着极其重要的作用。火灾发生时，消防应急广播信号通过音源设备发出，经过功率放大后，由广播切换模块切换到广播指定区域的音箱实现应急广播。数字化可寻址广播系统正伴随着消防广播系统的发展而走进市场。

3.5.1 消防应急广播系统的组成及原理

消防应急广播系统分为多线制和总线制两种。

多线制消防应急广播系统拓扑图见图 3.94。

总线制消防应急广播系统拓扑图见图 3.95。

(1)消防应急广播系统组成

消防应急广播系统通常由五大部分组成：消防广播源设备、信号的放大和处理设备、信号分配设备、传输线路和扬声器系统。

消防音源设备：主要指广播主机，可由外部输入音源信号 CD/MP3、播放机、调谐器等组成，进行背景音乐广播。

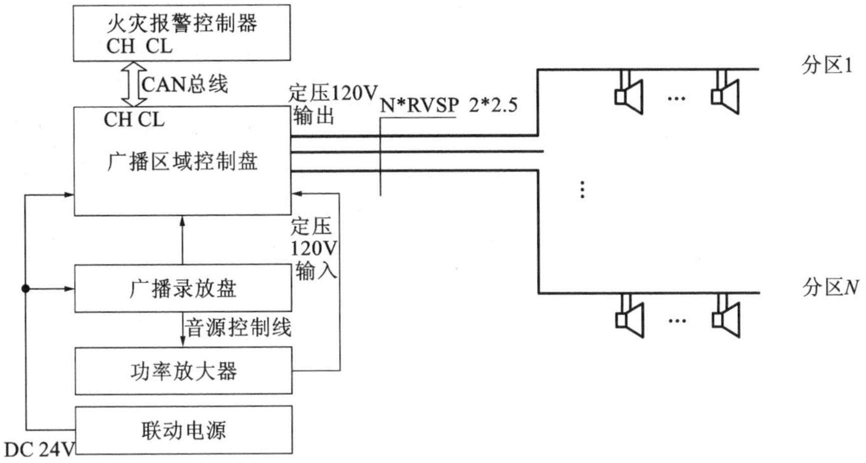

图 3.94 多线制消防应急广播系统拓扑图

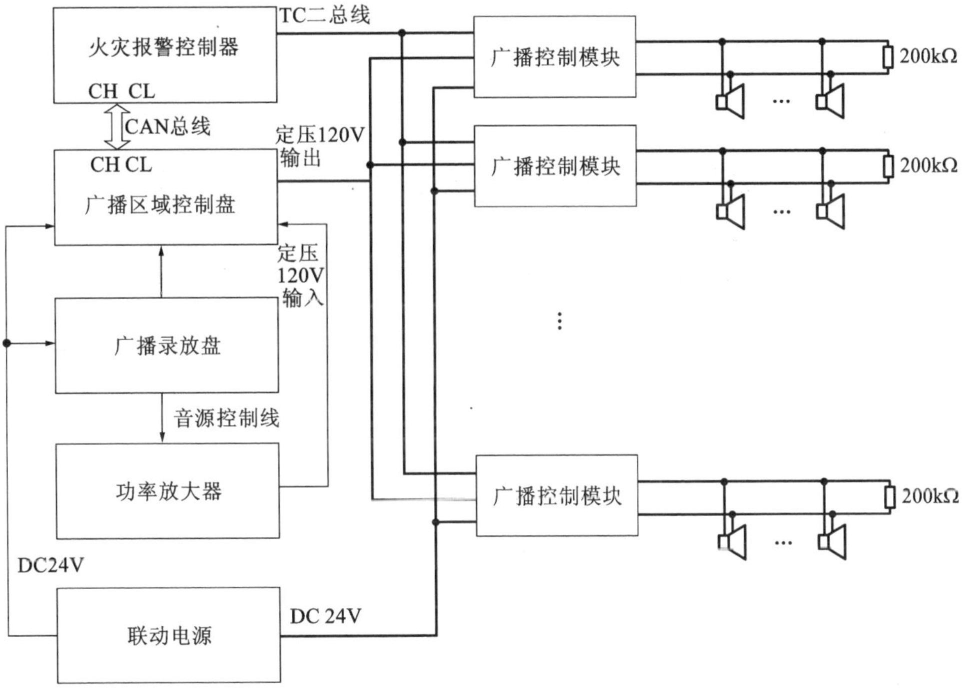

图 3.95 总线制消防应急广播系统拓扑图

【设备示例 48】 海湾 GST-CD 广播录放盘，如图 3.96 所示。

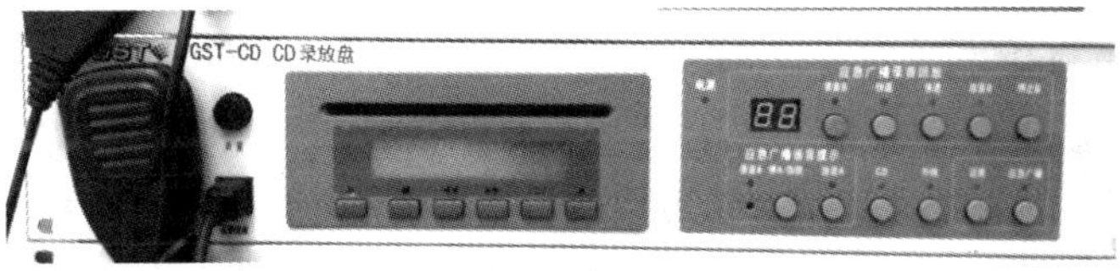

图 3.96 海湾 GST-CD 广播录放盘

录放盘是应急广播系统配套产品，它与定压库全出的广播功率放大器、音箱、广播控制设备组成应急广播系统。内置电子录音机，可录制 30min 的电子语音记录模块，在应急话筒播音时，对应急播音内容自动记录，必要时该信息能人为提取。也可采用播放 CD 光盘作为应急广播。应急广播启动方式有两种，分别为自动启动和手动启动。通过火灾主机的设置可对该 CD 盘设定该启动方式。当发生火警时，主机控制器会输送一个 24V 的信号给录放盘，从而启动应急广播。录放盘一般安置在机房内。

接线端子说明：

24V+、24V-：CD 录放盘电源输入；

C 线：联动控制线；

D 线：回答线；

遥控输出：本设备工作时，该端子输出 24V，用于联动控制广播功率放大器工作。

信号放大和处理设备部分：

该设备部分主要指功率放大器，功率放大器主要任务是信号的放大（电压放大和功率放大），通过传输线路去推动扬声器放声；功率放大器是应急广播系统配套的产品，它与相应的广播音源设备（如广播录放盘，CD 录放盘）和广播终端设备（如广播区域控制盘，广播音箱）配合，实现消防现场的应急广播功能。它们安置于机房内。

【设备示例 49】 海湾 GST-GF150W 广播功率放大器，如图 3.97 所示。

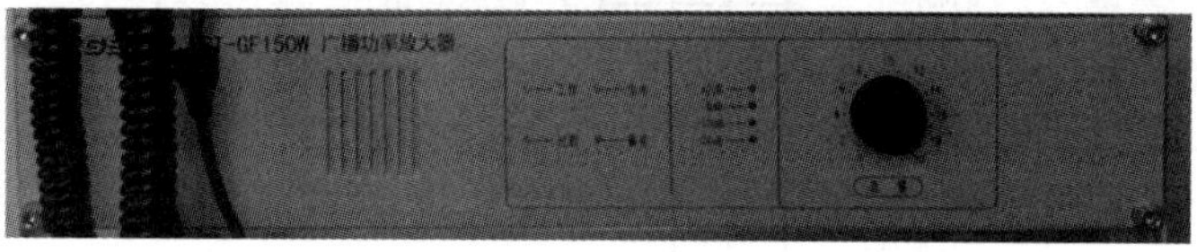

图 3.97 海湾 GST-GF150W 广播功率放大器

广播功率放大器是消防应急广播系统配套产品，它与相应的广播音源设备和广播终端设备等配合，实现消防现场的应急广播功能。

GST-GF150W 广播功率放大器功率为 150W。

接线端子说明：

L、N：主交流 220V 电源输入端口；

遥控：接收其他设备的联动控制信号，为直流 24V 输入，接入 DC 24V 自动启动本机至工作状态，同时音频的输出不受面板的音量控制器控制；

定压输出：功率放大器的音频信号输出端。

系统内部接线说明：

①音频输入输出：RCA 音频接口，其中一路 RCA 口，可以作为接收来自于音源设备的音频输出，另外一路可作为级联下一台功率放大器的音频输入。

②保险管座：本机供电的交流保险（3A）。

③电源开关：控制本机的电源开关，在应急信号输入时，本机的电源开启不受此开关的控制。

④级联输入：RJ45 接口内部控制专用接口，用于功率放大器的监听控制、自检控制。

⑤级联输出：RJ45 接口，内部控制专用接口，用于广播系统多台设备的控制，如联动多台功率放大器。

⑥定压输出：功率放大器的音频输出广播线。

⑦遥控接口：接收其他设备的联动控制信号，为直流 24V 输入，接入 DC 24V 自动启动本机至工作状态，同时音频输出不受音量电位器的控制。无 DC 24V 信号控制时本机的开启受前面板的电源开关控制，音频输出受音量电位器的控制。

⑧过载接口：当本机出现异常或由于外部输出线短路时，致使本机过载灯常亮，由该接口输出一个无源闭合接点信号。本机处于子恢复状态下不输出闭合接点信号。

⑨备用电源输入：备用交流 220V 电源输入接口。

⑩主用电源输入：主用交流 220V 电源输入接口。

信号分配设备部分：

信号分配设备主要包括多线制广播分配盘(多线制专用)、广播模块(总线制专用)。

【设备示例 50】 海湾 GST-GBFB-200/MP3 广播分配盘，如图 3.98 所示。

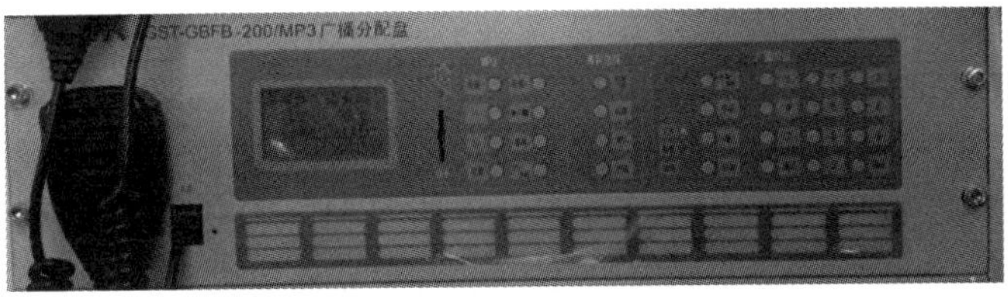

图 3.98　海湾 GST-GBFB-200/MP3 广播分配盘

GST-GBFB-200/MP3 广播分配盘不仅具备给消防系统提供外部输入音源信号的功能，同时也具备分区广播功能。

GST-GBFB-200/MP3 广播分配盘结构特征如图 3.99 所示。

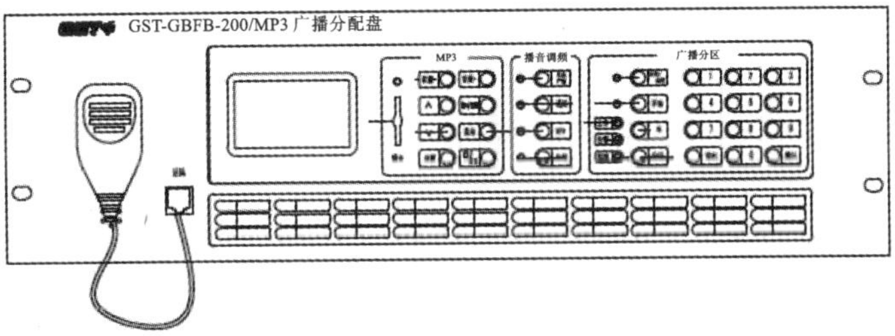

图 3.99　GST-GBFB-200/MP3 广播分配盘结构特征

其中系统内部接线(图 3.100)：

①功放过载输入 1：与第 1 路功放的故障输出相连接。

②功放过载输入 2：与第 2 路功放的故障输出相连接。

③④19RS485 接口：与 RS485 总线通信的消防控制器相连，用于与消防控制器通信。

⑤控制接口：预留接口。

⑥机壳地：用于与大地相连。

⑦遥控输出：与功率放大器遥控端子相连。用于应急广播时强行启动功率放大器。

⑧电源输入：本机为 DC 24V 电源接入端子。

⑨电源开关：开关机器使用。

⑩⑪⑫⑬功放定压输入 1～4：第 1、2、3、4 路功率放大器音频接入端子。

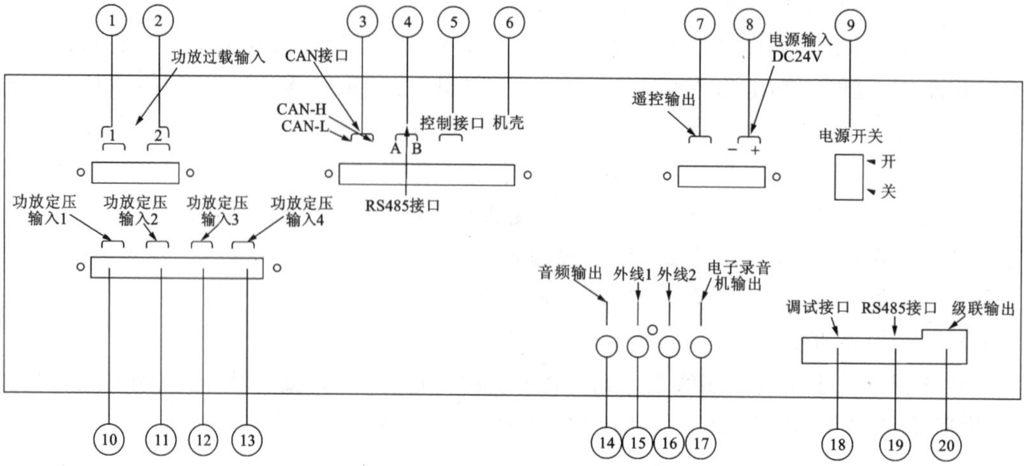

图 3.100 系统内部接线

⑭音频输出：与功率放大器音频输入口相接，作为功率放大器的音源输入。

⑮外线 1：音频信号输入接口。连接外置音源信号，如 CD、DVD 等。

⑯外线 2：音频信号输入接口。外置正常广播音源输入。

⑰电子录音机输出：电子录音机信息输出接口。

⑱调试接口：ISP 程序升级接口，厂家留用。

⑲级联输出接口：控制信号(输出线)。该控制线与功率放大器级联，用于向功率放大器传递话筒监听静音及自检信号。

布线要求：定压输出线采用阻燃 RV 线，截面面积≥1.0mm²。最大传输距离 1500m。

【设备示例 51】 海湾 YXJ3-4A 室内音箱，如图 3.101 所示。

图 3.101 海湾 YXJ3-4A 室内音箱

YXJ3-4A 室内音箱是消防应急广播系统配套产品，为吸顶式安装音箱。

YXJ3-4A 室内音箱主要技术指标：

A. 工作电压：120V。

B. 额定功率：3W。

C. 额定频率：150～8000Hz。

D. 特性灵敏度级：90±3dB。

E. 使用环境：温度－10～55℃，相对湿度小于或等于 95%，不结露。

F. 安装尺寸：138mm(外径)×105mm。

G. 外形尺寸：189mm(外径)×115mm。

YXJ3-4A 室内音箱布线：音箱接线采用阻燃 RV 线，截面面积大于或等于 1.0mm²。

(2)消防应急广播系统的原理

消防应急广播系统和背景音乐系统功能相近，根据《火灾自动报警系统设计规范》(GB 50116—2013)中的强制条文规定“消防应急广播与普通广播或背景音乐广播合用时，应具有强制切入消防应急广播的功能”。将两个系统在遇有紧急情况下，进行信号的“切换”，使消防广播系统处于绝对优先的状态。这样做一方面是为了节约开支，最大限度地利用相同功能的设备；另一方面也是对系统设备可靠性的保护。

3.5.2 消防应急广播系统的联动控制设计

①集中报警系统和控制中心报警系统应设置消防应急广播。

②消防应急广播系统的联动控制信号应由消防联动控制器发出。当确认火灾后，应同时向全楼进行广播。

③消防应急广播的单次语音播放时间宜为10～30s，应与火灾声警报器分时交替工作，可采取1次火灾声警报器播放、1次或2次消防应急广播播放的交替工作方式循环播放。

④在消防控制室应能手动或按预设控制逻辑联动控制选择广播分区，启动或停止应急广播系统，并应能监听消防应急广播。在通过传声器进行应急广播时，应自动对广播内容进行录音。

⑤消防控制室内应能显示消防应急广播的广播分区的工作状态。

⑥消防应急广播与普通广播或背景音乐广播合用时，应具有强制切入消防应急广播的功能。

3.5.3 消防应急广播设置

消防广播设置原则：

①民用建筑内扬声器应设置在走道和大厅等公共场所。每个扬声器的额定功率不应小于3W，其数量应能保证从一个防火分区内的任何部位到最近一个扬声器的直线距离不大于25m，走道末端距最近的扬声器距离不应大于12.5m。

②在环境噪声大于60dB的场所设置的扬声器，在其播放范围内最远点的播放声压级应高于背景噪声15dB。

③客房设置专用扬声器时，其功率不宜小于1W。

④壁挂扬声器的底边距地面高度应大于2.2m。

图3.102所示为消防广播设置。

广播分区矩阵器是为公共广播系统开发设计的，机器借鉴当今国际领先的技术和工艺，具有12路音乐输入、12路呼叫输入、12路线路输出，电路合理，性能可靠。

广播分区选择器是公共广播系统重要组成部分，可以把整个音频信号按照客户的不同要求进行合理的分区，通过按钮可以使相应区域播放或停播信号。功放的输出经广播分区选择器的各继电器触点（断开、闭合），分别送到各扬声器区。功放到各扬声器区的信号是并行传输的，1台广播分区选择器具有12路音频信号输入、12路音频信号输出；如果超过12个分区，可以再并联广播分区选择器来扩展分区；广播分区选择器的电路合理，性能可靠，是公共广播系统的优选产品。

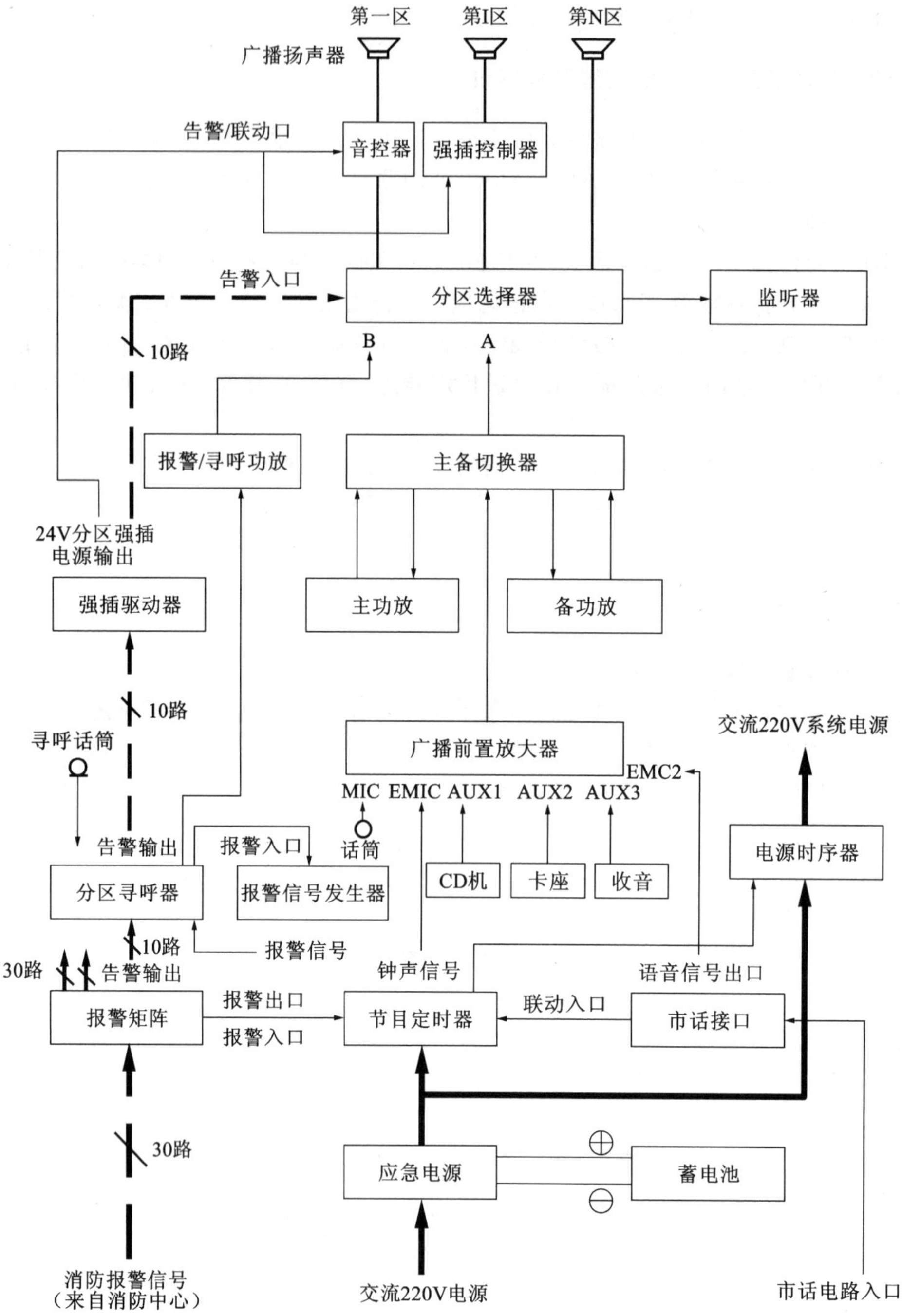

图 3.102 消防广播设置

3.6 消防电话系统

消防电话系统是消防通信的专用设备，当发生火灾报警时，它可以提供方便快捷的通信手段，是消防控制及其报警系统中不可缺少的通信设备。消防电话系统有专用的通信线路，现场人员可以通过现场设置的固定电话和消防控制室进行通话，也可以用便携式电话插入插孔式手报或者电话插孔上面与控制室直接进行通话。

《火灾自动报警系统设计规范》(GB 50116—2013)中对消防电话系统的要求：

1.1 消防专用电话网络应为独立的消防通信系统。

1.2 消防控制室应设置消防专用电话总机且宜选择供电式电话总机或对讲通信电话设备。

1.3 电话分机或电话塞孔的设置应符合下列要求。

1.3.1 下列部位应设置消防专用电话分机：

(1)消防水泵房、备用发电机房、配变电室、主要通风和空调机房、排烟机房、消防电梯机房及其他与消防联动控制有关的且经常有人值班的机房。

(2)灭火控制系统操作装置处或控制室。

(3)企业消防站、消防值班室、总调度室。

1.3.2 设有手动火灾报警按钮、消火栓按钮等处宜设置电话塞孔，电话塞孔在墙上安装时，其底边距地面高度宜为1.3～1.5m。

1.3.3 特级保护对象的各避难层应每隔20m设置一个消防专用电话分机或电话塞孔。

1.4 消防控制室、消防值班室或企业消防站等处，应设置可直接报警的外线电话。

【设备示例52】 海湾GST-LD-8312消防电话插孔，如图3.103所示。

GST-LD-8312消防电话插孔是非编码设备，主要用于将手提消防电话分机连入消防电话系统。消防电话插孔需通过GST-LD-8304消防电话接口接入消防电话系统，不能直接接入消防电话总线。消防电话插座电路部分和接线底壳采用插接方式，接触可靠，便于施工。多个消防电话插孔可并联使用，接线方便、灵活。每只消防电话接口最多可连接100只消防电话插孔。

图3.103 GST-LD-8312 消防电话插孔

GST-LD-8312消防电话插孔安装与布线：

GST-LD-8312消防电话插孔外形尺寸及结构示意图如图3.104所示。电话插孔安装采用进线管预埋装方式，取下电话插孔的红色盖板，用螺钉或自攻螺丝将电话插孔安装在86H50预埋盒上，安装孔距为60mm，安装好红色盖板，安装方式如图3.105所示。

布线要求：TL1、TL2采用截面面积大于或等于1.0mm^{2}的阻燃RVVP屏蔽线。

电话插孔对外端子示意图如图3.106所示。

TL1、TL2：消防电话线，是与GST-LD-8304连接的端子。端子XT1为电话线输入端，端子XT2为电话线输出端，接下一个电话插孔，最末端电话插孔XT2接线端子接4.7kΩ终端电阻。

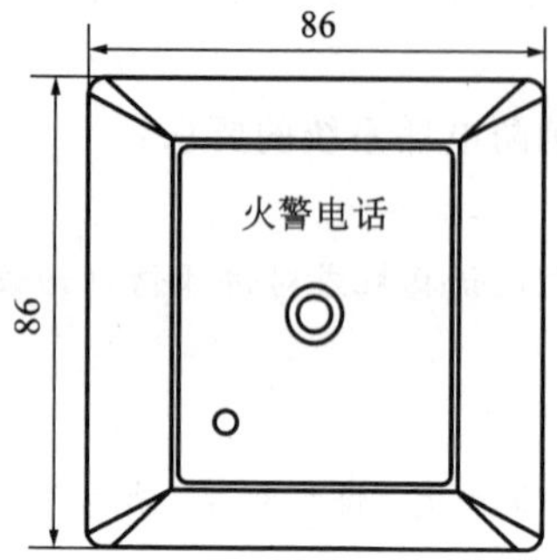

图 3.104 GST-LD-8312
消防电话插孔外形尺寸及结构示意图

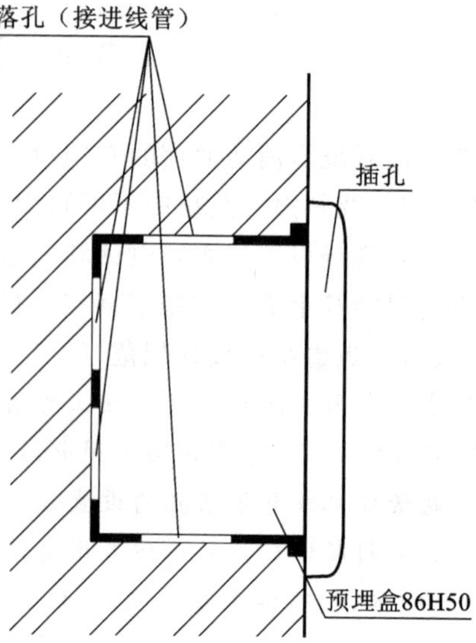

图 3.105 安装方式

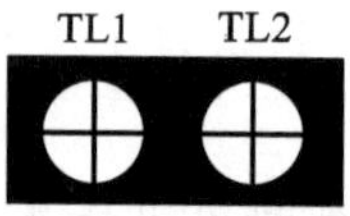

图 3.106 电话插孔对外端子示意图

【设备示例 53】 海湾 GST-TS-100B 消防电话分机及接头，如图 3.107 所示。

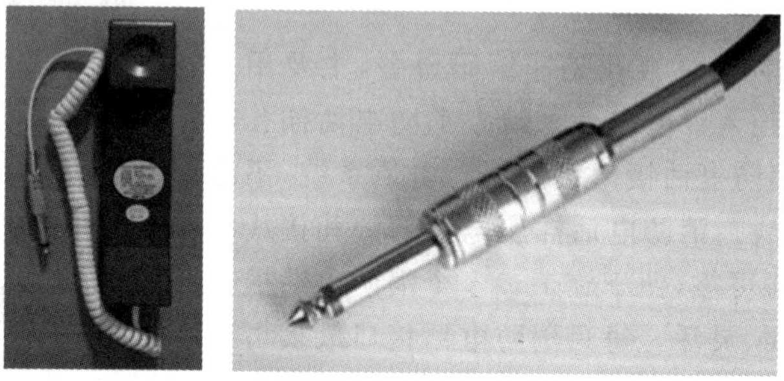

图 3.107 海湾 GST-TS-100B 消防电话分机及接头

GST-TS-100B 消防电话分机是为消防专用而设计开发的总线制通信设备，通过它可迅速实现对火灾的人工确认，并可及时掌握火灾现场情况及进行其他必要的通信联络，便于指挥灭火及恢复工作。

GST-TS-100B 消防电话分机特点：

A. 采用专用电话芯片，工作可靠，通话声音清晰，使用方便、灵活。

B. 手提式电话分机可直接插入电话插座呼叫电话主机。

C. 电话主机可通过控制器所接的相应输入/输出模块(55000-818GST)呼叫固定式电话分机，固定式电话分机摘机即呼叫电话主机，电话主机振铃直至电话主机摘机。

GST-TS-100B 消防电话分机技术特性：

A. 工作电压：DC 24V；允许范围：DC 20～28V。

B. 工作电流：通话时电流约为 25mA。

C. 线制：无极性二总线制。

D. 使用环境：温度－10～50℃，相对湿度≤95%，不凝露。

E. 外形尺寸：手提式电话分机为 200mm×50mm×38.3mm；

固定式电话分机为 206mm×56mm×51.5mm。

F. 执行标准：Q/GST 28—2005。

GST-TS-100B 消防电话分机结构特征与工作原理：

A. 手提式电话分机外形示意图如图 3.108 所示。

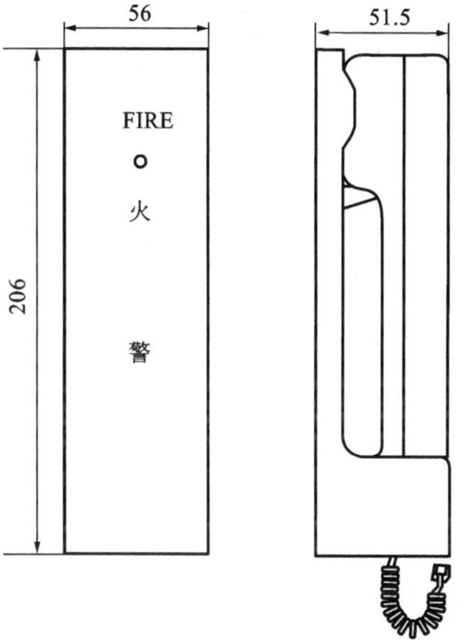

图 3.108 手提式电话分机外形示意图

B. 工作原理

手提式电话分机插入与电话主机相连的电话插座，或固定式电话分机摘机，电话主机即可检测到有电话分机的呼叫，电话主机振铃，电话主机通话器摘机后，即可与电话分机通话。音频信号通过专用电话芯片放大后，传至扬声器与电话总线，实现电话主机与电话分机的通信。

【设备示例 54】 海湾 GST-TS-100A 消防电话分机及接口，如图 3.109 所示。

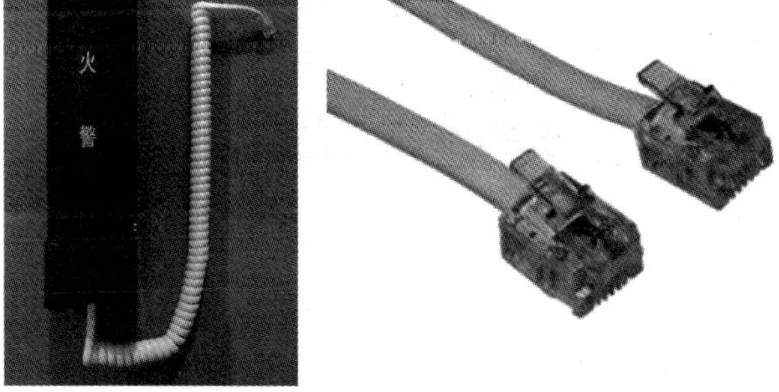

图 3.109 海湾 GST-TS-100A 消防电话分机及接口

GST-TS-100A 消防电话分机是为消防专用而设计开发的总线制通信设备，通过它可迅速实现对火灾的人工确认，并可及时掌握火灾现场情况及进行其他必要的通信联络，便于指挥灭火及恢复工作。

GST-TS-100A 消防电话分机特点：

GST-TS-100A 消防电话分机是消防专用总线制通信设备，为固定式安装，摘机即呼叫电话主机。

技术特性：

A. 工作电压：DC 24V，允许范围：20～28V。

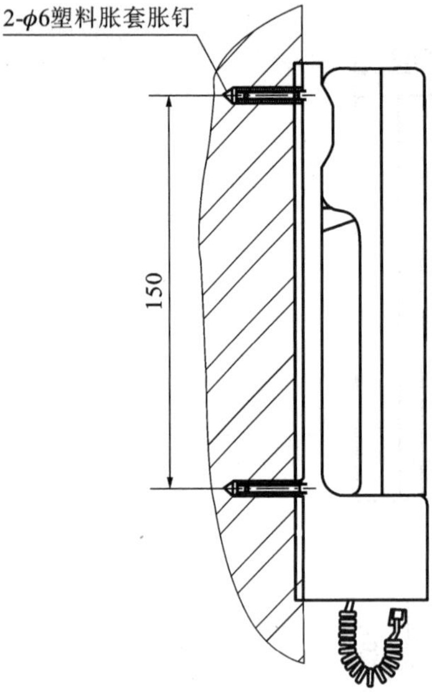

图 3.110 GST-TS-100A 消防电话分机安装示意图

B. 工作电流：通话时电流约为 25mA。

C. 线制：无极性二总线制。

D. 使用环境：温度－10～50℃，相对湿度≤95%，不凝露。

E. 外形尺寸：206mm×56mm×51.5mm。

F. 执行标准：Q/GST 28—2005。

GST-TS-100A 消防电话分机结构特征与安装：

GST-TS-100A 消防电话分机外形尺寸及结构示意图见图 3.108。

GST-TS-100A 消防电话分机安装示意图如图 3.110 所示。

在安装处打出间距为 150mm 的两个 φ6 的孔，穿入 φ6 的胀套，用 φ6 的胀钉固定好后，将 GST-TS-100A 消防电话分机底座直接挂在胀钉上。将电话线插头插入 GST-LD-8304 消防电话接口的电话插孔内。

GST-TS-100B 消防电话分机的电话线插头，直接接入 GST-LD-8312 消防电话的插孔内即可使用。

【设备示例 55】 海湾 GST-LD-8304 消防电话接口模块，如图 3.111 所示。

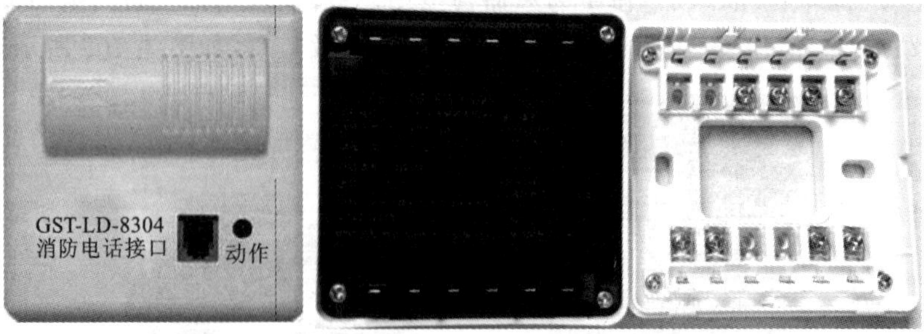

图 3.111 海湾 GST-LD-8304 消防电话接口模块

GST-LD-8304 消防电话接口，主要用于将消防电话分机连入总线制消防电话系统。可直接与总线制电话分机连接，也可通过 GST-LD-8312 消防电话插孔与电话分机连接。当消防电话分机的话筒被提起，该部电话即被消防电话接口自动向消防电话系统请求接入，系统接受请求后，由火灾报警控制器向该接口发出启动命令，连入总线制消防电话系统；也可利用火灾报警控制器直接启动接口，实现对固定分机的呼叫。接口可安装在水泵房、电梯机房等门口。

GST-LD-8304 消防电话接口模块特点：

接口与电话主机间线路发生短路、断路或接口与电话插孔间线路断路，接口向控制器发送故障信号；地址码为电子编码，可由电子编码器事先写入，也可由控制器直接更改，工程调试简便可靠；电路部分和接线底壳采用插接方式，接触可靠，便于施工。

GST-LD-8304 消防电话接口模块技术特性：

A. 工作电压：总线电压总线 24V，允许范围 16～28V。

B. 电源电压：DC 24V；允许范围：20～28V。

C. 工作电流：总线监视电流≤1mA，总线启动电流≤3mA。

电源监视电流≤2mA，电源启动电流≤10mA。

D. 输出控制方式：电平（继电器常开/常闭无源触点输出）。

E. 指示灯：红色（巡检时闪亮，话筒被提起时常亮）。

F. 编码方式：电子编码方式，占用一个总线编码点，编码范围可在 1～242 之间任意设定。

G. 线制：

与火灾报警控制器采用无极性信号二总线连接，与电源线采用无极性二线制连接；

与消防电话二总线采用两线连接，无极性，与消防电话分机采用四线连接。

H. 使用环境：

温度：－10～55℃，相对湿度≤95％，不凝露。

I. 外形尺寸：86mm×86mm×43mm（带底壳）。

J. 壳体材料和颜色：ABS，瓷白。

K. 质量：约 142g（带底壳）。

L. 安装孔距：60mm。

M. 执行标准：GB 16806—2006。

(3)GST-LD-8304 消防电话接口结构特征、安装与布线

GST-LD-8304 消防电话接口的外形尺寸及结构与 GST-LD-8319 输入模块相同，安装方法也相同，其对外端子示意图如图 3.112 所示。

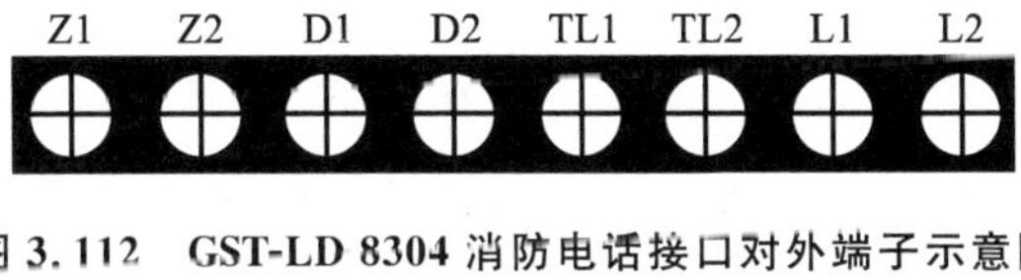

图 3.112　GST-LD 8304 消防电话接口对外端子示意图

其中，

Z1、Z2：接火灾报警控制器两总线，无极性。

D1、D2：DC 24V 电源，无极性。

TL1、TL2：与 GST-LD-8312 连接的端子。

L1、L2：消防电话总线，无极性。

布线要求（图 3.113）：Z1、Z2 采用截面面积≥1.0mm^2 的阻燃 RVS 双绞线，DC 24V 电源线采用截面面积≥1.5mm^2 的阻燃 BV 线，TL1、TL2、L1、L2 采用截面面积≥1.0mm^2 的阻燃 RVVP 屏蔽线。

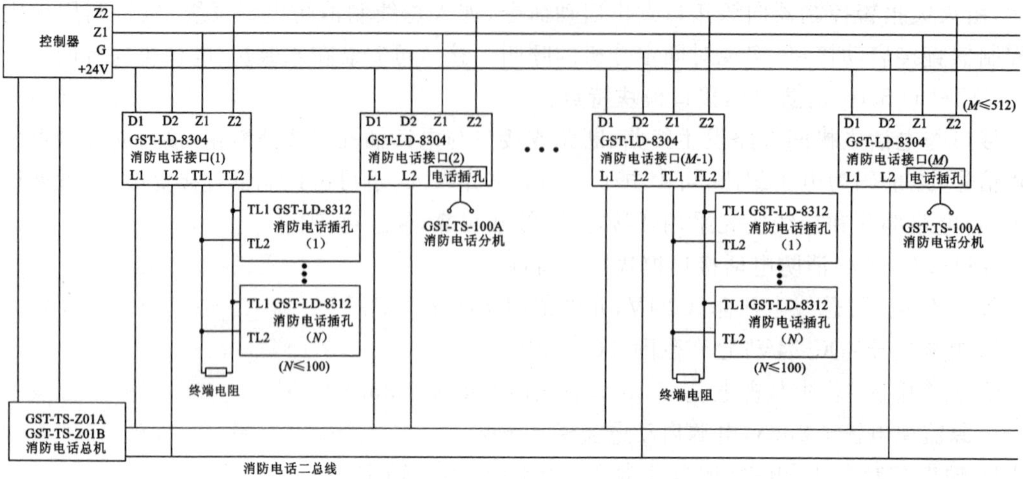

图 3.113 布线要求

需要注意的是:一个固定电话分机就需要一只消防电话模块 8304,电话插孔按图 3.113 所示,一只模块最多只能接 100 个消防电话插孔,系统最大能接 512 个消防电话接口。

【设备示例 56】 海湾 GST-TS-Z01A 消防电话总机,如图 3.114 所示。

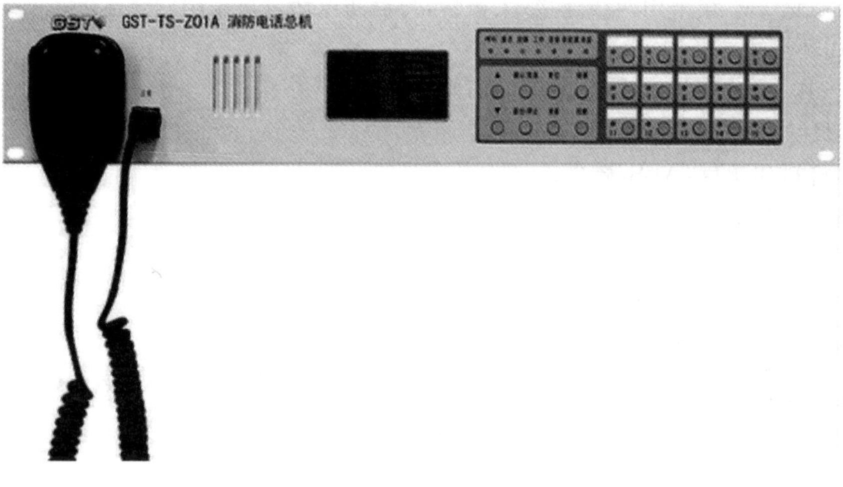

图 3.114 海湾 GST-TS-Z01A 消防电话总机

GST-TS-Z01A 消防电话总机是为消防专用而设计开发的总线制通信系统,通过它可迅速实现对火灾的人工确认,并可及时掌握火灾现场情况及进行其他必要的通信联络,便于指挥灭火及恢复工作。完整的系统由设置在消防控制中心的 GST-TS-Z01A 消防电话总机和火灾报警控制器、现场的 LD-8304 总线制编码消防电话专用模块、LD-8312 总线制消防电话插座或 J-SAP-8402 手动报警按钮(含电话插座)及 TS-100A 总线制电话分机构成,火灾报警控制器可选用 JB-QG-GST5000 火灾报警控制器。

GST-TS-Z01A 消防电话总机特点:

A. 数码管显示月、日、时、分实时时间,采用 24 小时制;

B. 主机可通过火灾报警控制器呼叫固定分机;

C. 分机摘机即呼叫主机，这时，主机振铃直至主机摘机；

D. 通话开始时，请求录音灯闪烁提示录音，按放音 1/录音键后开始录音，并自动记下录音时的时间，录音最多可分两段，总录音时间为 200s；

E. 放音时自动显示所放录音段的录制时间，放音结束自动恢复显示实时时间；

F. 设有音频输出插孔，供外部保存录音使用；

G. 有总线输出过流保护，用蜂鸣器和发光管指示输出过流，并有消音功能；

H. 自动抹音功能：录音段最长保存时间为 3 天，超过保存时间的录音段将被自动抹去以备下次录音。抹音期间，录音指示灯常亮。

GST-TS-Z01A 消防电话总机技术特性：

A. 工作电压：DC 24V；允许范围：DC 20～28V。

B. 馈电输出：输出总线电压 DC 24V±10%，最大输出电流 0.25A。

C. 静态功耗约 1W。

D. 录音时间：200s。

E. 线制：消防电话主机与 LD-8304 总线制编码消防电话专用模块、LD-8312 型电话插座或 J-SAP-8402 手动报警按钮(含电话插孔)之间为无极性二总线连接。

F. 使用环境：温度－10～50℃，相对湿度≤95%，不凝露。

G. 外形尺寸：前面板为 485mm×133mm；箱体为 133mm×242mm×410mm。

GST-TS-Z01A 消防电话总机结构特征、安装与布线：

GST-TS-Z01A 消防电话总机外形尺寸及结构示意图如图 3.115 所示。

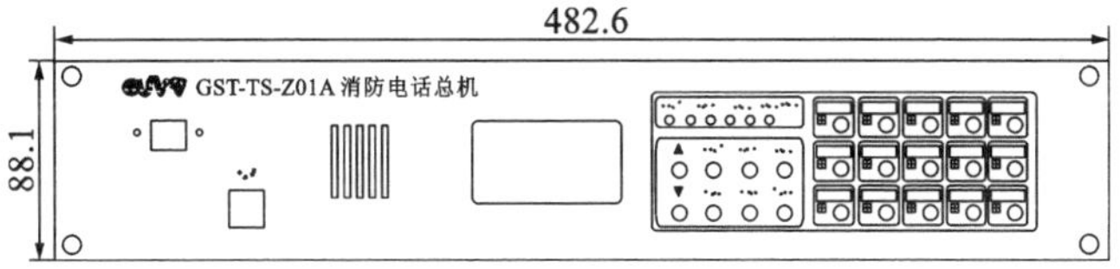

图 3.115　GST-TS-Z01A 消防电话总机外形尺寸及结构示意图

本消防电话总机采用标准插盘结构安装，其后部示意图如图 3.116 所示。

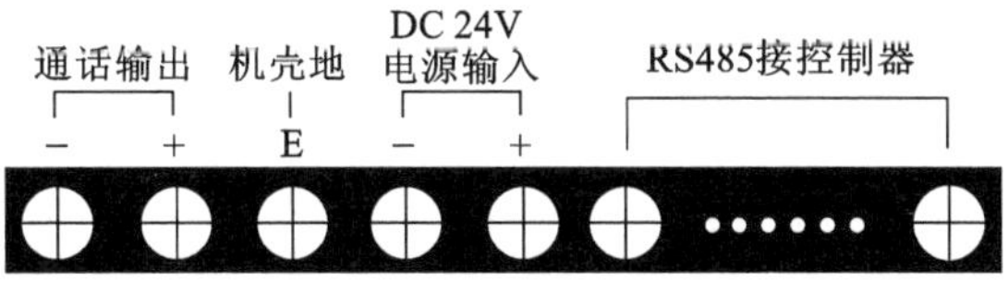

图 3.116　消防电话总机后部示意图

其中，系统内部接线：

机壳地：与机架的地端相接。

DC 24V 电源输入：接 DC 24V。

RS485 接控制器：与火灾报警控制器相连接。

系统外部接线：

通话输出：消防电话总线，与 GST-LD-8304 接口连接。

布线要求：通话输出端子接线采用截面面积≥1.0mm^2 的阻燃 RVVP 屏蔽线，最大传输距离 1500m。

特别注意：现场布线时，总线通话线必须单独穿线，不要同控制器总线同管穿线，否则会对通话声产生很大的干扰。

海湾消防广播系统接线见图 3.113。

思考题

3-1 如何理解防烟分区？简述防烟分区与防火分区的区别。

3-2 简述机械加压送风排烟的组成。

3-3 简述机械排烟系统的组成及工作原理。

3-4 简述闭式自动喷水灭火系统与开式自动喷水灭火系统的应用环境及特点。

3-5 简单分析气体灭火系统的组成及工作原理。

3-6 试描述当火灾发生时，各防排烟设备的工作流程。

3-7 试描述当火灾发生时防火卷帘门的动作过程。

4 消防控制室的组成及设计要求

消防控制室是设有火灾自动报警设备和消防设施控制设备，用于接收、显示、处理火灾报警信号、控制相关消防设施的专门处所，是利用固定消防设施扑救火灾的信息指挥中心，也是建筑内消防设施控制中心枢纽。平时它全天候地监测各种消防设备的工作状态，保持系统的正常运行。一旦出现火情，它将成为紧急信息汇集、显示、处理的中心，及时、准确地反馈火情的发展过程，正确、迅速地控制各种相关设备，达到疏导和保护人员、控制和扑灭火灾的目的。

4.1 消防控制室设计规范

(1)消防控制室的设计要求

消防控制室根据建筑物的实际情况，可独立设置，也可以与保安监控室、综合控制室等合用，并保证专人 24h 值班。

①仅有火灾探测报警系统且无消防联动控制功能时，可设消防值班室，消防值班室可与经常有人值班的部门合并设置。

②设有火灾自动报警系统和自动灭火系统或设有火灾自动报警系统和机械防(排)烟设施的建筑，应设置消防控制室。

③具有两个及以上消防控制室的大型建筑群或超高层，应设置消防控制中心。

④消防控制室应设有用于火灾报警的外线电话。

⑤消防控制室应有相应的竣工图纸、各分系统控制逻辑关系说明、设备使用说明书、系统操作规程、应急预案、值班制度、维护保养制度及值班记录等。

(2)消防控制室的设置要求

根据《建筑设计防火规范》、《火灾自动报警系统设计规范》、《民用建筑电气设计规范》等现行国家规范的要求，消防控制室的设置应符合以下要求：

①单独建造的消防控制室，其耐火等级不应低于二级。

②附设在建筑物内的消防控制室，宜设置在建筑物内首层的靠外墙部位，距通往室外出入口不应大于 20m。亦可设置在建筑物的地下一层，但应采用耐火极限不低于 2h 的隔墙和 1.5h的楼板与其他部位隔开，并应设直通室外的安全出口。

③消防控制室的门应向疏散方向开启，且入口处应设置明显的标志。

④消防控制室的送、回风管在其穿墙处应设防火阀。

⑤消防控制室内严禁与其无关的电气线路及管路穿过。

⑥消防控制室周围不应布置电磁场干扰较强及其他影响消防控制设备工作的设备用房。

(3)消防控制室内设备的布置

消防控制室的消防控制设备，值班、维修人员都要占有一定的空间。为便于设计和使用，又不至造成浪费，《火灾自动报警系统设计规范》对消防控制室内控制设备的布置做了明确规定。

①盘前操作距离：单列布置时不应小于 1.5m，双列布置时不应小于 2m。

②在值班人员经常工作的一面，控制盘至墙的距离不应小于 3m。

③盘后维修距离不应小于 1m。

④控制盘的排列长度大于 4m 时，控制盘两端应设置宽度不小于 1m 的通道。

⑤火灾报警控制器消防联动控制器安装在墙上时，其主显示屏高度宜为 1.5～1.8m，其靠近门轴的侧面距墙不应小于 0.5m，正面操作距离不应小于 1.2m。

4.2 消防控制室基础设施建设

消防控制室是火灾扑救时的信息、指挥中心，也是建筑物内防火、灭火设施的显示控制中心，因此在建筑物中的地位十分重要。为了保证消防控制室发挥应有的作用，便于消防人员扑救时联系工作，及时有效地扑灭火灾，减少人员伤亡和财产损失，消防控制室对基建设计亦有相关规定。

(1)土建

①单独设置的消防控制室，其耐火等级不应低于二级。

②附设在建筑物内的消防控制室，宜设置在建筑内的首层或地下一层(采取防水淹措施)，并宜布置在靠外墙部位。

③不应设置在电磁场干扰较强及其他可能影响消防控制设备正常工作的房间附近。

④疏散门应直通室外或安全出口。

⑤消防控制室内的设备构成及其对建筑消防设施的控制与显示功能以及向远程监控系统传输相关信息的功能，应符合现行国家标准《火灾自动报警系统设计规范》(GB 50116—2013)和《消防控制室通用技术要求》(GB 25506—2010)的规定。

(2)暖通

消防控制室送、回风管的穿墙处应设防火阀，如图 4.1 所示。

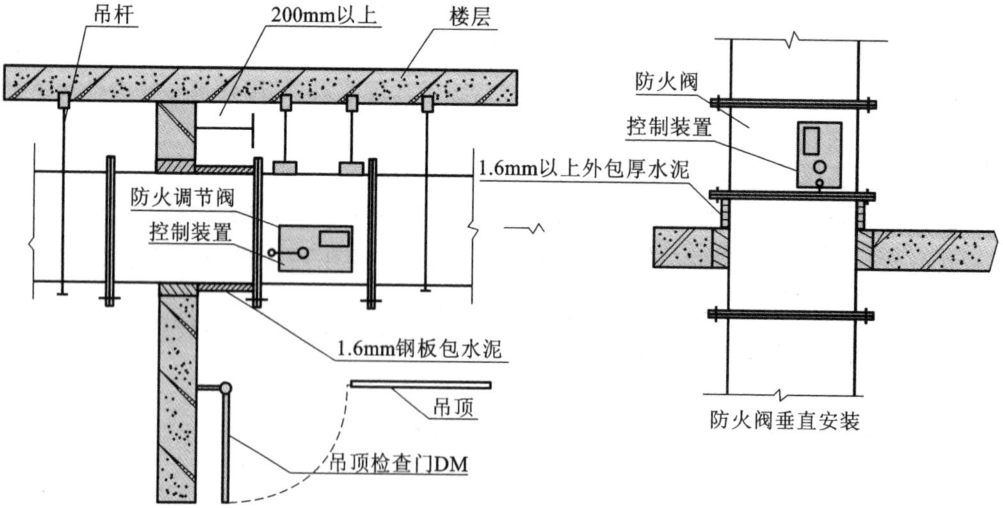

图 4.1 穿墙处设置防火阀示例

消防控制室内设置的消防设备应包括火灾报警控制器、消防联动控制器、消防控制室图形显示装置、消防专用电话总机、消防应急广播控制装置、消防应急照明和疏散指示系统控制装置、消防电源监控器等设备或具有相应功能的组合设备。

消防控制室应设有用于火灾报警的外线电话。消防控制室单独设置时,消防控制室内严禁穿过与消防设施无关的电气线路及管路。设备面盘前的操作距离,单列布置时不应小于1.5m;双列布置时不应小于2m。在值班人员经常工作的一面,设备面盘至墙的距离不应小于3m。设备面盘后的维修距离不宜小于1m。设备面盘的排列长度大于4m时,其两端应设置宽度不小于1m的通道。与建筑其他弱电系统合用的消防控制室内,消防设备应集中设置,并应与其他设备间有明显的间隔。图4.2所示为设备面盘双列布置的消防控制室布置图。

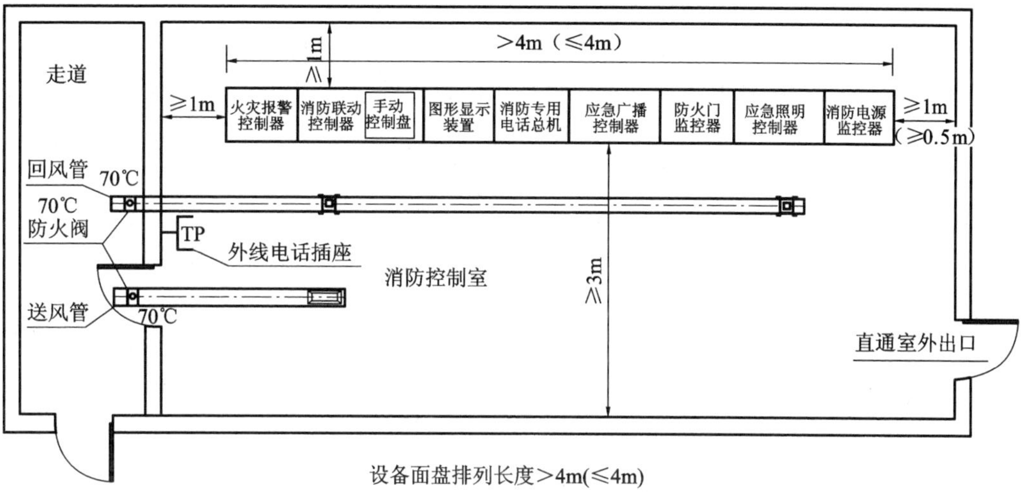

设备面盘排列长度>4m(≤4m)

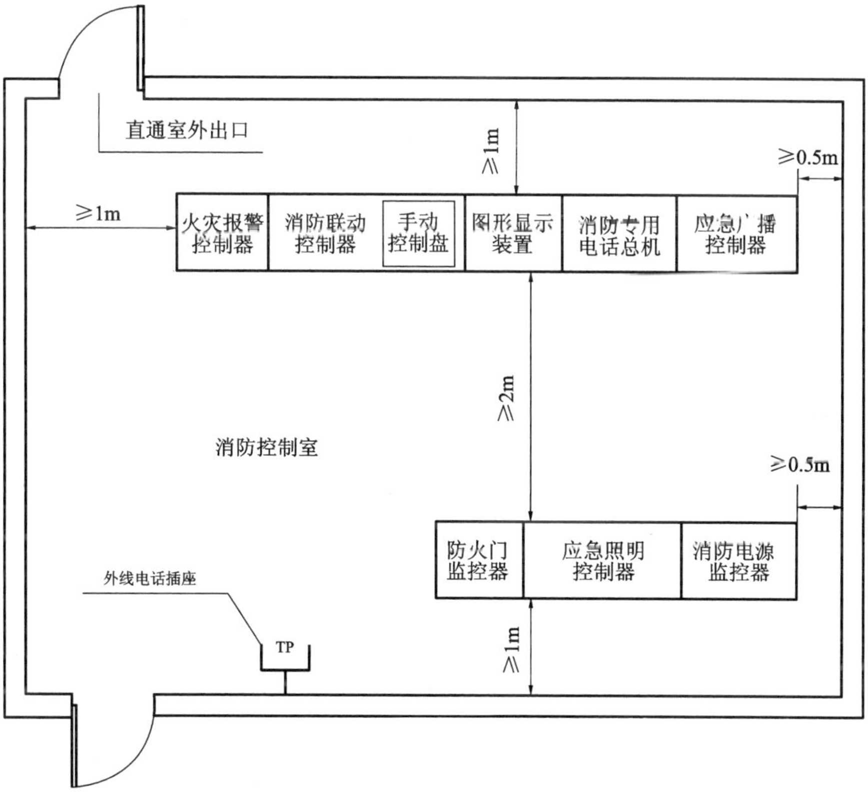

图4.2 设备面盘双列布置的消防控制室布置

消防控制室的建筑设计要求如下。

①《建筑设计防火规范》(GB 50016—2014)中第 6.2.7(项)规定：

附设在建筑内的消防控制室、灭火设备室、消防水泵房和通风空气调节机房、变配电室等，应采用耐火极限不低于 2.00h 的防火隔墙和 1.50h 的楼板与其他部位分隔。

设置在丁、戊类厂房内的通风机房，应采用耐火极限不低于 1.00h 的防火隔墙和 0.50h 的楼板与其他部位分隔。

通风、空气调节机房和变配电室开向建筑内的门应采用甲级防火门，消防控制室和其他设备房开向建筑内的门应采用乙级防火门。

②《建筑设计防火规范》(GB 50016—2014)中第 8.1.7(项)规定：

设置火灾自动报警系统和需要联动控制的消防设备的建筑(群)应设置消防控制室。消防控制室的设置应符合下列规定：

A. 单独建造的消防控制室，其耐火等级不应低于二级；

B. 附设在建筑内的消防控制室，宜设置在建筑内首层或地下一层，并宜布置在靠外墙部位；

C. 不应设置在电磁场干扰较强及其他可能影响消防控制设备正常工作的房间附近；

D. 疏散门应直通室外或安全出口；

E. 消防控制室内的设备构成及其对建筑消防设施的控制与显示功能以及向远程监控系统传输相关信息的功能，应符合现行国家标准《火灾自动报警系统设计规范》(GB 50116—2013)和《消防控制室通用技术要求》(GB 25506—2010)的规定；

F. 消防水泵房和消防控制室应采取防水淹的技术措施。

消防控制室内设置的消防设备应能监控并显示建筑消防设施运行状态信息，并应具有向城市消防远程监控中心(以下简称监控中心)传输这些信息的功能。建筑消防设施运行状态信息见表 4.1。

表 4.1 建筑消防设施运行状态信息

设施名称		内容
火灾探测报警系统		火灾报警信息、可燃气体探测报警信息、电气火灾监控报警信息、屏蔽信息、故障信息
消防联动控制系统	消防联动控制器	动作状态、屏蔽信息、故障信息
	消火栓系统	消防水泵电源的工作状态，消防水泵的启、停状态和故障状态，消防水箱(池)水位、管网压力报警信息及消火栓按钮的报警信息
	自动喷水灭火系统、水喷雾(细水雾)灭火系统(泵供水方式)	喷淋泵电源工作状态，喷淋泵的启、停状态和故障状态，水流指示器、信号阀、报警阀、压力开关的正常工作状态和动作状态
	气体灭火系统、细水雾灭火系统(压力容器供水方式)	系统的手动、自动工作状态及故障状态，阀驱动装置的正常工作状态和动作状态，防护区域中的防火门(窗)、防火阀、通风空调等设备的正常工作状态和动作状态，系统的启、停信息，紧急停止信号和管网压力信号
	泡沫灭火系统	消防水泵、泡沫液泵电源的工作状态，系统的手动、自动工作状态及故障状态，消防水泵、泡沫液泵的正常工作状态和动作状态

续表 4.1

设施名称		内容
消防联动控制系统	干粉灭火系统	系统的手动、自动工作状态及故障状态，阀驱动装置的正常工作状态和动作状态，系统的启、停信息，紧急停止信号和管网压力信号
	防烟排烟系统	系统的手动、自动工作状态，防烟排烟风机电源的工作状态，风机、电动防火阀、电动排烟防火阀、常闭送风口、排烟阀（口）、电动排烟窗、电动挡烟垂壁的正常工作状态和动作状态
	防火门及卷帘系统	防火卷帘控制器、防火门控制器的工作状态和故障状态。卷帘门的工作状态，具有反馈信号的各类防火门、疏散门的工作状态和故障状态等动态信息
	消防电梯	消防电梯的停用和故障状态
	消防应急广播	消防应急广播的启动、停止和故障状态
	消防应急照明和疏散指示系统	消防应急照明和疏散指示系统的故障状态和应急工作状态信息
	消防电源	系统内各消防用电设备的供电电源和备用电源工作状态和欠压报警信息

4.3 消防控制室日常管理制度

消防安全管理信息内容应符合表 4.2 的要求。

表 4.2 消防安全管理信息

序号	名称		内容
1	基本情况		单位名称、编号、类别、地址、联系电话、邮政编码，消防控制室电话；单位职工人数、成立时间、上级主管（或管辖）单位名称、占地面积、总建筑面积、单位总平面图（含消防车道、毗邻建筑等）；单位法人代表、消防安全责任人、消防安全管理人及专兼职消防管理人的姓名、身份证号码、电话
2	主要建（构）筑物等信息	建（构）筑物	建筑物名称、编号、使用性质、耐火等级、结构类型、建筑高度、地上层数及建筑面积、地下层数及建筑面积、隧道高度及长度等、建造日期、主要储存物名称及数量、建筑物内最大容纳人数、建筑立面图及消防设施平面布置图；消防控制室位置，安全出口的数量、位置及形式（指疏散楼梯）；毗邻建筑的使用性质、结构类型、建筑高度、与本建筑的间距
		堆场	堆场名称、主要堆放物品名称、总储量、最大堆高、堆场平面图（含消防车道、防火间距）
		储罐	储罐区名称，储罐类型（指地上、地下、立式、卧式、浮顶、固定顶等），总容积，最大单罐容积及高度，储存物名称，性质和形态，储罐区平面图（含消防车道、防火间距）
		装置	装置区名称、占地面积、最大高度、设计日产量、主要原料、主要产品、装置区平面图（含消防车道、防火间距）

续表 4.2

序号	名称		内容
3	单位（场所）内消防安全重点部位信息		重点部位名称、所在位置、使用性质、建筑面积、耐火等级、有无消防设施、责任人姓名、身份证号码及电话
4	室内外消防设施信息	火灾自动报警系统	设置部位、系统形式、维保单位名称、联系电话；控制器（含火灾报警、消防联动、可燃气体报警、电气火灾监控等）、探测器（含火灾探测、可燃气体探测、电气火灾探测等）、手动报警按钮、消防电气控制装置等的类型、型号、数量、制造商；火灾自动报警系统图
		消防水源	市政给水管网形式（指环状、支状）及管径、市政管网向建（构）筑物供水的进水管数量及管径、消防水池位置及容量、屋顶水箱位置及容量、其他水源形式及供水量、消防泵房设置位置及水泵数量、消防给水系统平面布置图
		室外消火栓	室外消火栓管网形式（指环状、支状）及管径、消火栓数量、室外消火栓平面布置图
		室内消火栓系统	室内消火栓管网形式（指环状、支状）及管径、消火栓数量、水泵接合器位置及数量、有无与本系统相连的屋顶消防水箱
		自动喷水灭火系统（含雨淋、水幕）	设置部位、系统形式（指湿式、干式、预作用，开式、闭式等）、报警阀位置及数量、水泵接合器位置及数量、有无与本系统相连的屋顶消防水箱、自动喷水灭火系统图
		水喷雾（细水雾）灭火系统	设置部位、报警阀位置及数量、水喷雾（细水雾）灭火系统图
		气体灭火系统	系统形式（指有管网、无管网，组合分配、独立式，高压、低压等）、系统保护的防护区数量及位置、手动控制装置的位置、钢瓶间位置、灭火剂类型、气体灭火系统图
		泡沫灭火系统	设置部位、泡沫种类（指低倍、中倍、高倍，抗溶、氟蛋白等）、系统形式（指液上、液下，固定、半固定等）、泡沫灭火系统图
		干粉灭火系统	设置部位、干粉储罐位置、干粉灭火系统图
		防烟排烟系统	设置部位、风机安装位置、风机数量、风机类型、防烟排烟系统图
		防火门及卷帘	设置部位、数量
		消防应急广播	设置部位、数量、消防应急广播系统图
		应急照明及疏散指示系统	设置部位、数量、应急照明及疏散指示系统图
		消防电源	设置部位、消防主电源在配电室是否有独立配电柜供电、备用电源形式（市电、发电机、EPS 等）
		灭火器	设置部位、配置类型（指手提式、推车式等）、数量、生产日期、更换药剂日期

续表 4.2

序号	名称		内容
5	消防设施定期检查及维护保养信息		检查人姓名、检查日期、检查类别(指日检、月检、季检、年检等)、检查内容(指各类消防设施相关技术规范规定的内容)及处理结果,维护保养日期、内容
6	日常防火巡查记录	基本信息	值班人员姓名、每日巡查次数、巡查时间、巡查部位
		用火用电	用火、用电、用气有无违章情况
		疏散通道	安全出口、疏散通道、疏散楼梯是否畅通,是否堆放可燃物;顶棚装修材料是否合格
		防火门、防火卷帘	常闭防火门是否处于正常工作状态,是否被锁闭;防火卷帘是否处于正常工作状态,防火卷帘下方是否堆放物品影响使用
		消防设施	疏散指示标志、应急照明是否处于正常完好状态;火灾自动报警系统探测器是否处于正常完好状态;自动喷水灭火系统喷头、末端放(试)水装置、报警阀是否处于正常完好状态;室内、室外消火栓系统是否处于正常完好状态;灭火器是否处于正常完好状态
7	火灾信息		起火时间、起火部位、起火原因、报警方式(指自动、人工等)、灭火方式(指气体、喷水、水喷雾、泡沫、干粉灭火系统,灭火器,消防队等)

思考题

4-1 选择消防控制室应符合哪些条件?

4-2 简述消防控制室日常管理中注意的事项。

5　电气消防系统设计

5.1　消防系统设计的基本原则和内容

5.1.1　设计内容

消防系统的设计一般有两大部分内容：一是火灾自动报警系统；二是消防联动控制。具体设计内容如表 5.1 所列。

表 5.1　火灾自动报警系统设计的内容

设备名称	内容
报警设备	火灾自动报警控制器、火灾探测器、手动报警按钮、消火栓报警按钮等
通信设备	应急通信设备，对讲电话分机等
广播	火灾事故广播设备
灭火设备	喷水灭火系统的控制，室内消火栓灭火系统的控制，泡沫、卤代烷、二氧化碳等管网灭火系统的控制等
消防联动设备	防火门、防火卷帘门的控制，防排烟风机、排烟阀的控制，空调、通风设施的紧急停止，电梯控制监视
避难设施	应急照明装置、诱导灯

一个建筑物内合理设计火灾自动报警系统，能及早发现和通报火灾，防止和减少火灾危害，保证人身和财产安全。设计的优劣主要从以下几方面进行评价：

①满足国家火灾自动报警设计规范及建筑设计防火规范的要求；

②满足消防功能的要求；

③技术先进，施工、维护及管理方便；

④设计图纸资料齐全，准确无误；

⑤投资合理，即性能价格比高。

5.1.2　消防系统的设计原则

消防系统设计的最基本原则，就是应符合现行的建筑设计消防法规的要求，因此在进行消防工程设计时，要遵照下列原则进行：

(1)熟练掌握国家标准、规范、法规等，对规范中的正面词及反面词的含义领悟准确，保证做到依法设计。

(2)详细了解建筑物的使用功能，保护对象级别及有关消防监督部门的审批意见。

(3)掌握所设计建筑物相关专业的标准、规范等，如车库、卷帘门、防排烟、人防等，以便于综合考虑后着手进行系统设计。按照我国消防法规的分类大致有五类，即建筑设计防火规范、系统设计规范、设备制造标准、安全施工验收规范及行政管理法规。设计者只有掌握了这五大类的消防法规，设计中才能做到应用自如、准确无误。在执行法规遇到矛盾时，应按以下几点执行：

①行业标准服从国家标准；

②从安全考虑，就高不就低；

③报请主管部门解决，包括公安部、住建部等规范制定的主管部门。

5.2　火灾自动报警系统形式的选择、报警区域和探测器区域的划分及探测器设置场所

5.2.1　火灾自动报警系统形式的选择

火灾自动报警系统形式的选择，应符合下列规定：

①仅需要报警，不需要联动自动消防设备的保护对象宜采用区域报警系统。

②不仅需要报警，同时需要联动自动消防设备，且只设置一台具有集中控制功能的火灾报警控制器和消防联动控制器的保护对象，应采用集中报警系统，并应设置一个消防控制室。

③设置两个及以上消防控制室的保护对象，或已设置两个及以上集中报警系统的保护对象，应采用控制中心报警系统。

5.2.2　报警区域和探测器区域的划分

(1)报警区域的划分应符合下列规定：

①报警区域应根据防火分区或楼层划分；可将一个防火分区或一个楼层划分为一个报警区域，也可将发生火灾时需要同时联动消防设备的相邻几个防火分区或楼层划分为一个报警区域。

②电缆隧道的一个报警区域宜由一个封闭长度区间组成，一个报警区域不应超过相连的3个封闭长度区间；道路隧道的报警区域应根据排烟系统或灭火系统的联动需要确定，且不宜超过150m。

③甲、乙、丙类液体储罐区的报警区域应由一个储罐区组成，每个50000m^{3}及以上的外浮顶储罐应单独划分为一个报警区域。

④列车的报警区域应按车厢划分，每节车厢应划分为一个报警区域。

(2)探测区域的划分应符合下列规定：

①探测区域应按独立房(套)间划分。一个探测区域的面积不宜超过500m^2；从主要入口能看清其内部，且面积不超过1000m^{2}的房间，也可划为一个探测区域。

②红外光束感烟火灾探测器和缆式线型感温火灾探测器的探测区域的长度，不宜超过100m；空气管差温火灾探测器的探测区域长度宜为20～100m。

(3)下列场所应单独划分探测区域：

①敞开或封闭楼梯间、防烟楼梯间。

②防烟楼梯间前室、消防电梯前室、消防电梯与防烟楼梯间合用的前室、走道、坡道。

③电气管道井、通信管道井、电缆隧道。

④建筑物闷顶、夹层。

5.2.3 火灾探测器的选择

(1)火灾探测器的选择应符合下列规定：

①对火灾初期有阴燃阶段，产生大量的烟和少量的热，很少或没有火焰辐射的场所，应选择感烟火灾探测器。

②对火灾发展迅速，可产生大量热、烟和火焰辐射的场所，可选择感温火灾探测器、感烟火灾探测器、火焰探测器或其组合。

③对火灾发展迅速，有强烈的火焰辐射和少量烟、热的场所，应选择火焰探测器。

④对火灾初期有阴燃阶段，且需要早期探测的场所宜增设一氧化碳火灾探测器。

⑤对使用、生产可燃气体或可燃蒸气的场所，应选择可燃气体探测器。

⑥应根据保护场所可能发生火灾的部位和燃烧材料的分析，以及火灾探测器的类型、灵敏度和响应时间等选择相应的火灾探测器，对火灾形成特征不可预料的场所，可根据模拟试验的结果选择火灾探测器。

⑦同一探测区域内设置多个火灾探测器时，可选择具有复合判断火灾功能的火灾探测器和火灾报警控制器。

(2)点型火灾探测器的选择：

对不同高度的房间，可按表5.2选择点型火灾探测器。

表5.2 对不同高度的房间选择点型火灾探测器

房间高度 h(m)	点型感烟探测器	点型感温探测器			火焰探测器
		A1、A2	B	C、D、E、F、G	
$12<h\leqslant20$	不适合	不适合	不适合	不适合	适合
$8<h\leqslant12$	适合	不适合	不适合	不适合	适合
$6<h\leqslant8$	适合	适合	不适合	不适合	适合
$4<h\leqslant6$	适合	适合	适合	不适合	适合
$h\leqslant4$	适合	适合	适合	适合	适合

表5.2中A1、A2、B、C、D、E、F、G为点型感温探测器的不同类别，其具体参数应符合下面几点。

①下列场所宜选择点型感烟火灾探测器。

A. 饭店、旅馆、教学楼、办公楼的厅堂、卧室、办公室、商场车载客车厢等。

B. 计算机房、通信机房、电影或电视放映室等。

C. 楼梯、走道、电梯机房、车库等。

D. 书库、档案库等。

②符合下列条件之一的场所，不宜选择点型离子感烟火灾探测器。

A. 相对湿度经常大于95%。

B. 气流速度大于5m/s。

C. 有大量粉尘、水雾滞留。

D. 可能产生腐蚀性气体。

E. 在正常情况下有烟滞留。

F. 产生醇类、醚类、酚类等有机物质。

③符合下列条件之一的场所，不宜选择点型光电感烟火灾探测器。

A. 有大量粉尘、水雾滞留。

B. 可能产生蒸汽和油雾。

C. 高海拔地区。

D. 在正常情况下有烟滞留。

④符合下列条件之一的场所，宜选择点型感温火灾探测器；且应根据使用场所的典型应用温度和最高应用温度选择适当类别的感温火灾探测器。

A. 相对湿度经常大于95%。

B. 可能发生无烟火灾。

C. 有大量粉尘。

D. 吸烟室等在正常情况下有烟或蒸汽滞留的场所。

E. 厨房、锅炉房、发电机房、烘干车间等不宜安装感烟火灾探测器的场所。

F. 需要联动熄灭"安全出P"标志灯的"安全出U"内侧。

G. 其他无人滞留且不适合安装感烟火灾探测器，但发生火灾时需要及时报警的场所。

⑤可能产生阴燃火或发生火灾不及时报警将造成重大损失的场所，不宜选择点型感温火灾探测器；温度在0℃以下的场所，不宜选择定温探测器；温度变化较大的场所，不宜选择具有差温特性的探测器。

⑥符合下列条件之一的场所，宜选择点型火焰探测器或图像型火焰探测器。

A. 火灾时有强烈的火焰辐射。

B. 可能发生液体燃烧等无阴燃阶段的火灾。

C. 需要对火焰做出快速反应。

⑦符合下列条件之一的场所，不宜选择点型火焰探测器和图像型火焰探测器。

A. 在火焰出现前有浓烟扩散。

B. 探测器的镜头易被污染。

C. 探测器的"视线"易被油雾、烟雾、水雾和冰雪遮挡。

D. 探测区域内的可燃物是金属和无机物。

E. 探测器易受阳光、白炽灯等光源直接或间接照射。

⑧探测区域内正常情况下有高温物体的场所，不宜选择单波段红外火焰探测器。

⑨正常情况下有明火作业，探测器易受X射线、弧光和闪电等影响的场所，不宜选择紫外火焰探测器。

⑩下列场所宜选择可燃气体探测器。

A. 使用可燃气体的场所。

B. 燃气站和燃气表房以及存储液化石油气罐的场所。

C. 其他散发可燃气体和可燃蒸气的场所。

⑪在火灾初期产生一氧化碳的下列场所可选择点型一氧化碳火灾探测器。

A. 烟不容易对流或顶棚下方有热屏障的场所。

B. 在棚顶上无法安装其他点型火灾探测器的场所。

C. 需要多信号复合报警的场所。

⑫污物较多且必须安装感烟火灾探测器的场所，应选择间断吸气的点型采样吸气式感烟

火灾探测器或具有过滤网和管路自清洗功能的管路采样吸气式感烟火灾探测器。

(3)线型火灾探测器的选择

①有遮挡的大空间或有特殊要求的房间，宜选择线型光束感烟火灾探测器。

②符合下列条件之一的场所，不宜选择线型光束感烟火灾探测器。

A. 有大量粉尘、水雾滞留。

B. 可能产生蒸汽和油雾。

C. 在正常情况下有烟滞留。

D. 固定探测器的建筑结构由于振动等原因会产生较大位移的场所。

③下列场所或部位，宜选择缆式线型感温火灾探测器。

A. 电缆隧道、电缆竖井、电缆夹层、电缆桥架。

B. 不易安装点型探测器的夹层、闷顶。

C. 各种皮带输送装置。

D. 其他环境恶劣不适合点型探测器安装的场所。

④下列场所或部位，宜选择线型光纤感温火灾探测器。

A. 除液化石油气外的石油储罐。

B. 需要设置线型感温火灾探测器的易燃易爆场所。

C. 需要监测环境温度的地下空间等场所宜设置具有实时温度监测功能的线型光纤感温火灾探测器。

D. 公路隧道、敷设动力电缆的铁路隧道和城市地铁隧道等。

⑤线型定温火灾探测器的选择，应保证其不动作温度符合设置场所的最高环境温度的要求。

(4)吸气式感烟火灾探测器的选择

①下列场所宜选择吸气式感烟火灾探测器。

A. 具有高速气流的场所。

B. 点型感烟、感温火灾探测器不适宜的大空间、舞台上方、建筑高度超过 12m 或有特殊要求的场所。

C. 低温场所。

D. 要进行隐蔽探测的场所。

E. 需要进行火灾早期探测的重要场所。

F. 人员不宜进入的场所。

②灰尘比较大的场所，不应选择没有过滤网和管路自清洗功能的管路采样式吸气感烟火灾探测器。

5.3 设计程序及方法

5.3.1 设计程序

(1)已知条件及专业配合

①全套土建图纸：包括风道(风口)、烟道(烟口)位置，防火卷帘樘数及位置；

②水暖通风专业给出的水流指示器、压力开关等；

③电力、照明给出的供电及有关配电箱(如应急照明配电箱、空调配电箱、防排烟机配电箱及非消防电源切换箱)的位置;

④防火类别及等级:总之,建筑物的消防设计是各专业密切配合的产物,应在总的防火规范指导下各专业密切配合,共同完成任务。电气专业应考虑的内容如表5.3所列。

表5.3 设计项目与电气专业配合的内容

序号	设计项目	电气专业配合措施
1	建筑物高度	确定电气防火设计范围
2	建筑防火分类	确定电气消防设计内容和供电方案
3	防火分区	确定区域报警范围、选用探测器种类
4	防烟分区	确定防排烟系统控制方案
5	建筑物室内用途	确定探测器形式类别和安装位置
6	构造耐火极限	确定各电气设备设置部位
7	室内装修	选择探测器形式类别、安装方法
8	家具	确定保护方式、采用探测器类型
9	屋架	确定屋架探测方法和灭火方式
10	疏散时间	确定紧急和疏散标志、事故照明时间
11	疏散路线	确定事故照明位置和疏散通路方向
12	疏散出口	确定标志灯位置指示出口方向
13	疏散楼梯	确定标志灯位置指示出口方向
14	排烟风机	确定控制系统与连锁装置
15	排烟口	确定排烟风机连锁系统
16	排烟阀门	确定排烟风机连锁系统
17	防火卷帘门	确定探测器联动方式
18	电动安全门	确定探测器联动方式
19	送回风口	确定探测器位置
20	空调系统	确定有关设备的运行显示及控制
21	消火栓	确定人工报警方式与消防泵连锁控制
22	喷淋灭火系统	确定动作显示方式
23	气体灭火系统	确定人工报警方式、安全启动和运行显示方式
24	消防水泵	确定供电方式及控制系统
25	水箱	确定报警及控制方式
26	电梯机房及电梯	确定供电方式、探测器的安装位置
27	竖井	确定使用性质,采取隔断火源的各种措施,必要时放置探测器
28	垃圾道	设置探测器
29	管道竖井	根据井的结构及性质,采取隔断火源的各种措施,必要时设置探测器
30	水平运输带	穿越不同防火分区,采取封闭措施

(2)设计程序

①确定设计依据、相关规范

A.《民用建筑电气设计规范》(JGJ 16—2008);

B.《建筑设计防火规范》(GB 50016—2014);

C.《火灾自动报警系统设计规范》(GB 50116—2013);

D.《低压配电设计规范》(GB 50054—2011);

E.《供配电系统设计规范》(GB 50052—2009)。

②确定设计方案

确定合理的设计方案是设计成败的关键所在,应根据建筑物的性质、疏散难易程度及全部已知条件确定采用什么规模、类型的系统,采用哪个厂家的产品。

(3)平面图的绘制

①按房间使用功能及层高计算布置设备包括:火灾报警控制器、火灾探测器、手动报警按钮、消火栓报警按钮、总线隔离器、各种模块、火灾显示盘(楼层显示器)等。

②参考产品样本中系统图对平面图进行布线、选线,并确定敷设、安装方式,并加以标注。

(4)系统图的绘制

根据厂家产品样本所给系统图结合平面图中的实际情况绘制系统图,要求分层清楚、布线标注明确、设备符号与平面图一致、设备数量与平面图一致。

(5)绘制其他一些施工详图

包括:消防控制室设备布置图及有关非标设备的尺寸及布置图等。

(6)编写设计说明书(计算书)

①编写设计总体说明:包括设计依据、厂家产品的选择、消防系统的各子系统的工作原理、设备接线表、材料表、图例符号及总体方案的确定等。

②设备、管线的计算选择过程(此过程只有学生在校作设计时有,实际工程中可不表现在所交内容上)。

(7)装订上交材料

①设计总体说明;

②平面图全部;

③施工详图;

④系统图。

5.3.2 设计方法

(1)设计方案的确定

火灾自动报警与消防联动控制系统的设计方案应根据建筑物功能要求,消防管理体制,防烟、防火分区及探测区域或报警区域的划分确定(这些具体划分方法及规定已在前面叙及)。为了使设计更加规范化,且又不限制技术的发展,消防规范对系统的基本形式规定的很多原则,工程设计人员可在符合这些基本原则的条件下,根据工程规模和对联动控制的复杂程度,选择检验合格且质量上乘的厂家产品,组成合理、可靠的火灾自动报警与消防联动系统。

(2)消防控制中心的确定及消防联动设计要求

①消防控制设备的组成

A. 火灾报警控制器；

B. 自动灭火系统的控制装置；

C. 室内消火栓系统的控制装置；

D. 防烟、排烟系统及空调通风系统的控制装置；

E. 常开防火门、防火卷帘的控制装置；

F. 电梯回降控制装置；

G. 火灾应急广播的控制装置；

H. 火灾警报装置的控制装置；

I. 火灾应急照明与疏散指示标志的控制装置。

②消防设备的控制方式

A. 单体建筑宜集中控制；

B. 大型建筑宜采用分散与集中相结合控制。

总之，消防控制设备应根据建筑的工程规模、管理体制、形式及功能要求合理确定其控制方式。另外，消防控制设备的控制电源及信号回路电压应采用 DC 24V。

③消防控制室

A. 消防控制室的门应向疏散方向开启，且入口处应设置明显的标志。

B. 消防控制室的送、回风管在其穿墙处应设防火阀。

C. 消防控制室内严禁与其无关的电气线路及管路穿过。

D. 消防控制室周围不应布置电磁场干扰较强及其他影响消防控制设备工作的设备用房。

E. 消防控制室内设备的布置应符合下列要求：

a. 设备面盘前的操作距离：单列布置时不应小于 1.5m；双列布置时不应小于 2m。

b. 在值班人员经常工作的一面，设备面盘至墙的距离不应小于 3m。

c. 设备面盘后的维修距离不宜小于 1m。

d. 设备面盘的排列长度大于 4m 时，其两端应设置宽度不小于 1m 的通道。

e. 集中火灾报警控制器或火灾报警控制器安装在墙上时，其底边距地面高度宜为 1.3～1.5m，其靠近门轴的侧面距墙不应小于 0.5m，正面操作距离不应小于 1.2m。

④消防控制室设备的功能

A. 消防控制室的控制设备应有下列控制及显示功能：

a. 控制消防设备的启、停，并应显示其工作状态；

b. 消防水泵、防烟和排烟风机的启、停，除自动控制外，还应能手动直接控制；

c. 显示火灾报警、故障报警部位；

d. 显示保护对象的重点部位、疏散通道及消防设备所在位置的平面图或模拟图等；

e. 显示系统供电电源的工作状态；

f. 消防控制室应设置火灾警报装置与应急广播的控制装置，当确认火灾后，应同时向全楼广播；

g. 消防控制室的消防通信设备，应符合消防专用电话的设置规定；

h. 消防控制室在确认火灾后，应能切断有关部位的非消防电源，并接通警报装置及火灾应急照明灯和疏散标志灯；

i. 消防控制室在确认火灾后，应能控制电梯全部停于首层，并接收其反馈信号。

B. 消防控制设备对室内消火栓系统应有下列控制、显示功能：

a. 控制消防水泵的启、停；

b. 显示消防水泵的工作、故障状态；

c. 显示启泵按钮的位置。

C. 消防控制设备对自动喷水和水喷雾灭火系统应有下列控制、显示功能：

a. 控制系统的启、停；

b. 显示消防水泵的工作、故障状态；

c. 显示水流指示器、报警阀、安全信号阀的工作状态。

D. 消防控制设备对管网气体灭火系统应有下列控制、显示功能：

a. 显示系统的手动、自动工作状态；

b. 在报警、喷射各阶段，控制室应有相应的声、光警报信号，并能手动切断声响信号；

c. 在延时阶段，应自动关闭防火门、窗，停止通风空调系统，关闭有关部位防火阀；

d. 显示气体灭火系统防护区的报警、喷放及防火门(帘)、通风空调等设备的状态。

E. 消防控制设备对泡沫灭火系统应有下列控制、显示功能：

a. 控制泡沫泵及消防水泵的启、停；

b. 显示系统的工作状态。

F. 消防控制设备对干粉灭火系统应有下列控制、显示功能：

a. 控制系统的启、停；

b. 显示系统的工作状态。

G. 消防控制设备对常开防火门的控制，应符合下列要求：

a. 门任一侧的火灾探测器报警后，防火门应自动关闭；

b. 防火门关闭信号应送到消防控制室。

H. 消防控制设备对防火卷帘的控制，应符合下列要求：

a. 疏散通道上的防火卷帘两侧，应设置火灾探测器组及其警报装置，且两侧应设置手动控制按钮；

b. 疏散通道上的防火卷帘，应按下列程序自动控制下降：感烟探测器动作后，卷帘下降至距地(楼)面 1.8m，感温探测器动作后，卷帘下降到底；

c. 用作防火分隔的防火卷帘，火灾探测器动作后，卷帘应下降到底；

d. 感烟、感温火灾探测器的报警信号及防火卷帘的关闭信号应送至消防控制室。

I. 火灾报警后，消防控制设备对防烟、排烟设施应有下列控制、显示功能：

a. 停止有关部位的空调送风，关闭电动防火阀，并接收其反馈信号；

b. 启动有关部位的防烟和排烟风机、排烟阀等，并接收其反馈信号；

c. 控制挡烟垂壁等防烟设施。

(3)平面图中设备的选择、布置及管线设计

①设备选择及布置

A. 探测器的选择及布置：根据房间使用功能及层高确定探测器种类，量出平面图中所计算房间的地面面积，再考虑是否重点保护建筑，还要看房顶坡度是多少，然后用公式 $N=S/(K\cdot A)$计算每个探测区域内的探测器数量，再进行布置(关于布置前已叙及)。

火灾探测器的选用原则如下：

a. 火灾初期有阴燃阶段，产生大量的烟和少量的热，很少或没有火焰辐射，应选用感烟探测器；

b. 火灾发展迅速，有强烈的火焰辐射和少量的热、烟，应选用火焰探测器；

c. 火灾发展迅速，产生大量的热、烟和辐射，应选用感温、感烟及火焰控制器的组合即复合型探测器；

d. 若火灾形成的特点不可预料，应进行模拟试验，根据试验结果选用适当的探测器。探测器种类选择在探测器中已有表可查，但这里还需进一步说明其种类选择范围。

下列场所宜选用光电和离子感烟探测器：电子计算机房、电梯机房、通信机房、楼梯、走道、办公楼、饭店、教学楼的厅堂、办公室、卧室等，有电气火灾危险性的场所、书库、档案库、电影或电视放映室等。

有下列情况的场所不宜选用光电感烟探测器：存在高频电磁干扰；在正常情况下有烟滞留，可能产生蒸汽和油雾；大量积聚粉尘。

有下列情况的场所不宜选用离子感烟探测器：产生醇类、醚类、酮类等有机物质；可能产生腐蚀性气体；有大量粉尘、水雾滞留；相对湿度长期大于95%；在正常情况下有烟滞留；气流速度大于5m/s。

有下列情况的场所宜选用火焰探测器：需要对火焰做出快速反应；无阴燃阶段的火灾；火灾时有强烈的火焰辐射。

下列情况的场所不宜选用火焰探测器：在正常情况下有明火作业及X射线、弧光等影响；探测器的“视线”易被遮挡；在火焰出现有浓烟扩散，可能发生无焰火灾；探测器的镜头易被污染；探测器易受阳光或其他光源直接或间接照射。

下列情况的场所宜选用感温探测器：可能发生无烟火灾；在正常情况下有烟和蒸汽滞留，如吸烟室、小会议室、烘干车间、茶炉房、发电机房、锅炉房、汽车库等；其他不宜安装感烟探测器的厅堂和公共场所；相对湿度经常高于95%以上；有大量粉尘等；在散发可燃气体和可燃蒸汽的场所（如高压聚乙烯、合成甲醇装置等的泵房，阀门间法兰盘，合成酒精装置，裂解汽油装置，乙烯装置），宜选可燃气体探测器。

B. 火灾报警装置的选择及布置：规范中规定火灾自动报警系统应有自动和手动两种触发装置。

自动触发器件有：压力开关、水流指示器、火灾探测器等。手动触发器件有：手动报警按钮、消火栓报警按钮。要求探测区域内的每个防火分区至少设置一个手动报警按钮。

a. 手动报警按钮的安装场所：各楼层的电梯间、电梯前室；主要通道等经常有人通过的地方；大厅、过厅、主要公共活动场所的出入口；餐厅、多功能厅等处的主要出入口。

b. 手动报警按钮的布线，宜独立设置；手动报警按钮的数量应按一个防火分区内的任何位置到最近一个手动报警按钮的距离不大于30m考虑。

c. 手动报警按钮墙上安装底边距地高度为1.5m，按钮盒应具有明显的标志和防误动作的保护措施。

C. 其他附件选择及布置。

a. 模块，由所确定的厂家产品的系统确定型号，安装距顶棚0.5m高度，在墙上安装；

b. 短路隔离器，与厂家产品配套选用，在墙上安装，距顶棚0.2～0.5m；

c. 总线驱动器，与厂家产品配套选用，根据需要定数量，在墙上安装，底边距地2～2.5m；

d. 中继器，由所用产品实际确定，现场在墙上安装，距地1.5m。

D. 火灾事故广播与消防专用电话。

a. 火灾事故广播及警报装置。火灾报警装置(包括警灯、警笛、警铃等)是当发生火灾时发出警报的装置。火灾事故广播是火灾时(或意外事故时)指挥现场人员进行疏散的设备。两种设备各有所长,火灾发生初期交替使用,效果较好。

火灾报警装置的设置范围和技术条件。国家规范规定:设置区域报警系统的建筑,应设置火灾警报装置;设置集中和控制中心报警系统的建筑,宜设置火灾警报装置;在报警区域内,每个防火分区至少安装一个火灾报警装置。其安装位置,宜设在各楼层走道靠近楼梯出口处。为了保证安全,火灾报警装置应在确认火灾后,由消防中心按疏散顺序统一向有关区域发出警报。在环境噪声大于 60dB 场所设置火灾警报装置时,其声压级应高于背景噪声 15dB。

火灾事故广播与其他广播(包含背景音乐等)合用时应符合以下要求:火灾时,应能在消防控制室将火灾疏散层的扬声器和公共广播扩音机强制转入火灾应急广播状态;消防控制室应能监控用于火灾应急广播时的扩音机的工作状态,并能开启扩音机进行广播,火灾应急广播应设置备用扩音机,其容量不应小于火灾应急广播扬声器最大容量总和的 1.5 倍;床头控制柜设有扬声器时,应有强制切换到应急广播的功能。

b. 消防专用电话。消防专用电话十分必要,对能否及时报警、消防指挥系统是否畅通起着关键作用。为保证消防报警和灭火指挥畅通,规范对消防专用电话做了明确规定,已在广播通信中做了叙述,这里不再重复。根据以上设备选择列出材料。

②管线设计

管线设计如表 5.4 所列。

表 5.4 火灾自动报警系统用导线最小截面

类别	线芯最小截面(mm^2)	备注
穿管敷设的绝缘导线	1.00	
线槽内敷设的绝缘导线	0.75	
多芯电缆	0.50	
由探测器到区域报警器	0.75	多股铜芯耐热线
由区域报警器到集中报警器	1.00	单股铜芯线
水流指示器控制线	1.00	
湿式报警阀及信号阀	1.00	
排烟防火电源线	1.50	控制线＞1.00mm^2
电动卷帘门电源线	2.50	控制线＞1.50mm^2
消火栓控制按钮线	0.75	

A. 火灾自动报警系统的传输线路应采用铜芯绝缘导线或铜芯电缆,其电压等级不应低于 AC 250V,线芯最小截面一般应符合表 5.4 的规定。

B. 火灾探测器的传输线路,宜采用不同颜色的绝缘导线,以便识别,接线端子应有标号。

C. 配线中使用的非金属管材、线槽及其附件,均应采用不燃或非延燃性材料制成。

D. 火灾自动报警系统的传输线,当采用绝缘电线时,应采取穿管(金属管或不燃、难燃型硬质、半硬质塑料管)或封闭式线槽进行保护。

E. 不同电压、不同电流类别、不同系统的线路,不可共管或在线槽的同一槽孔内敷设。横向敷设的报警系统传输线路,若采用穿管布线,则不同防火分区的线路不可共管敷设。

F. 消防联动控制、自动灭火控制、事故广播、通信、应急照明等线路，应穿金属管保护，并宜暗敷设在非燃烧体结构内，其保护层厚度不小于 3cm。当必须采用明敷时，则应对金属管采取防火保护措施。当采用具有非延燃性绝缘和护套的电缆时，可以不穿金属保护管，但应将其敷设在电缆竖井内。

G. 弱电线路的电缆宜与强电线路的电缆竖井分别设置。若因条件限制，必须合用一个电缆竖井时，则应将弱电线路与强电线路分别布置在竖井两侧。

H. 横向敷设在建筑物内的暗配管，钢管直径不宜大于 25mm；水平或垂直敷设在顶棚内或墙内的暗配管，钢管直径不宜大于 20mm。

I. 从线槽、接线盒等处引至火灾探测器的底座盒、控制设备的接线盒、扬声器箱等的线路，应穿金属软管保护。

④画出系统图及施工图详图设备，管线选好后在平面图中标注后，根据厂家产品样本，再结合平面图画出系统图，并进行相应的标注：如每处导线根数及走向，每个设备数量及所对应的楼层等。施工详图主要是对非标产品或消防控制室而言的。比如非标控制柜（控制琴台）的外形、尺寸及布置图；消防控制室设备布置图，应标明设备位置及各部分距离等。

⑤编写设计说明书（计算书）及装订

前已叙述，不再重复。总之，消防工程设计是一项十分严肃认真的事情，一定按规范、消防法规进行，绝不能凭感情减少任何应该设置的项目，否则，一旦发生火灾，系统出现误报、漏报或灭火不当、联动不合理等，设计者将会受到法律的制裁。

另外还应注意的是：目前教学、设计、施工单位这三个环节仍有一定距离，设计者的设计一定要联系工程实际，切实保证能正常施工，不要纸上谈兵，在实际施工中漏洞百出。这就要求设计者多向工程师学习，掌握消防施工的实际情况，设计就会得心应手。

5.4 设计实例

(1)工程概况

某综合楼地上 26 层，地下二层，属于一类建筑，其中地下一、二层为停车库及设备用房，一层为大堂，二至六层为开敞式办公室，七至二十六层为商住两用办公室。

(2)消防设计

本工程一层设有消防控制室，核心筒设有一强弱电共用的电气竖井。其消防报警及联动系统设计思路如下：

①探测器的设置。依据《火灾自动报警系统设计规范》，本工程为一级保护对象，除了卫生间外全楼所有功能房间均设有火灾报警探测器，其中地下车库采用感温探测器，其余均采用感烟探测器。具体而言，根据每个房间的面积、高度，采用公式 $N \geqslant \frac{S}{K \cdot A}$（其中对于一级保护对象，$K$ 取 0.8～0.9）计算出该房间应设置的探测器数量，然后根据每个探测器的保护半径将这些探测器合理地安排位置。

②手动报警按钮的设置。根据建筑专业提供的条件，本工程每层为一防火分区，依据《火灾自动报警系统设计规范》，则每层至少设置一个手动报警按钮，从一个防火分区内的任何位置到最邻近的一个手动报警按钮的距离不应大于 30m。手动报警按钮宜设置在公共活动场所

的出入口处，且应设置在明显的和便于操作的部位，安装高度为1.3～1.5m。

③消火栓报警按钮的设置。水暖专业设置的每一个消火栓箱内均应设置一个消火栓报警按钮。

④火灾应急广播的设置。本工程为一级保护对象，按照规范宜采用集中报警系统，所以宜设置火灾应急广播，具体而言，本工程在走道和大厅等公共场所设置了扬声器，每个扬声器功率不小于3W，其数量应能保证从每个防火分区内的任何部位到最近一个扬声器的距离不大于25m。走道内最后一个扬声器至走道末端的距离不应大于12.5m。消防控制室内设置火灾广播备用扩音机，其容量不应小于火灾时需同时广播的范围内火灾应急广播扬声器最大容量总和的1.5倍。

⑤层显器的设置。《火灾自动报警系统设计规范》规定，当用一台区域火灾报警控制器或一台火灾报警控制器警戒多个楼层时，应在每个楼层的楼梯口或消防电梯前室等明显部位，设置识别着火楼层的灯光显示装置。故本工程在每层消防电梯前室均设置一台层显器。

⑥输入模块的设置。根据水暖专业提供的条件及要求，本工程设置的湿式报警阀、水流指示器、信号阀、排烟阀等装置需配置输入模块以接入火灾自动报警系统。此模块一般安装在所控设备附近的墙上，距顶棚0.3m。

⑦输入输出模块的设置。根据水暖专业提供的防火阀、排烟阀、正压送风口、排烟口、消防水泵控制箱、喷淋泵控制箱、正压送风机控制箱、排烟风机控制箱、地下车库送风机控制箱等装置；根据建筑专业提供的卷帘门控制箱、电梯及消防电梯控制柜等装置；根据强电专业提供的应急照明配电箱、火灾时需切掉电源的非消防负荷配电箱等装置均需配置输入输出模块以接入火灾自动报警系统。其中卷帘门控制箱需配置双输入双输出模块控制其两步动作，其余设备配置单输入单输出模块。

⑧隔离器的设置。隔离器的作用是，当总线发生故障时，将发生故障的总线部分与整个系统隔离开来，以保证系统的其他部分能够正常工作，同时便于确定出发生故障的总线部位。为了缩小故障面，一个总线隔离器所带的编码设备越少越好，但造价要增多，所以综合考虑，一般一个总线隔离器带30个左右编码设备为宜。

⑨火灾报警控制器、消防广播设备、消防电话主机的设计选用。

A. 首先将以上在本工程设置的设备按照其所在层数及数量列表，见表5.5。

表5.5 层数对应设备的数量

楼层	感烟探测器(个)	感温探测器(个)	手动报警按钮(个)	消火栓报警按钮(个)	扬声器(个)	层显器(个)	输入模块(个)	消防广播切换模块(个)	输入输出模块(个)
－2F	0	50	2	5	10	1	2	1	14
－1F	6	35	2	5	12	1	2	1	15
1F	38	0	2	5	15	1	2	1	7
2F	38	0	2	5	15	1	2	1	7
3F	38	0	2	5	15	1	2	1	7
4F	38	0	2	5	15	1	2	1	7
5F	38	0	2	5	15	1	2	1	7
6F	38	0	2	5	15	1	2	1	7

续表 5.5

楼层	感烟探测器(个)	感温探测器(个)	手动报警按钮(个)	消火栓报警按钮(个)	扬声器(个)	层显器(个)	输入模块(个)	消防广播切换模块(个)	输入输出模块(个)
7F	36	0	2	5	15	1	2	1	7
8F	36	0	2	5	15	1	2	1	7
9F	36	0	2	5	15	1	2	1	7
10F	36	0	2	5	15	1	2	1	7
11F	36	0	2	5	15	1	2	1	7
12F	36	0	2	5	15	1	2	1	7
13F	36	0	2	5	15	1	2	1	7
14F	36	0	2	5	15	1	2	1	7
15F	36	0	2	5	15	1	2	1	7
16F	36	0	2	5	15	1	2	1	7
17F	36	0	2	5	15	1	2	1	7
18F	36	0	2	5	15	1	2	1	7
19F	36	0	2	5	15	1	2	1	7
20F	36	0	2	5	15	1	2	1	7
21F	36	0	2	5	15	1	2	1	7
22F	36	0	2	5	15	1	2	1	7
23F	36	0	2	5	15	1	2	1	7
24F	36	0	2	5	15	1	2	1	7
25F	36	0	2	5	15	1	2	1	7
26F	36	0	2	5	15	1	2	1	7
27F	4	0	1	2	2	0	0	0	5
合计	958	85	57	142	414	28	56	28	216

根据以上统计结果：

a. 全楼感烟探测器共 958 个，全部采用编码型，即占用 958 点。

b. 全楼感温探测器共 85 个，全部采用编码型，即占用 85 点。

c. 全楼手动报警按钮共 57 个，全部采用编码型，即占用 57 点。

d. 全楼消火栓报警按钮共 142 个，全部采用编码型，即占用 142 点。

e. 全楼扬声器共 414 个，火灾时需同时广播的范围内火灾应急广播扬声器最大数量为 52 个，即要求所选的功放为 $52\times3W\times1.5=234W$。

f. 全楼层显器共 28 个。

g. 全楼单输入模块共 56 个，全部采用编码型，即占用 56 点。

h. 全楼广播切换模块共 28 个，全部采用编码型，即占用 28 点。

i. 全楼单输入单输出模块共 216 个，全部采用编码型，即占用 216 点。

B. 设备选用：

a. 火灾报警控制器的选用。全楼编码点共 958＋85＋57＋142＋56＋28＋216＝1542 点，设计采用海湾安全技术有限公司生产的 JB-QT-GST5000 火灾报警控制器(联动型)，此控制器最大容量可扩展到 40 个 242 地址编码点的回路，即最多 9680 点，完全可以满足本工程的点数需要，另外此控制器可外接 64 台层显器，亦可满足本工程的需要。

b. 消防广播设备的选用。设计选用 250W 的消防广播设备(包括一只播音话筒、一只录放机卡座、一只功率放大器)，采用总线制结构在楼层通过消防广播切换模块控制楼层广播。

c. 消防电话主机的选用。设计选用 TS-Z03 多线制消防电话主机。每个固定消防电话分机采用 TS-200A，独占一个消防电话主机中的一路，每层消防电话插孔并联占用一路。

(3)平面图

火灾报警及联动系统平面图，如图 5.1 所示。

(4)系统图

火灾报警及联动系统图如图 5.2 所示。

思考题

5-1 火灾自动报警系统设计的内容包括哪些？

5-2 简述火灾探测器选型、计算、检验合理性的方法。

5-3 火灾自动报警系统设计中系统图、平面图需要包含哪些内容？

5-4 消防控制中心的设置需要注意哪些内容？

5-5 目前主流火灾自动报警系统厂家有哪些？

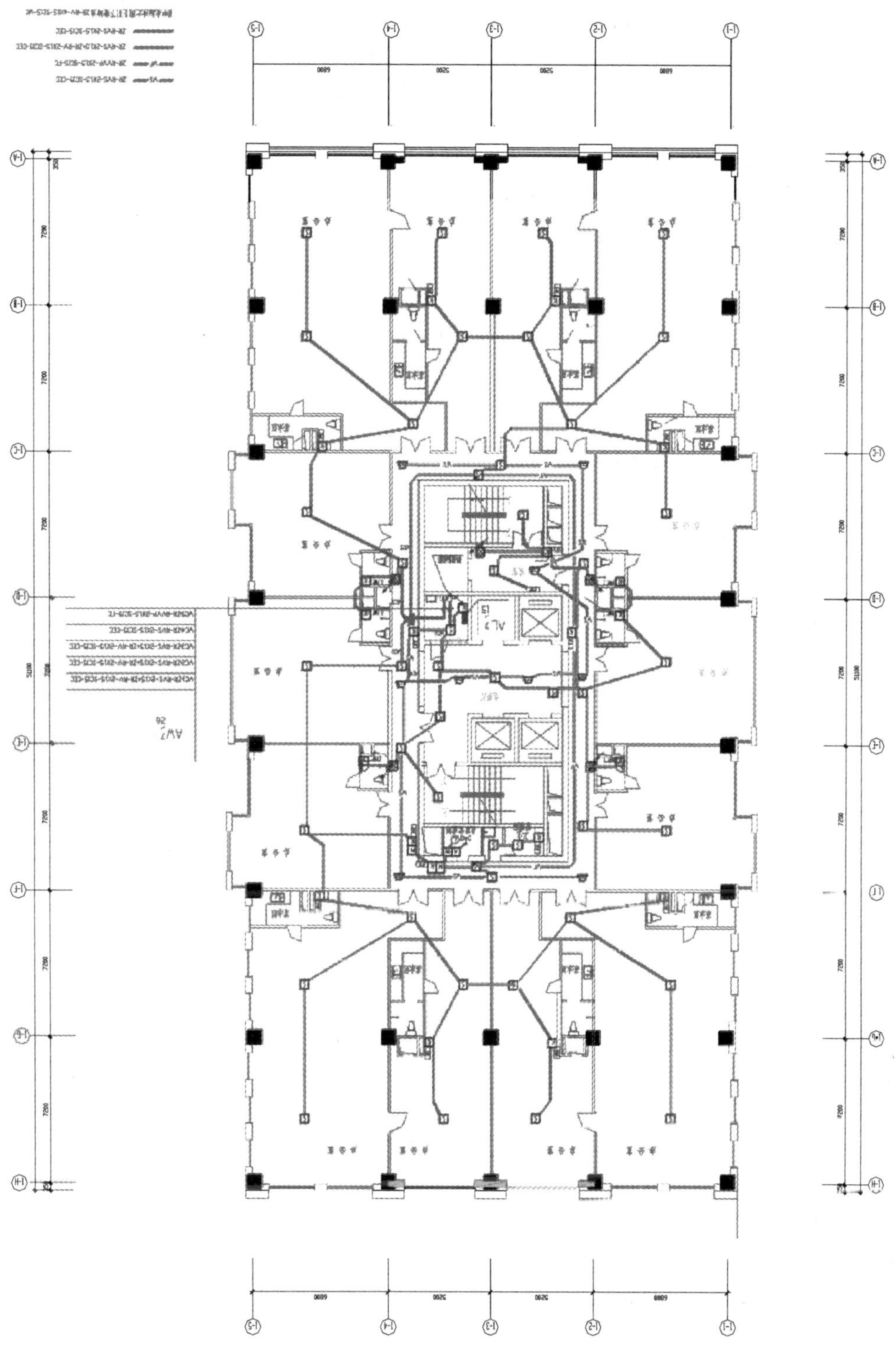

图 5.1 火灾报警及联动系统平面图

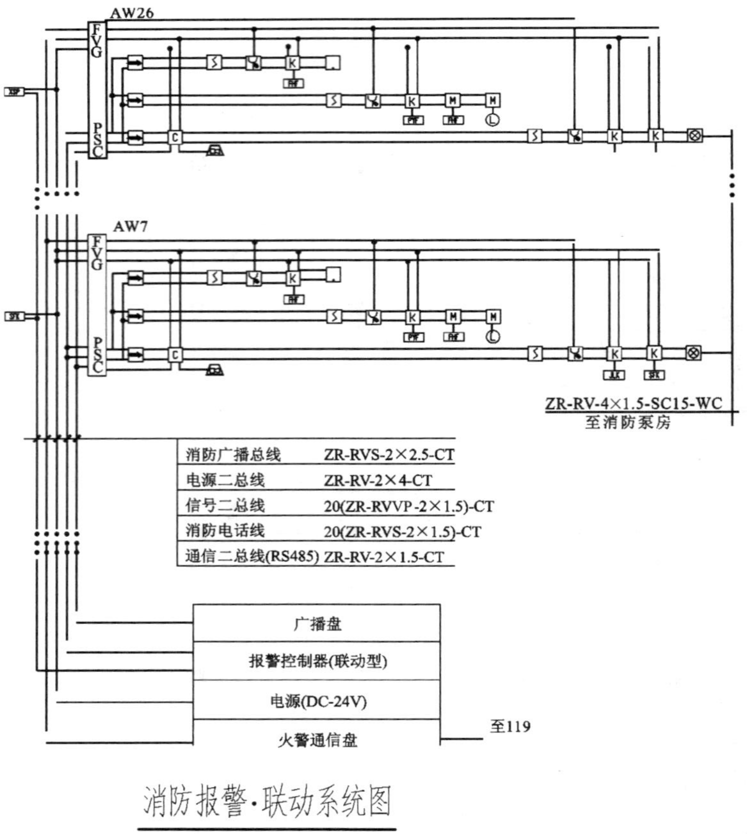

图　例

序号	符号	名称	安装方式及容量	备 注
1		感烟探测器	吸顶	
2		感温探测器	吸顶	
3		手动报警按钮	中心距地1.4m	含电话插孔
4		吸顶式广播	吸顶	
5		水流指示器	见暖通图	
6		消火栓报警按钮	见暖通图	
7	M	单输入模块	棚下0.3m	
8	K	单输入输出模块	棚下0.3m	
9	C	广播切换模块	消防端子箱内	
10		排烟防火阀	见暖通图	
11		排烟口	见暖通图	
12		送风口	见暖通图	
13		防火阀	见暖通图	
14		火灾显示盘	中心距地1.4m	
15		卷帘门控制箱	挂梁安装	
16		总线隔离器	消防端子箱内	

图 5.2　火灾报警及联动系统

6 参考实训报告(基于海湾消防产品)

6.1 火灾报警控制器 JB-QB-GST200

6.1.1 实训目的

(1)掌握海湾火灾报警控制器 JB-QB-GST200 的工作原理及接线;
(2)掌握海湾火灾报警控制器 JB-QB-GST200 的相关特征及操作。

6.1.2 实训器材

火灾报警控制器 JB-QB-GST200(图 6.1)等消防实训设备。

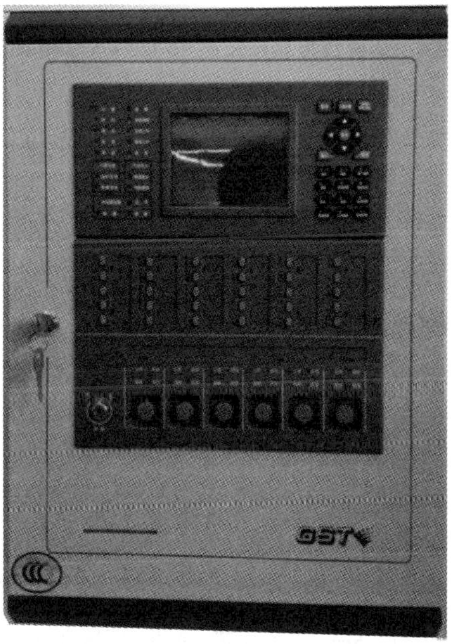

图 6.1 火灾报警控制器 JB-QB-GST200

6.1.3 实训内容

(1)熟悉实训设备:消防电话主机;
(2)根据系统工作原理及接线图,完成在实训台接线。

6.1.4 实训思考题

(1)简述火灾报警控制器 JB-QB-GST200 的工作原理及作用。

(2)简述火灾报警控制器 JB-QB-GST200 正面(图 6.2)各指示灯及按键的含义和作用。

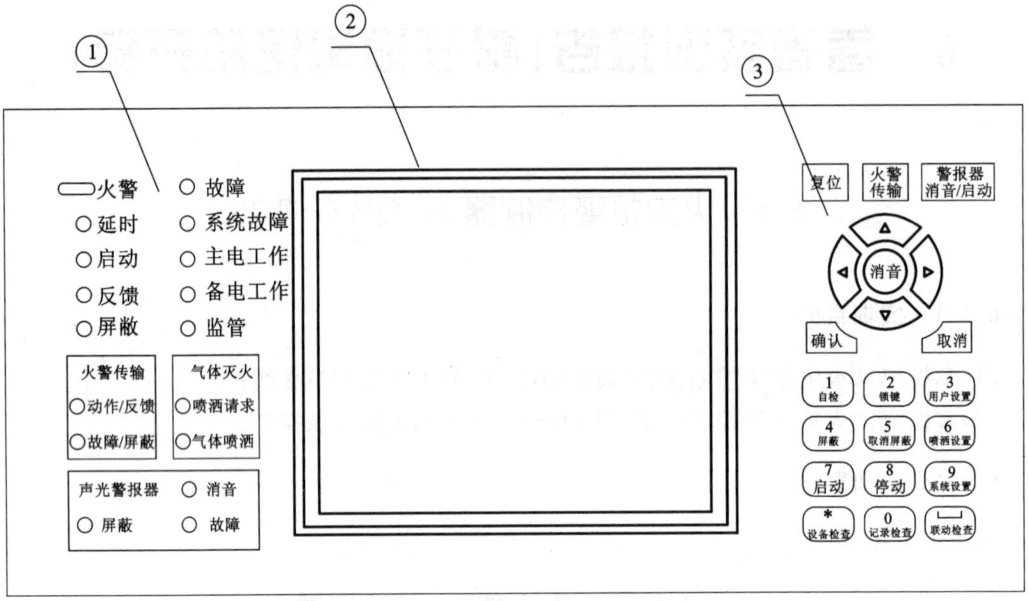

图 6.2　火灾报警控制器 JB-QB-GST200 正面

①指示灯:亮起时代表含义

火警:________;故障:________;延时:________;系统故障:________;

启动:________;主电工作:________;反馈:________;备电工作:________;

屏蔽:________;监管:________。

②按键:作用及含义

复位:________;火警传输:________;警报器消音/启动:________。

(3)简述消防火灾报警控制器多线控制盘(图 6.3)各按键及指示灯的作用。

图 6.3　多线控制盘

手动锁:________;手动允许指示灯:________

故障灯:________________;命令灯:________________;

反馈灯:________________;按键:________________。

①简述消防火灾报警控制器 JB-QB-GST200 各端子的作用。图 6.4 是其接线端子。

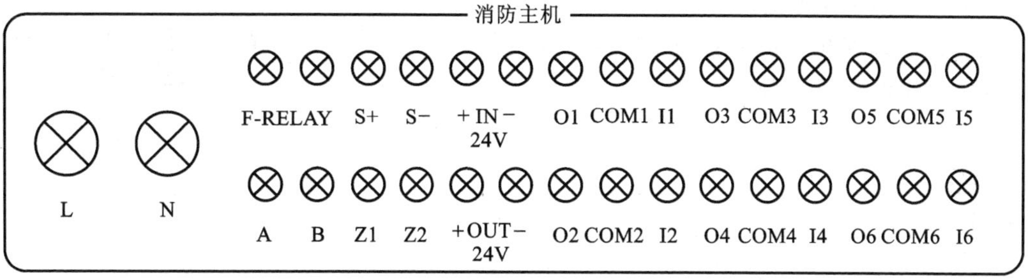

图 6.4　JB-QB-GST200 各端子

L、N:________________;F-RELAY:________________;

S+、S−:________________;24V In + −:________________;

O1 COM1 I1、……、O6 COM6 I6:________________;

A、B:________________;Z1、Z2:________________;

24V OUT + −:________________。

②分步列出火灾报警控制器 JB-QB-GST200 的整机操作步骤。例如:外部设备注册、设备定义(总线设备定义、设备位置信息定义、楼层定义、手动盘定义、多线盘定义等)、设备联动编程,最后到设备功能检查等操作步骤。

6.2　点型感温及总线型感烟探测器 JTWB-ZCD-G1(A)

6.2.1　实训目的

(1)掌握点型火灾探测器、GST-LD-8319 输入模块及终端器的接线;
(2)掌握火灾探测器的编址;
(3)掌握火灾探测器的报警信号及报警的相关特征。

6.2.2　实训器材

隔离模块、探测报警模块、GST200 火灾报警控制器、万用表,如图 6.5 所示。

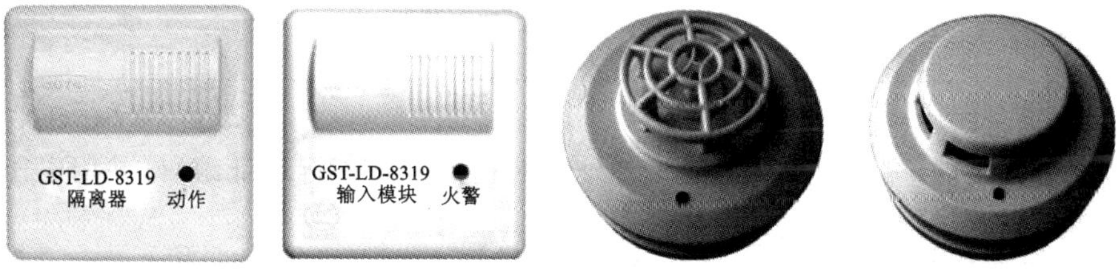

隔离模块　8319 型输入模块　感温火灾探测器　感烟火灾探测器

图 6.5　实训器材

6.2.3　实训步骤

第一步,熟悉实训设备。如探测报警模块、GST200 火灾报警控制器设备接线图。

图 6.6 为系统原理图。

回答该实训板包括哪些设备，并简述这些设备的功能及接线端子作用。

①ZG：________________________；

②：________________________；

③M：________________________；

④I：________________________。

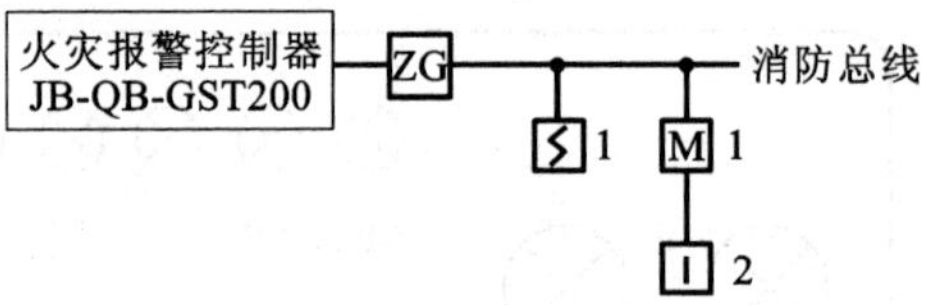

图 6.6　系统原理图

第二步，绘出接线图并完成设备接线。

根据系统原理图及接线图(图 6.7)，在实训台上完成接线。

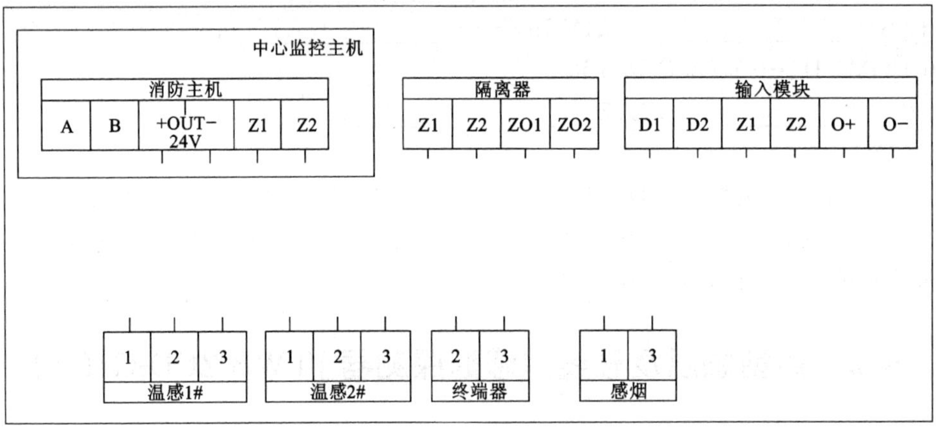

图 6.7　GST200 接线图

完成以下设备接线端子功能解释：

设备	接线端子	功能	设备	接线端子	功能
消防主机	Z1、Z2		输入模块	D1、D2	
	+24V、−24V			Z1、Z2	
	A、B			O+、O−	
隔离器	Z1、Z2		感烟探测器	1、3	
	ZO1、ZO2			2、4	

第三步，设备编码。

利用电子编码器，按照预先规定设备地址表对相关设备进行地址编码，并用电子编码器，对设备进行读码并做记录，完成下面地址码表。

火灾报警设备	地址码	读码值
感烟探测器 1	14	
点型感温探测器 1	—	
点型感温探测器 2	—	
GST-LD-8319 输入模块	13	

①简述电子编码器编码步骤：

②为什么要进行设备编码?

第四步,设备注册。

查阅 GST-200 火灾报警控制器(联动型)安装使用说明书,操作 GST-200 消防主机完成设备注册,并完成下列报告：

①简述设备注册操作步骤。

②为什么要进行设备注册?

第五步,设备定义。

按照规定设备地址表对相关设备进行设备定义。

①为什么要对设备进行定义?

②“设备定义操作”中“设备连续定义”是指：________________

“设备继承定义”是指：________________

设备定义界面中,“原码”是指：________________

“键值”是指：________________

“二次码”是指：________________

“设备类型”(“—”符号后的两位数字为设备类型代码)是指：________________

第六步,模拟火灾试验。

①对感烟火灾探测器进行模拟报警,观察探测器指示灯和火灾报警控制器,并做记录。

观察对象	变化情况	
感烟探测器指示灯	报警前	
	报警后	
感温探测器指示灯	报警前	
	报警后	

续表

观察对象	变化情况	
GST-LD-8319 型输入模块	报警前	
	报警后	
火灾报警控制器	报警前	
	报警后	

②简述查询火灾报警控制器报警操作步骤。

6.2.4 实训思考题

(1)海湾消防二总线制的两条线是否分极性;________。用万用表直流电压挡(大于 30V 挡)测量二总线的电压范围为____________。

(2)总线隔离器是否需要编写地址,并解释原因。当总线线路有故障时,例如某探测器总线端子短路了,总线隔离器有什么变化?(短路输入输出模块 Z1 与 Z2,描述总线隔离器的现象。)

(3)把某一个火灾探测器从底座上拆下来,描述火灾报警控制器的反应。

(4)点型感温火灾探测器 JTWB-ZCD-G1(A)是否需要编码,为何必须要与 GST-LD-8319 输入模块合着一起使用,而不直接接入消防总线 Z1、Z2 上?

(5)当点型感温火灾探测器 JTWB-ZCD-G1(A)报警时,控制器主机显示的地址编号是____。

(6)为什么点型感温火灾探测器要配有终端器?终端器阻值是________。

(7)简述总线型探测器与非总线型探测器的区别。为什么存在非总线型探测器?

(8)实际工程布线中,Z1、Z2 消防总线一般可选用哪种线缆?其截面面积为多大?

(9)简述图 6.8 所示的海湾 8319 输入模块、点型感温火灾探测器、终端器之间的连接工作原理。

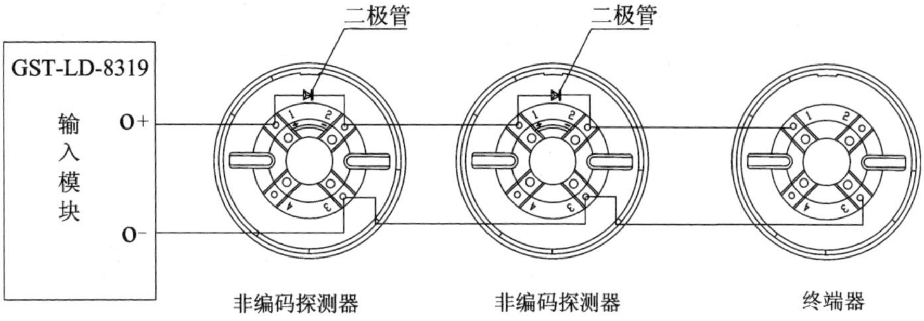

图 6.8　GST-LD-8319 输入模块

6.3　单输入输出模块 GST-LD-8301

6.3.1　实训目的

(1)掌握 GST-LD-8301 的接线及其不同工作模式下的各种接线方法;
(2)掌握对 GST-LD-8301 的编址及接线;
(3)掌握运用火灾探测器对 GST-LD-8301 的各种操作。

6.3.2　实训器材

输入输出模块(图 6.9)、GST200 火灾报警控制器、万用表。

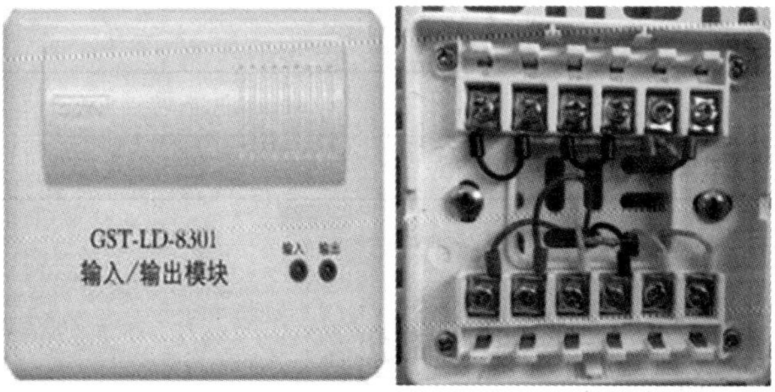

图 6.9　GST-LD-8301 输入输出模块

6.3.3　实训步骤

第一步,熟悉实训设备。如探测报警模块、GST200 火灾报警控制器设备接线图。
第二步,绘出接线图(图 6.10)并完成设备接线。

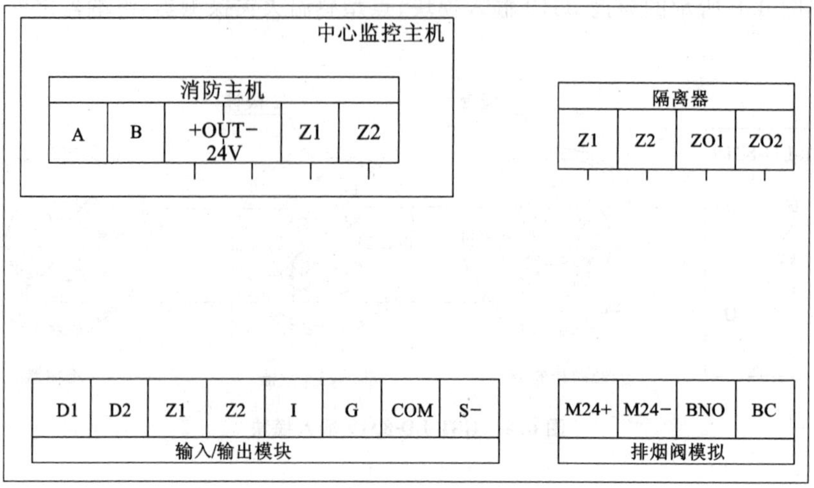

图 6.10 输入输出模块接线图

完成以下设备接线端子功能解释：

设备	接线端子	功能	设备	接线端子	功能
输入/输出模块	D1、D2		排烟阀模拟	M24＋、M24	排烟阀启动端子，当该端子输入 DC 24V 时，排烟阀动作
	Z1、Z2				
	I、G			BNO、BC	排烟阀动作反馈信号
	COM、S−				

该“排烟阀模拟”实际为一个 DC 24V 继电器。M24＋、M24－为继电器的__________，BNO、BC 为继电器的一对__________。

第三步，设备编码。

利用电子编码器，按照预先规定设备地址表对相关设备进行地址编码，并用电子编码器对设备进行读码并做记录，完成下面地址码表。

火灾报警设备	地址码	读码值
GST-LD-8301 输入/输出模块	14	

第四步，设备注册。参考 6.1 节注册步骤。

第五步，设备定义。

按照规定设备地址表对相关设备进行设备定义。

①设备定义为“排烟阀”的二次码为：____________________________。

②“电平启”、“电平停”的含义：____________________________；

“脉冲启”、“脉冲停”的含义：____________________________。

③该输入/输出模块设备定义中，键值为 2，是指：____________________________。

第六步，模拟火灾试验。

①按下消防主机的总线控制盘第 2 个按键，手动启动排烟阀模拟。观察各指示灯和火灾

报警控制器,并记录各设备变化。

观察对象	变化情况	
总线控制盘第二个按键	按下前	
	按下后	
GST-LD-8301 型输入/输出模块	报警前	
	报警后	
排烟阀	报警前	
	报警后	
火灾报警控制器	报警前	
	报警后	

②如何在消防主机、输入输出模块地址手动启动排烟阀?记录该操作步骤:

6.3.4　实训思考题

(1)LD-8301 输入/输出模块有什么作用?工程中哪些设备需要通过输入输出模块才可以接入总线?

(2)为什么要在 I、G 端并联 10kΩ 电阻?

(3)实际 LD-8301 输入/输出模块各接线端子的含义:

Z1、Z2:________________________________;

D1、D2:________________________________;

G、NG、V+、NO:________________________________。

(4)将 G 和 NG、V+和 NO 都短接时,LD-8301 模块动作时,COM、S-输出信号为:

____;

将 G 和 NG、V+和 NO 都断开时,LD-8301 模块动作时,COM、S-输出信号为:

____。

(5)G、V+:____________________________________;

I、G:____________________________________;

COM、S-:____________________________________;

COM、NO:____________________________________。

(6)输入/输出模块在实际工程中,一般安装在哪些位置?

6.4 声光报警器(讯响器)HX-100B

6.4.1 实训目的

(1)掌握火灾声光报警器 HX-100B 的接线；

(2)掌握火灾声光报警器的编址；

(3)掌握火灾声光报警器的报警信号、各接线端子的功能及报警的相关特征。

6.4.2 实训器材

探测报警模块、GST200 火灾报警控制器、万用表。火灾声光报警器 HX-100B 如图 6.11 所示。

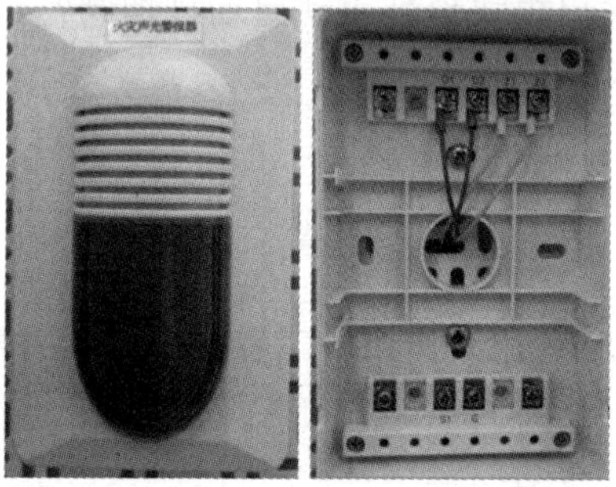

图 6.11 火灾声光报警器 HX-100B

6.4.3 实训步骤

第一步，熟悉实训设备。如熟悉探测报警模块、GST200 火灾报警控制器设备接线图。

第二步，查阅实训指导书，绘出接线图(图 6.12)并完成设备接线。

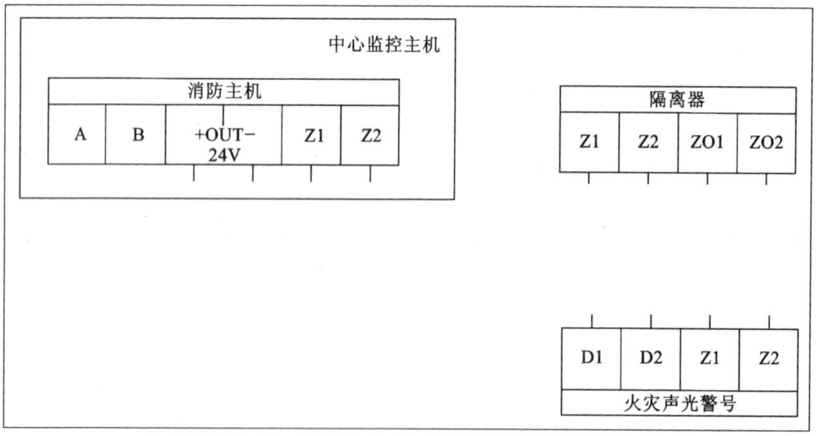

图 6.12 HX-100B 接线图

第三步，设备编码。

利用电子编码器，按照预先规定设备地址表对相关设备进行地址编码，并用电子编码器，对设备进行读码并做记录，完成下面地址码表。

火灾报警设备	地址码	读码值
火灾报警器(讯响器)	15	

第四步,设备注册。参考6.1节注册步骤。

第五步,设备定义。

按照规定设备地址表对相关设备进行设备定义。

①设备定义为“讯响器”的二次码为:________;

②“讯响器”键值设置为“3”。

第六步,模拟火灾试验。

①对感烟火灾探测器进行模拟报警,观察探测器指示灯和火灾报警控制器,并做记录。

观察对象	变化情况	
火灾声光报警器	报警前	
	报警后	
火灾报警控制器	报警前	
	报警后	

②按下消防主机的总线控制盘第3个按键,手动启动排烟阀模拟。观察各指示灯和火灾报警控制器,并记录各设备变化。

③如何在消防主机、输入输出模块地址手动启动排烟阀?记录该操作步骤:

6.4.4 实训思考题

(1)简述HX-100B火灾声光报警器(又称讯响器)的工作原理及作用,图6.13所示为其铭牌。

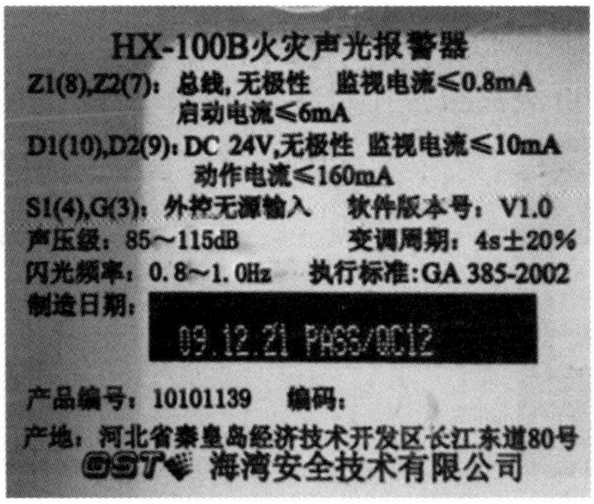

图6.13 HX-100B火灾声光报警器铭牌

(2)简述 HX-100B 火灾声光报警器各端子作用。

Z1、Z2：____；

D1、D2：____；

S1、G：____。

(3)简述 HX-100B 火灾声光报警器在实际工程中安装位置及安装高度。

(4)短接 S1 与 G，记录火灾声光报警器的变化。

(5)如果用非总线触点型手动报警按钮控制火灾声光报警器，该如何接线？绘出接线图。

6.5 手动报警按钮及消火栓按钮 GST9121

6.5.1 实训目的

(1)掌握手动报警按钮及消火栓按钮的接线；

(2)掌握手动报警按钮及消火栓按钮的编址；

(3)掌握手动报警按钮及消火栓按钮的报警信号、各接线端子的功能及报警的相关特征。

6.5.2 实训器材

探测报警器模块、GST200 火灾报警控制器、万用表。如图 6.14、图 6.15 所示。

图 6.14 J-SAM-GST9121 手动火灾报警按钮

图 6.15 J-SAM-GST9124 消火栓按钮

6.5.3　实训步骤

第一步，熟悉实训设备。如熟悉模块、GST200 火灾报警控制器设备接线图。

第二步，查阅实训指导书，绘出接线图(图 6.16)并完成设备接线。

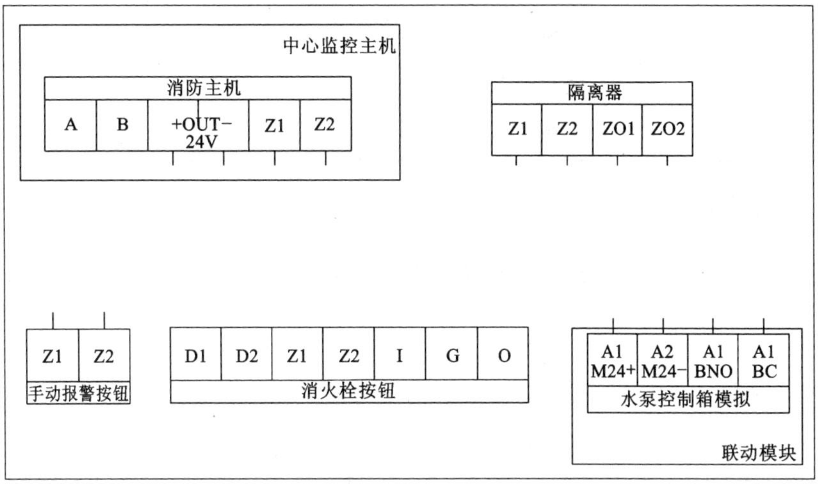

图 6.16　手动报警按钮及消火栓按钮接线图

完成以下设备接线端子功能解释：

设备	接线端子	功能	设备	接线端子	功能
手动报警按钮	Z1、Z2		水泵控制箱模拟	M24＋、M24	水泵控制柜启泵端子；该端子接收 DC 24V 电源时，水泵启动
消火栓按钮	D1、D2				
	Z1、Z2			BND、BC	水泵运行状态反馈
	I、G				
	G、O				

第三步，设备编码。

利用电子编码器，按照预先规定设备地址对相关设备进行地址编码，并用电子编码器，对设备进行读码并做记录，完成下面地址码表。

火灾报警设备	地址码	读码值
手动报警按钮	11	
消火栓按钮	10	

第四步，设备注册。参考 6.1 节注册步骤。

第五步，设备定义。参考 6.1 节操作步骤。

第六步，模拟火灾试验。

对手动报警按钮及消火栓按钮进行模拟报警，观察手动报警按钮及消火栓按钮的指示灯和火灾报警控制器，并做记录。

观察对象	变化情况	
手动报警按钮	报警前	
	报警后	
消火栓按钮	报警前	
	报警后	
消防主机	报警前	
	报警后	

6.5.4 实训思考题

(1)简述 J-SAM-GST9121 手动火灾报警按钮的工作原理及作用。

(2)简述 J-SAM-GST9121 手动火灾报警按钮各端子作用。

Z1、Z2:______________;K1、K2:______________。

(3)J-SAM-GST9124 消火栓按钮为减少总线功耗,采用四线制,简述 J-SAM-GST9124 消火栓按钮的工作原理及作用。

(4)拆开 J-SAM-GST9124 消火栓按钮,简述 J-SAM-GST9124 消火栓按钮各端子作用。

Z1、Z2:______________;V+、G:______________;

COM、I:______________。

(5)简述手动报警按钮与消火栓按钮在实际工程中的安装位置及安装高度。

(6)手动报警按钮与消火栓按钮有何区别?

6.6 火灾显示盘 ZF-500

6.6.1 实训目的

(1)掌握火灾显示盘的接线;

(2)掌握火灾显示盘的使用步骤;

(3)掌握火灾显示盘的报警信号及报警的相关特征。

6.6.2　实训器材

火灾显示盘(图 6.17)、GST200 火灾报警控制器、万用表。

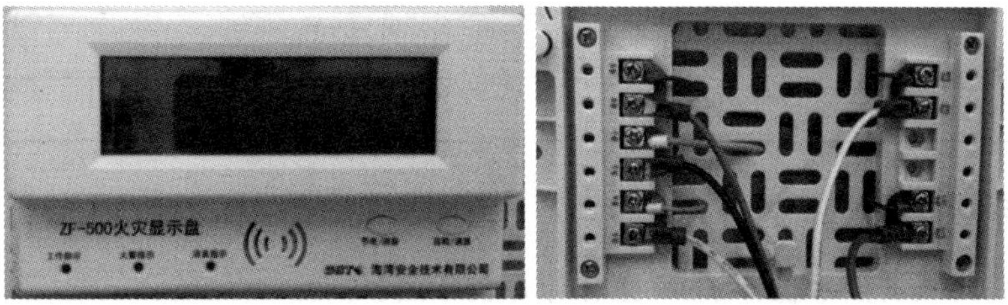

图 6.17　火灾显示盘

6.6.3　实训步骤

第一步,熟悉实训设备。如熟悉 ZF-500、GST200 火灾报警控制器设备接线图。

第二步,查阅实训指导书,绘出接线图(图 6.18)并完成设备接线。

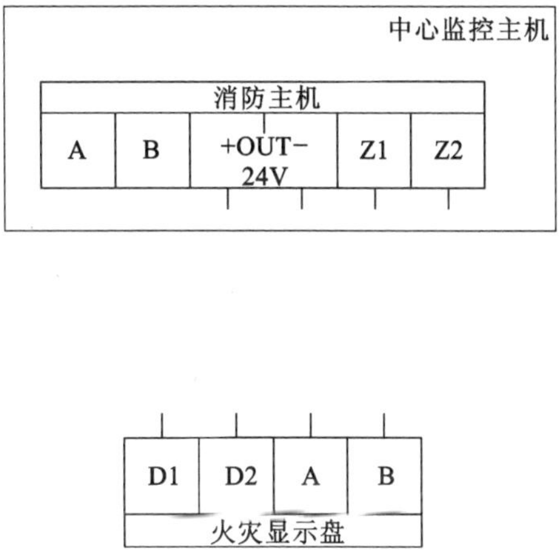

图 6.18　火灾显示盘接线图

完成以下设备接线端子功能解释:

设备	接线端子	功能	设备	接线端子	功能
火灾显示盘	D1、D2				
	A、B				

第三步,设备编码。

利用电子编码器,对火灾显示盘进行地址编码。

第四步,设备注册。参考 6.1 节注册步骤。

将火灾显示盘注册进消防主机,操作步骤类似于外部设备注册。

第五步,设备定义。参考 6.1 节操作步骤。

第六步,模拟火灾试验。

对感烟火灾探测器进行模拟报警,观察探测器指示灯和火灾报警控制器,并做记录。

观察对象	变化情况	
火灾显示盘	报警前	
	报警后	
消防主机	报警前	
	报警后	

6.6.4 实训思考题

(1)简述海湾火灾显示盘 ZF-500 工作原理及作用。

(2)简述火灾显示盘在实际工程中的安装位置及安装高度。

(3)火灾显示盘是否需要编码？如何进行地址编码？

(4)结合 6.1～6.5 节，完成以下接线图(图 6.19)。

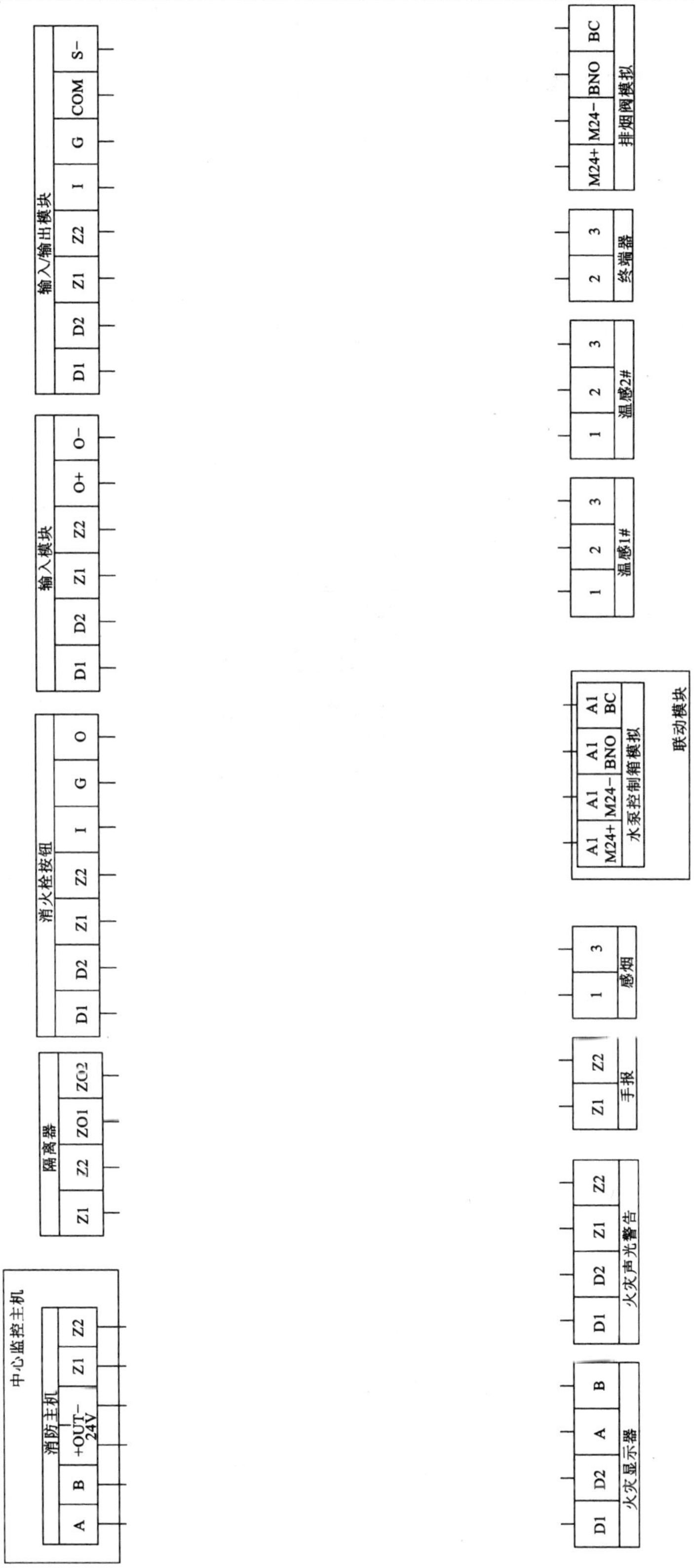
中心监控主机
消防主机
A
B
+OUT- 24V
Z1
Z2
隔离器
Z1
Z2
ZO1
ZO2
消火栓按钮
D1
D2
Z1
Z2
I
G
O
输入模块
D1
D2
Z1
Z2
O+
O-
输入/输出模块
D1
D2
Z1
Z2
I
G
COM
S-
火灾显示器
D1
D2
A
B
火灾声光警告
D1
D2
Z1
Z2
手报
Z1
Z2
感烟
1
3
联动模块
水泵控制箱模拟
A1 M24+
A1 M24-
A1 BNO
A1 BC
温感1#
1
2
3
温感2#
1
2
3
终端器
2
3
排烟阀模拟
M24+
M24-
BNO
BC

图 6.19 接线图

6.7 输入模块 GST-LD-8300

6.7.1 实训目的

(1)掌握输入模块 GST-LD-8300 的接线；

(2)掌握输入模块 GST-LD-8300 的编址；

(3)掌握输入模块 GST-LD-8300 的报警信号、各接线端子的功能及报警的相关特征。

6.7.2 实训器材

联动控制模块、GST200 火灾报警控制器、万用表。输入模块如图 6.20 所示。

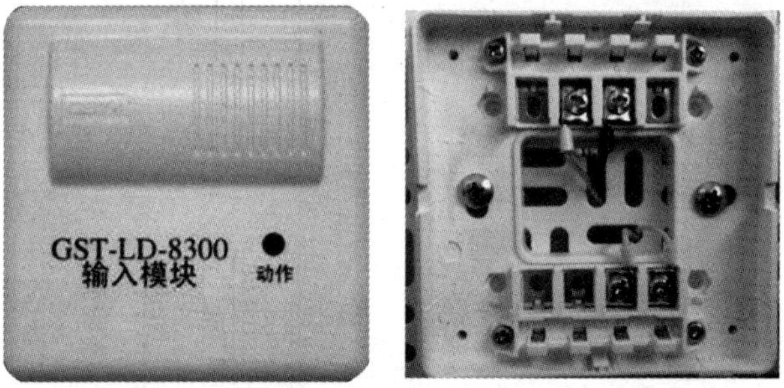

图 6.20 输入模块

6.7.3 实训步骤

第一步，熟悉实训设备。如熟悉联动控制模块、GST200 火灾报警控制器设备接线图。

第二步，查阅实训指导书，绘出接线图(图 6.21)并完成设备接线。

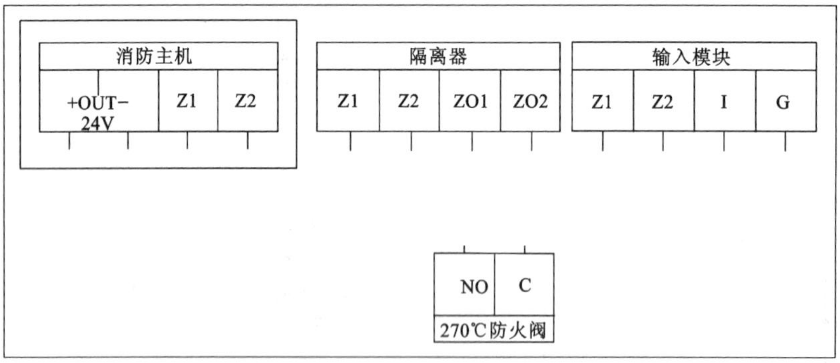

图 6.21 GST-CD-8300 接线图

完成以下设备接线端子功能解释：

设备	接线端子	功能	设备	接线端子	功能
输入模块	Z1、Z2		270℃防火阀	NO、C	
	I、G				

第三步,设备编码。

利用电子编码器,按照规定设备地址表对相关设备进行地址编码,并用电子编码器,对设备进行读码并做记录,完成下面地址码表。

火灾报警设备	地址码	读码值
输入模块 GST-LD-8300 型	16	

第四步,设备注册。

第五步,设备定义。参考 6.1 节操作步骤。

第六步,模拟火灾试验。

对 270℃防火阀进行模拟报警,观察 GST-LD-8300 输入模块的指示灯和火灾报警控制器,并做记录。

观察对象	变化情况	
270℃防火阀	报警前	
	报警后	
输入模块	报警前	
	报警后	
消防主机	报警前	
	报警后	

6.7.4 实训思考题

(1)简述 GST-LD-8300 输入模块的工作原理及作用。

(2)为什么要在 I、G 端并联 10kΩ 电阻?

(3)常见防火阀有 70℃及 280℃防火阀,简述这两种防火阀的使用环境及工作原理。图 6.22 所示为 280℃防火阀。

图 6.22 防火阀(280℃)

(4)输入模块在实际工程中一般安装在哪些位置?

(5)输入模块除了采集防火阀信号,还可以采集哪些设备的信号?

6.8 切换模块 GST-LD-8302

6.8.1 实训目的

(1)掌握切换模块 GST-LD-8302 的接线；

(2)掌握切换模块 GST-LD-8302 各接线端子的功能及报警动作的相关特征。

6.8.2 实训器材

海湾消防系统消防实训设备。切换模块如图 6.23 所示。

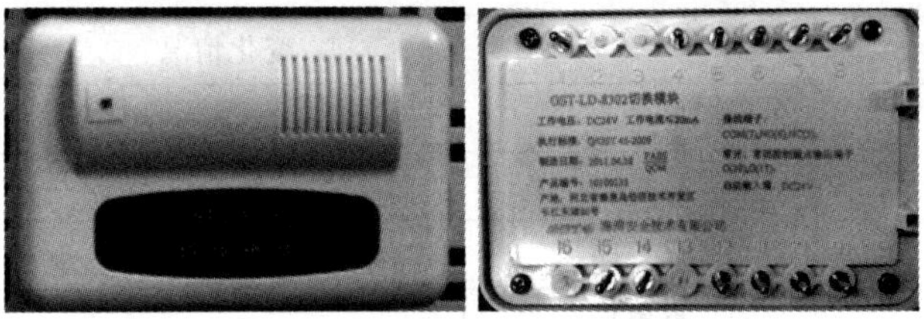

图 6.23 切换模块 GST-LD-8302

6.8.3 实训步骤

第一步,熟悉实训设备。如联动控制模块、GST200 火灾报警控制器设备接线图。

第二步,绘出接线图(图 6.24)并完成设备接线。

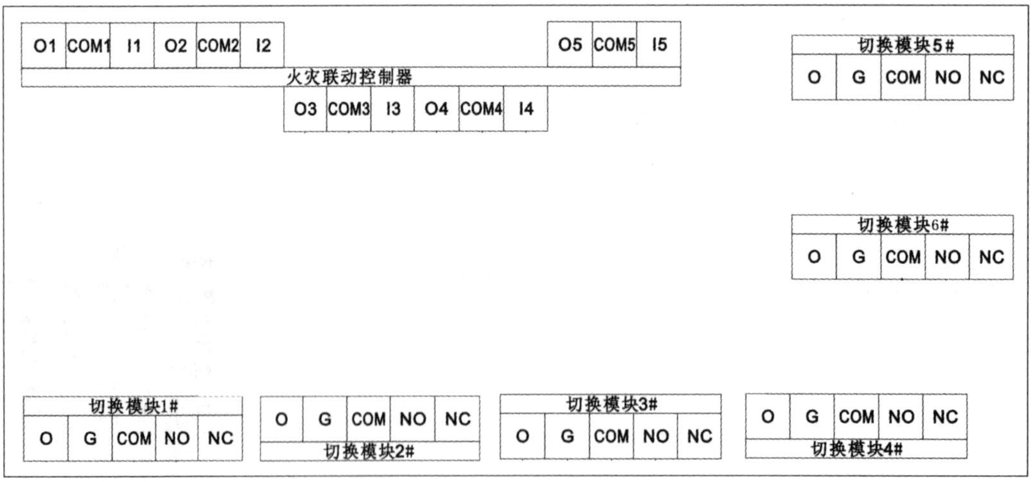

图 6.24 GST-CD-8302 接线图

第三步,设备定义。按照下表及 6.1 节操作步骤。

模块	设备型号	设备名称	设备定义			总线控制盘键值	控制/连接对象
			设备定义类型	设备原码（设备地址）	二次码值		
消防主机	多控制盘	按钮 1	脉冲启	1	000001-16	—	消火栓泵
	多控制盘	按钮 2	脉冲停	2	000002-16	—	消火栓泵
	多控制盘	按钮 3	脉冲启	3	000003-16	—	消火栓泵
	多控制盘	按钮 4	脉冲停	4	000004-16	—	消火栓泵
	多控制盘	按钮 5	电平启	5	000005-19	—	排烟机
	多控制盘	按钮 6	—	6	—	—	未使用

第四步，模拟试验。

对多线控制盘进行模拟报警，观察切换模块 GST-LD-8302 和火灾报警控制器，并做记录。

观察对象	变化情况	
按下多线控制盘 1#	报警前	
	报警后	
切换模块 GST-LD-8302	报警前	
	报警后	
消防主机	报警前	
	报警后	

6.8.4 实训思考题

(1)简述切换模块 GST-LD-8302 的工作原理及作用。

(2)简述 GST-LD-8302 切换模块各端子作用，图 6.25 是其铭牌。

图 6.25 GST-LD-8302 切换模块铭牌

COM、NO、NC：________________________；

O、G：________________________。

(3)切换模块是否有地址？需不需要编码？为什么？

(4)切换模块在实际工程中一般安装在哪些位置？

(5)为什么消防主机配置多线控制盘？

6.9 消防电话专用模块 GST-LD-8304

6.9.1 实训目的

(1)掌握海湾 GST-LD-8304 消防电话专用模块的工作原理及接线；
(2)掌握消防电话专用模块的编址；
(3)掌握消防电话专用模块报警的相关特征。

6.9.2 实训器材

海湾消防系统消防实训设备，如图 6.26 所示。

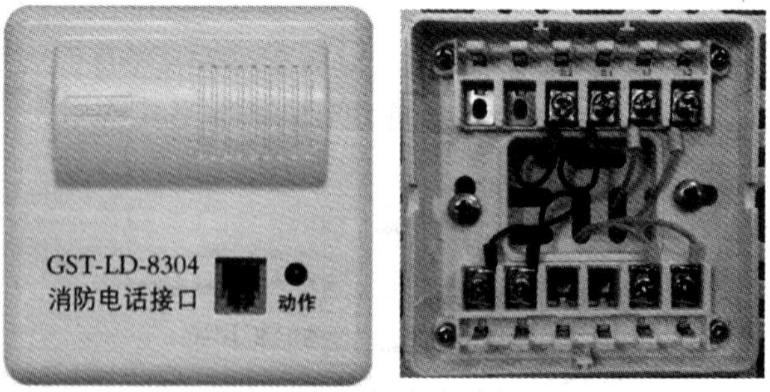

图 6.26 GST-LD-8304 消防电话专用模块

6.9.3 实训内容

第一步，熟悉实训设备。如消防电话专用模块、GST200 火灾报警控制器设备接线图。
第二步，绘出接线图(图 6.27)并完成设备接线。

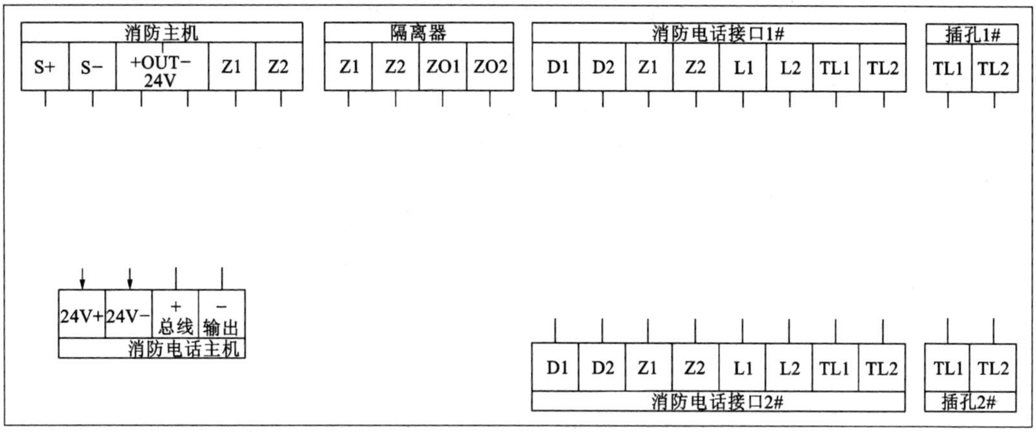

图 6.27 GST-LD-8304 接线图

第三步,设备编码。

利用电子编码器,按照预先规定设备地址表对相关设备进行地址编码,并用电子编码器,对设备进行读码并做记录,完成下面地址码表。

火灾报警设备	地址码	读码值
消防电话接口 1#	11	
消防电话接口 2#	10	

第四步,设备注册。参考 6.1 节注册步骤。

第五步,设备定义。按照下表及 6.1 节操作步骤。

广播模块	GST-LD-8304	消防电话接口 1#	电平启	7	000007-14	—	消防电话
	GST-LD-8304	消防电话接口 2#	电平启	8	000008-14	—	消防电话
	GST-LD-8305	输出模块	电平启	9	000009-12	键 1	消防广播

第六步,模拟火灾试验。

对消防电话总机进行操作,观察切换模块 GST-LD-8302 和火灾报警控制器,并做记录。

观察对象	变化情况	
按下多线控制盘 1#	报警前	
	报警后	
切换模块 GST-LD-8302	报警前	
	报警后	
消防主机	报警前	
	报警后	

6.9.4 实训思考题

(1)简述 GST-LD-8304 型消防电话专用模块工作原理及作用。

(2)简述 GST-LD-8304 型消防电话专用模块各端子的作用。

Z1、Z2：________________________；D1、D2：________________________；

L1、L2：________________________；TL1、TL2：________________________。

(3)GST-LD-8304 型消防电话专用模块是否有地址？需不需要编码？

(4)GST-LD-8304 型消防电话专用模块在实际工程中一般安装在哪些位置？

6.10 消防电话总机 GST-TS-Z01A

6.10.1 实训目的

(1)掌握海湾消防电话总机 GST-TS-Z01A 的工作原理及接线；

(2)掌握海湾消防电话总机 GST-TS-Z01A 的相关特征及操作。

6.10.2 实训器材

海湾消防系统消防实训设备，如图 6.28 所示。

图 6.28 消防电话总机 GST-TS-Z01A

6.10.3 实训内容

(1)熟悉实训设备：消防电话总机。

(2)根据系统工作原理及接线图，完成接线。

(3)对消防电话总机进行操作，观察切换模块 GST-LD-8302 和火灾报警控制器，并做记录。

观察对象	变化情况	
探测设备	手动报警按钮	
	消火栓按钮	
消防电话总机	报警前	
	报警后	
消防主机	报警前	
	报警后	

(4)查询消防主机及消防电话总机的报警记录。

6.10.4 实训思考题

(1)简述消防电话总机的工作原理及作用。

(2)简述消防电话总机正面(图 6.29)各指示灯及按键的含义和作用。

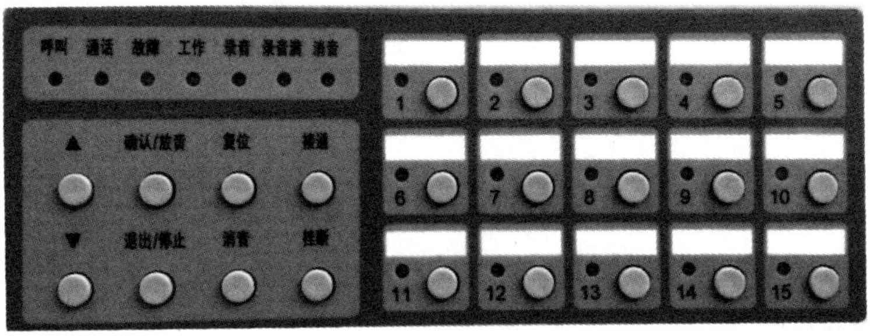

图 6.29 消防电话总机正面

①指示灯

呼叫:______________________________;通话:______________________________;

故障:______________________________;工作:______________________________;

录音:______________________________;录音满:______________________________;

消音:______________________________。

②按键

“1”、“2”、…、“14”、“15”:______________________________;

确认/放音:______________________________;退出/停止:______________________________;

复位:______________________________; 消音:______________________________;

接通:______________________________; 挂断:______________________________;

③简述消防电话总机背面各端子的作用,图 6.30 所示是其接线端子。

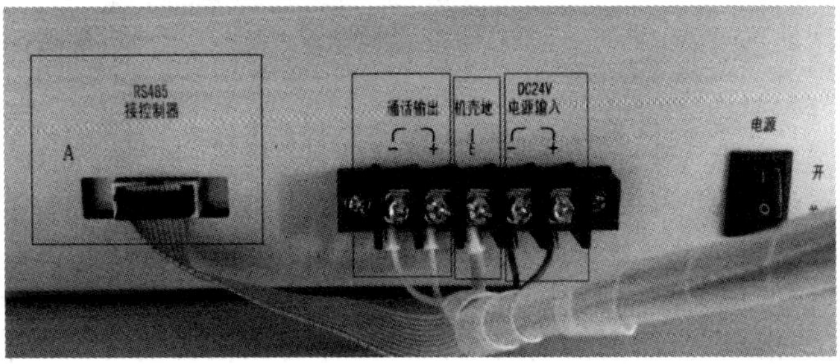

图 6.30 GST-CD-8302 接线端子

"RS485 接控制器"排线：______________________________；

"通话输出＋、－"：______________________________；

"DC 24V 电源输入＋ －"：______________________________。

(3)消防电话总机如何实现与消防主机的联动？

(4)消防电话总机在实际工程中一般安装在哪些位置？

6.11 输出模块 GST-LD-8305

6.11.1 实训目的

(1)掌握 GST-LD-8305 的接线及其不同工作模式下的各种接线方法；

(2)掌握 GST-LD-8305 的编址及接线；

(3)掌握运用火灾探测器对 GST-LD-8305 的各种操作。

6.11.2 实训器材

广播输出模块(图 6.31)、广播主机、GST200 火灾报警控制器、万用表。

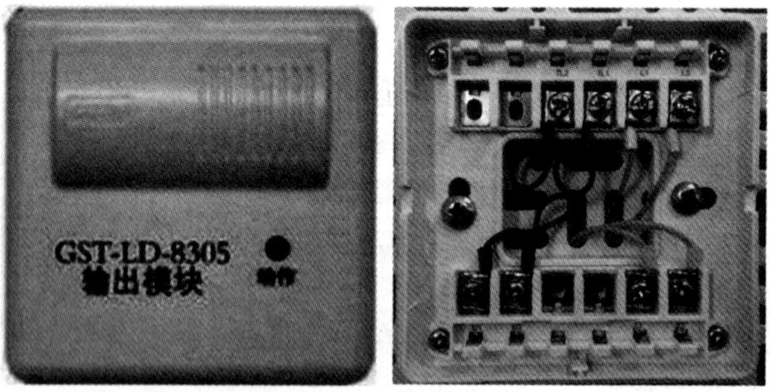

图 6.31 GST-LD-8305 广播输出模块

6.11.3 实训步骤

第一步，熟悉实训设备。如广播电话模块、GST200 火灾报警控制器设备接线图。

第二步，查阅实训指导书，绘出接线图(图 6.32)并完成设备接线。

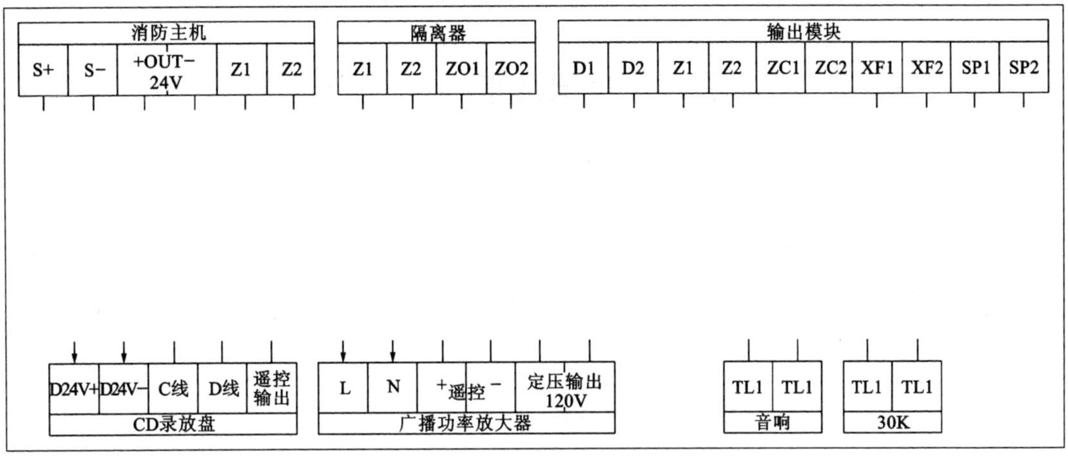

图 6.32　GST-LD-8305 接线图

完成以下设备接线端子功能解释：

设备	接线端子	功能	设备	接线端子	功能
消防主机	S+、S-		广播功率放大器	L、N	
	Z1、Z2			+遥控	
	+24OUT、-24OUT			-遥控	
CD 录放盘	C 线			定压输出 120V	
	D 线		输出模块	ZC1、ZC2	
	遥控输出			XF1、XF2	
				SP1、SP2	

第三步，设备编码。

利用电子编码器，按照规定设备地址表对相关设备进行地址编码，并用电子编码器，对设备进行读码并做记录，完成下面地址码表。

火灾报警设备	地址码	读码值
输出模块	9	

第四步，设备注册。参考 6.1 节注册步骤。

第五步，设备定义。按照下表进行设备定义。

广播模块	GST-LD-8304	消防电话接口 1#	电平启	7	000007-14	—	消防电话
	GST-LD-8304	消防电话接口 2#	电平启	8	000008-14	—	消防电话
	GST-LD-8305	输出模块	电平启	9	000009-12	键 1	消防广播

第六步，模拟火灾试验。

6.12 CD录放盘GST-CD

6.12.1 实训目的

(1)掌握海湾CD录放盘GST-CD的工作原理及接线;
(2)掌握海湾CD录放盘GST-CD的相关特征及操作。

6.12.2 实训器材

海湾消防系统YL-708-B-C消防实训设备。

6.12.3 实训内容

(1)熟悉实训设备,如CD录放盘GST-CD。
(2)根据系统工作原理及接线图,完成在实训台十字架上接线。
(3)对CD录放盘、探测设备进行操作,观察火灾报警控制器及消防广播音响,并做记录。

观察对象	变化情况	
探测设备	手动报警按钮	
	消火栓按钮	
消防电话总机	报警前	
	报警后	
消防主机	报警前	
	报警后	
消防音响	报警前	
	报警后	

(4)查询消防主机及CD录放盘的报警记录。

6.12.4 实训思考题

(1)简述CD录放盘的工作原理及作用。

(2)简述CD录放盘正面各指示灯及按键的含义和作用。

(3)简述 CD 录放盘背面各端子的作用,图 6.33 是其接线端子。

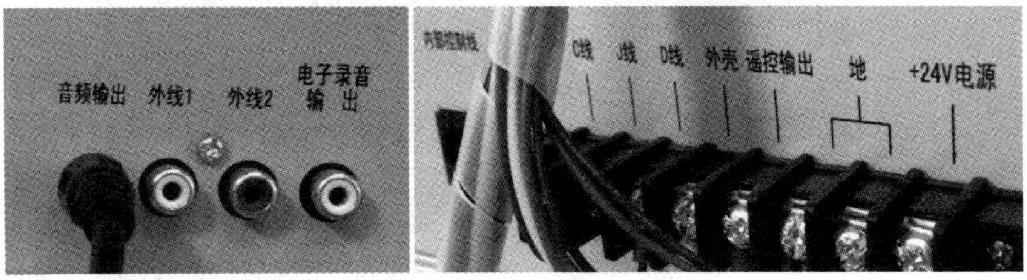

图 6.33　GST-CD 接线端子

①音频输出:
②外线 1:
③外线 2:
④电子录音输出:
(4)内部控制线:
①C 线:
②J 线:
③D 线:
④外壳:
⑤遥控输出:
⑥地:
⑦+24V 电源:
(5)CD 录放盘如何实现与消防主机的联动,实现火灾报警时如何知道播放 CD 火灾广播?

(6)消防电话总机在实际工程中一般安装在哪些位置?

6.13　RS485 星型联网接口卡 GST-INET-02

6.13.1　实训目的

(1)掌握海湾 RS485 星型联网接口卡 GST-INET-02 的工作原理及作用;
(2)掌握海湾消防系统的联网原理及结构。

6.13.2　实训器材

海湾 RS485 星型联网接口卡,如图 6.34 所示。

图 6.34 海湾 RS485 星型联网接口卡

6.13.3 实训内容

熟悉实训设备，如 4 组海湾火灾报警控制器 JB-QB-GST200，如图 6.35 所示。

主控制器　　从控制器　　从控制器　　从控制器

图 6.35 4 组海湾火灾报警控制器 JB-QB-GST200

根据系统工作原理完成实训报告。

网络通信设置（用于控制器的组网操作）：

主机控制器组网，先把所有需要定义的设备定义好，然后将控制器恢复出厂设置，将所有定义信息注册到控制器的 485 网卡中，通过 485 总线对控制器进行组网连接。

GST-INET-02RS485 星型联网接口卡：

各类接口卡系列 GST-INET-02RS485 星型联网接口卡是 GST100、GST200、GST500、GST5000、GST9000 控制器的可选配板卡，主要用于控制器星型联网。

在卡上提供了一路光电隔离的标准 RS485 接口，用于控制器之间的 RS485 联网。

控制器星型联网，主控制器处需配置 RS485 星型集中器 485Hub，最多扩展 31 路星型分支，主控制器到每个分支控制器的最远距离为 1200m。

使用这种联网方式，各个分支控制器之间不能互相通信，只能和主控制器通信。

主要技术指标：

①1 路光电隔离的 RS485 接口；

②传输介质，采用截面面积大于或等于 1.0mm^2 的屏蔽双绞线；

③传输距离，每路星型分支的距离小于 1200m；

④板卡安装方式：

GST100/200/QKP01/QKP04 控制器：机箱内有卡件安装固定孔，用螺丝固定；

GST500/5000/9000 控制器：直接插入控制器主机箱母板插槽中，用螺丝固定。

应用：

该接口卡主要应用于控制器总线型联网或星型联网。

当采用星型联网时，通过 RS485 星型集中器 485Hub * 组建星型网路。

对联网的消防设备进行操作，观察主控制器和其他分支火灾报警控制器，并做记录。

观察对象	变化情况	
探测设备	手动报警按钮	
	消火栓按钮	
主控制器	报警前	
	报警后	
其他分支火灾报警器控制器	报警前	
	报警后	

6.13.4 实训思考题

(1)简述 GST-INET-02RS485 星型联网接口卡的作用。

(2)简述星型联网的含义。

(3)为什么该设备的传输距离即每路星型分支的距离小于 1200m?

6.14 CRT 接口卡 NNET-01

6.14.1 实训目的

(1)掌握海湾 CRT 接口卡 NNET-01 的工作原理及作用；

(2)掌握海湾消防系统的联网原理及结构。

6.14.2 实训器材

海湾 CRT 接口卡 NNET-01，如图 6.36 所示。

图 6.36 海湾 CRT 接口卡 NNET-01

6.14.3 实训内容

熟悉实训设备。根据系统工作原理完成实训报告。

(1)GST-NNET-01 特点

各类接口卡系列 NNET-01 型 CRT 接口卡是 GST9000、GST5000、GST500、GST200 控制器的可选配板卡,本卡提供了光电隔离的标准 RS232 接口,用于连接彩色 CRT 显示系统。

(2)GST-NNET-01 主要技术指标

①采用标准 RS232 接口;②通信距离<15m;③通信波特率为:2400bps。

(3)GST-NNET-01 应用

NNET-01 型 CRT 接口卡直接插入控制器的主机箱中工作,通过 RS232 电缆(随卡提供)连接到 GSTCRT 彩色显示系统的主机 RS232 接口;也可以连接 FIB232S01 型 RS232 光纤调制解调器进行光纤通信。JB-QB-GST200、JB-QB-GST500、JB-QG/QT-GST5000、JB-QG/QT-GST9000 型控制器的可选配卡,用于连接彩色监控系统,卡上提供了光电隔离的标准 RS232 接口。

6.14.4 实训思考题

(1)CRT 是什么?

(2)简述 CAN 总线的含义。

(3)什么是 CAN 接口卡?

参考文献

[1] 中华人民共和国住房和城乡建设部. 建筑设计防火规范:GB 50016—2014[S]. 北京:中国计划出版社,2015.

[2] 中华人民共和国住房和城乡建设部. 火灾自动报警系统设计规范:GB 50116—2013[S]. 北京:中国计划出版社,2014.

[3] 中华人民共和国住房和城乡建设部. 火灾自动报警系统施工及验收规范:GB 50166—2007[S]. 北京:中国标准出版社,2008.

[4] 中华人民共和国住房和城乡建设部. 电气装置安装工程 爆炸和火灾危险环境电气装置施工及验收规范:GB 50257—2014[S]. 北京:中国计划出版社,2015.

[5] 中华人民共和国住房和城乡建设部. 自动喷水灭火系统设计规范(2005 年版):GB 50084—2001[S]. 北京:中国计划出版社,2005.

[6] 中华人民共和国住房和城乡建设部. 自动喷水灭火系统施工及验收规范:GB 50261—2005[S]. 北京:中国标准出版社,2005.

[7] 中华人民共和国住房和城乡建设部. 气体灭火系统施工及验收规范:GB 50263—2007[S]. 北京:中国计划出版社,2007.

[8] 中华人民共和国住房和城乡建设部. 泡沫灭火系统施工及验收规范:GB 50281—2006[S]. 北京:中国计划出版社,2006.

[9] 中华人民共和国住房和城乡建设部. 建筑内部装修防火施工及验收规范:GB 50354—2005[S]. 北京:中国计划出版社,2006.

[10] 中华人民共和国住房和城乡建设部. 建筑物电子信息系统防雷技术规范:GB 50343—2012[S]. 北京:中国计划出版社,2012.

[11] 中华人民共和国住房和城乡建设部. 20kV 及以下变电所设计规范:GB 50053—2013[S]. 北京:中国计划出版社,2014.

[12] 中华人民共和国住房和城乡建设部. 民用建筑电气设计规范:JGJ 16—2008[S]. 北京:中国建筑工业出版社,2008.

[13] 中华人民共和国住房和城乡建设部. 供配电系统设计规范:GB 50052—2009[S]. 北京:中国计划出版社,2010.

[14] 中华人民共和国住房和城乡建设部. 低压配电设计规范:GB 50054—2011[S]. 北京:中国计划出版社,2012.

[15] 中华人民共和国住房和城乡建设部. 建筑照明设计标准:GB 50034—2013[S]. 北京:中国建筑工业出版社,2014.

[16] 中华人民共和国住房和城乡建设部. 公共建筑节能设计标准:GB 50189—2015[S]. 北京:中国建筑工业出版社,2015.

[17] 中华人民共和国住房和城乡建设部. 综合布线系统工程设计规范:GB 50311—2007[S]. 北京:中国标准出版社,2007.

[18] 中华人民共和国住房和城乡建设部. 智能建筑设计标准:GB/T 50314—2015[S]. 北京:中国计划出版社,2015.

[19] 中华人民共和国住房和城乡建设部. 民用建筑供暖通风与空气调节设计规范:GB 50736—2012[S]. 北京:中国建筑工业出版社,2012.

[20] 中华人民共和国住房和城乡建设部. 人民防空工程设计防火规范:GB 50098—2009[S]. 北京:中

国计划出版社，2012.

［21］ 江苏省建设厅．建筑智能化系统工程设计规范：DGJ32/D01—2003 [S]．北京：中国水利水电出版社，2003.

［22］ 中华人民共和国住房和城乡建设部．智能建筑工程质量验收规范：GB 50339—2013[S]．北京：中国建筑工业出版社，2014.

［23］ 中华人民共和国住房和城乡建设部．建筑电气工程施工质量验收规范：GB 50303—2015[S]．北京：中国建筑工业出版社，2016.

［24］ 中华人民共和国住房和城乡建设部．建筑工程施工质量验收统一标准：GB 50300—2013[S]．北京：中国建筑工业出版社，2014.

［25］ 中华人民共和国住房和城乡建设部．建筑灭火器配置验收及检查规范：GB 50444—2008[S]．北京：中国标准出版社，2008.

［26］ 孙景芝．电气消防技术．2 版．北京：中国建筑工业出版社，2011.

［27］ 孙景芝．建筑电气消防系统工程设计与施工．武汉：武汉理工大学出版社，2013.

［28］ 中国建筑标准设计研究院组织编制．火灾报警及消防控制（国家建筑标准设计图集）——电气专业．北京：中国计划出版社，2006.

［29］ 孙景芝．全国高等职业教育技能型紧缺人才培养培训推荐教材（楼宇智能化工程技术专业）：消防联动系统施工．北京：中国建筑工业出版社，2005.

［30］ 罗晓梅，孟宪章．消防电气技术．2 版．北京：中国电力出版社，2013.

［31］ 海湾安全技术有限公司．GST 火灾自动报警及消防联动控制系统——应用设计说明书（Ver. 2015.1）.

［32］ 西门子—Cerberus_ECO_FS18—火灾探测系统产品目录（Ver. 2010）.